经川除七
赴徐闻录
贺教育部
东南亚向项目
成主主题

李谷林

教育部哲学社会科学研究重大课题攻关项目
"十三五"国家重点出版物出版规划项目

全面加强学校德育体系建设研究

RESEARCH ON THE CONSTRUCTION
OF SCHOOL MORAL EDUCATION SYSTEM

杜时忠 等著

中国财经出版传媒集团
经济科学出版社
Economic Science Press

图书在版编目（CIP）数据

全面加强学校德育体系建设研究/杜时忠等著.
—北京：经济科学出版社，2019.7
教育部哲学社会科学研究重大课题攻关项目"十三五"
国家重点出版物出版规划项目
ISBN 978－7－5218－0725－7

Ⅰ.①全…　Ⅱ.①杜…　Ⅲ.①学校教育－德育－
研究－中国　Ⅳ.①G41

中国版本图书馆 CIP 数据核字（2019）第 147793 号

责任编辑：郎　晶
责任校对：杨　海
责任印制：李　鹏

全面加强学校德育体系建设研究

杜时忠　等著

经济科学出版社出版、发行　新华书店经销
社址：北京市海淀区阜成路甲 28 号　邮编：100142
总编部电话：010－88191217　发行部电话：010－88191522
网址：www.esp.com.cn
电子邮件：esp@esp.com.cn
天猫网店：经济科学出版社旗舰店
网址：http://jjkxcbs.tmall.com
北京季蜂印刷有限公司印装
787×1092　16 开　20.25 印张　380000 字
2019 年 8 月第 1 版　2019 年 8 月第 1 次印刷
ISBN 978－7－5218－0725－7　定价：72.00 元
(图书出现印装问题，本社负责调换。电话：010－88191510)
(版权所有　侵权必究　打击盗版　举报热线：010－88191661
QQ：2242791300　营销中心电话：010－88191537
电子邮箱：dbts@esp.com.cn)

课题组主要成员

首　席　专　家　　杜时忠

团队作者成员名单　　张添翼　孙银光　付　辉　徐　龙
　　　　　　　　　　　程红艳　卢　旭　李　伟　张　敏
　　　　　　　　　　　周小李　管贝贝　熊孝梅　袁尚会
　　　　　　　　　　　刘任丰　闫　兵　刘长海　杨炎轩
　　　　　　　　　　　喻学林　王一凡　孙启武　赵海燕
　　　　　　　　　　　周金山　黄志煊　黄恒忠　张晓琴
　　　　　　　　　　　吴大平　饶小平

编审委员会成员

主　任　吕　萍
委　员　李洪波　柳　敏　陈迈利　刘来喜
　　　　樊曙华　孙怡虹　孙丽丽

总　序

哲学社会科学是人们认识世界、改造世界的重要工具,是推动历史发展和社会进步的重要力量,其发展水平反映了一个民族的思维能力、精神品格、文明素质,体现了一个国家的综合国力和国际竞争力。一个国家的发展水平,既取决于自然科学发展水平,也取决于哲学社会科学发展水平。

党和国家高度重视哲学社会科学。党的十八大提出要建设哲学社会科学创新体系,推进马克思主义中国化、时代化、大众化,坚持不懈用中国特色社会主义理论体系武装全党、教育人民。2016年5月17日,习近平总书记亲自主持召开哲学社会科学工作座谈会并发表重要讲话。讲话从坚持和发展中国特色社会主义事业全局的高度,深刻阐释了哲学社会科学的战略地位,全面分析了哲学社会科学面临的新形势,明确了加快构建中国特色哲学社会科学的新目标,对哲学社会科学工作者提出了新期待,体现了我们党对哲学社会科学发展规律的认识达到了一个新高度,是一篇新形势下繁荣发展我国哲学社会科学事业的纲领性文献,为哲学社会科学事业提供了强大精神动力,指明了前进方向。

高校是我国哲学社会科学事业的主力军。贯彻落实习近平总书记哲学社会科学座谈会重要讲话精神,加快构建中国特色哲学社会科学,高校应发挥重要作用:要坚持和巩固马克思主义的指导地位,用中国化的马克思主义指导哲学社会科学;要实施以育人育才为中心的哲学社会科学整体发展战略,构筑学生、学术、学科一体的综合发展体系;要以人为本,从人抓起,积极实施人才工程,构建种类齐全、梯队衔接的高校哲学社会科学人才体系；要深化科研管理体制改革，发挥高校人才、智力和学科优势，提升学术原创能力，激发创新创造活力，建设中国特色新型高校智库；要加强组织领导、做好统筹规划、营造良好学术生态，形成统筹推进高校哲学社会科学发展新格局。

　　哲学社会科学研究重大课题攻关项目计划是教育部贯彻落实党中央决策部署的一项重大举措，是实施"高校哲学社会科学繁荣计划"的重要内容。重大攻关项目采取招投标的组织方式，按照"公平竞争，择优立项，严格管理，铸造精品"的要求进行，每年评审立项约40个项目。项目研究实行首席专家负责制，鼓励跨学科、跨学校、跨地区的联合研究，协同创新。重大攻关项目以解决国家现代化建设过程中重大理论和实际问题为主攻方向，以提升为党和政府咨询决策服务能力和推动哲学社会科学发展为战略目标，集合优秀研究团队和顶尖人才联合攻关。自2003年以来，项目开展取得了丰硕成果，形成了特色品牌。一大批标志性成果纷纷涌现，一大批科研名家脱颖而出，高校哲学社会科学整体实力和社会影响力快速提升。国务院副总理刘延东同志做出重要批示，指出重大攻关项目有效调动各方面的积极性，产生了一批重要成果，影响广泛，成效显著；要总结经验，再接再厉，紧密服务国家需求，更好地优化资源，突出重点，多出精品，多出人才，为经济社会发展做出新的贡献。

　　作为教育部社科研究项目中的拳头产品，我们始终秉持以管理创新服务学术创新的理念，坚持科学管理、民主管理、依法管理，切实增强服务意识，不断创新管理模式，健全管理制度，加强对重大攻关项目的选题遴选、评审立项、组织开题、中期检查到最终成果鉴定的全过程管理，逐渐探索并形成一套成熟有效、符合学术研究规律的管理办法，努力将重大攻关项目打造成学术精品工程。我们将项目最终成果汇编成"教育部哲学社会科学研究重大课题攻关项目成果文库"统一组织出版。经济科学出版社倾全社之力，精心组织编辑力量，努力铸造出版精品。国学大师季羡林先生为本文库题词："经时济世　继往开来——贺教育部重大攻关项目成果出版"；欧阳中石先生题写了"教育部哲学社会科学研究重大课题攻关项目"的书名，充分体现了他们对繁荣发展高校哲学社会科学的深切勉励和由衷期望。

伟大的时代呼唤伟大的理论，伟大的理论推动伟大的实践。高校哲学社会科学将不忘初心，继续前进。深入贯彻落实习近平总书记系列重要讲话精神，坚持道路自信、理论自信、制度自信、文化自信，立足中国、借鉴国外，挖掘历史、把握当代，关怀人类、面向未来，立时代之潮头、发思想之先声，为加快构建中国特色哲学社会科学，实现中华民族伟大复兴的中国梦做出新的更大贡献！

教育部社会科学司

前 言

当代中国近四十年的急剧社会变迁,给"百年树人"的学校教育创造了千年难遇的发展契机,提出了许多富有挑战性的课题。其中,对学校德育的推动、拷问和期待可谓世人瞩目。一方面,中国经济高速增长,人民生活显著改善,综合国力极大增强,既为学校德育改革提供了坚实的基础,也向其提出了更高的要求——人们期待更优质的教育,更公正的国家,更道德的社会,更舒心的人生。另一方面,学校教育、学校德育在取得历史进步的同时(如实现了名实相符的义务教育,高等教育大众化等),也要面对功利主义、应试化等问题,这些不仅阻碍学生个性潜能的全面发展,束缚学生的求知欲和独立思想,甚至影响了学生的身心健康。

随着我国学校教育的深化发展,以生为本,立德树人,促进学生的全面性、整体性发展,培养学生终身受用的必备品格与关键能力,逐步成为学校教育的主导观念。如何从单一德育要素的改革走向整体学校德育体系的建设也成为德育理论界和各级学校关注的重点,学校德育体系建构是学校教育的"新生长点"。

早在1994年《中共中央关于进一步加强和改进学校德育工作的若干意见》(以下简称《若干意见》)中,就明确提出要加强学校德育建设。针对当时经济体制已发生重大变化、对外开放进一步扩大的国情,《若干意见》强调要"完善德育体系,积极推进教育教学改革,克服一手硬、一手软和忽视德育工作的倾向"。到2005年,教育部首次就德育体系建设专门印发文件,即《教育部关于整体规划大中小学德育体系的意见》(以下简称《整体规划》),特别说明了"整体规划大中小学德育体系"的含义、目标、要求。2010年《国家中长期教育改革和发展规划纲要（2010～2020年）》再次强调，要"构建大中小学有效衔接的德育体系，创新德育形式，丰富德育内容，不断提高德育工作的吸引力和感染力，增强德育工作的针对性和实效性"。2017年，教育部印发《中小学德育工作指南》，指出要"着力构建方向正确、内容完善、学段衔接、载体丰富、常态开展的德育工作体系"。应该说，这些文件所提出的问题至今并没有完全解决，所提出的主要目标也没有圆满实现，足见全面加强学校德育体系建设的艰巨性、复杂性。2012年，我们申报了教育部哲学社会科学研究重大课题攻关项目"全面加强学校德育体系建设研究"（项目批准号12JZD002），试图为解答这一难题贡献绵薄之力。

本课题研究的整体结构和主要探索如下：

一、本课题研究的整体结构

本课题研究由五个子课题构成。

子课题一（第一章）是学校德育体系建设的理论建构，同时也是整个课题研究的理论起点。尽管学校德育体系建设的指导思想处于变化之中，不过，大体是明确的，那就是马列主义、毛泽东思想、邓小平理论、"三个代表"重要思想和科学发展观，特别是十八大提出的社会主义核心价值观，以及习近平新时代中国特色社会主义思想，对学校德育意义重大。问题在于，它们不仅是学校德育体系建设的指导思想，更是我国社会主义各项事业改革与发展的指导思想。换言之，加强学校德育体系建设，除了这个总的指导思想之外，还需要反映现代教育规律、体现"体系建设"特殊要求、具有方法指导意义的理论。当前学校德育体系建设进步缓慢且问题较多，也反证了相应理论准备的不足。基于这样的认识，我们认为全面加强学校德育体系建设，首先要弄清楚学校德育体系究竟是什么，其内涵和要素为何；其次要对当前实际存在的学校德育体系予以概括和反思，分析其特点、总结其优势、指出其不足；最后要明确学校德育体系建设的指导思想和基本理念，为全面加强学校德育体系建设提供理论准备。

子课题二（第二章）是大中小学德育过程的有机衔接。加强学校德育体系建设的第一层含义，是强化纵向贯通，实现大中小学德育过程的有机衔接。1994年的《若干意见》提出要"科学地规划各教育阶段的具体内容、实施途径和方法"；2005年的《整体规划》强调"有效衔接、分层实施、循序渐进"。可以说，加强大中小学德育体系的有机衔接已成为共识，甚至教育部2011年还进行了整体规划大中小学德育课程的尝试。然而，有两个方面的问题尚待深入研究：第一，为什么要提出有效衔接？或者说，提出有机衔接的依据是什么？第二，通过什么方式来实现有机衔接？

子课题三（第三章）是学校内部德育要素融合与整体提升的实践探索。联系我国学校教育的实际情况，我们可以发现，我国学校内部普遍存在着"教书"与"育人"分离（中小学里科任老师、大学里教授、副教授等不负责学生的德育工作和思想政治工作，"只教书不育人"），德育工作部门化（德育只是专职机构的工作），以及各种教育活动（如课堂教学、校园文化、学校管理等）相互"割裂"的现象。特别是，经过一个时期基础教育改革的理论普及和观念宣讲，老师们在观念上认同道德是学校教育的目的与价值追求，承认情感态度价值观教育与知识教育同样重要且更为复杂；但是在教育实践中却习惯于把德育当作学校的部分工作，习惯于使德育活动服务于、让位于考试升学，居于次要地位。学校德育的先进理念仍"不敌"传统习惯。因而，究竟如何进行学校内部德育要素的融合与整体提升，就成为该子课题要解决的问题。围绕这一问题，需要回答：为什么说道德是学校教育的目的与价值追求？学校教育内部要素的德育价值何在？进而，不同的学校要进行内部德育要素的融合与整体提升，可以有哪些不同的方式？

子课题四（第四章）是社会—家庭—学校"高效德育场"建构。尽管学校、老师年复一年、日复一日地对学生进行思想道德教育，尽管学校努力地营造有利于学生成长的健康校园、平安校园、道德校园，然而，"5+2=0"的现象还是比较普遍的。有人概括为"学校教育多年功，不及社会事件一次冲"。我们的调查研究也通过准确的数据证明，社会风气对学生思想道德观念的影响是第一位的①。因此，加强学校德育体系建设，不能不重视学校之外的家庭和社会，不得不正视社会和家庭对学生的多方面影响，特别是消极影响。构建社会—家庭—学校"高效德育场"，形成全方位、全天候的德育合力，这是学校德育体系建设的第三种含义。进行该子课题研究，首先要确立"德育合力论"的价值立场，超越"学校中心论"；其次是探索在多元多样多变的时代，如何建构多种层次的"高效德育场"。

子课题五（第五章）是学校德育体系建设的制度创新。全面加强学校德育体系建设不是一时之需，不是权宜之计，需要稳定化、体系化的制度来保障，尤其需要制度创新。我们分析了制度创新的必要性，进而从学校制度及制度生活、国家德育制度以及德育立法三个层次展开论述制度的现实困境及创新思路。

一是学校制度及制度生活变革研究。从我国现实来看，一所成熟的学校，拥有相当多的制度、规章、规定，问题是这些制度是否被学生真正认同，有没有程序正义，具不具备发展价值。因此，有必要对学校制度的制定、认同、执行、效果和更新开展跟踪研究，深入反思制度的价值理念、知识表达和"阶层立场"。依据社会的制度逻辑来改革当前学校制度，让公平正义、民主平等、自由发展的制度理念成为学校主导性的生活态度与生活方式，只有在这样的学校生活中，才能培养出"社会主义合格公民"。

二是国家德育制度研究。系统梳理现有国家德育制度，分析其制度变迁的逻辑，根据社会的要求，建设程序正义、公平合理、具有教育与发展价值的国家德育制度体系；以改革的勇气，全面审视中小学的班主任制度和高校的辅导员制度，并提出有针对性的改进建议。

三是从立法层面考虑对学校德育体系建设予以法律保障。正如1994年《若干意见》所指出的："学校德育工作要有法制保障。学校德育的地位、任务和主要方针、原则要有权威性和稳定性，必须制定相应的法律法规，以保证教育者、受教育者及社会有关方面共同遵循。"

---

① 杜时忠等：《德育实效的调查研究》，载于《教育研究与实验》2007年第2期。

二、本课题研究的主要探索

（一）关于学校德育体系建设的理论准备

1. 学校德育体系的概念、目的、研究维度

体系，是若干相关系统的有机结合。关注学校德育体系发展，反映了对学校德育工作复杂性、系统性和长期性认识的深化；加强学校德育体系建设，体现出了凝聚各方力量共同提升学校德育质量，促进学生全面健康发展的愿景。

学校德育体系研究已经有一些成果，但是远远不够，特别需要进行前瞻性的理论建构。如果能够在研究之初就集合各界智慧，深入地研讨，在学校德育体系的基本概念、分析维度、构成要素和主要问题等方面达成一定的共识，不仅有利于后续研究开展，而且可以增强研究的科学性和权威性，同时有助于扩大研究的学术影响和社会影响。基于这样的考虑，本课题采取了德尔菲研究法。

关于学校德育体系的概念，我们采用大多数专家认同的概念，即"学校德育体系是学校为促进学生品德发展，综合校内外各种德育要素、活动、环境，构建合理的体制、机制，进而形成的一个整体系统。"需要说明的是：第一，学校德育体系的主体按字面理解是学校，但实际上学校德育体系的建设主体不限于学校，而是超出学校之外，有诸多主体参与，如政府、家庭、企业、社区等。第二，学校德育体系建设的目的究竟是什么？按字面理解，是为了促进学生品德发展，就像这个定义所表明的。不过，我们认为，它应该不止于个体道德或品德层面，而是包含了更多更为广泛的目的。直言之，全面加强学校德育体系建设的目的，应该是为了培养社会主义合格公民。

关于学校德育体系的维度，综合已有的研究成果，尊重咨询专家的意见，本课题组选择了纵向衔接、横向联合、体制机制三个维度开展重点研究。纵向衔接维度，即大中小学德育过程的有机衔接，这是第二个子课题研究的内容。横向联系维度，包含了校内德育要素的融合和校内外德育要素的联合。前者是第三个子课题，即校内德育要素融合与整体提升的实践探索，后者是第四个子课题，即学校—家庭—社会"高效德育场"建构。体制机制维度，则着重探讨学校德育的制度保障，这就是第五个子课题的研究内容。

2. 当前学校德育体系的特点、矛盾与突出问题

究竟如何去概括我国现有学校德育体系的特点呢？以上述的研究维度作为分析框架，我们概括为十四个方面：第一是"党政决策，学校执行"；第二是"国家本位"；第三是"主体崛起，走向生活"；第四是"德育主导，影响可控"；第五是"功能正向，即时有效"；第六是"学生少德，灌输塑造"；第七是"教师道德，越高越好"；第八"课程教材，进步不小"；第九是"内容扩张，无所不包"；第十是"分段实施，沟通很少"；第十一是"知识德育，简单高效"；第十二是"考核评价，难度不小"；第十三是"教育分离，德育狭小"；第十四是"学校社会，难有合力"。

以上所概括的这些特点，第一、第十二个方面涉及的是学校德育体系的制度建设（学校德育的管理与评价），第二至第七个方面涉及的是学校德育体系的理论建构（价值取向、德育功能、学生观、教师观），第八至第十个方面涉及的是学校德育体系的纵向衔接（课程标准、教材内容和学段重点），第十一、第十三、第十四个方面涉及的是学校德育体系的横向联合（校内学科渗透、全员育人，以及校外德育合力）。

同样的，以这一分析框架为基础，我们还分析了当前学校德育体系存在的九大矛盾以及突出问题。当前学校德育体系存在的矛盾冲突有：德育首位与德育无位的冲突、传统德育与现代德育的冲突、政治化德育与生活化德育的冲突、规范化德育与主体性德育的冲突、思想统一与价值多元的冲突、大德育与小德育的冲突、德育工作者队伍数量庞大与专业化程度低之间的冲突、德育高要求与德育低投入之间的冲突、学校主渠道与校外影响之间的冲突。其中，当前学校德育体系存在三个方面的突出问题：一是大中小学德育各自为政，德育过程缺乏衔接；二是学校内部教书与育人各行其是，德育要素缺乏整合；三是学校、家庭、社会各持己见，德育影响缺乏协调。为解决这些矛盾冲突和突出问题，我们提出了全程德育、全员德育、全域德育和制度德育的学校德育体系框架。

3. 全面加强学校德育体系建设的指导思想、基本理念及对认识误区的超越

全面加强学校德育体系建设，还必须明确究竟是"就体系来论体系"还是"就人来论体系"。这一问题指向学校德育体系建设的根本目的，同时也是全面加强学校德育体系建设的指导思想。我们认为学校德育体系建设以培养社会主义合格公民为目的。

学校教育包括学校德育的根本问题是培养什么样的人以及如何去培养人，一个完备的教育理论必须回答，而且有充分依据地回答这两个问题。关于培养什么样的人，30年来有两种不同的说法。一种是培养社会主义事业的"建设者与接班人"（见诸于众多国家教育文件）；另一种是培养社会主义的"合格公民"（党的十七大报告和《国家中长期教育改革和发展规划纲要（2010～2020年）》）。立足于中国市场经济的高速发展、政治民主化的稳步推进、多元文化的广泛存在，特别是中国转向现代社会这些历史事实与不可逆转的发展趋势，我们认为培养"合格公民"的目标更为合理。公民教育的理论是学校德育体系建设的理论基础之一。

在培养公民的指导思想之下，我们进一步提出了全面加强学校德育体系建设的基本理念——尊重生命、服务生活、注重过程，以及应超越的三大误区——"学校中心论""专门德育论""即时效果论"。针对这三大误区，首先，要用"合力德育论"超越"学校中心论"；其次，要用"生活德育论"来超越"专门德育论"；最后，提倡德育追求长远功效，用"长效德育论"来超越"即时效果论"。

（二）关于大中小学德育过程有机衔接的研究

加强大中小学德育过程的衔接，这已经成为共识，问题在于衔接的依据是什么，以及如何实现衔接。

我们认为，大中小学德育过程有机衔接的依据有三个方面：一是大中小学生的成长需要；二是国家在不同时期对学生的思想道德要求，即国家德育意志；三是具体德目的逻辑层次。

第一个方面，目前并没有系统的、科学的研究成果，特别是没有基于学生学校生活现场的实证研究。我们认同学校德育要尊重学生道德发展的规律，不过，这只是一个近代的教育理念，还不是一个清晰的可以操作的现代德育模式。第二个方面，通过对不同时期国家德育文件的文本分析可以得到。第三个方面最为薄弱，几乎没有这方面的研究。无论大中小学德育，都要教给学生一些基本德目，如爱国、诚实、勇敢、关爱等。不过，它们本身有没有由低到高的不同层次、水平，对小学生的要求与对大学生的要求是一样的还是有差异的？

  针对三个不同的依据，我们运用不同的研究方法进行探索。对于学生成长需要，我们认为可以划分为三大维度，即自主需要、关系需要和安全需要。在每一维度之下，又包含若干更具体的需要。以此作为理论基础，我们分别对中小学生和大学生设计了不同的调查问卷，累计对近6 000名学生进行了问卷调查。对于国家政策所表达出来的国家德育意志，我们采用文本分析法，分析了自改革开放以来国家对学生思想道德要求的变化。对于德目逻辑，我们结合教育学与心理学的已有研究成果，尝试建构出若干德目的逻辑层次。

  总的来说，我们不仅提出且研究了"三个依据"，还以"三个依据"作为基础尝试重构大中小学德育过程衔接的方式。特别是通过组织编写国家义务教育德育教材小学《品德与生活》《品德与社会》和初中《思想品德》，我们还对社会主义核心价值观"进教材"进行了分层化、系列化的探索。这可视为教材衔接的一种尝试。

（三）关于学校内部德育要素融合与整体提升的探索

1. 学校内部德育要素融合与整体提升的理论认识

  学校内部德育要素融合与整体提升的起点是什么？我们从道德是学校教育的目的和价值追求出发，跳出就德育论德育的框，提出通过道德的教育培育道德的人的德育理念。在这一理念的指导之下，学校内部德育要素融合与整体提升，也就是学校内部教育要素融合与整体提升。进而，我们将课堂教学、校园文化、教育管理以及教育实践活动等纳入德育要素的范畴，分析其德育意蕴。

2. 学校内部德育要素融合与整体提升的方式

  为了探索学校内部德育要素融合与整体提升的可行方式，我们同若干所中小学合作，建立了试验学校及试验区（我们与中小学合作进行的研究并非严格意义上的"教育实验研究"，故而称为试验学校、试验区)。针对不同的校情、学情,试验不同的要素融合方式。就研究方法来说,不再局限于仅仅到教育实践中"发现问题"而不"解决问题",更不再满足于"坐而论道式的"理论分析,而是扎扎实实地深入到教育实践当中,进行教育试验。就研究对象来说,我们也没有局限于一所学校,而是采用试验学校与试验区相结合,不同区域试验学校相区别的方式,来探索不同学校德育要素融合与提升的不同方式。就研究过程来说,我们与试验学校、试验区的合作历时3年(今后还要继续),从而能够在本课题研究的最大限度内观测学校内部德育要素融合的过程,并提炼、总结出相应的方式。

(四) 关于社会—家庭—学校"高效德育场"建构的探索

建构"高效德育场",需要分析、诊断当前社会影响、家庭影响和学校影响的道德性质,以及各自对学生的作用程度,合理界定各自在学生思想道德形成和发展中的地位,在此基础上,提出有针对性的改革措施。具体来讲,我们进行了如下研究:

第一,以武汉市为例,进行了系统的德育诊断—试验研究。通过实践探索,我们归纳出社会—家庭—学校"高效德育场"的建构具有不同的层次,如"班级—家长层次""学校—家长委员会层次""学校—企业层次""学校—社区层次"以及"政府主导多方合作层次"。我们分析了武汉市的社区、家庭、学校在德育方面存在的问题,并着手建立了若干试验学校、试验区,根据其自身特色,选取不同的层次进行针对性的试验。

第二,典型问题的针对性研究。除了以武汉市为个案的整体性研究,我们还选取了留守儿童学校德育和网络德育两个问题进行了针对性的研究。一直以来,受限于诸多条件,学校德育研究对象倾向于城市学生,对农村学生,尤其是农村留守儿童的德育问题关注不够。为此,我们以武汉市郏城四小(被称为"中国留守儿童第一校")为个案,在分析农村留守儿童身心特点和具体校情的基础之上,系统梳理、挖掘该校的"高效德育场"建构思路与方式。

随着网络的普及,人类精神生活及物质生活的几乎一切领域都在发生着巨大变化,人类正在进入信息时代。人类生产、生活和交往方式的变化，对人必然提出新的要求。教育作为一种培养人的活动，必然受到网络时代精神文化的影响。我们在分析网络社会特点的基础上，聚焦网络社会对学校德育提供的机遇，探索了学校德育体系变革的方向与方法。

总之，我们认为建构"高效德育场"，要超越学校德育"主渠道""主阵地"的传统思路，明确各类德育主体的责任，倡导在政府的主导下，学校、家庭、社区及各种社会教育机构相互结合，建立多种多样的社会实践基地，为未成年人的健康成长提供尽可能多的教育资源，形成教育合力，切实提高整个社会德育体系而不仅仅是学校德育体系的实效。

（五）关于全面加强学校德育体系建设的制度创新的研究

1. 学校德育体系建设的制度创新的理论基础

我们不仅从宏观的社会发展和微观的学校变革两个层次论证制度创新的必要性，提出了制度创新在学校德育体系建设中的价值，同时还深入地分析了制度影响学生道德发展的心理机制。这不仅为制度创新提供了依据，而且也为判断制度是否实质上创新提供了一定的伦理学和心理学依据。

2. 不同层次的具体制度创新研究

首先是学校制度及制度生活变革研究。在学校制度层次，我们用个案研究的方式，通过参与式观察、访谈等研究方法，深入到学校现场一年，研究学校制度的制定、执行过程，以及学校制度生活的全貌。

其次是国家德育制度及其创新研究。在国家德育制度层次，以改革的勇气，系统地梳理了中小学班主任制度和高校辅导员制度的历史演变，反思了二者的存在价值，并指出了未来的可能走向。

最后是学校德育体系的法律保障研究。在这一层次，我们尝试从法律保障的角度审视学校德育体系，分析学校德育立法的必要性、可能性、操作性，并尝试系统建构德育立法的原则、目标、程序、内容等。

摘　要

经过新中国近70年的教育革命和教育探索，特别是改革开放40年的教育改革，我国形成了以党政决策、国家本位、学校主导、专职机构、专门队伍等为特征的学校德育体系。这一套学校德育体系能及时体现和贯彻国家德育意志，旗帜鲜明地表达了学校的道德立场，但是，也存在德育过程缺乏衔接，德育要素缺乏整合，德育影响缺乏协调等诸多不足。为此，学校德育不断地调整和改革（从德育纲要、课程标准、教材编写到德育理念、培养目标、德育方法等方面）。进入21世纪以后，时代发展的客观要求，教育改革的内在逻辑，使得我国学校德育从单一要素的变革走向谋求整个体系的完善。

全面加强学校德育体系建设，首先要有充分的理论准备。在坚持正确的政治方向前提下，还要确立先进的、合理的德育指导思想。我们认为，新时代的学校德育要以培养社会主义合格公民为目标，树立尊重生命、服务生活、注重过程的现代教育理念，用"合力德育论"超越"学校中心论"，用"生活德育论"超越"专门德育论"，用"长效德育论"超越"即时效果论"。

加强大中小学德育过程的有机衔接，已经成为建构学校德育体系的共识。尚待深入探究的是衔接的依据和衔接的方式。我们论证了德育衔接的三个依据：学生成长需要是德育衔接的主体依据，国家德育意志是德育衔接的社会依据，德目逻辑层次是德育衔接的学科依据；并分别以实证调查、政策梳理和哲学分析的方法，研究了学生成长需要、国家德育意志和德目逻辑层次。以此为基础，探讨了目标衔接、课程衔接、内容衔接、活动衔接和教材衔接的具体方式，揭示了社会主义核心价值观在1~9年级德育教材中的分年级图谱。

建构学校德育体系，势必要求所有的教育要素和影响个体思想品德的要素形成德育合力，这主要有两个层次。一是学校内部要素融合与整体提升。本书阐述了我们的教育信条——以道德的教育培养道德的人，论证了我们的核心观点——育德是学校整体的责任。我们进入学校教育现场，建立了试验区，开展了教育试验，探索了教育管理、课堂教学、校园文化和社会实践四大教育要素的融合，以整体提升学校德育合力。二是学校—家庭—社会多方协同配合，建设"高效德育场"。我们在武汉市的实践探索表明，它至少有五个层次，即"班级—家长层次""学校—家长委员会层次""学校—企业层次""学校—社区层次""政府主导多方合作层次"。此外，我们还对留守儿童的学校德育体系和网络社会的德育挑战进行了研究。所有这些研究，都一再表明要超越学校德育"中心论""主导论"的传统思路，明确各类德育主体的责任，学校、家庭、社区及各种社会教育机构相互结合，为未成年人的健康成长提供尽可能多的教育资源，形成正向的积极的教育合力，切实提高整个社会德育体系而不仅仅是学校德育体系的实效。

加强学校德育体系建设，需要制度创新。社会事实表明，制度确实可以影响个人品德；制度不变的情况下，学校德育改革收效甚微。我们的田野观察表明，学校层面的德育制度虽多，但程序正义不足、学生参与不够、发展价值缺失。因此，我们急需重构学校制度，改革制度生活。国家层面的德育制度，如中小学的班主任制度和大学的辅导员制度，在新高考改革和高等教育大众化时代，也面临着根本性的挑战。

加强学校德育体系建设，需要法律保障。梳理我国现行法律中学校德育的相关规定，不难发现，存在着巨大的德育法律真空。德育立法不仅必要，而且可行。我们提出了对《教育法》《教师法》修订的系列建议，并尝试制定《学校德育法》。

总之，在这样一个文化多样、价值多元和观念多变的"三多"时代，在中国进入"强起来"的新时代，在人类进入命运共同体的新时代，学校德育体系既要加强，更要改革。加强学校德育体系建设，最终实现"五个德育"，即公民德育、道德德育、成长德育、合力德育和制度德育，这就是我们的根本立场。

Abstract

After nearly seventy years of education revolution and exploration in New China, especially education reform for four decades in the time of Reform and Opening-up, China has formed a school moral education system characterizing by party and government decision-making, nation-oriented, school-led, administration-specialized and staff specialized.

This set of school moral education system can timely embody and implement the nation's will of moral education, meanwhile clearly express the school's moral stance. However, this school moral education system has many shortcomings, for instance, there is a lack of coherence in the process across the different stages of school moral education, a lack of integration of various moral education elements, and also a lack of coordination of the various sources of moral education.

For that reason, school moral education should continue reforms in its curriculum guideline, standards and textbook editing, as well as redesigning its ideas, goals and methods. After entering the 21st century, the requirements of the development of the times and the inherent logic of educational reform have made Chinese school moral education move from the reform of one single factors to seeking the transformation of the entire system.

In order to comprehensively strengthen the school moral education system, we must first have a sufficient theoretical preparation. Under the premise of adhering to the correct political direction, we must also establish an advanced and rational guiding ideology for moral education. We believe that the school moral education in the new era should aim at cultivating qualified citizens of socialism, establish a modern education philosophy of respecting life, serving life, focusing on process, and use "forces-jointed moral education theory" to surpass the "school-centered theory", "life moral education theory" to go beyond "specialized moral education theory", the "long-term moral education theory" to go beyond the "instant-effect theory."

To strengthen the organic coherence of the moral education process in primary school, middle school and college has become the consensus of the school moral education system. What remains to be explored in depth is the basis and strategies of that coherence. We argue that the organic coherence lies in three foundations which are the nation will of moral education as the societal one, the logical levels of morality as the disciplinary one, and the growth needs of students as the subjective one. We conclude these by an analysis of empirical survey data, philosophical argument and policy debates. And on the foundation we discuss the goals consistence, courses connection, contents transition, activities coherence and textbooks relation of school moral education system. The research also demonstrates the classified patterns of Core Socialist Values teaching from 1st grade to 9th grade.

Constructing school moral education system urges a joint force from all influences of educational elements and factors shaping individual's moral development. It can be build by two strategies. One is to coordinate the elements inside a school and improve its function as a whole. We deliberate our educational belief that cultivating morality is the task of the entrie school and teaching students in a moral way is all educators' responsibility. To illustrate our idea, we cooperate with some experimental schools where we explored the integration of four elements, namely educational administration, classroom teaching, school culture and social practice. The other way is to construct a "High Efficient Field" of Moral Education by combining joint efforts from family, school and communities. This experiment has been conducted in Wuhan.

The results indicate that this High Efficient Field of Moral Education should have five layers which are class-parents level, school-parents committee, school-enterprise, school-community and a multi-cooperation led by government. Besides these, we also explore the moral education for the "left-behind children" and try to address the challenges from cyber society. All these studies have repeatedly demonstrated that schools must transcend the traditional thinking of School-centered Theory and School – Dominating Theory. To clarify each subject's responsibility among schools, families and communities, and to create educational resources to form a joint force, only by that the effectiveness of school moral education system, also the social system of moral education, could be improved.

To strengthen the construction of school moral education system, the innovation of educational institution is necessary. Social facts reveal that institutions surely affect a person's moral quality. School moral education system is embedded in the social institutions, thus with the institutions unchanged, school moral education reforms would have limited success. Our fieldwork shows the institutions in school are plenty, but are short of procedural justice, lack of students participation which has diminished their value for students' development. Hence, We urge a timely reconstruction of the school institutions to improve the institutionalized life. The institutions of moral education of a nation, such as, head teacher institution in k-12 schools and counselor institution in college have also been facing great challenges in the age of mass higher education and under the background of college-entrance-examination reform.

To strengthen the school moral education system requires legal protection. To sort out the relevant provisions of school moral education in the current laws of our country, it is not difficult to find that there is a huge legal vacuum of moral education. Moral education legislation is not only necessary but also feasible. We proposed a series of amendments to the "Education Law" and "Teacher Law" and advices to formulate the "School Moral Education Act".

To sum up, in this era of "three diversities" with diverse cultures, diverse values, and diverse concepts, in the new era when China has entered "strong-up" stage, in the new era when human beings enters into a community with a shared future, the school moral education system must be strengthened and reformed. To strengthen the construction of the school moral education system, and ultimately to realize "five types of moral education", namely, civic moral education, ethical moral education, growth moral education, cooperative moral education, and institutional moral education, is our basic position.

目 录
Contents

第一章 ▶ 学校德育体系建设的理论建构　1

    第一节　学校德育体系的内涵与要素　1
    第二节　当前学校德育体系的特点、冲突与问题　10
    第三节　全面加强学校德育体系建设的理论准备　22

第二章 ▶ 大中小学德育过程的有机衔接　45

    第一节　德育衔接的主体依据：学生成长需要　46
    第二节　德育过程衔接的社会依据：国家德育意志　66
    第三节　德育过程衔接的学科依据：德目逻辑层次　75
    第四节　大中小学德育过程的衔接方式　81
    第五节　核心价值观"进教材"的体系化研究　96

第三章 ▶ 内部德育要素融合与整体提升的实践探索　112

    第一节　学校教育整体的育德意蕴　113
    第二节　实践探索的主体、过程与方法　118
    第三节　实践探索的具体进展　125
    第四节　研究反思　146

第四章 ▶ 社会—家庭—学校"高效德育场"建构　152

    第一节　问题诊断与多层建构　154
    第二节　破解留守儿童的德育难题　169
    第三节　网络社会的学校德育变革　181

第五章 ▶ 学校德育体系建设的制度创新　193

　　第一节　制度创新的理论基础　193
　　第二节　学校制度及制度生活变革　204
　　第三节　国家德育制度及其创新　225
　　第四节　学校德育体系的法律保障　245

附录一　"全面加强学校德育体系建设研究"专家咨询问卷（第一轮）　266

附录二　"全面加强学校德育体系建设研究"专家咨询问卷（第二轮）　268

附录三　"全面加强学校德育体系建设研究"专家咨询问卷（第三轮）　272

附录四　4~12年级学生成长需要调查问卷　276

附录五　大学生成长需要调查问卷　279

参考文献　282

后记　283

Contents

Chapter 1 Theory on the Construction of School Moral Education System   1

1.1 Elements and Connotations of School Moral Education System   1

1.2 Features, Conflicts and Problems of the Current School Moral Education System   10

1.3 Theory Assumptions for Comprehensively Strengthening the Construction of School Moral Education System   22

Chapter 2 The Organic Coherence from Primary School, Middle School to College in the Process of Moral Education   45

2.1 The Subjective Foundation Underpinning the Coherence of the Process of Moral Education: The Growth Needs of Students   46

2.2 The Societal Foundation Underpinning the Coherence of the Process of Moral Education: The Will of the Nation   66

2.3 The Disciplinary Foundation Underpinning the Coherence of the Process of Moral Education: The Logical Levels of Ethical Codes   75

2.4 The Way of Improving Coherence of the Process of Moral Education from Primary School, Middle School to College   81

2.5 Research on the Stratification and Serialization of Integrating Core Values with Textbooks   96

Chapter 3 Practical Exploration of Coordinating the Elements Inside a School and Improving Its Function as a Whole   112

    3.1 The Moral Value of School Education as a Whole   113
    3.2 The Subject, Process and Method of the Practical Exploration   118
    3.3 The Progress of the Practical Exploration   125
    3.4 Reflection of the Research   146

Chapter 4 Construction of "Efficient Moral Education Field" by Social – Family – School Cooperation   152

    4.1 Problem Diagnosis and Multi-layer Construction   154
    4.2 To Address the Issues of the "Left-behind Children" Moral Education   169
    4.3 The Reform of School Moral Education in Cyber Society   181

Chapter 5 An Institution Reform to the Construction of School Moral Education System   193

    5.1 The Theoretical Foundation of Institution Reform   193
    5.2 The School Institution and Institutionalized Life in School and Its Reform   204
    5.3 A Research into the Innovation of National Institution of Moral Education   225
    5.4 On the Legal Protection of the School Moral Education System   245

Appendix 1 A Sample Questionnaire to Experts on Comprehensively Strengthening the Construction of School Moral Education System (The First Round)   266

Appendix 2 A Sample Questionnaire to Experts on Comprehensively Strengthening the Construction of School Moral Education System (The Second Round)   268

Appendix 3	A Sample Questionnaire to Experts on Comprehensively Strengthening the Construction of School Moral Education System (The Third Round)	272
Appendix 4	A Sample Questionnaire on the Growth Needs of 4 – 12 Graders	276
Appendix 5	A Sample Questionnaire on the Growth Needs of College Students	279
Reference	282	
Postscript	283	

第一章

学校德育体系建设的理论建构

体系，是若干相关系统的有机结合。关注学校德育体系发展，反映了对学校德育工作复杂性、系统性和长期性认识的深化；加强学校德育体系建设，体现出了凝聚各方力量共同提升学校德育质量，促进学生全面健康发展的愿景。

第一节 学校德育体系的内涵与要素

对学校德育体系的研究已经有了一些成果，但是远远不够，还特别需要进行前瞻性的理论建构。如果能够在研究之初就集合各界智慧，深入地研讨，在学校德育体系的基本概念、分析维度、构成要素和主要问题等方面达成一定的共识，将不仅有利于后续研究开展，而且可以增强研究的科学性和权威性，同时有助于扩大研究的学术和社会影响。基于这样的考虑，本课题采取了德尔菲研究法。

一、研究方法

本研究的目的是为构建学校德育体系理论提供参考，界定"学校德育体系"的概念，选择学校德育体系的分析维度，明确学校德育体系的构成要素，归纳学校德育体系建设中存在的问题。虽然关于"学校德育"的研究资料极为丰富，但直接研究"学校德育体系"的资料却为数甚少。为此课题组决定集思广益，采用德尔菲法进行专家咨询。

德尔菲法是依据系统的程序,通过专家咨询的方式,引发和收集关于某一专题的意见和资料的研究方法。按照研究目的,我们选择该研究领域内的专家组成专家小组,就有关问题向专家咨询。专家小组人数一般以 10~30 人为宜。一般进行数轮问卷调查,并将每一轮的结果反馈给专家,作为专家填写下一轮问卷的参考。专家小组成员之间不直接接触,专家获得的所有信息由研究者来选择和分发。这样做,一是最大限度地保证专家个人的独立性,使专家组的每一位成员既能够了解到集体的反应,同时又能避免受到其他人的压力和干扰,自主地做出判断,充分地发表自己的见解。二是有利于研究者根据研究目的,结合专家反馈,适时对研究过程进行调整,获取有价值的信息。经过数轮讨论,最后专家小组就主要问题达成一致意见,或者形成明显而稳定的分歧。实质上,德尔菲法相当于一种调查对象之间间接交流的集体访谈或小组讨论,适合在缺乏足够的信息、数据或理论的研究情境中(一般为研究的初期),生成性地获得参考资料,进而提出研究假设或者构建评价指标,为进一步的研究或调查打下基础。①

二、调研过程

根据研究的需要,我们计划实施三轮调查。第一轮请专家就学校德育体系研究的重点和问题发表自己的观点,然后归纳出每个考察点若干有代表性的观点,编制成问卷;第二轮将问卷发送给专家,供专家讨论,根据专家反馈,修订问卷,使观点更加集中;第三轮再次实施问卷调查,与上一轮进行比较,得出结论。每一轮调查,我们都在发放问卷的同时向专家提供参考资料以及上一轮的调查结果,使专家了解研究的背景、主题以及研究进展。

(一)第一轮调查

实施调查首先要确定调查对象,选择和聘请本领域的专家组成"德尔菲专家组"。选聘的范围定为:以从事德育理论研究的具有高级职称的高校、科研单位的专家为主,包括部分德育方向的博士或博士研究生,另有少数从事学校德育研究和教学的一线教研员和教师。选聘采用与第一轮调查同步的方式,向目标专家发出邀请信并附第一轮问题,向专家说明回复问题即为确认接受聘请并参加后续的调查。课题组通过电子邮件或 QQ,共向 56 位专家发出邀请,第一轮有 32 位

---

① [美]威廉·维尔斯马、斯蒂芬·G. 于尔斯著,袁振国等译:《教育研究方法导论》,教育科学出版社 2010 年版,第 316 页。

专家回复确认，后来1位专家因故退出，其余31位专家完成三轮调查，符合德尔菲法的要求。这31位专家中有16位教授，7位副教授，4位博士或博士研究生，另有1位教育部中小学德育的负责人，2位中小学校长，1位小学德育教师。他们分别来自北京师范大学、南京师范大学、华中师范大学、华中科技大学、西南大学、首都师范大学、湖南师范大学、上海师范大学、湖北省教科所、武汉市教科院等高校和教育科研单位。

根据研究目的和前期研究，第一轮调查拟定了三个问题：（1）您认为应该怎样理解"学校德育体系"这一概念？"学校德育体系"与"学校德育"有何区别？（2）您认为学校德育体系应该包括哪些基本构成要素（可从不同维度进行划分，如横向、纵向过程等）？（3）您认为当前学校德育体系建设过程中，有哪些成绩或经验，又有哪些不足或者问题？如何改进？详见专家咨询问卷（第一轮）。

从专家的反馈来看，对"学校德育体系"概念的界定大同小异，典型的观点有："学校德育内部诸要素的联系和学校德育与其他方面的联系所构成的整体。"还有："学校德育体系是一个围绕学生道德培养构建的多维多方多元的教育系统，该系统包含不同的教育元素，如教育者、受教育者及教育'支撑平台'。换言之，是教育诸因素在教育机制下发挥作用的一个教育系统。"从中可以归纳出"学校德育体系"概念的要点：（1）建设学校德育体系的目的是为了促进学生品德发展；（2）学校德育体系包括诸多要素、层次、维度和过程，涵盖校内外广大的领域；（3）学校德育体系是一个动态的整体，是积极建构的结果。专家之间的分歧在于对"学校德育体系"与"学校德育"二者范畴的认识不同，对此在下一轮调查中需做进一步的讨论。

在学校德育体系的维度上，有横向、纵向、过程、学校教育类型（普通或者职业教育）、时代（传统或现代）、地域或地区（城乡或东中西部）等划分维度。学校德育体系的要素，有过程要素、形态要素、人员要素、管理要素等分法。下一轮将考察专家更倾向于哪几种维度和要素的划分方式。

根据专家对当前学校德育体系建设"取得的主要成绩""存在的主要问题"，以及"对策"的述评，并结合前期研究，课题组归纳出了15个具有代表性的观点，设计成问题。分"很赞同""比较赞同""不确定""比较不赞同""很不赞同"五个选项，请专家做出选择，表达自己对这些观点的认同程度。

问卷定稿以后，以电子邮件的方式发送给已确认参加后续调查的专家，并附上第一轮调查结果的简要介绍，开始第二轮调查。详见专家咨询问卷（第二轮）。

（二）第二轮调查

第二轮调查问卷回收完毕后，我们进行了统计分析，可以发现：

在对"学校德育体系"与"学校德育"的关系的认识上，专家间存在着明显的分歧，选择"二者是不同概念，它们提出的前期和基础不同，不能比较范畴的大小""学校德育体系"的范畴小于"学校德育""学校德育体系"的范畴大于"学校德育"这三种观点的居多，均超过1/5。

关于学校德育体系的分析维度，专家们比较倾向于"纵向""横向""机制"三个维度。"纵向"维度，是指小学、中学、大学三个学段或层次。"横向"维度，是指学校内部的构成要素和学校外部的诸多因素。"机制"维度，是指学校德育制度、课程设计、教学与活动、校园文化等。"时代""理论和实践""学校类型""地域"等其他维度也有人选择。由于是多项选择，所以在此问题上不能说专家有多大的分歧，而是说明学校德育体系可以也应该从多个维度进行分析，"纵向""横向""机制"是最常用的维度。

关于学校德育体系的要素划分，情况与上一题类似，所列选项均有人选。赞同从过程角度划分为"目的、途径、内容、方法、手段、管理、评价等"，以及赞同按形态划分为"理论、政策、制度、机构、人员、活动等"的居前两位。其后是选择按实施的人员或部门划分为"（学校内部）主管校长、德育处（办）工作人员、班主任（辅导员）、任课教师、辅助人员等。（学校外部）家长、社会教育人员（专兼职）、大众（包括媒体）等"。最后是选择从管理角度划分为"人、财、物、信息、时空等"。

在当前学校德育体系建设的现状和问题方面，专家们的态度较为一致。对于"培养目标过于高、大、全，比较空洞，学生不易达到""各级学校德育内容重复的地方过多""小学与中学、中学与大学，甚至初中和高中之间的德育活动和过程存在很大程度的脱节""学科教学中德育渗透不足，未能起到应有的育人作用""校园文化建设虽然蓬勃发展，但对学校德育的实际效果却不明显""教育行政部门'运动式'的要求，对学校德育干预多""学校德育制度制定和实施'自上而下'，缺乏程序正义"等说法，表示"比较赞同"和"很赞同"（两项合计，以下简称"赞同"）的均占到2/3以上。对于"大、中、小学不同学段的德育目标层次清晰，有明显的递进顺序""投入学校德育的人、财、物较充足，德育教师素质较高"两种说法，表示"比较不赞同"以及"很不赞同"（两项合计，以下简称"不赞同"）的超过2/3。

专家对于"由专门的人员（如班主任）和部门（如政教处）负责有利于学校德育工作的开展，学校德育需要进一步专业化"，过半数表示赞同，另有1/3表示不赞同。

对于"学校的德育效果不及家庭、社会的影响"，半数以上的人表示赞同。对于"学校德育体系已经有了比较充分的理论研究"，半数以上的人表示不赞同。

但在这两个问题上还有近1/3的专家选择"不确定",尚未表明态度。

对于"当前信息化发展和网络社会对学校德育的影响利大于弊"的说法,专家分歧很大。表示赞同、不赞同和不确定均有三成左右。类似的还有对"地区文化差异是造成城乡学生品德发展水平差异的主要原因"的看法。

根据上述分析以及专家对问卷设计的反馈意见,课题组对部分问题进行了修订:

课题组根据专家的意见,并结合前期研究,对"学校德育体系"概念做出了初步的界定,供专家讨论;在"学校德育体系"与"学校德育"关系问题上,删去无人选择的"两者等同"和"无交集"这两个选项,并对其他各项做了更为详细的说明,如"'学校德育'泛指学校德育的各个方面、各种形态,而'学校德育体系'强调的是学校德育的系统性、规范性,所以'学校德育体系'的范围小于'学校德育'";对于学校德育体系建设的现状,将所有问题的表述都调整为占多数的说法,便于后期分析比较,如"对学校德育体系研究有了比较充分的理论研究"改为"对学校德育体系的理论研究尚不够充分、深入","大、中、小学不同学段的德育目标层次清晰,有明显的递进顺序"改为"大、中、小学不同学段的德育目标层次不够清晰","投入学校德育的人、财、物较充足,德育教师素质较高"改为"投入学校德育的人、财、物不够,德育教师素质有待提高"等;将"由专门的人员(如班主任)和部门(如政教处)负责有利于学校德育工作的开展,学校德育需要进一步专业化"改为"仅将学校德育视为专门的人员(如班主任)和部门(如政教处)的工作不利于学校德育工作的开展",使意义更为明确;鉴于几位专家表示"地区文化差异是造成城乡学生品德发展水平差异的主要原因"的说法似有贬低农村学生道德发展水平之嫌,将其改为"城乡学生品德发展受到地区文化差异的重要影响"。

问卷修订完成后,以同样的方式将问卷及反馈发送给各位专家,开始第三轮调查。详见专家咨询问卷(第三轮)。

(三)第三轮调查

第三轮调查结果显示,专家在大部分问题上的意见或态度更加趋于一致,少数问题上的分歧愈发显著。

对于课题组给出的"学校德育体系"概念,表示"很赞同"的专家占12.9%,"比较赞同"的有67.7%,表示"比较不赞同"的有16.1%,另有3.2%表示"不确定"。可见这一定义能够得到大多数专家的认同。

关于"学校德育体系"与"学校德育"的关系,认为"学校德育体系"的范畴小于"学校德育"的专家占35.5%,高于上一轮的27.3%;认为二者不能比较的占32.3%，略小于上一轮的33.3%；认为"学校德育体系"的范畴大于"学校德育"的有19.4%，比上一轮降低4.8个百分点；认为二者部分交叉重合的有12.9%，略高于上一轮；不同意上述观点的为0。经过两轮讨论，专家虽然未达成一致意见，但分歧稳定下来，集中在"学校德育体系"的范畴小于"学校德育"或者"学校德育体系"与"学校德育"是两个不能比较的不同概念这两种观点上。

关于学校德育体系的分析维度，专家的选择依然集中在"横向""纵向""机制"三项上，分别为25人次、25人次、23人次，与上一轮相差不大。选择"理论与实践""时代""学校类型"和"地域"的依次为8人次、3人次、3人次、1人次。

学校德育体系的构成要素，选择"从过程划分""从形态划分""从人员或部门划分""从管理划分"的依次为28人次、25人次、15人次、8人次，与上一轮调查结果基本相同。

对于当前学校德育体系建设的现状和问题，专家们的意见进一步趋于一致，在12个问题上表示赞同的都超过70%，其中赞同"仅将学校德育视为专门的人员（如班主任）和部门（如政教处）的工作不利于学校德育工作的开展"说法的达到100%，赞同"学科教学中德育渗透不足，未能起到应有的育人作用"说法的也高达90.3%，显示出专家在这两个问题上的认识达到高度的一致。

对于"学校的德育效果不及家庭、社会的影响"和"城乡学生品德发展受到地区文化差异的重要影响"两个说法，表示赞同的均为64.5%，表示不赞同的均为9.7%，另有25.8%表示"不确定"。在这个问题上，虽然多数专家倾向赞同，但仍然有1/4未表明态度。

对于"当前信息化发展和网络社会对学校德育的影响利大于弊"的说法，41.9%表示赞同，9.7%表示不赞同，48.4%表示不确定。相对于上一轮的33.3%、27.3%、39.4%，虽然表示赞同的增加，表示不赞同的大为减少，但更多的人无法确定自己的态度，分歧依然存在而且趋于复杂。

三、调研结论

根据专家一致性的意见，可以得出如下结论：

（一）学校德育体系的概念

"学校德育体系是学校为促进学生品德发展，综合校内外各种德育要素、活动、环境，构建合理的体制、机制，进而形成的一个整体系统。"这一界定获得多数专家的认可。

（二）学校德育体系的维度

专家选择"横向""纵向""机制"作为分析学校德育体系的主要维度，并不出乎意料，从这些维度分析学校德育体系，甚或任何一个学校教育体系，几乎成为一种学术共识。而"时代""地域""理论和实践"等其他维度的提出，也为学校德育体系研究提供了新的思路。学校德育体系可以也应该从多种维度进行研究，需要根据不同的研究目的选择切合的维度。

（三）学校德育体系的要素

如果说分析"维度"是要将学校德育体系划分为不同层次或类型，引导研究关注学校德育体系的不同表现形式及其特质的话，那么分析"要素"就是要将学校德育体系分解为不同的部分，寻找和明确建构学校德育体系的"基质"以及基本动力。目的、内容、方法、评价等过程要素的提出，实则确定了学校德育体系建设的过程环节，为人们提供了行动的指南；理论、制度、机构、活动等形态要素，则指出了学校德育体系建设的着力点或者说"抓手"；而德育教师、科任教师、班主任乃至家长、公众等人员要素，强调学校德育体系建设是一个牵涉面甚广的工程，需要所有相关者的积极参与。

（四）学校德育体系建设的主要问题

"学校德育体系理论研究尚不够充分、深入""不同学段的德育内容重复的地方过多""学科教学中德育渗透不足，未能起到应有的育人作用"等说法获得专家较高的认同，一方面明确了当前学校德育体系建设中存在的问题，另一方面也确定了这些问题的性质（做得好坏与否）。

经过数轮讨论，专家在一些问题上仍然存在明显的分歧：

第一，"学校德育体系"与"学校德育"的关系：何者大，何者小？谁包含谁？讨论"学校德育体系"与"学校德育"的关系，可以加深对"学校德育体系"的认识。

第二，学校德育的效果与家庭、社会影响的比较。认为学校德育的效果不及家庭和社会的影响，似乎有悖于以学校德育为中心构建德育体系的初衷，但这恰恰说明学校德育不是影响学生品德发展的唯一或者主要因素。德育是一个系统的社会工程，学校德育的作用是有限的。而在建构德育体系的过程中，这种有限性也正是表现在学校德育发挥领导作用上。一方面，学校德育不应该也不能够越俎代庖，幻想取代家庭德育、社会德育的地位；另一方面，学校德育必须肩负自己的道德责任，表明自己的道德立场，整合各方德育力量。

第三，学生品德发展与城乡文化差异的关系。城乡之间的文化差异到底是带来了城乡学生品德发展水平的高低不同，还是赋予了城乡学生不同的品德特质，这是争论的关键。以城市的现代化说明城市学生品质的先进，或者以乡土的民风淳朴佐证农村学生品德的敦厚，都显得过于简单。这要求我们在道德评价上超越单一的进步或落后的"二分法"，在道德培养上探讨传统的继承和现代的发展等更为广阔的问题。

第四，信息化和网络社会对学校德育的影响。专家们在这个问题上的分歧最大，而且数轮讨论的结果使得这一问题更加扑朔迷离。究其原因，恐怕在于信息化和网络社会都是新兴事物，关于它们对学校德育的影响尚未有充分的研究，同时因为它们的迅猛发展，也使得研究工作显得尤为重要和迫切。

四、我们的立场

通过德尔菲法的研究，在征求专家意见的基础上，本课题组对学校德育体系的界定和理解如下：

（1）对于学校德育体系的概念，我们采用大多数专家认同的概念，即"学校德育体系是学校为促进学生品德发展，综合校内外各种德育要素、活动、环境，构建合理的体制、机制，进而形成的一个整体系统"。需要说明的是，学校德育体系的主体按字面理解是学校，但实际上学校德育体系的建设主体不限于学校，而是超出学校之外，有诸多主体参与，如政府、家庭、企业、社区等。此其一；其二，学校德育体系建设的目的究竟是什么？按字面理解，是为了促进学生品德发展，就像这个定义所表明的。不过，我们认为，它应该不止于个体道德或品德层面，而是包含了更多更为广泛的目的。直言之，全面加强学校德育体系建设的目的，应该是为了培养社会主义合格公民（后文将予以论证）。

（2）对于学校德育体系的维度，综合已有的研究成果，尊重专家的意见，本课题组选择了纵向衔接、横向联合、体制机制三个维度开展重点研究。纵向衔接维度，即大中小学德育过程的有机衔接，这是第二个子课题研究的内容。横向联系维度，包含了校内德育要素的融合，和校内外德育要素的联合。前者是第三个子课题，即学校内部德育要素融合与整体提升，后者是第四个子课题，即社会—家庭—学校"高效德育场"的建构。体制机制维度，则着重探讨学校德育的制度保障，这就是第五个子课题的研究内容。

（3）对于学校德育体系的要素，可以分为形态要素（理论、制度、机构、活动等）、过程要素（目的、内容、方法、评价等）、主体要素（德育教师、科任教师、班主任乃至家长、公众等），本课题研究均有涉及。

（4）对当前学校德育体系建设中存在的问题，专家们比较认同的是"对'学校德育体系'理论研究尚不够充分、深入""不同学段的德育内容重复的地方过多""学科教学中德育渗透不足，未能起到应有的'育人'作用"，本课题组将在此基础上深入研究，提炼出本课题研究力图解决的问题。

（5）对咨询专家们存在较大分歧的问题，我们也有自己的立场。我们强调学校德育体系是学校德育的系统化和规范化，对原本泛泛的学校德育概念进一步限定，突出学校德育的整体性和建构性。而正是因为这种整体性使学校德育体系突破了"学校"场域，成为不同于"单纯"的学校德育的概念。对学校德育的效果与家庭、社会影响的比较，我们坚持以前期关于德育实效的实证研究的结果为依据（详见专著《社会变迁与德育实效——转型期中小学德育实效报告》，教育科学出版社2009年版；以及系列论文《德育实效的调查研究》，载于《教育研究与实验》2007年第2期等），对学校德育的影响持谨慎立场，不赞成夸大学校德育的影响与功能。至于网络社会、信息化对学校德育的影响，我们也将予以关注。

学校德育体系，如图1-1所示。

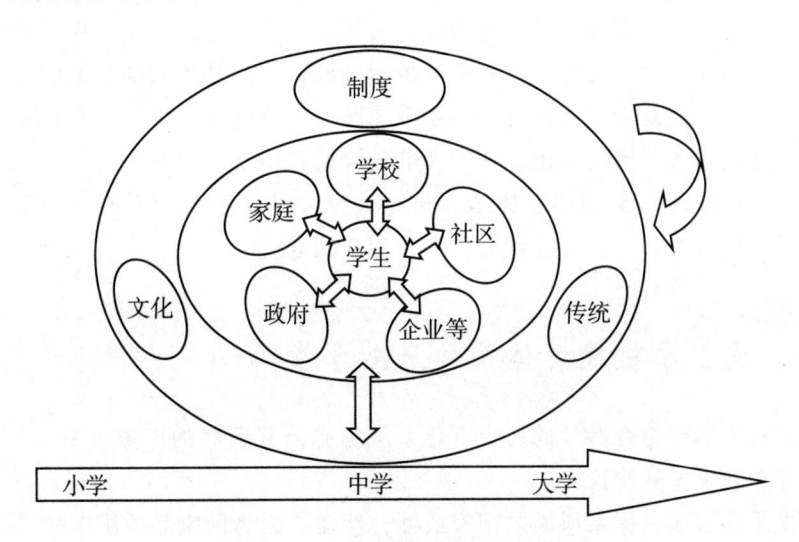

图1-1 学校德育体系动态图

图1-1的进一步说明如下：

第一，毫无疑问，学生是目的，全面加强学校德育体系建设的根本目的是为了促进学生的发展，不只是促进其道德发展，也要促进其身体健康、社会性发展和精神成长。这就是把学生置于中心圆的意蕴。

第二，学校德育是有限的。中观系统包含的要素很多，学校、家庭、社区、政府，以及企业、研究机构、博物馆等社会组织，它们共同对学生产生影响，而且它们之间互相影响，不能说学校德育的影响就是唯一的、起决定作用的因素。

第三，系统图是动态的、滚动的，因为学生在成长，不是静止不变的。学生在小学、中学、大学不同的教育阶段，各种要素所起的作用、所产生的影响也是有变化的，学校、家庭、社会、国家在学生不同年龄阶段的重要性是不同的。

第二节　当前学校德育体系的特点、冲突与问题

全面加强学校德育体系建设，前提是掌握我国当前学校德育体系的特点、所存在的矛盾冲突，特别是提出亟待解决的问题。找准问题是课题研究的逻辑起点。

那么，如何认识和概括我国目前的这一套学校德育体系呢？就时间范围而言，这套德育体系主要是指新中国成立以来的学校德育体系，重点是改革开放以来的学校德育体系，它既不是新中国成立前的民国学校德育体系，也不是中国几千年专制社会的学校德育体系。就空间范围来说，主要是指大陆，港澳台虽然是中国的一部分，但其学校德育并不属于本课题研究所指称的学校德育体系，尽管我们也把它们纳入了研究范围，作为大陆学校德育体系的参照。

要整体把握这一学校德育体系，我们认为可以分为四个方面：一是历史方位；二是主要特点；三是矛盾冲突；四是存在问题。

一、我国学校德育体系的历史方位

认识我国学校德育所处的历史方位，就是弄清其所属的国家（社会）性质、时代精神和教育发展阶段。

首先是学校德育体系所属的国家或社会性质。因为国家品质决定教育品质，[①]特别是国家根本制度决定了"教育之道"，即培养什么人以及如何培养人。根据《中华人民共和国宪法》，我国社会主义制度已经确立，"中国人民掌握了国家的权力，成为国家的主人。"因此，学校德育是以培养"国家的主人"即公民为目

[①] 杜时忠：《国家道德即德育》，载于《教育研究与实验》2013年第1期。

标，不会像几千年的专制社会那样以培养臣民为目标。

我国学校德育体系所属的社会性质是社会主义，毫无疑问要坚持社会主义方向。问题在于，我们要用科学的社会主义认识而不是片面的社会主义认识来指导学校德育体系建设。而我们对社会主义的认识，经历了一个发展过程。2012年党的十八大提出了社会主义核心价值观，指出了我们要建设什么样的国家，建构什么样的社会，培养什么样的公民，也就是告诉人们社会主义的价值标准究竟是什么，社会主义判断是非善恶的根本标准是什么。这样，我们对社会主义认识更全面、更清晰。所以说，我国学校德育体系是以社会主义核心价值观为导向的学校德育体系。它从根本上规定了这一整套体系的培养目标（培养什么样的人），以及在什么样的制度环境下实现培养目标（怎样去培养人）。

不过，鉴于"我国将长期处于社会主义的初级阶段"（《宪法》序言），目前还不是发达的富裕的社会主义阶段，而是处于决胜全面建成小康社会的阶段（十九大报告），因而，对社会主义公民的政治思想、道德境界不能期望过高，不宜提出过高的培养目标要求。能够成为合格的公民正是学校教育、学校德育所努力追求的目标。时至今日，我们仍然认为，1988年《中共中央关于改革和加强中小学德育工作的通知》所提出的德育任务是没有过时的，尽管过去了30年。这份富有改革勇气和实事求是精神的文件明确指出："中小学德育工作的基本任务是，把全体学生培养成为爱国的具有社会公德、文明行为习惯的遵纪守法的好公民。在这个基础上，引导他们逐步确立科学的人生观、世界观，并不断提高社会主义思想觉悟，使他们中的优秀分子将来能够成长为坚定的共产主义者。"从这个文件可以看出，学校德育体系的培养目标有三个层次：第一个层次，是把全体学生培养成好公民或合格公民；第二个层次，是培养社会主义者；第三个层次，是培养少数优秀分子成为共产主义者。不过，稍有遗憾的是，文件对公民的理解存在偏颇之处，即只是强调了公民遵纪守法的一面，而对公民的合法权利没有提及。我国学校德育所属的社会性质，以及所处的社会发展阶段，一方面决定了培养目标，另一方面也决定了德育内容，即用社会主义的思想观点、政治立场与道德原则来引导学生。

其次是时代性质。我们处于什么样的时代？应该拥抱什么样的时代精神？毫无疑问，这个时代不仅是指中国的时代，也是指世界的时代，甚至是指全人类的时代。我国改革开放的基本国策及其40年的实践，使得中国与世界紧密相连。我国已经成为世界第二大经济体，第一大贸易国。同时，中国与世界的联系，除了这种经济上"你有中我、我中有你"的紧密联系，还有政治、军事、文化、教育、科技、人文等全方位的密切联系。那么，我们如何把握这个时代的人类文明？如何拥抱人类文明的世界潮流？世界文明、人类文明发展进步到今天，究竟具有什么样的时代精神和共同价值？一百多年前，孙中山先生曾指出，世界潮流，浩浩荡荡，顺之则昌，逆之则亡。当时他所讲的世界潮流，就是共和，就是自由、平等、民主、博爱。这个潮流过时了吗？应该说，它们并没有过时，它们仍然是人类文明的共同价值。当然，经过一百多年的发展，人权、法治也成为这个时代的共同价值。放眼人类文明史，人类社会走过野蛮时代，走过农业时代和工业时代，现在进入信息时代。在这个时代，经济全球化、政治民主化、文化多元化、价值普遍化，自由、平等、民主、人权、法治等得到了世界文明国家的共同认同，得到了众多国际组织的尊重，当然也得到了我们党和政府的认同（具体表现：1998年，我国加入国际人权公约组织；《中华人民共和国宪法》和《中国共产党党章》都有明确的条文——"尊重和保护人权"；2014年党的十八届三中全会提出建设法治中国）。十八大提出的社会主义核心价值观，就承认并吸收了这些共同价值（如民主、自由、平等、公正、法治）。我国学校德育体系当然要融入这样的时代精神，当然要拥抱这样的时代精神。只有这样，才能走向世界，才能有地位，才能赢得尊重。

如果说，国家性质和时代精神是我们考评学校德育体系的纵横坐标，那么，目前学校教育所处的发展阶段，则是我们反思和评价学校德育的内在尺度。今天，互联网正在深刻地改变我们的学习、生产、生活和交往方式，当然也在深刻地影响学校教育，甚至可以说对学校教育提出了前所未有的挑战。比较一下网络传递与学校传递，可以发现无论在内容、形式，还是在传递者、学生的自主性等诸多方面，互联网都领先于学校传递。就传递内容而论，学校教育传授的主要是人类的间接经验，尤其是被认为正确的知识和被奉为正统的观念，而网络传递则是多元并存。就传递形式来看，学校教育主要局限于语言传递（教材的书面语言和师生的口头语言），而网络传递则是"声光化电"无所不包。学校教育的传递者主要是教师，而网络的传递者则从影视明星、政治人物、运动健将、成功人士直到平民百姓，每个人都有可能成为网络传递者。学生在学校里，其选择权是有限的（比如义务教育阶段，他不能选择不上学）；但在网络世界里，他是主人，一切听任他的自由选择。

然而，当今的教育学理论和学校教育实践模式，当然包括学校德育体系，却是建立在几百年来工业文明的基础上的。工业时代的学校教育有其显著特征，如知识中心、科层管理、标准化（统一的课程标准、教材、评估标准）、规模化（班级授课）等。这种工业时代的学校教育，远远不能适应信息时代知识的公共性、管理的扁平化、发展的个性化、学习的终身性等要求。试想，如果个人可以方便地得到知识，可以随时随地学习，甚至在网上可以得到比学校更高质量的教育，更有深度的学习，更高品质的发展和更有意义的生活经验，那么，学生还有必要在规定的时间到规定的地点，即那个称为学校的地方去接受教育吗？学校还有存在的必要吗？可以说，在互联网时代，如果学校要继续存在下去，就必须改弦更张，既要超越工业时代的局限，又要正视网络的挑战，做网络所不能做的，网络能做的，学校要做得更好！

二、当前学校德育体系的主要特点

以上所谈的是当前学校德育体系所处的国家性质、时代精神和教育阶段。那么，究竟如何去概括学校德育体系的特点呢？我们认为有如下十四点。

第一点是"党政决策，学校执行"。德育承担着强烈的政治使命，我们党和国家都高度重视德育，加之我国自上而下中央集权式的管理体制，因此，有关学校德育的制度、文件、法规、政策，往往出自中共中央、国务院、教育部，往往出自党和国家领导人的讲话精神。这就是"党政决策"。而学校是我国教育改革和发展的基本单位。"党政决策"最终要靠大中小学来贯彻执行。这种"决策—执行"模式与分权制国家形成明显差异。

第二点是"国家本位"。"党政决策"的制度模式，决定了我国学校德育首先表达的是国家意志。学校德育体系的价值取向在国家和个人的关系维度上，我们始终是强调国家、集体高于个人。这种取向当然与几千年中国传统文化中的整体主义密不可分，同时，也是由集体主义所决定的，它是社会主义道德原则的核心。

第三点是"主体崛起，走向生活"。进入 21 世纪之后，国家确立了以人为本的发展宗旨，党的十九大更是明确提出以人民为中心，把人作为经济发展和社会进步的根本目的，在教育领域，强调学生是主体，强调道德教育要为学生的生活服务，要引导学生的生活。

第四点是"德育主导，影响可控"。毫无疑问，人的思想道德受家庭生活、学校教育、社会存在等多方面的影响。不过，在影响思想道德发展的各项因素当中，我们对学校德育的看法是比较乐观的，是强调学校德育要起主导作用的，教科书是这样写的，理论上也是这样倡导的（我们对此是持怀疑态度的）；而学校德育的影响是可控的，因为我们一直强调学校教育、德育体系是有组织、有计划、有目的的。

第五点是"功能正向，即时有效"。从理论上讲，学校德育的功能既有方向之分（正向与负向），也有阶段之分（即时与长远）。然而，现有学校德育体系几乎只注意和强调了德育的正向功能，即它对社会和学生的积极作用，很少注意到它的负面功能即它的消极影响。特别是对学校德育实效性的追求中存在着急功近利、追求立竿见影的简单化、急迫化心态。

第六点是传统教育的学生观，其核心是"学生少德，灌输塑造"。其认为学生道德知识、道德生活经验比较少，缺乏判断力，道德上不成熟，因而无论在教育理念还是教育方式上都倾向于灌输塑造，强调师传生受、师讲生听、校训生练，强调学校和教师的绝对权威，强调管理控制，视学生为被动的教育对象。

第七点是"教师道德，越高越好"。与第六点相对应的就是对教师道德期望很高。从传统社会的"学高为师，身正为范"到现代社会的"教师是人类灵魂的工程师"，都表达了一个永恒不变的主题——教师必须具备高尚的道德品质。长期以来，很多教师都在为学生"铺路"、为学生"燃烧"、为学生"抽丝"，"红烛""春蚕""孺子牛"等成为教师形象的代表，"红烛精神""春蚕精神"等成为人们评价教师道德素质的准则。然而，虽然教师应该有良好的品德，但是我们不应该以"完美主义"的标准来评判教师。

第八点是"课程教材，进步不小"。20 世纪 80 年代以来，国家日益重视学校德育的课程教材建设。从 80 年代研制中学德育大纲和小学德育纲要，经过世纪之交研究、制定义务教育阶段德育新课程标准，在教育部的领导下开发多版本、多样化的德育教材，以及整体建构大中小学德育课程体系，一直到最近编写并在全国使用统一的德育教材，可以说，今天，我国已经基本形成了小学、初中、高中各学段各有重点、核心价值观贯穿始终、螺旋式上升的德育课程标准体系（尽管还不完善）；据此开发的新教材也逐步受到学生的喜爱。在德育课程教材改革的带动下，德育课越来越受到学生的欢迎。

第九点是"内容扩张，无所不包"。在肯定德育课程教材改革取得巨大成就的同时，我们也不得不指出，当前学校德育的内容仍然在不断扩张，政治、思想、道德、法治、心理、国情等具有不同学科背景、拥有不同学科逻辑、含有不同实践指向的内容，以各种理由被纳入到德育内容之中。我们在肯定这种做法合理性的同时，也不由地警惕由此而产生的诸多问题，如：基础教育阶段最具基础性的德育内容究竟是什么，不同德育内容有没有层次差异和时间上的先后顺序，以及不同的德育内容其教与学的方式是否存在差异？

第十点是"分段实施，沟通很少"。小学、中学和大学德育分段实施，各有侧重、各有特点，但是相互之间的交流、合作、沟通不多。

第十一点是"知识德育，简单高效"。尽管学校德育的内容体系无所不包，然而，走进学校德育现场，考查其课堂教学，却是有喜有忧。喜的是，一部分先进学校大胆探索，锐意实践新的德育理念，课堂面貌焕然一新；忧的是，大多数大中小学的德育课堂，深受应试教育的影响，仍然是按照知识教学的思路与模式来开展复杂的情感态度价值观教育，追求所谓的标准答案，只注重考试分数，强调简单高效。

第十二点是"考核评价，难度不小"。究竟用什么标准，以什么方式来考核和评价学校德育？如果只是依据学生德育课的考试成绩，那只能评价学生的道德知识，而且是概念性、观念性的书本知识，还不是指导道德行动的实践知识，更谈不上对学生道德行为、态度价值观的考查。至今为止，如何考核和评价学校德育，如何考核和评价学生的道德发展状况，既是中国的难题，也是世界性难题。尽管有德育量化的大胆尝试，但由于道德量化存在着目前难以克服的技术难题，德育量化本身的科学性存在很大的问题。

第十三点是"教育分离，德育狭小"。现行的教师管理制度，把教师群体一分为二，即班主任（辅导员）和科任教师，形成"教书的不育人（中小学科任老师专门负责学科教学，不负责德育与班级管理），育人的不教书（大学里有专职辅导员，负责大学生的思想政治教育，不教书）"的现象。同时，把德育专职化，德育成为专门机构（教导处、政教处、学工处）部分人的专职工作，造成"德育狭小"。

第十四点是"学校社会，难有合力"。几十年来普遍存在的难题，就是学校正面的德育影响难以抵抗现实社会的多方面影响，主要是社会消极现象对学生的影响。

以上所概括的这些特点，第一、第十二点涉及的是学校德育体系的制度建设（学校德育的管理与评价），第二至第七点涉及的是学校德育体系的理论建构（价值取向、德育功能、学生观、教师观），第八至第十点涉及的是学校德育体系的纵向衔接（课程标准、教材内容和学段重点），第十一、第十三、第十四点涉及的是学校德育体系的横向联合（校内学科渗透、全员育人，以及校外德育合力）。

应该肯定，目前这一整套学校德育体系富有中国特色，其典型的优势和经验是：

第一，能及时贯彻和体现国家意志，因为有组织、机制、机构、人员、政策以及课程、基地、资源等多方面保障。

第二，旗帜鲜明地表达了学校的道德立场，承担了学校的道德责任：教学生道德，做有道德责任的人。我国学校德育体系没有秉持价值中立，没有主张怎样都行，也没有推诿学校的道德责任。

第三，客观上促进了学校德育由专人化、专职化、专门化向专业化方向发展。

第四，中小学德育课程标准系列化、课程内容努力反映学生的年龄特点，试图突出不同学段的层次差异。

当然，这套德育体系也存在不足，特别是随着时代的发展，存在着比较激烈的矛盾与冲突。

三、当前学校德育体系存在的矛盾冲突

（一）"德育首位"与"德育无位"的冲突

从党和国家领导人的讲话与党中央、国务院的文件精神来看，学校德育的地位很高。邓小平同志早在1978年就指出："毫无疑问，学校应当永远把坚定正确的政治方向放在第一位。"[①] 江泽民同志在1989年明确提出了"德育首位"，他指出："各级各类学校不仅要建立完备的文化知识传授体系，而且要把德育放在首位，确立正确的政治方向。"[②] 2000年6月21日中共中央办公厅、国务院办公厅下发了《关于适应新形势进一步加强和改进中小学德育工作的几点意见》，强调"必须坚持把学校德育工作摆在素质教育的首要位置，树立育人为本的思想，将思想政治素质是最重要的素质的要求落实到教育工作中的各个环节"。《国家中长期教育改革和发展规划纲要（2010～2020年）》明确提出：育人为本，德育为先。党的十八大、十九大报告都强调，立德树人是教育的根本任务，即"德育为根"。

不过，在教育实践中，德育却处于"说起来重要，干起来次要，忙起来不要"的尴尬地位，学校教育中重智育轻德育的现象依然存在。

（二）传统德育与现代德育的冲突

传统与现代是相对的。如果把我们今天正在努力追求的德育称为现代德育的话，那么历史上的三种德育都可以被看作传统德育，它们分别是几千年专制社会的德育，新中国成立前几十年解放区的德育和新中国成立后计划经济时代的德育。不过，这里所指的传统德育主要是指第一种，它是在小农经济、专制政治和大一统文化中形成的，其根本目的是培养臣民和顺民。不管人们对这种德育和伦理道德赋予多少赞美之辞，甚至还有人把目前德育的困境归结为"传统美德的失落"，我们都要指出，传统德育与现代德育存在根本差别，传统社会与现代社会有很大不同。我们今天所要建设的社会是现代法治型社会，而不是传统的道德至上型社会，对学校教育（包括德育）的要求是培养公民。培养臣民的德育与培养

---

① 《邓小平文选》第二卷，人民出版社1994年版，第104页。
② 江泽民：《在庆祝中华人民共和国成立四十周年大会上的讲话》（1989年9月29日），中国网，http://guoqing.china.com.cn/2012-09/13/content_26747878.htm。

公民的德育性质上是根本对立的。

当然，不可否认，现代德育在某些具体问题上（如修养方法）还可以从传统德育中得到启示，有些古老的道德智慧今天仍然散发着光辉，只是不能本末倒置。优秀传统道德能为现代道德提供一些精神和心理资源，但绝不会成为现代道德的主体。现代德育对传统德育的批判、超越是第一位，继承与借鉴是第二位的。只想用传统道德或传统美德来解决今天的道德问题，只能说明我们仍然生活于"过去"，离"现在"越来越远。

（三）政治化德育与生活化德育的冲突

德育政治化是一个"反思性"概念，指的是"文革"期间把德育窄化成政治教育，以政治教育代替道德教育的极端做法。时至今日，政治化德育虽然受到批判，但其影响并未根本消除。在一些人的观念中，德育之所以重要，只是因为它的政治价值，他们看不到或者不愿意承认德育也应该为学生的健康成长服务，为学生的幸福生活服务。

我国世纪之交的基础教育改革明确提出了道德教育生活化的主张，指出德育要为学生的生活服务，德育要联系学生的生活，引导学生的生活。《中共中央 国务院要求加强未成年人思想道德建设的若干意见》（2004）也把"贴近实际、贴近生活、贴近未成年人"作为加强和改进未成年人思想道德建设的原则之一。这些都表明德育应该生活化，应该从学生的生活出发，紧紧围绕学生的生活。实现德育生活化，是德育改革的一大难题，也是德育取得实效的关键。

（四）规范化德育与主体性德育的冲突

以改革开放为界，新中国成立至今的学校德育大体上呈现出两种截然不同的模式。一种是规范化的德育模式，另一种是主体性德育模式。自新中国成立到20世纪80年代初期，可以说规范化德育模式占主导地位。规范化德育要求学生认同既定的道德规范与价值取向，接受既定的道德教育过程。学校德育的目的就是要教会学生在家里是"遵父母言的好孩子"，在学校是"听老师话的好学生"。所以在我国德育实践中，长期以来，老师是道德权威；德育的主要办法就是灌输与训导。

从80年代中期起，由于改革开放的日益深入，一方面，过去许多既定的价值观念受到怀疑和否定；另一方面，我国社会的治理方式逐步发生改变，变得宽容与开放。在这种背景之下，规范化的德育模式越来越多地遇到了挑战，主体性德育呼之欲出。虽然现在我们还不能肯定主体性德育已经成为我国学校德育的主导模式，但我们可以越来越强烈地感受到这种主体性德育的呼唤与追求。

主体性德育倡导培养学生主体性道德人格，把学生看作是具有独立人格、自主意志与选择愿望的主体（而不是道德的容器），把教师看作是学生社会化过程中的顾问（而不是说一不二的道德"法官"），把德育看作是对学生的指导（而不是居高临下的训导）。它认为学校德育的基本职能是指导学生在对各种道德价值观念分析、比较的基础上，自主地选择或拒斥一定的道德价值，建构自己道德生活的意义。主体性德育追求的是"教会选择"。如果说规范化德育的结果是教师、家长替学生做主，那么，主体性德育的结果是在教师和家长的帮助下，学生自己做主，自主建构。这两种德育的矛盾与冲突，将贯穿现代学校德育全过程。

（五）思想统一与价值多元的冲突

新中国成立以来，由于社会政治经济形势发生了很大的变化，学校德育从指导思想到具体内容要求也随之进行了相应的调整。在思想观念和价值导向上，我们一直是坚持爱国主义、集体主义和社会主义不动摇，这是应该肯定的。这"三个主义"就是一直以来的德育"主旋律"，我们希望能把学生的思想统一到"主旋律"上来。

然而，当代中国正在发生并且还将继续发生的社会变化，却是阶层分化（据中国社科院的调查，当代中国已经形成了十大社会阶层）、文化多样（古今中外）、观念多变和价值多元。而且，市场经济本质上是一种利益经济，"主观为自己，客观为他人"，个人是最直接的出发点和目的。在这种情况下如何能把学生的思想统一到"主旋律"上来呢？这正是德育教育要解决的问题。

（六）"大德育"与"小德育"的冲突

我国的德育观是一种"大德育观"，包括了政治教育、思想教育、道德教育、法治教育和心理教育五个大的方面（如果依据德育内容来划分，就更多）。在学校实际工作中，除了教学工作之外，其他工作似乎都可以划归到德育工作。

这种大德育尽管有管理体制和工作上的方便，其合理性却是值得怀疑的。把政治教育、思想教育、道德教育、法治教育和心理教育都称为德育，一旦涉及各种教育实施的具体途径与措施，就会导致混乱。因为政治觉悟的提高，世界观、人生观的形成，品德的发展，道德人格的完善，健康心理的形成，它们之间虽有联系，但毕竟不是一个层面的问题。

（七）德育工作者队伍数量大与专业化程度低之间的冲突

我们有世界上最庞大的专职德育工作者队伍，学校里有书记、校长、政教主任、辅导员、班主任；社会上从事思想道德建设工作的人员也不在少数。但其专业化程度却不容乐观。我们访谈了一些中小学教师，发现了两个具有普遍性的事实：第一，做班主任是"吃力不讨好"的工作，没有多少人愿意做，甚至愿意待岗也不愿意做班主任；第二，德育工作者几乎没有参加专业教育与培训的机会，学科教师的培训很多，但是班主任、辅导员的培训却很少。长此以往，德育工作者队伍的素质（不仅仅是道德素质）堪忧。

（八）德育高要求与德育低投入之间的矛盾

目前，无论是家庭还是学校，教育投资几乎都集中在智育和艺术特长教育方面。为了让孩子有一个好的成绩，或掌握某一特长，家长不惜"重金"；为了提高升学率，学校也是尽其所能，各显神通。家长给孩子请一个家教，每小时支付课酬少则几十元，多则上千元（尤其是音乐教育上）；学校为了开展教学竞赛与评比，为了教师上好一堂公开课，往往也是举全校之力（人力、物力与财力）。

遗憾的是，无论是家长、学校还是社会，似乎都忽视了德育投资。从社会方面来说，缺少对未成年人开展思想道德教育的活动基地。在调研中我们了解到，某省会城市的一个区竟然没有一处可以供青少年免费参观的博物馆；青少年活动中心也没有得到充分利用。从学校来看，也较少给学生提供参与社会实践的机会。很多城市学校尤其是条件一般的中小学，往往校园面积狭小，开展校内教育活动都有困难。

（九）学校"主渠道"与校外影响之间的冲突

学校德育并不只是学校的工作，学生的健康成长也不只是校长、教师的责任。尽管至今为止，占主导地位的教育观念仍然坚持学校教育是学生道德发展的"主渠道"。但这样的观念在事实面前却越来越多地受到挑战。我们曾为此进行过专门的问卷调查，结果显示：70.8%的班主任认为社会风气和家长的影响大于学校的专门道德教育。如果说这只是德育工作者"利益本位"的说法，那我们来看看学生的回答。问到"对你目前思想道德观念形成影响最大的因素"这一问题时，初中生的回答是：社会风气是第一位的；第二位是学校教育；第三位是同伴交往；第四位是家庭氛围。高中生的回答大同小异：第一位的是社会风气；第二位的是同伴交往；第三位的是学校教育；第四位的是家庭氛围。如果把社会影响和家庭氛围加起来，其重要性程度远远超过学校教育。

这说明我们不能无条件地要求学校德育发挥主导作用，离开了社会这个大系统，学校德育这个子系统难以有所作为，"小气候"改变"大气候"是很难的。当然，我们不是要推卸学校教育应该担负的责任。应该说，它在学生品德形成中的作用还是相当大的，但是我们不能要求学校德育"孤军奋战"，而应该追求社会教育、家庭教育和学校教育的"合力"。

四、当前学校德育体系存在的突出问题

我们常说"学校德育是一个系统工程"，强调的是学校德育要取得良好的效果，取决于学校德育内外部各种要素之间、学校德育影响与其他道德影响之间协调一致，增强合力、减少斥力，整合为一个有机的体系，为实现学校德育目标而共同努力。如前所述，经过多年改革，我国学校德育体系建设已经取得了一定的成绩，但仍然存在矛盾冲突。尤其是在社会转型时期，德育体系建设还存在如下突出问题：

（一）大中小学德育各自为政，德育过程缺乏衔接

首先，各阶段的德育目标，其层次划分缺乏科学依据，难以符合学生道德成长由低至高、由浅入深、由"他律"到"自律"的发展规律。随着学生自我意识的成熟和主体性的增强，与学校德育要求的"违和感"日渐突出。其次，各阶段的德育内容难度安排不当，容易脱离学生生活实际，对学生道德成长各个时期主要矛盾的针对性不强。最后，各阶段的德育方法普遍简单，形式缺乏变化，重言教轻身教、重说教轻对话、重管教轻自主，知识讲授有余而实践活动不足，随着学生年龄增长，德育方法有单一化、粗糙化的趋势。由于层次不清、难度不当、方法单一，大中小学德育各自为政，缺乏有效的衔接和有序的递进，造成了学校德育工作的吸引力和感染力下降。

（二）学校内部"教书"与"育人"各行其是，德育要素缺乏整合

一方面，学校德育工作被窄化为部分人、个别部门的工作。提及学校德育，许多人想到的只是德育课老师、班主任、辅导员、分管领导、政工部门的事，而其他人、其他部门则处身事外，学校"教书"与"育人"两者原本有机联系的整体功能被割裂开来。另一方面，学校德育各组成部分自成一派，条块分割严重。传统的道德教育、思想教育、政治教育不仅课程不同、方法各异，而且彼此间的结构和比重不合理，衔接过渡不自然。根据社会发展需要逐渐增添的法治教育、心理健康教育、生态环保教育等只是以简单的形式不断地加入进去。这些就造成了学校德育"体量臃肿""负担沉重"，教师难教、学生难学。德育工作的部门化、德育构成的条块化，破坏了学校内部各种德育要素之间的有机联系，容

易导致冲突多于合作、斥力大于合力,从而降低学校德育的整体效力。

(三) 学校、家庭、社会各持己见,德育影响缺乏协调

除了上面提到的学校德育自身的不足以外,当前家庭德育、社会德育也存在诸多问题,如现代化进程中家庭的"式微"和"脆弱",转型时期社会道德的"失范"和"滑坡"。这些问题削弱了家庭德育和社会德育的力量。另外,学校德育和家庭德育、社会德育之间的冲突也越来越频繁、越来越凸显,如"5+2=0"现象体现出来的家庭对学校德育影响的消解,不良社会风气对学校德育环境的恶化,社会上普遍盛行的"潜规则"对学校德育所倡导的正统道德标准的挑战等。学校、家庭、社会三者各自德育力量相互之间的矛盾与冲突,破坏了德育过程的连贯性和一致性。

针对上述矛盾冲突和亟待解决的问题,我们有针对性地提出"全程德育""全员德育""全域德育""制度德育"。

第一,加强大中小学德育过程衔接,构建"全程德育"。在无法突破现有的教育阶段划分的条件下,加强大中小学德育过程的衔接需要借助和建立更多的外在渠道:首先可以综合设置大中小学的德育目标和内容,建立从小学到大学一贯制的课程体系,以学生的年龄特征为依据,以学生的成长需要为线索,统一规划各个教育阶段的学校德育过程。其次要加强大中小学学校组织间的联系,既可以是跨学段的学校之间,如大学与中学、中学与小学组成"德育共同体",也可以是学校内部的组织,如少先队、共青团、志愿者组织开展跨学校的活动,丰富组织形式、扩大活动领域、提高交流频率,促进大中小学德育共同发展。最后要探索建立统一的管理,教育行政部门要研究德育整体改革方案,出台激励措施,建立协调机制,加强保障,改进评价,推动大中小学德育连为一体。

第二,加强学校内部德育要素融合,构建"全员德育"。在学校内部,要调动各方主体的积极性,打破"教书"和"育人"的事务性分割。加强学校德育,我们不主张盲目增加专门的德育课程和活动,而是提倡融合法,将德育任务分解到学校各项工作中去,融入到学校各类活动中去,渗透到各门课程的教学中去。同时要改进德育工作评价方法,减少量化的、具体的、琐碎的评价,这样的评价本身就容易导致德育工作的割裂和"碎片化",增加整体性的、过程性的、生成性的评价,减少评价的数量,提高评价的质量。如以学校德育工作整体评价整合分散的政工、团队、文明、卫生、环境建设等评价,以学生成长指导手册代替学生德育评价档案等。学校自身德育功能的加强还有赖于学校教育的整体改革,落实素质教育要求,扭转应试导向,减轻师生负担。只有"教书"的任务减下来,才能为学校"育人"留出更多的余地。

第三，加强学校、家庭、社会德育影响协调，构建"全域德育"。首先要增强家庭和社会的德育能力。家长要提高自身的教育意识，不能将子女的教育责任完全推给学校；提高自身的道德素养，以身作则、言传身教；注意德育的方式方法，尤其是要加强与子女的沟通交流，多抽出时间陪伴孩子成长。社会方面，具有青少年教育工作性质的组织或机构，如关工委、少年宫、博物馆等，要进一步增强自身教育功能，其他组织也要积极参与进来，政府要做好协调工作。这其中，学校作为专门教育机构，应该利用自身的优势，对家庭和社会组织的教育工作进行指导和帮助，同时宣传学校的德育理念和主张，调整学校的德育内容和方法，争取家庭和社会的理解、认同。在此基础上，建立以社区为单位，以学校为核心，以家庭为节点，各类组织共同参与、一致行动、协同创新的全方位、全领域的"高效德育场"。

第四，加强学校德育制度建设，实践"制度德育"。无论是加强学校内部的德育工作，还是加强不同层次学校德育工作的衔接，或者学校、家庭、社会德育工作的协调，都需要有制度的保障，都需要不断创新和完善各项德育制度，通过制度建设保障德育工作的顺利进行，并推动学校德育改革，将改革总结出的好的方法和模式固定下来，维持下去，告别以前那种"运动式"的德育工作方式。同时学校德育制度也是一种重要的德育资源，良好的制度对学生道德成长具有定向、规范、激励、评价等作用，学校的制度建设过程同时也是一个德育过程。我们主张随着学生年龄的增长和能力的增强，逐步让学生加入学校制度建设过程中来，使学生从单纯受制度约束的人变成制度的建设者，这样有利于学生增强对学校德育制度的认同和提高执行制度的自觉性。

第三节 全面加强学校德育体系建设的理论准备

学校德育体系建设的理论基础首先是系统论。因为，所谓体系是指由事物内部诸要素的联系和事物之间的联系所构成的整体，体系建设的哲学原理就是"整体大于部分之和"的系统论原理。当然，系统论原理不只是整体原理，还包括结构功能原理、动态发展原理、系统与环境互动生成原理等。按照系统论思想来开展学校德育体系建设，必须研究学校德育体系的要素、结构与环境。前面我们建构了学校德育体系的要素；至于学校德育体系的结构，本课题组强调的是三个方面，一是纵向衔接，二是横向联系，三是制度变革。对于学校德育体系的环境，本课题组注重的是国家、社会、家庭与学校四方面的交互影响、互动生成，也就是强调"合力育德"。

学校德育体系建设的理论基础当然不只是系统论,它既属于教育之"事",理所当然要阐明教育之"理"。

一、指导思想:学校德育体系建设以培养公民为目的

所谓德育的指导思想,是指贯穿于德育活动及其整个德育体系的根本思想,它既是德育及其体系的灵魂,体现着德育的目的与性质,规定着德育的发展方向,也是德育活动开展及其体系建设的行动指南,体现着德育内容、途径、方式方法及体系的顶层设计,规定着德育活动开展及其体系建设的实践路向。

改革开放以来,我国学校德育体系建设的指导思想尽管在变化之中,不过,大体是明确的,那就是马列主义、毛泽东思想、邓小平理论、"三个代表"重要思想和科学发展观,特别是习近平新时代中国特色社会主义思想。问题在于,它们不仅是学校德育体系建设的指导思想,更是我国社会主义各项事业改革与发展的指导思想。换言之,加强学校德育体系建设,除了这个总的指导思想之外,还需要反映现代教育规律、体现"体系建设"特殊要求、具有方法指导意义的理论。当前学校德育体系建设进步缓慢、问题较多,也反证了相应指导思想准备上的不足。

学校德育的根本问题是培养什么样的人以及如何去培养人,一个完备的德育指导思想必须系统而深入地回答这两个问题。

我们认为,培养好公民是中国社会进步和中国教育发展的必然选择。以培养社会主义合格公民来引领学校教育,以公民观念、公民意识和公民精神为学校德育奠基,这是我们绕不过去的时代课题。因此,有必要系统回答两个问题:

第一,为什么把培养合格公民作为现时代的教育目标?

第二,怎样培养社会主义的合格公民?

(一)为什么把培养合格公民作为当代教育目标?

"公民"一词在辛亥革命前后传入我国,迅速获得认同。到五四运动时期,公民教育兴起。1919年全国教育会联合会提出编订公民教材案。1922年该会拟定的《中小学课程标准》把公民科列入中小学课程。1924年江苏省教育会、中华职业教育社等团体发起全国公民教育运动。1926年江苏教育会组织公民讲习会,制定公民信条:发展自治能力,养成互助精神,崇尚公平竞争,遵守公共秩序,履行法定义务,尊重公有财产,注意公众卫生,培养国际同情;议定每年5月5日至5月9日为公民教育运动周。至此,公民教育思潮盛极一时。

1949年新中国成立，实行社会主义制度。1954年通过的《中华人民共和国宪法》第二条明确规定："中华人民共和国的一切权力属于人民"；专设第三章共计21条规定了"公民的基本权利和义务"，这表明新中国认可了公民及其"主权在民"的政治理念。50年后，即2004年，全国人大对《宪法》进行了修改，首次从法律上界定了公民（第三十三条，凡具有中华人民共和国国籍的人都是中华人民共和国公民）；而且有两点值得注意的"修改"：其一，在《宪法》总体框架上，2004年《宪法》把公民放在国家机关之前（第二章是"公民的权利和义务"；第三章是"国家机构"），而此前的1954年《宪法》和1975年《宪法》都是把国家机关放在公民之前；其二，2004年《宪法》对公民权利与义务做了双方对称的规定："第三十三条，任何公民享有宪法和法律规定的权利，同时必须履行宪法和法律规定的义务"；而此前的1975年《宪法》对公民实质只规定了义务，其"第二十六条，公民的基本权利和义务是，拥护中国共产党的领导，拥护社会主义制度，服从中华人民共和国宪法和法律"。两个"拥护"、一个"服从"显然均属于义务范畴。

尽管我国的《宪法》规定认同了公民及其民主政治的理念，但是把合格公民作为学校教育的培养目标却经历了一个较为漫长的过程。新中国成立70年来，对于学校教育的培养目标有多种表述，诸如"劳动者"（20世纪50年代）、"接班人"（20世纪70年代）、"四有新人"（20世纪80年代）、"建设者"（20世纪90年代）等。那么何时提出了培养合格公民的教育目标呢？

就我们所见到的国家文件来看，最早是1988年12月25日发布的《中共中央关于改革和加强中小学德育工作的通知》。该通知明确提出："中小学德育工作的基本任务是，把全体学生培养成为爱国的，具有社会公德、文明行为习惯的遵纪守法的好公民。在这个基础上，引导他们逐步确立科学的人生观、世界观，并不断提高社会主义思想觉悟，使他们中的优秀分子将来能够成长为坚定的共产主义者。"在这个富有改革精神的文件中，第一次提出了把"好公民"作为培养目标，而且要求把全体学生培养成"好公民"。这是至今为止，我们所见到的最早的公民教育目标表述。

2007年党的十七大报告明确提出，要"加强公民意识教育，树立社会主义民主法治、自由平等、公平正义理念"。2010年《国家中长期教育改革和发展规划纲要（2010~2020年）》又再次重申要"加强公民意识教育，……培养社会主义合格公民。"2012年党的十八大提出了社会主义核心价值观："倡导富强、民主、文明、和谐，倡导自由、平等、公正、法治，倡导爱国、敬业、诚信、友善，积极培育和践行社会主义核心价值观。"2014年5月4日习近平总书记在与北京大学师生的座谈会上指出："富强、民主、文明、和谐是国家层面的价值要求，自由、平等、公正、法治是社会层面的价值要求，爱国、敬业、诚信、友善是公民层面的价值要求。这个概括，实际上回答了我们要建设什么样的国家、建设什么样的社会、培育什么样的公民的重大问题。"这些提法与表述，标志着培养公民、培养社会主义合格公民已经得到党和国家的赞同和认可。

在教育学术界，越来越多的学者认为，培养合格公民是学校教育的目标。比如，万明钢说："在对教育目标的表述上，培养合格的公民总是处于教育目标的核心地位。培养公民是一切教育目标表述的基础，也是国家对教育的基本要求"。① 檀传宝不满意只把公民教育看作是学校德育或学校教育的一个组成部分，指出："公民的培育是全部现代教育的终极目标，公民教育的倡导意味着教育性质的改变。公民教育实际上应该是也必须是全部教育的转型乃至整体社会的改造。"② 还有人梳理了近30年（1982~2012年）公民教育的研究成果，指出从2002年开始，公民教育的研究论文大幅增长，并且成了研究热点，公民教育成为多学科研究的对象，政治学、社会学、法学、伦理学、心理学都成为公民教育研究的学科视角。③

问题是，把培养合格公民作为目标的具体理由是什么呢？

首先，政治民主化的稳步推进，既提出了培养公民的政治要求，又提供并不断改善着培养公民的社会政治条件与氛围。我国民主政治的政治文化日益深入人心，其普适性得到了越来越高的认同，党的十七大报告成为提"民主"次数最多的文件。我国1998年加入国际人权公约组织，承认人权原则，并把它写入神圣的《宪法》（2004）和《中国共产党党章》（2007）。倡导法律面前人人平等，把"依法治国"奉为重要的治国原则，并在1999年入宪。在民主、人权、法治的推动下，各级政府更加开放，更加重视民意、民情和民生，使公民享有更多的尊严和选择自由。这些变革与进步，为我国开展公民教育创造了积极的政治条件，奠定了政治基础。

其次，市场经济的逐步成熟，催生了新型社会环境，呼唤具有独立人格的公民。"市场经济是以个人的人身独立为前提的一种经济形态。它对人的要求是独立、开拓、进取与创新，而不是计划经济体制下的单纯的服从、听话与闭塞。……这种人……说到底就是公民"。④ 在市场经济条件下，每个人都是天然的利益主体，但要合法实现个人的利益，就不得不尊重他人的利益与国家的利益，即在追求自身权利的同时，不得不承担对他人和国家的义务。这种权利与义

---

① 万明钢：《论公民教育》，载于《教育研究》2003年第9期。
② 檀传宝等：《公民教育引论》，人民出版社2011年版，第183页。
③ 薛传会：《公民教育30年：研究与评述》，载于《学术论坛》2015年第4期。
④ 王啸：《公民教育：意义与取向》，载于《教育研究与实验》2010年第1期。

务对称，正是现代社会契约精神的核心。

最后，日新月异的网络技术，爆炸式增长的网民社会，把民主政治带入"网络民主"时代。"网络民主"以其主体的平等性、权力结构的扁平化、载体的无界性、参与方式的直接性，把建立在工业化基础上的"代议民主"发展到一个新阶段。①"网络民主"，既是对以议员、民意代表为特征的间接民主的超越，更是对雅典式直接民主——"公民大会"的超越。它既克服了间接民主的局限（选举之前尊重民意，选举之后冷落民意等），也克服了雅典式直接民主的局限（只适用于小型的城邦国家，而不适用于人口众多、地域广阔的大型国家）。公民通过网络平台表达民意，具有及时表达、瞬间凝聚、真切互动的特点。网络民意既能够成为政府的施政依据，也能够实现对政府的及时监督。从我国近些年来的实践来看，几乎所有的重大社会政治事件都离不开网络。网络为中国社会的发展提供了宝贵的空间。当然，由于网络本身的虚拟性等特点，也使得"网络民主"存在一些问题，如虚假信息和网络暴力等。这从另一个方面说明对学生进行新型的网络民主教育，培养新型的"网络公民"是多么迫切和必要。

（二）怎样培养社会主义合格公民

在现代社会中，由于民主国家的制度规定，每个人出生即可获得公民身份，平等而广泛。这超越了以往对公民身份的种种限制（财产、地域、种族等），体现了人类政治文明的进步。不过，具有了政治上、法律上和社会意义上的公民身份，不等于公民就有能力去行使权利、履行义务、参与政治实践。直言之，个体要经历怎样的过程才能成为一个合格或成熟的公民，甚至成为一个好公民？

概观公民国家的历史，对这个问题的一般回答是：公民是在"做公民"的过程中成为公民的。所谓"做公民"，那就意味着他或她不是民主国家的旁观者，而是亲身参与者。在参与政治、参与司法、履行公民义务的过程中才能成为合格公民。正如有论者指出，公民是一种社会实践人格，公民只有在做公民的实践中才能生成为合格公民。

做公民的最好场域，是社会公共生活。学生作为社会公民，当然不可能隔绝于社会公共生活，必然在参与社会公共生活的过程中学习成为合格公民。不过，对于学生而言，无论是从时空范围来衡量，还是从重要程度来衡量，最为重要的场域就是学校公共生活。学生是在学校公共生活中学习如何做公民的。由此出发来考虑学校的公民教育，特别是我国基础教育阶段的公民教育，基本思路是：根据我国的国家根本制度设计（主权在民的民主政治），公民是在与国家的关系中

---

① 王烨：《试论代议民主与网络民主》，载于《理论月刊》2006 年第 3 期。

才成为公民的；这是成为公民的政治前提。这就意味着要建设制度化的民主校园，使民主成为学校师生的生活方式，在校园民主化、制度化的生活中学生学习做一个合格公民，核心是培养学生的公民参与能力。

公民要参与到社会政治和公共生活中去，首先必须具有一定的文化素质和政治素养，列宁曾经说过："文盲是处于政治之外的。"① 发展教育，提升公民的基本素质，既是促进公民参与和民主发展的先决条件，也是内在动力。随着公民自身素质的提高，其必然更加关心自己的各项权利，必然迫切地表达自己的诉求，在此过程中也愈发认识到积极参与和协商合作的重要性，更加积极并理性地参与到社会公共生活的建构中去，从而提升整个社会的民主水平。

民主的公共生活是一个复杂的社会活动体系，公民要参与其中，除了需具备相应的基本文化素质外，还需要一定的专门的知识和能力。公民参与能力可以分为客观能力和主观能力。客观能力是指公民对政府决策、行政治理或社会活动的实际影响程度。主观能力是指公民对自己参与政府决策、行政治理或社会活动的能力的认知、情感和态度。公民参与的主观能力和客观能力是相辅相成的。主观能力是客观能力的基础和前提，没有主观能力，公民参与的行为就无法产生，而如果仅有主观能力而无客观能力，则公民参与的行为及参与效果都会受到很大影响。② 在学校德育中进行的公民教育，主要是培养学生公民参与的主观能力，包括：

第一，公民意识与参与态度。首先要意识到自己的公民身份。要意识到自己是社会共同体的一员，负有不可推卸的责任和义务，应当积极承担这些义务，在履行义务的前提下才能享有相应的权利。其次也要意识到他人的公民身份。要意识到他人是同自己一样的公民，拥有平等的地位，享有同等的权利，需要相互尊重、相互协作。最后要意识到公民参与的重要性，树立积极参与的态度。要意识到自己的各项公民权利只有通过参与到社会公共生活中，发挥自己的作用，履行自己的义务，才能得到承认和落实；意识到自己的各种诉求只有通过与他人协商合作，兼顾了他人的诉求，才能得以保障和实现；意识到只有维护和扩大了公共利益，推动了社会的进步和民主的发展，才能为自身带来更多的机会和更大的利益。与他人、与社会共同体的休戚与共，要求每个公民积极地投入到良好的公共生活的建构中去。

第二，公民参与的认知能力。一方面要了解与公民参与相关的社会事实，包括认识和明确自己及他人所享有的权利，所应履行的义务，认识相关民间团体、社会组织、政府机构的性质、目的和功能，对社会公共生活的构成和体系有一个

---

① 中央编译局：《列宁全集》（第24卷），人民出版社1987年版，第200页。
② 王彩梅：《试论公民参与能力的提高》，载于《理论导刊》2006年第10期。

整体性、概略性的把握，熟悉公民参与的社会环境。另一方面要了解与公民参与相关的社会规则，包括公民参与的资格要求、组织方式、渠道途径、程序规范等，即"知道"如何进行公民参与，怎样的公民参与才是合理、合法和有效的，在公民参与中遇到问题应该如何处理。

第三，公民参与的行动能力。仅仅"了解"相关事实，"知道"相关规则，对于公民参与是远远不够的。公民参与是一种社会实践，只有付诸行动，在实际的参与活动中才能够体现出公民的参与能力，也才能培养、锻炼和发展公民的参与能力。公民参与的行动能力就是要将认知获得的关于公民参与的"陈述性知识"转化为"程序性知识"，进而成为公民自觉的、主动的、积极的"习惯"。公民参与的行动能力表现为公民参与的相关经验、基于经验的决策和操作能力，以及随之产生的积极的情感体验、态度转变和价值观念的提升。

受制于当前我国经济发展水平依然不高、现代化进程相对滞后、社会参与制度不够完善等因素的影响，我国公民的参与意识比较薄弱，公民的参与能力亟待培养和提高。

培养学生的公民参与能力是学校德育、公民教育的重要内容。学校德育的一个主要目的就是要将学生培养成为负责任的、积极参与发展各项社会事业的社会成员，即"主动公民"。学校教育长于知识的授受，但塑造主动公民不仅要从知识层面入手，更要加强情感层面、实践层面的培养，以提高学生作为公民的参与意识和参与能力。"参与"是一种社会实践，培养参与的能力最好是在参与的实践过程中进行。因此，学校、社会应提供多种可选择的途径，采取各种灵活的方式，引导学生参与学校、社区，乃至更为广阔的社会公共生活的建构，以积极、主动、有担当的态度来认识和投入公共事务，从而不断提高自身的公民参与能力与参与水平。"参与式公民学习"是一种提升学生公民参与能力的有效模式。

参与式公民学习，是通过引导公民参与到公共生活之中，从而培育公民的公共精神、公民品德和公民行动能力，以实现合乎理性的民主社会建构的一种实践活动和学习方式。[①] 参与式公民学习强调在公民对公共生活的积极参与的同时通过公共参与来培育公民品质，从而完成公民教育的目标。对于学校德育而言，实施参与式公民学习要着力做好以下两方面的工作：

一方面在学校内部形成一种参与的环境。学生是学校组织的基本成员之一，是学校公共生活的主体部分——教育活动的主体，要培养学生的公民参与能力，首先要让学生参与到学校公共生活的建构和运行中来，而不是仅仅作为受教育者，被动地接受影响。这就要促进学校生活的民主化，引导学生积极参与学校民

---

① 叶飞：《参与式公民学习与公民教育的实践建构》，载于《中国教育学刊》2011年第10期。

主生活。在管理上，学校要实行民主管理和民主决策，在关涉学生权益的公共管理事务上，需邀请学生参与决策，听取学生的意见，实行民主的协商与讨论。要引导学生参与学校制度建构，增强学校制度的权威性和认同度，以制度保障学生的公民权利和维护学校的民主生活。① 在组织上，应鼓励学生社团组织建设。社团是公民基于共同的兴趣或共同的目标而组成的，以民主决策、共同管理为基本特征的一种公共组织。公民自愿结成社团是公民社会参与的主要组织形式。学生社团活动能够培育学生的组织、行动能力，在满足学生兴趣发展的需要同时，有助于学生影响和参与学校的管理，维护学生的权利。

另一方面在学校外部，通过"服务性学习"（service-learning）扩大学生社会参与的机会。服务性学习是参与式公民学习的一种，是学生通过积极参与在社区开展的、满足社区需要的服务活动而进行学习和发展的一种方法。② 服务性学习源自杜威的实用主义教育理论，近年来在欧美得到迅速的发展。早在1999年，美国64%的公立学校和83%的公立高中都组织了某种形式的社区服务项目。将近1/3的学校和1/2的公立高中都制订了服务性学习计划。③ 服务性学习包括短期或长期、连续或定期、课程中或课程外、集中或零散等多种多样的灵活的方式。通过学校与社区的合作，将为社区提供服务与学校课程结合起来，学生在服务行动中既满足了社会的需求又能培养自身的社会责任感，获得知识和技能的同时又提高了与同伴及其他社会成员的协商、合作、决策、治理等能力。服务性学习将公民参与教育的平台从学校延伸到更广阔的公共领域，在提升学生公民参与能力的同时，也为学生当下和将来参与社会公共生活提供了途径。

二、基本理念：学校德育体系建设的教育理念

（一）尊重生命

毫无疑问，德育的对象是学生。但问题在于如何去理解学生？在德育史上，曾经把学生视为听话的"工具"，视为可以任意涂画的"白纸"，这样的认识、这样的实践，存在了相当长的历史时期，离我们并不遥远；就是在今天的学校教育中，仍然可以看到它的影响与痕迹。这样的认识与实践，并没有用生命的立场来看待学生、正是基于对这种"目中无人"德育的批判，有人提出要尊重学生、尊重生命。问题是，如何去理解生命！

---

① 卢旭、李云：《引导学生参与学校德育制度建构》，载于《教育研究与实验》2013年第1期。
②③ 张旺：《美国中小学服务性学习述评》，载于《上海教育科研》2006年第1期。

当然，可以在抽象的意义上去理解生命。比如说，人有理性，有感性，人是认识与实践的主体，能够主动而积极地适应环境进而改造环境；人有德性，有神性，可以自我立法，可以自我超越，可以给有限的生命赋予无限的意义；人有群性，有社会性，相互依赖，达成共识，形成社会共同体。这种对生命的类特性的理解，相比物化人性论，无疑进步了许多，有深刻的教育哲学价值。比如，基于"人是主体"的这一认识，我们提出了主体性德育理论。但是，这里所讲的人，还只是抽象的人，对于德育实践来讲，这样理解生命还是不够的。

应该强调的是，学校德育实践所面对的生命，是活生生的具体个人。何谓具体个人？其实，教室里坐着的学生，就是具体个人：他们每个人的生活与成长的背景不一样，每个人的喜怒哀乐不一样，每个人的认识水平不一样，每个人的道德发展状态不一样，每个人的学习准备状态不一样，甚至每个人的声音、相貌也不一样。在理论认识上，我们能以抽象的人为基础，但在教育实践中，教师面对的并不是抽象的人，而是具体个人。

要使德育取得实效，就必须把工作落实到具体个人上，了解具体个人，研究具体个人。我们有的老师，听了不少报告，学了不少教育理论，但实际工作并没有多大起色。原因虽然多样，虽然复杂，但症结在于没有把抽象的理论具体化。比如理论上讲要尊重学生，但这里的"学生"还是抽象的，是普遍的，包括了小学生、中学生、大学生，涵盖了男学生、女学生，甚至还可以指中国学生、外国学生等。但在学校德育工作中，每个教师所面对的学生是具体的，活生生的，有名有姓的，有血有肉的，就是班上的某个男生或女生。所谓尊重学生，就是要尊重这个具体的学生。所有美好的理论与设想，如果不能落实到这个具体的学生身上，是不会取得实际效果的。

最理想的针对具体个人的教育组织形式是个别教学，而不是夸美纽斯以来的班级授课制（我们常常可以听到老师提出班额太大、学生太多，没有精力照顾到每个学生）。现实是，我们既要追求教育的效率，更要尊重具体的学生个人，这样，小班教学就成为两全其美的选择。明乎此，我们不难理解，为什么发达国家普遍实行的是小班化教学，甚至用法律形式规定下来；为什么我国一些省份在制订未来教育发展规划时，明确提出要控制班额，实行小班化教学。比如，湖北省就提出力争把小学班级人数控制在40人以下，初中班级人数控制在45人以下。

当然，德育的生命逻辑远不止这些（第三子课题将展开论述）。可以说，我们对生命了解到什么程度，我们对教育和德育就把握到什么程度。比如，我们认识到个体的生命长度是有限的，个人总有一天会死亡，那么学校德育就必须教学生如何保全生命，尽可能地延长生命，最低限度的教育，是不要有损于学生的身体健康（斯宾塞把维持生命的知识放在第一位，其道理也在于此）。又比如，我们认识到虽不能增加生命的长度，但可以增加生命的厚度与深度，那么学校德育就要启发学生的生命自觉，去追问生命的意义与价值，去赋予个人生命以意义和价值，提升生命的质量，这正是人生观、世界观教育的本义。再比如，如果我们承认每个人的生命是属于他自己的，个人的生命权是与生俱来的"天然权利"，不容任何组织、个人侵犯，那么，学校德育就应该教育学生敬畏生命，敬畏每个人的生命。一言以蔽之，我们对生命的理解越丰富、越透彻，我们对德育的把握就越准确、越深刻。

（二）服务生活

经过新课程改革，生活德育或德育回归生活的理念得到了越来越广泛的认可。那么，生活何以对德育具有如此重要的意义与价值呢？

生活德育是对以往德育政治化、科学化、知识化的批判。政治化德育所提出的过于理想化的德育目标，既脱离了社会道德生活的实际，也高于学生们所能够达到的道德高度。科学化、知识化德育则完全忽略了事实判断与价值判断的差异，把道德教育变成了像自然科学教育那样具有客观性、真理性和标准性的知识授受活动，道德教育成了不折不扣的知识教学。甚至，对学生品德发展的评定，也主要是通过像物理、化学类似的品德课纸笔测验。如此一来，尽管学生懂得了不少的道德知识，却缺乏相应的道德情感，更不知如何在生活中去实践。这样的德育完全失去了生活的味道，失去了道德的魅力！

生活德育对政治化、科学化、知识化德育的批判是革命性的，不过，要使这种批判超越革命而成为一种建设的力量，就必须重新确证生活与道德、生活与德育的内在联系。

其实，最初的教育就是在日常生活中进行的，其主要内容就是道德教育，主要目的就是为了维持部落的生存与种族的繁衍。不过，随着专门的学校的产生与成熟，学校教育越来越制度化，越来越脱离日常生活，成为以文字符号为主要的知识授受活动。教师在学校主要是教授知识的，学生在学校主要是学习知识的。工业革命以来，知识就是力量，知识教学最有价值，区别只是在于什么样的知识最有价值。这种知识教学模式下的学校教育，对道德教育是否合适？对年轻一代形成情感、态度、价值观是否合适？越来越多的人开始怀疑，进而提问，进而批判，进而变革！

杜威就指出，对于年轻一代价值观形成最有效的方式，并不是直接的知识教学，而是环境和生活经验。他强调，信仰不能硬灌进去，态度不能粘贴上去。今天，越来越多的哲学研究、教育研究和心理学研究也表明，儿童的道德学习、价值学习，固然离不开道德知识，但很难简单移植、套用常规的知识教学方式，而往往是在生活中的习惯、风气、制度、经验、榜样、环境的影响下，自然发生、发展的过程。有的学者称之为内隐学习，有的学者称之为非反思性选择。

更为重要的还有，道德的目的、教育的目的、道德教育的目的，并不是为了道德本身，而是为了生活，为了学生的幸福生活。生活是本原性的，道德是构成性的；生活是目的，而道德只是手段。这才是对道德与生活关系的准确理解与把握。这种全新的道德教育哲学，即生活德育论，重新确证了道德与生活的关系。正如《品德与生活》课程标准所指出的："儿童品德的形成源于他们对生活的体验、认识和感悟，只有源于儿童实际生活的教育活动才能引发他们内心的而非表面的道德情感、真实而非虚假的道德体验和道德认识。因此，良好品德的形成必须在儿童的生活过程之中，而非在生活之外进行。"具体来讲，第一，生活是一个现实的领域，是一个具有原初自明性的领域。人降临于世，就离不开生活的浸润，它是我们无法摆脱的现实。第二，生活不是生存，生存是动物的生命存在状态，动物本能与自然规律是其不可逾越的"法则"，而人可以根据自身的意志去改变客观现实，甚至改变人自身。第三，生活是人不断的自我更新，它是实践性的，是有内在的价值尺度的。如果没有意义的支撑，生活只能沦为生存。因此，人们学习道德，接受道德教育，并不是为了道德，也不是为了通过考试，而是为了生活本身。这样，道德和道德教育无疑将依循"生活的逻辑"，体现出整体性、实践性、生成性等特征。①

生活德育论并未把德育委身于任何外在的目的，而是强调德育的目的在于"成人"本身，这为学校德育找到了安身立命的家园。这样的德育才是真正的以人为本的德育，真正地把人、人的生活当作德育的目的。

生活德育论在批判学科逻辑、知识逻辑的过程中，阐明了生活、生活世界的特性（实践性、意义性、生成性等），甚至提出了"生活逻辑"这一概念。那么，何谓生活的逻辑？生活有没有逻辑？在人们的观念中，似乎只有自然科学才有逻辑，而生活是杂乱无章的。因而要让人们承认生活是有逻辑的，认同生活逻辑，关键在于揭示生活逻辑的内涵。

其实，生活逻辑尽管不像科学逻辑、知识逻辑那么客观普遍、简单明了，但绝非神秘莫测。在我们看来，生活的逻辑至少包含如下五点：其一，生活是有主体的，是人的生活。动物只能生存，只有人才有生活。德育的生活逻辑，理所当然的不是指别人的生活，而是指学生的生活。其二，生活是由需要推动的，

---

① 鲁洁：《生活·道德·道德教育》，载于《教育研究》2006 年第 10 期。

学生的生活就是由学生的生活需要或者成长需要推动的,离开了学生的成长需要,学生的生活或者是被强加的,或者是虚假的。其三,生活是实践的,是"过"的,不是纯粹的冥思苦想与思维体操。其四,生活是有意义与价值的,生活一定是值得一过的"好生活"。其五,生活是不断生成的,并没有预定的生活。

所以,要按照生活的逻辑来理解德育,按照生活的要求来变革学校德育体系。这种变革,主要体现在以下三个方面:

第一,实现德育课程逻辑建构的根本转向,即从以往的学科知识逻辑,转变到回归学生生活的逻辑。生活逻辑的德育课程,在课程标准上,依据学生生活范围的扩大和生活重心的变化来组织课程目标和内容框架;在课程性质上,不是以往学科课程或分科课程的立场,而是定位于综合课程;在教材编写上,不是按以往德目主义的要求来编写教材,而是根据学生在日常生活(涵盖不同的生活场景)中所面临的道德困惑,以及有典型意义的生活事件,来生成教材的单元和课文主题。

第二,德育教师要走向学生的生活,具体而言就是承认童年,了解生活,引导生活。所谓承认童年,就是要尊重儿童的权利,承认童年有自己独特的价值,帮助儿童过幸福的童年,而不要把童年仅仅当作成人的准备期或过渡期。正如杜威所告诫的,不要以为儿童的成长就是向着成人的标准成长,儿童有儿童的方式与标准。所谓了解生活,就是要了解学生的生活状况,了解他们的喜怒哀乐,尤其是了解他们在成长的不同阶段将会碰到什么样的矛盾与困惑,而不仅仅是他们的知识掌握情况与考试分数。所谓引导生活,就是要坚持生活的教育性,注重生活对学生的发展价值,找到典型的生活事件来教育学生,而不是被生活所淹没。

第三,重构学生的校园生活。校园文化要走出考试文化,建设生活化、人性化校园,不仅把学校建成一个学园,更要建设成为一个学生成长的乐园。学校的物质文化,不仅要考虑学生学习的方便,更要考虑学生日常生活的方便。学校的制度文化,本着公平正义的原则,目的是保护学生的安全与健康,而不仅仅是为了学校管理的方便。学校的精神文化,不是单纯的分数崇拜,而应该是充满爱心的育人为本。

(三)注重过程

辩证唯物主义强调,事物的运动变化和发展都有一个过程,并且提出存在着三种变化发展的过程规律,即从量变到质变,从肯定到否定,从对立到统一。以怀特海为创始人的现代西方过程哲学,更是坚持世界即是过程。由是观之,用过程的观念来审视德育是有道理的。因为,生命有一个出生、成长、成熟、衰亡的过程，生活的展开也是一个有始有终、有高有低、有前有后的过程。如果这还只是从时间的纵向持续性上来讲的话，那么，从横向来看，生命和生活是生成的，它们不是命定的，不是按照某个神秘意志的预先安排，朝着某个既定的目标直线而去的。学生的成长和发展同样如此，学校德育理应同样如此！

然而，受某些急功近利的经济思想的影响，现阶段教育包括德育也存在着只求结果不究过程，只求跨越不察细节，梦想立竿见影，无视教育过程的"快餐"思维。其典型表现有：

一是波及全国的"运动式"德育，这种德育不管它与既有的课程标准、学校的日常教育教学活动、学生的思想道德实际有无冲突、有无矛盾，只图一时场面热闹好看，没有长期规划。

二是追求立竿见影的"速效式"德育，期望德育一抓就灵，教师一讲学生就懂，教师一点学生就通，教师一训学生就行。既没有时间也没有心情等待学生态度的转变，习惯的形成。学生出现了思想道德问题，只知道用既有的规章制度来惩罚学生，只知道叫家长，而不去了解原因，不去做耐心细致的教育工作，不愿意在教育学生上花功夫。

三是只求结果不问过程，只关心收获不精心耕耘的唯经济德育，追求"眼前实惠"，希望德育能够给老师和学生带来看得见摸得着的"好处"。比如，能够给老师带来奖金、待遇、荣誉，能够给学生高考、中考"加分"，有利于升学；否则，德育就是得不偿失、"划不来"，只能"说起来重要，忙起来不要"。

以上三种德育，尽管实际原因复杂，但从根本上说是背离了教育的过程本质，违背了德育的过程逻辑。按照过程的逻辑来理解德育，它具有三个基本特性：

首先，德育过程具有生成性。

众所周知，学校德育作为有目的、有组织、有计划的培养学生品德的活动，具有预设性，以往的教育学理论对此有足够的认可。这种预设性体现在方方面面，贯彻在德育过程的始终。例如，国家提倡或明文规定的德育目的，教育部颁布的德育课程标准和中小学生行为规范，学校对一年或一学期德育活动的规划安排，德育教师对道德教学和德育活动的系统设计和安排，等等。不过，无论事先预设得多么周密和完美，实际德育过程总是动态变化着的，总会出现意想不到的新情况、新问题，甚至会产生与预设相悖的效果，这就是德育过程的生成性。

德育过程的生成性有三个方面的含义。

第一，是指出乎意料的新情况、新问题，这在实际德育活动中屡见不鲜。比如，在《小英雄雨来》的教学中，老师预设的是学生们会概括出雨来的机智、勇敢的品质，进而学习这些优秀品质；然而，有个同学却提出雨来"很狡猾"，这是教师事先没有想到的。

第二，是指对预设的创造或超越。预设的德育活动、德育主题、德育条件和德育事件等，会随着德育过程的展开而发生预期之外的变化，此时就需要教师随之应变，发挥教育机智，创造性地利用新的教育机会。比如，对于学生提出小英雄雨来"很狡猾"的新问题，教师如果引导学生开展讨论，不仅可以使学生加深对机智、聪明、狡猾的理解，还可以使学生更加敬佩小英雄雨来。而如果教师对此视而不见、听而不闻，那么就没有生成。

第三，是指德育过程的"价值增值"或生成新的意义与价值。德育生成，不是为了生成而生成，而是通过特定的德育情景，师生之间、生生之间，通过对话、交流等互动方式，生成了新的意义，达成了新的理解。

生成性对于德育过程具有特别的意义与价值。德育过程不仅仅是一种设计好的活动进程、活动阶段、活动环节和活动程序，不纯粹是一种按部就班式的忠实再现，而是德育主体围绕特定的德育主题或典型的德育事件，通过师生互动而进行的创造性建构性实践活动。正是在这一过程中，学生转识成知，转知成智，化智为德。

德育过程具有预设与生成的双重属性，它们相辅相成，相互依存，而不是彼此敌对。预设突出的是德育过程的计划性、目的性、规范性。然而，真实的德育活动与德育过程，由于主体以及情境的因素，以及互动式交往活动的深化，充满着变数，充满着无法预知的"附加价值"和有意义的"衍生物"，未来的不可预知性就意味着过程的创造性，这正是过程的魅力、意义和发展性之所在。从而，"生成"几乎成为"过程"的代名词，生成意味着转化、意味着发展。因此，德育的过程属性本质上就是德育活动的生成性和发展性。

其次，德育过程具有情境性。

德育过程在空间维度的展开，就是德育过程的情境特征。我们在教育认识和教育理论上，可以把丰富的德育实践活动抽象化、简约化，形成一些客观的德育规律，提示一些普遍的德育联系。这些规律与联系看似十分简单、客观与可控，但事实上，那些被简化、被形式化、被去除的正是德育过程中生动、具体、真实而有价值的教育情境。我们在理论认识上、在头脑中可以"去情境化"，但实际的德育活动与德育过程却一刻也离不开情境，或者说，德育活动、德育过程就是存在于、生成于、发展于具体的德育情境中的；而且，那些普遍化抽象化的教育理论、德育理论，只有与具体的教育情境相结合，落实到生动、具体、真实的教育情境之中，才能真正发挥作用。

第一，德育情境是复杂多样的。有教室、校园、德育基地乃至河流山川这样的物质环境,有中小学生守则、学生纪律条例这样的制度环境,有校风、班风、学风这样的精神环境,有师生在德育活动中的高兴或沮丧这样的心境,还有师生之间、生生之间的人际关系情境,等等。

第二,德育情境是不断变动的。上述复杂多样的德育情境,并不是一成不变的,而是随着德育过程的展开和德育活动的实施,处于不断的变动之中。同样的一个场所,因为活动主题的不同而具有不同的价值;同样的情境,因为不同的德育主体而生成不同的意义;甚至同样的一句话,不同的语境下也具有不同的教育含义。

第三,德育情境是没有止境的。德育主体对德育情境的价值赋予与意义生成是没有止境的;德育情境随着师生德育主体的不断挖掘、不断追求,其意境是不断提升的,而且这种提升也是没有止境的。德育情境之所以成其为情境,而不能归结于静止不动的客观物质环境,就在于以情动人基础上的深远意境。正是这样的变动,正是这样的没有止境,才需要德育主体的创造性,才使德育成为艺术。

总之,情境是师生开展德育活动的情境,是具有发展意义和德育价值的情境。离开了师生主体性的德育活动,离开了师生关系为基础的教育关系,情境就不具备德育的意义与价值。这丝毫不是否认德育情境的实在性,恰恰相反,它确证了德育过程实在性的特殊性。德育过程的实在性,一方面与其他过程一样,体现为客观的物质实在性,另一方面体现为以师生教育关系为基础的关系实在性。甚至可以说,后一种实在性对德育过程具有特别的意义与作用。它表明德育过程作为一种实在,本质上是一种关系存在。要把握德育过程的具体性与丰富性,务必把握德育过程中的复杂关系及其运动。

最后,德育过程具有阶段性。

德育过程在时间维度上的展开,就是德育过程的阶段性。辩证唯物主义强调,事物的运动变化和发展都有一个过程,并且提出存在三种变化发展的过程规律,即从量变到质变,从肯定到否定,从对立到统一。其实,这三个规律也可以看作是事物变化发展的阶段性规律。德育过程当然也可以具有这样三个阶段性的特征,不过,由于德育过程的本质是生命、生活、生长的过程,相比客观物质世界的变化发展过程,显得更加复杂。

第一,学生品德的形成和发展,存在明显的发展阶段。尽管皮亚杰、杜威和柯尔伯格所提出的具体发展阶段有异,[①] 但都肯定了个体道德发展的阶段性特征,

---

① 皮亚杰归纳出儿童道德的发展经历了四个发展阶段:前道德阶段(0~2岁)、他律道德阶段(2~8岁)、自律道德阶段(8~12岁)和公正阶段(12岁以后)。杜威假设儿童的道德发展经历了三个水平:前道德或前习俗水平,行为的习俗水平和自主的行为水平。柯尔伯格则在二者的基础上,明确把儿童道德发展区分为三个水平、六个阶段。

即儿童的道德不仅是发展的，而且是有阶段的，各阶段间有着本质的差异。现代道德心理学的大量研究证明：其一，儿童道德的发展所经历的一系列阶段，形成了一个与成熟有关但不是由成熟决定的固定的发展顺序。在整个阶段序列中，前一阶段是后一阶段发展的基础，后一阶段是前一阶段发展的必然结果；前一阶段已孕育着后一阶段的萌芽，后一阶段也包容了前一阶段的特征。其二，儿童道德发展的过程也是一个从不自觉到自觉、从单纯受外部环境的支配到受行为主体自我控制的过程。

第二，实际德育活动，总是由不同的环节所组成的。德育过程是学生道德学习与教师的道德引导融合统一的过程，是师生相互影响、共同成长、不断生成的过程。可以从学与教两个方面分别加以认识与把握。立足于"学"的角度，学校的道德教育、教师的道德引导是道德学习的机会与条件；立足于"教"的角度，学生道德学习的心理过程与机制是道德教育的依据和前提。学生的道德学习包括这样三个环节或阶段：心理准备、信念形成和习惯养成。① 教师对学生进行道德引导，则包括这样的基本环节：了解德育要求并使之具体化、研究具体学生、准备教育条件、制订活动计划、师生相互影响、检查反馈。

第三，德育效果的显现也是有阶段的。德育效果的实现是一个过程，可分为三个阶段。第一个阶段是初级效果，即通过一个具体的德育活动，学生掌握了某种道德知识，或发生了某种道德情感，或产生了某种道德行为。比如通过上一次德育课，学生懂得了要诚实的道理，这是初级效果。第二个阶段是次级效果，即学生品德的形成。这是一个相当漫长而复杂的过程，既可能在学校德育过程之中实现，也可能在学校德育过程结束之后的才能实现，还可能要贯穿学生的一生。第三个阶段是终极效果，即有良好品德的学生推动了社会的发展和进步，显然，这更加漫长而复杂，不可能在学校德育过程中实现，它属于学校德育效果的延迟性表现。学校德育的效果如何，固然要看某一时刻学生道德知识的多少，道德情感的表现，道德行为的变化，更重要的是要看其对学生的品德形成最终产生了什么影响，要看培养出来的学生对社会发展产生了什么影响。

依据德育的过程逻辑，要克服前面所述三种德育的弊端，有赖实现学校德育的过程转向。这种转向体现在以下三个方面：

第一，德育需要耐心，重在过程。德育工作主要是思想教育工作，要解决的根本问题是价值问题、态度问题，这既不可能像物质生产或者机器制造那样可以硬性规定、整齐划一，也不可以像科学知识的教学那样有标准答案，可以立即检验。说到底，德育是一个慢工细活，是一种"慢"的艺术，急不得、赶不得，最

---

① 邵瑞珍：《教育心理学》，上海教育出版社1997年版，第200~204页。

好循序渐进，水到渠成，否则，只能是拔苗助长，欲速而不达！

第二，德育需要生成，根在创造。尽管成熟的德育有自己的教育目标，但是这个目标只能是一个方向性的参考，无法全部涵盖学生思想道德的成长过程，无法穷尽德育过程中的全部细节。说到底，这个目标还只是成人社会的目标，它不一定完全反映了学生的意志与需要，也不可能解决学生道德与发展中的具体矛盾与问题，更无法代替教师面对具体的德育情境与德育问题做出的行为选择。教师面对具体的学生个人，面对生动的有时是突发的教育事件，无法依葫芦画瓢，只有具体问题具体分析，创造性地解决问题。

第三，德育追求功效，贵在长远。德育作为人类的一种理性实践活动，理所当然要追求功效，关键在于不能把经济实效当作自己的追求，只图眼前实效。如前所述，德育效果的实现是一个过程，可分为三个阶段，初级效果、次级效果、终极效果。说到底，德育应该"多问耕耘，少问收获"。

三、超越误区：三大德育认识误区及其超越

当前部分人对学校德育的认知存在三大认识误区，从根本上制约了学校德育体系建设。

误区之一是"学校中心论"（"学校孤岛论"），它把学校看作是社会道德文化传递的中心，视学校为学生思想道德观念形成和发展的唯一影响源（把学校建成一个文化"孤岛"），轻视家庭和社会对学生道德的影响，迷信学校德育的力量，以为单凭学校德育，就能决定学生思想道德的发展方向。

误区之二是"专门德育论"，它把学校德育仅仅看作是规定时间内开设的专门德育课程（如品德课、政治课等），或为特定目的开展的德育活动（如班团队会活动等），认为学校德只是专职德育工作者的工作，学校的德育职责仅仅是德育部门的职责。

误区之三是"即时效果论"，把德育实效理解为"眼前实效"，追求"立竿见影"。强调学校德育工作应该立即给教师和学生带来看得见、摸得着的"好处"，否则，德育就没有实效。

（一）"学校中心论"的困境："去中心化"使学校教育的优势式微

应该承认，自从学校产生以后，它在相当长时间内都占据着人类文化传递的中心位置，"学校中心论"是名副其实的。尽管家庭和社会也在向下一代传递文化，但相比有特定目的、有专人负责、有专门组织的学校教育，它们总是处于边缘地带，起着辅助作用。人们通常认为，学校传递的知识"最正确"，学校传递

的观念"最正统"。尤其是工业社会以来，以传递科学知识为中心任务的学校教育更是获得了国家和个人的高度认可，其地位达到了无以复加的高度。正如有学者所指出的：学校成为年轻一代主要的知识来源，成为他们形成兴趣、标准、态度和看法的地方，学校教育的权威不容置疑。① 此时此刻，学校是中心。

然而，随着我国经济社会的高速发展，家庭的教育传递能力不断上升，以网络为代表的大众传媒的影响力日益增强，学校教育的中心地位正面临来自家庭和社会的强有力的挑战。

首先，义务教育的普及与高等教育的大众化，使全体社会成员的文化素质得到了极大提高，使得家庭的教育传递能力不断提升，并由此直接带来了两个后果：一是越来越多的家长通过各种各样的方式参与学校教育，甚至代替学校教育（或者自己教育子女，或者请家庭教师），学校也乐意把部分教育任务"转嫁"给家长（这在中小学尤其常见，如学生作业要家长检查、督促）；二是家长对学校教育的感情发生了变化，由过去的无限信任、顶礼膜拜到现在怀疑、批评乃至指责学校教育。现在的大众传媒，无论是报纸杂志，还是网络电视，对学校教育的讨论、争议与批评已成热点甚至"卖点"。这一方面说明学校教育确实存在问题，需要改进；另一方面也说明学校教育在人们心目中的形象和权威已远不如从前。应该强调的是，家庭传递能力上升的趋势是不可逆转的，随着义务教育的年限的延长，高等教育入学率的提高，未来家庭教育的能力还会进一步增强。

其次，以互联网为代表的社会传递对学校教育提出了挑战，动摇了学校教育的中心地位。我国从20世纪90年代开始进入电视时代，21世纪之初开始进入网络时代。到2015年底，我国网民达到6.8亿，近半数的中国人接入了互联网，学生上网人数超过2亿。之所以说它对学校教育提出了挑战，是因为就信息传递本身而言，学校已经没有什么优势。就信息量而言，学校囿于教科书的限制，有其特定的范围，而网络则拥有海量资源；就传递形式来看，学校以教师的语言传递为主，具有单一性，而网络则集影像、声音、文字为一体，丰富多彩；就传递者而论，学校有相对固定的教师，而网络的传递者是多变流动的，从影视歌星、体育健将、政界要人、富商巨贾到平民百姓，甚至学生本人都有可能成为传递者；从学生享有的权限来看，在学校里学生的选择余地有限，而在网络世界里，他是名副其实的主人，因为鼠标在他自己的手中，任由他自由选择。更为重要的是，网络代表了一种新的交往方式、生存方式和生活方式，已经成为人类的第二个生存空间，是人类有史以来最巨大的变革之一。

得益于社会的发展和技术的进步，人们能够通过网络更加方便、快捷地获得

---

① 吴康宁：《教育社会学》，人民教育出版社1998年版，第101～105页。

知识,能够通过网络实现人与人之间更加自由的交流与沟通,能够通过网络实现对人的创造性的激发,学校已经不可能再像以往那样牢牢占据文化传递的中心位置,它变得越来越"去中心化"。学校存在的意义和价值受到了前所未有的挑战,相应地,学校德育也受到了巨大的冲击。

有关学校德育实效性的调查[①]表明,有90.3%的教师普遍认为社会环境、社会风气对学生的影响大于德育对学生的影响,有82.8%的教师认为家长对学生的影响大于教师对学生的影响。来自对中学生的调查数据也表明,初中生和高中生都认为社会风气对自己品德形成的影响最大(分别为32.5%和36.2%),学校教育是第二位的(24.5%和18.1%)。另外,通过访谈教师和家长发现,当今学校德育的最大困境就是学校的德育努力、道德追求与不良的社会风气之间的反差太大,由此对学校德育产生了巨大"抵消"效应。面对这样的事实和发展趋势,"学校中心论"难以自圆其说!

(二)"专门德育论"的难题:学校德育的专门化,对学生的品德形成与发展并非"福音"

也应该承认,德育的专门化对于系统传授道德知识(人类道德也有自己独有的知识体系,这需要学生进行系统的学习),对于确保学校德育的实体地位(不可否认,有时候学校德育成为社会政治活动的一部分,或者是应试教育的附属品,并没有自己的独立地位),还是有价值的。但是,如果联系学生品德形成与发展的规律进行深入剖析,就会发现专门化的学校德育并不一定是学生品德形成与发展的"福音"。

尽管我们不能确定学生品德形成与发展的全部细节,但是依据实践唯物主义的立场,综合现代道德哲学、道德心理学和教育学的研究成果,还是可以概括出学生品德形成与发展的一般规律。第一,生活是学生品德形成与发展的源泉。学生的品德来源于生活,学生过着什么样的生活,就有什么样的道德。不能脱离学生的生活给他强加一种道德,哪怕是所谓高尚的道德。第二,学生是其品德发展的主体。道德的本质是人类主体精神的自律,生活不会自动产生道德。学生在复杂的生活中,通过活动与交往,不断解决自身面临的道德冲突与矛盾,逐步建构起自己的品德。第三,学生品德的发展是一个过程。它是有阶段的连续发展的过程,是从不自觉到自觉的过程,从他律到自律并最终自我控制、自我教育的过程。第四,学生的品德是一个整体。品德的构成要素知、情、信、意、行等,并不是孤立存在的,而是彼此联系的统一整体,它们共同反映了学生的品德面貌,

---

① 杜时忠等:《关于德育实效的调查研究》,载于《教育研究与实验》2007年第2期。

单独的某一个因素并不足以代表儿童的品德。

依据上述学生品德形成和发展的规律，可以说，只有源于学生实际生活的教育活动才能引发他们内心的而非表面的道德情感、真实的而非虚假的道德体验和道德认知。良好品德的形成必须在学生的生活过程之中，而非在生活之外进行。① 但现行的学校德育，由于教育制度化、知识化的"过滤"作用，越来越远离学生的日常生活，与学生生活处于隔离状态。学校所认可的知识（包括道德知识）是体系化、逻辑化了的"科学"知识，学校所认可的观念是与社会主流意识形态相一致的观念，学校所认可的行为和活动是有助于学校教育制度保存下来的行为和活动，是校长和教师便于管理的行为和活动。当学生走进学校、进入课堂的时候，他不得不把他在家庭和伙伴间、邻居间占主导地位的观念、兴趣和活动搁置一旁。学校由于不能利用这种日常经验，于是煞费苦心地采用各种方法和手段，以激发学生的兴趣。这种学校德育与学生生活的隔离，就导致了杜威所批评的学校教育的"最大浪费"，即"从儿童的观点来看，学校的最大浪费是由于儿童不能把在校外获得的经验完整地、自由地在校内利用；同时另一方面，他在日常生活中又不能应用在学校学习的东西"。②

现代学校德育有自己特定的目的，但是这些目的更多地表达的是成人社会的需要，而难以反映学生自己的生活需要和道德需要。因为，无论是体现国家德育目的的国家德育文件，还是林林总总的大中小学的具体德育规章制度，可以说它们在制定的过程中很少征求学生的意见。这些出自成年人之手的文件与制度，如果能够反映未成年人的生活需要与道德要求，当然是有价值有意义的；但如果不能反映或反映不够，其教育价值就会大打折扣，更有甚者会成为学生道德发展的阻碍。

现代学校德育也形成了专业的德育课程体系，但问题是这些德育课程几乎都是向智育看齐以传授道德知识为目的的。它们向学生传输的是被普遍化和客体化了的道德知识，追寻抽象的道德概念、规范、准则。这种知识抽去了具有生命表征的内容，忽视了人的情感和态度，忽视了直觉与体验，将活生生的、有血有肉的人放逐在外，以显示它的客观和科学。通过这样知识化，德育倒是成了一门系统的、科学的学问，但是德育"忘了本"，忘记了它原本来自生活，背离了道德的本性，失去了道德教育的意义与价值。③

现代学校德育也确实有专门机构——从大学的学工部到中小学的教导处等，

---

① 中华人民共和国教育部：《全日制义务教育品德与生活课程标准（实验稿）》，北京师范大学出版社2002年版。
② [美]杜威著，赵祥麟等译：《学校与社会·明日之学校》，人民教育出版社1994年版，第61~62页。
③ 鲁洁：《边缘化 外在化 知识化——道德教育的现代综合症》，载于《教育研究》2005年第12期。

有专人负责——从大学的辅导员到中小学的班主任等,看起来使德育落到了实处,但同时也造成"德育只是德育工作者的工作",其他教育工作者对学生的思想品德发展可以不管不问;"德育只是德育部门的职责",非德育部门可以"事不关己,高高挂起"。正是我国现行的教育体制把教师队伍一分为二,一部分从事学科教学,一部分从事德育工作,这种分工导致"教书的不育人、育人的不教书",割裂了教育之"教书育人"的本义。其实,德育不是学校的一项工作,而是学校教育的目的;学校应当担负起学生的道德责任;这种承担不只是一部分人的义务,而是全体教职员工的义务;学校德育寓于学校所有的活动之中,而不只是依靠专门的德育活动。

(三)"即时效果论"的尴尬:经济主义的德育实效追求并不恰当

还应该承认,学校德育是应该追求实效的。人们开展社会实践活动都有一定的功效追求,即希望达到一定的目的,实现预期的目标,满足特定的需要。德育活动也不例外,关键在于追求什么样的实效。不同的实践领域应该有不同的实效标准,经济实效、教育实效、德育实效有各自的特殊性,不能一概而论,更不能用经济实效标准来代替教育实效和德育实效。

当前,无论是对学校德育实效低的批评,还是对提高德育实效的期待,从中都可以发现存在两个共同点。第一,要求"立竿见影",学生上了德育课就要有转变,学了英雄就要"见行动",否则德育实效就低;第二,追求"眼前实惠",希望德育能够给老师和学生能够带来看得见摸得着的"好处"。比如,能够给老师带来奖金、待遇、荣誉,能够给学生"加分",有利于升学,否则就是得不偿失、"划不来"。这样急功近利地对德育实效性的追求,其实质是"唯经济"标准,并没有体现学校德育的本质特点。

人们对待学校教育的急切心态,以及现有的教育评价手段的限制,都使人们把注意力集中于初级效果(掌握道德知识)上,缺乏等待次级效果(形成品德)和终极效果(良好品德推动社会进步)的耐心。不过,依据初级效果来衡量学校德育并不可靠,因为德育与智育不同,其有自己的特点。智育着重于知识的学习和思维训练,重在解决事实判断的问题,见效比较快。比如上了一堂数学课,学习了一个数学原理,可以立即布置作业来检验学生对数学原理的掌握情况。但德育却与之迥然不同,它着重于价值观的形成和行为实践,见效比较慢。譬如,当教师在德育课上用"狼来了"的故事引导学生认识"诚信"这一道德准则时,尽管学生听懂了甚至可以背诵这个故事,但很难说学生就具有了"诚信"的美德。只有当他亲身经历因不讲诚信而导致不良后果,或因讲诚信而得到好的回报,他才体会到讲诚信的重要性;只有在此基础上通过生活的多次实践才可能逐渐形成诚信美德；也只有在无数个具有诚信美德的学生、公民基础上才可能成就一个诚信社会。如果用现在通行的纸笔测验的方式，可能立即考查出学生对"狼来了"这个德育故事的掌握情况，也可以考查出学生对"诚信"的认识和理解情况；但要考查学生有没有诚信的美德，实际行为的诚信水平有多高，以及学生的诚信品质对社会发展具有什么样的意义与价值，这既是一个教育上的难题，也是远远超出了教育学范围的社会学、伦理学难题。但有一点可以肯定，对德育效果的考查，重点不在于学生对道德故事的掌握情况，也不在于学生能否背诵诚信的定义，而在于学生是否具有诚信美德，在于学校德育是否推动了诚信社会的建立。

所以，德育不应该追求"立竿见影"式的初级效果，而应该追求更为长远的次级效果（有道德的个人）和终极效果（有道德的社会）。

（四）超越误区

以上所论，分别指出了"德育中心论""专门德育论""即时效果论"的错误，那么，应该如何超越误区，推动学校德育体系的深入变革呢？其实，答案已经隐含于上述分析之中！

首先，面对当今社会学校教育"去中心化"的发展趋势，应该重视审视学校教育尤其是学校德育的地位和作用。既不能对学校德育期望过高，也不能放弃学校的德育责任。这就给学校和社会（包括家庭）两方面都提出了不同于以往的要求。就学校来说，要充分认识到自身影响和作用的有限性，不能"把所有问题都自己扛"，要正视并利用社会和家庭的教育影响，尤其要借鉴家庭教育和社会教育的成功经验，正视网络文化的影响，不能简单地把网络看作是"洪水猛兽"而自我封闭、拒绝排斥。另外，就社会和家庭来说，也不能把所有的责任推给学校，不仅要为学校"松绑"，而且要为学校提供尽可能的支持，努力形成德育合力，用"合力德育论"超越"学校中心论"！

其次，要用"生活德育论"来超越"专门德育论"。道德无法脱离生活而存在，生活的过程与道德生成的过程是同一过程。学生在学校中过什么样的道德生活，就会形成什么样的道德。在学校中，尽管可以规定专门的德育课程，但无法规定专门的德育时间，学生道德的形成存在于学校生活的所有方面。当然，开展生活德育，不能把学校德育当成是学生生活的简单再现，搞庸俗生活化，而是要从学生的生活冲突和矛盾出发，引导学生理解和体验生活的复杂性与矛盾性。

最后，提倡德育追求长远功效，用"长效德育论"来超越"即时效果论"。学校德育不应以即时的初级效果为目的，而应该追求长远的次级效果和终极效果。当然，初级效果仍然是有价值的，它是实现次级效果和终极效果的基础和手段。

"合力德育论""生活德育论""长效德育论",虽然各有自己的独特内涵,但三者相互联系,共同构成一个有机整体,形成了一种新的德育观。新的德育观超越了以知识教学、经济效率和学校中心为底蕴的传统德育观,强调学校德育的长远目的是通过培养有道德的学生来推进有道德的社会,学生道德知识的增加、道德判断能力的提高和道德行为的改善是实现长远目的的手段;强调学校德育从学生的生活出发而不是从书本出发,应按照生活的逻辑而不是学科的逻辑来实施德育;强调学校德育的作用是有限的,必须与家庭教育、社会教育共同形成德育合力。

第二章

大中小学德育过程的有机衔接

在党和国家的有关文件中,"学校德育体系建设"的首要含义指的是大中小学德育纵向衔接,如《中共中央关于改革学校思想品德和政治理论课教学的通知》(1985年8月)第一次从大中小学相互衔接的视角,规范了各学段德育课程名称。《中共中央关于进一步加强和改进学校德育工作的若干意见》(1994年8月)也明确指出:各种教育内容的深浅和侧重点,要针对不同年龄及学习阶段的理解和接受能力有所不同,逐步提高。《教育部关于整体规划大中小学德育过程的意见》(2005年4月)则更进一步指出:大中小学德育各阶段的德育目标划分还不够准确,内容安排还不尽合理,存在着一定程度的简单重复交叉和脱节的问题。这些文件都指出大中小德育过程衔接存在缺陷。可见,关于加强大中小学德育过程的有机衔接目前已成共识。不过,文件没有谈到更为关键的问题,即大中小学德育过程为什么需要衔接。或者大中小学德育过程衔接的依据是什么。当然,很多学者已经关注到这一问题,并对大中小学德育过程衔接的相关问题做了初步探讨,包括内涵研究、原因研究和方式研究,同时也揭示了当前大中小学德育过程衔接存在的现实问题。不可否认,这些研究为我们了解德育衔接问题起到了促进作用。然而,值得注意的是,已有的研究成果并没有对大中小学德育过程衔接问题进行深入的分析,更未能揭示德育过程衔接的依据。

第一节　德育衔接的主体依据：学生成长需要

今天，得益于时代发展，以人为本、以生为本的理念已经得到了越来越多教育工作者的认同。这当然是了不起的进步——相比把人物化、不把人当人的时代！不过，人本、生本的理念并没有回答完所有问题，因而我们还应该继续探索、追问下去。比如，以人为本究竟是以人的什么为本呢？在具体的教育实践中，人本理论、生本理念如何落实在行动之中？

"人"是复杂的、多义的。以人为本是以抽象的、类别的人为本，还是以生动的、具体的个人为本？显然，教育实践中的"人"，是具体的人而不是抽象的人，是复杂的人而不是简单的人，是发展、变化、成长中的人而不是一成不变的人。因此，教育必须也只能以具体个人为本！接下来的问题是：是以个人的本能欲望为本，还是以个人的情感爱好为本，抑或是以个人的理性认识为本？

我们认为，教育要以人的需要、人的成长需要为本！或者说，以生为本的教育理念，要进一步落实到以学生的成长需要为本上来。

一、为什么要以成长需要为本？

教育作为一种培养人的社会实践活动，必然要以促进人的发展为旨归，那它也就不能无视人类发展的基本矛盾和基本规律。因此，教育以人的成长需要为本，主要基于以下六点理由：

理由之一，这是基于历史唯物主义的基本原理。马克思主义强调，人类的第一需要是所有历史活动的前提与基础。"人类生存第一个前提，……为了生活，首先需要衣、食、住以及其他东西。因此第一个历史活动就是生产满足这些的资料，即生产物质资料生活本身。"① "人们首先必须吃、喝、住、穿，然后才能从事政治、科学、艺术、宗教等等……"② 马克思主义经典作家讲得很清楚，那就是衣、食、住或吃、喝、住、穿是第一需要，这个第一需要决定了人类的生存，满足这一需要的是第一个历史活动即生产物质生活资料的活动，是其他一切活动的基础或前提。除了这个第一需要（生存需要），人当然还有其他需要，比如享

---

① 《马克思恩格斯全集》（第三卷），人民出版社1995年版，第31页。
② 《马克思恩格斯选集》（第三卷），人民出版社1995年版，第776页。

受的需要、发展的需要；除了生理的需要或肉体的需要，人当然还有社会的需要、精神的需要。"社会是由个人及其相互作用构成的，没有个人正当需要的满足，就没有人类社会的存在和发展，这是马克思主义的一个基本观点。"①

理由之二，这是基于我们对人类社会永恒矛盾的判断。我们认为人类社会面对着一对永恒的矛盾，即欲望或需要的无限性与条件或能力的有限性之间的矛盾。所谓需要无限，是指人类的欲望或需要具有无限多样（不同个体之间的需要是多种多样的，同一个体的需要具有层次性、多样性）、无限再生的性质，旧的欲望满足了，新的欲望又产生了。然而，人类所拥有的满足欲望或需要的客观条件或主观能力却是有限的！这无限与有限之间的矛盾，既是人类一切苦难、罪恶、争斗和战争的总根源，又是推动人类社会向前发展的根本动力。也有论者从生命绵延的角度，强调了需要乃人类生命之源。"生物包括人从生存发展的需要开始，对自身需要新陈代谢，需要增强生命力，需要繁殖，需要进化；对外需要趋利避害，需要竞争，需要斗争。总之，需要、需要、再需要，以至无穷，形成了需要之链、生命之链。需要是一切生命运动的起点——目的、目标、路线、方向；需要的满足又是一切生命运动的终点、归宿、结局。需要＝生命＝活着＝能动，需要是生命最本质的特征，需要是生命动力之源，需要就是生命线。"②

理由之三，这是基于对我国社会主义初级阶段主要矛盾的判断。早在1981年党的十一届六中通过的《关于建国以来党的若干历史问题的决议》就明确指出，我国社会的主要矛盾是人民日益增长的物质文化需要同落后的社会生产之间的矛盾。这个主要矛盾，贯穿于我国社会主义初级阶段的整个过程和社会生活的各个方面。此后，1987年党的十三大报告，1997年党的十五大报告，2002年党的十六大报告，以及2007年党的十七大报告都坚持了这一判断。直到2017年的十九大报告，宣布"中国特色社会主义进入新时代"，强调"我国社会主要矛盾已经转化为人民日益增长的美好生活需要和不平衡不充分的发展之间的矛盾"。尽管"强起来"时代我国社会的矛盾与"富起来"时代略有不同，但仍然是"需要"与发展之间的矛盾，由此可知满足"需要"是多么重要！

理由之四，这是基于相关学科的研究结论。哲学、政治学、心理学、教育学等学科都有关于"需要"的研究。例如，现代政治学就强调："存在着人的需要，个人有权利最大限度地满足这些需要，衡量所有人类解放的标准应该是评估这种满足的程度。"③

---

① 袁贵仁：《马克思主义人学理论研究》，北京师范大学出版社2017年版，第145页。
② 主客体关系学系列丛书撰写组：《社会是什么》，商务印书馆2002年版，第23页。
③ ［英］莱恩·多亚尔、伊恩·高夫著，汪淳波等译：《人的需要理论》，商务印书馆2008年版，第7页。

理由之五，这是基于学校教育实践的经验教训。我国中小学热衷于开展活动，如科技节、艺术节、诗歌节、体育节等，希望借此来增加学生的体验，开发学生的潜能。应该说，有的活动能够实现预期的目的，达到预期的效果，受到学生们的喜爱与欢迎；但是，有的活动事倍功半，学生并不喜欢，沦为形式主义的走过场。比如，某小学的年度活动主题：二月遵纪守法月，三月文明礼貌月，四月体验教育月，五月科技创新月，六月安全教育月，七月评优表彰月，九月尊师乐学月，十月爱国爱校月，十一月金秋读书节，十二月艺术展示月。某初中的月度活动的主题也以类似的形式存在。我们团队分别调研过这两所学校，结果发现：39%的小学生，65%的初中生不喜欢学校组织的活动。从小学四年级开始，小学生对学校组织的活动就不再热情投入。而初中生则认为，学校组织的活动并没有针对他们的需要来设计，流于形式。比如，初一新生最迫切的需要是交友和获得学习方法，但学校开展的是责任教育、传统教育；初二学生希望多组织一些全校性的大型活动，特别是需要走出校门了解社会的活动，但学校组织的活动基本上是以班级为单位的活动，根本不敢走出校门；初三学生面临升学压力，希望少搞活动，甚至不搞活动，如果搞活动，需要的是为学生减压的心理咨询活动，但是按照学校的安排，仍然开展的是三年一个校的月度活动，让他们苦恼不已。

理由之六，这是我国教育理论深化发展的必然。20世纪80年代，针对以往我国学校教育"目中无人"的弊端，王道俊、郭文安提出并论证了主体教育理论，强调学生是学习、发展和教育的主体，强调学生是教育的出发点和归宿。既然学生是具体的、生动的、发展中的人，那么他们的主体性、主动性究竟体现在哪里？我们通过深入研究发现，答案就是学生的成长需要。因此，坚持以生为本，就是要将学生的成长需要置于教育教学的核心地位，不断尊重、满足并引导学生的成长需要，最终促进学生的发展。这正是对主体教育理论的深化。

二、学生的成长需要是什么？

毫无疑问，人的需要是客观存在的。然而，目前研究者对需要的理解是多种多样的，甚至是混乱的。比如，把本能理解成需要，把欲望理解成需要，把个人的想要理解成需要，把理想理解成需要，还有把满足需要的条件与方式理解成需要，等等。我们如何准确理解学生的成长需要呢？

人的需要源于本能，这是由人的生物性所决定的。不过，需要源于本能不等于本能就是成长需要。例如，性是人的本能，而随着生理的成熟，人会有性欲望或性需要。但是，我们不能简单地说性本能就是学生的成长需要。科学的性知识、健康的性道德，乃至谈恋爱的艺术等，这些才是学生的成长需要。成长中的学生也有自己的目标和理想，不过并非所有的理想都是学生的成长需要。如果学生有了为实现共产主义而奋斗的远大理想，那么，了解共产主义的思想学说，了解社会主义的历史实践，才能满足学生的成长需要。用维果茨基（Vygotsky）的思想来表达，属于"最近发展区"的理想才是学生的成长需要。[①]

成长需要也不同于日常语言中的想要，比如学生不想学习，想天天娱乐休闲，这就不能视为学生的成长需要。愉快的学习、有效率的学习，才是学生的成长需要。

我们认为，学生的成长需要有如下特定的含义。

第一，成长需要源于内在的成熟，但指向成长，是发展性的需要。

成长需要是指一种指向未来状态的、发展性的需要，是具有发展的可能性的。成长需要不等于学生所有的需要，也不停留于满足学生现有需要的层面，而是能够引发学生新的成长的需要。成长需要最终指向的是学生未来的发展。它源于生理性的需要，但不停留于生理性的需要（这是人与动物的本质差异）。人是自然人、生理人，更是社会人、文化人、精神人。人的需要必须通过社会生产、社会交往和社会生活才能得到满足，社会也是人的需要产生的源泉。人在满足自然需要、社会需要的过程中和基础上，还会产生完善自我、超越自我、主动发展的需要。需要推动了人的成长，成长也提升了人的需要。这就是成长与需要的辩证关系。

第二，学生的成长需要往往表现为学生生活中普遍存在的困惑、问题、困难，也表现为学生的兴趣、爱好、目标。

学生在成长过程中，时不时地会出现一些普遍性的问题、困难。比如新生刚入学时不适应新环境，既兴奋又紧张；少年期性意识萌动，对异性既好奇又担忧，表现出来的往往是对异性同学不友好，甚至"敌视"；初中阶段，学生普遍性地表现出"逆反"，不再那么听话……这些正是学生成长需要的体现，我们要根据学生成长过程中的困惑、问题来了解学生的成长需要。

第三，学生的成长需要包括学生意识到的和未意识到的成长需要。

学生的未成熟性，特别是自我意识、自我认知的局限，使他们不一定能完全认识到自己的成长需要，其成长需要往往通过一些行为表现出来。比如，小学一年级的学生希望能够得到老师的关注，但是他们不知道如何去表达这种需要，就采取了打同学这种不恰当的方式来引起老师的注意；初中男生渴望成为男子汉，但往往用制造冲突打架来"证明"自己的男子汉气概。学生发展过程中的这些"情况"当然对教师提出了十分专业性的要求，即要求教师对学生成长需要具有

[①] ［苏］维果茨基著，余震球译：《维果茨基教育论著选》，人民教育出版社1994年版，第17页。

敏锐的观察能力，对学生个体的身心状态非常了解，不仅能够帮助学生发现和认识到自己在成长关键时期中的不同需要，而且能够采取各种教育措施来满足学生的需要并引导学生的需要，推动学生向更高层次的需要发展。教育实践的成败，关键取决于学校和老师能不能准确地把握学生的成长需要，能不能有效地满足学生的成长需要，能不能引导学生的成长需要。

总之，学生的成长需要具有发展的可能性，指向未来潜能的发展；学生的成长需要往往通过学生身上存在的问题表现出来，通过学生在成长过程中遇到的困惑表现出来，一些问题行为往往是学生成长需要的表现；学生成长需要是在学生主体与外部社会的互动建构中生成的。

三、道德教育应基于学生的成长需要

在成长需要视域下，生命体呈现出活泼而富有生气的状态，回归到成长中来。我们现在要做的就是基于成长需要这一关键点，寻找大中小学德育过程衔接的依据。在此之前，我们先要明晰当前德育过程的缺失，并关注学生成长需要对学校德育有何益处。

（一）成长需要：当代学校道德教育的缺失之维

学校道德教育目标中学生成长主体气息的缺失至少表现为以下几个方面。

1. 学校德育内容缺乏与学生成长需要的内在关联

本着尊重学生成长需要的学校道德教育，其内容构成需要积淀到学生的生命成长中，形成使学生生命内涵丰富、生命质量提升的重要内容。[①] 但是就现状而言，当前社会中弥散的工具理性使学校教育趋向于功利主义，"应试"倾向的中小学模式使得教育本身成为工具。这种功利主义存在于学校德育中，从德育在功利主义教育中的边缘化[②]到德育在其目的、功能、课程和过程中的功利主义追求。[③] 功利主义的学校道德教育导致德育内容缺乏与学生成长需要的内在关联，最主要的表现就是德育内容的知识化、外在化的倾向。首先，知识化的学校道德教育将道德变成普遍化、客体化的道德知识，缺乏学生的道德动机与情感体验。虽然道德知识教育是道德教育的起点，没有一定的道德知识作为基础，道德认知

---

① 李家成：《论大中小学德育内容的衔接——基于学生生命成长的立场》，载于《东北师大学报》（哲学社会科学版）2011 年第 1 期。
② 鲁洁：《边缘化、外在化、知识化——道德教育的现代综合征》，载于《教育研究》2005 年第 12 期。
③ 檀传宝：《功利主义：中国德育的症候群之一》，载于《教育理论与实践》1996 年第 3 期。

的发展就会受到阻碍，也不会培养出适宜的道德情感和道德行为，但是"不能以道德知识教育替代道德教育"，① 因为道德知识教育只是道德教育的一个组成部分，不能以部分替代整体，而且个人掌握的道德知识的多少与他所能形成的道德素养的高低之间并不一定成正比例关系。其次，外在化的学校道德教育内容并没有很好地考虑学生的年龄特点与心理水平，关键是缺乏道德主体全身心的参与互动。当道德被诠释为外在的知识与行为规则的时候，它的育人价值就大打折扣；当德育内容无法贴近社会、贴近时代、贴近学生内在需求的存在状态的时候，道德就与德育主体没有足够的情感联系，在道德学习中就会出现道德不在场或者忽略德育主体的荒谬现象。知识化、外在化的德育内容对学生能有什么成长性？既不会真正改变学生的道德知识、情感与行为方式，又无法担当起整个人生历程中的衔接与递进大任。心理学研究表明，新的陈述性知识进入短时记忆后，如果没有与长时记忆中被激活的相关知识建立联系，那么就不会产生新的意义，而且如果没有复习或者进行重新学习，这些意义会随着时间的延长而被遗忘。如果学校德育内容缺乏与学生成长需要的内在关联，学生就不会对这些内容产生新的意义建构，更不会主动践行这些道德内容，那么这些内容随着时间的延长就会被遗忘。

2. 学校德育方法缺乏成长主体的针对性、互动性

学校德育的方法十分重要，因为方法不正确，德育的时效性就会大打折扣，可能会对学生生命成长产生负面影响。因此，在选择道德教育方法时要注意其与成长主体的针对性与互动性，采用学生乐于接受的方法进行教学，使德育学习具有新鲜感，唤起学生参与德育学习的积极性。但是，当前学校道德教育方法不尽如人意，主要体现在以下两方面。首先，德育方法中灌输教育方式占主导地位，缺乏对学生主体的针对性，缺乏师生双向互动。灌输式的德育方法就是把社会所要求的一套固定的品德规范强制"传授"给受教育者，比如常用的"说服教育""榜样示范""行为训练""奖励与惩罚"等方法，基本上都是在进行一种传授式操作，不同程度地存在着"灌输"味道。这种不顾品德内化规律，否定道德学习主体化，用规范宣讲取代心性修养的纯外铄过程，成为中国德育的现实的主流特征。② 以灌输为主的方式只是施教者一厢情愿的行为。对于受教育者主体而言，教育者至多只能强迫他们做什么与不做什么、说什么与不说什么，而无法使他们想什么与不想什么。他们只能暂时地改变学生的行为，而不能从根本上使之树立正确的道德观念。同时，因为学生在整个学习经历中处于消极、被动甚至中断的状态，鲜有互动，学生或许已形成等待灌装的心理，这将不利于学生自我教育的

---

① 顾润生：《道德教育与道德知识教育辨析》，载于《教育探索》2010 年第 1 期。
② 冯文全：《论新时期学校德育方法的变革》，载于《中国教育学刊》2005 年第 5 期。

形成与发展。因此，教育者需要将学校道德教育的方法从单向灌输调整到双向互动，尽管这将造成道德教育师生立场的重大转变。其次，以灌输现成结论与传授道德知识为主，忽视对学生基本道德品质与良好道德行为的培养，更忽视了学生的主观情感体验。当前学校道德教育仍旧是仅从社会需要的角度出发，旨在培养能接受或继承既定社会秩序和道德规范的个体，以至于作为个体的人的价值问题及人格独立问题没有得到应有的关注。反映在德育方法上，表现为片面强调灌输规则与规范，而忽视了德育的育人功能。虽然马卡连柯曾说过，没有任何十全十美的方法，也没有一定有害的方法，① 但是如果缺乏与成长主体的针对性与互动性，那么教育学生的方法就是无用功。学校道德教育方法设计的指导思想应该是"使学生成为活动的主体，活动之中蕴含着发展的内容，活动兼具教育目的和手段的二重特性"。②

3. 学校德育评价缺乏学生成长的生命全程性、全面性

长期以来，如何将学校道德教育的"软任务"变成"硬指标"，以期强化学校道德教育在整个学校教育中的地位和增强学校道德教育的有效性同时，也能够客观公正、简便易行地评价学生的道德发展状况和学校道德教育的成效，是摆在我们面前的一个令人头疼的问题。当前学校道德教育的主要评价方式是用数据描述学生道德发展的量化积分评价。其基本做法是将道德教育目标逐步分解成若干具体行为项目，根据权重赋予分值。在此基础上，学生每做一件好事可加相应的分数，反之则相应减分，最后以一定时期（学期）内学生道德行为量化总分的多少来评判学生道德品质的高低。与此相类似的还有品德课考试、小红星、小红花等各种本质上对学生的道德发展状况进行量化评价的活动。将道德教育目标分解成若干具体行为项目固然可以提高学生的执行力，但是这种分解的德育目标可能会造成"只见树木不见森林"的现象，德育的整体效果大打折扣，而且这种外化驱使评价的道德教育只适用于低年级学生，随着学生自我认知的逐渐提高，外在驱使和灌输的道德知识将无法内化，量化评价也沦为形式主义了。量化式的学校道德教育评价方式有利有弊，但是其最大的缺陷是缺乏生命成长的全程性和全面性，全程性是纵向的分析，全面性是横向的分析，也就是要在个体生命成长历程中从多种关联中去认识和评价成长问题，包括成长需求和行为表现、成长经验以及环境中人际交往之间的特定关联。因为"对于大中小学德育来说，回归生命成长的立场，才能更清晰地感受到德育与中

---

① ［苏］马卡连柯著，刘长松等译：《论共产主义教育》，人民教育出版社1962年版，第125页。
② 李晓文：《教育要从学生的成长需要出发——形成于"新基础教育"改革实践的感悟》，载于《人民教育》2010年第11期。

小学学生成长的内在关系"①。而且众多的关联性显示出生命成长的可能性是很多的，或滞留，或退化，或进步，学生一时的行为表现，不过是生命在成长的某一时间和场合下的多种因素的耦合。一些问题行为恰恰是学生成长需要的表现，而且是一种呼唤——呼唤释放学生潜能、满足学生成长需要。所以学校道德教育的评价要强调学生生命成长的全程性和全面性，不能停留在已发生的现象这个横截面上，要用全程发展的观点评价学生发展可能性，评价学校道德教育的时效性。

（二）基于"成长需要"的重建：当代学校德育的新方向

在成长需要视域下，生命体呈现出活泼、永恒而富有生气的状态，召唤着每个人回归生命本体，体认自己的生命本性，回归到成长中来。我们现在要做的就是基于成长需要这一关键点，重建当代学校道德教育。

1. 了解学生的成长需要，可以作为德育的出发点

道德教育出发点是人，归宿点也是人，人在道德教育中是作为本体论上的意义而存在的。道德的根本在于尊重生命，尊重生命成长的自然规律，尊重人的正常需求。② 成长需要是主体与社会在良性的、双向互动关系中不断生成的，因此具有差异性、阶段性和互动性。差异性和阶段性要求学校道德教育更应该关注学生的个别成长需要和集体成长需要，明确地诊断学生成长在哪里受阻，需要怎样去帮助他们。可以说许多问题看似是道德问题，其实是由于学生成长需要受阻或被忽视导致的问题。如"新基础教育"班级建设研究过程中，出现了三年级学生普遍存在"乱"的问题。三年级为什么乱？从道理上说，好像都知道是因为三年级不像一二年级那样听话了，独立性增强了，但是，独立性增强了为什么必然会纪律差、冲突多呢？其实，三年级学生有着非常强烈的表现自己的需要，只是不会筹划，不会想办法应对困难、处理冲突。因此需要帮助他们提升解决问题的能力，而不是让他们明白一个类似"能放能收"的抽象道理。③ 从成长需要的角度看，如果一个问题具有普遍性，那么它就不应该是一个个别性的问题，很可能是学生以"问题"的方式在吐露自己的成长需要，用这种方式表达对世界的好奇。

2. 了解学生的成长需要，可以激发和引导作为主体道德发展的动力

尊重学生的成长需要，并不意味着要让学生的成长需要保持在低层次的物质满足需要或仅仅是安全、秩序、依恋的基本心理需要，而是要逐渐推进学生的成长需要从较低层次发展到较高层次。优秀的教师善于激发和引导学生发现自己新

---

① 李家成：《论大中小学德育内容的衔接——基于学生生命成长的立场》，载于《东北师大学报》（哲学社会科学版）2011年第1期。
② 朱小蔓、其东：《关于学校道德教育的思考》，载于《中国教育学刊》2004年第10期。
③ 李晓文：《青少年发展研究与学校文化生态建设》，教育科学出版社2010年版，第21~22页。

的成长需要。如一位优秀班主任接受了一个全年级纪律最差的班级。按照常规，群体性的纪律混乱理所当然归之为行为习惯的薄弱。新班主任做了比较细致的调查分析，发现班级的"乱根子"在于群体性的自卑。因为这个班级几乎没有在学校范围内得到表扬和奖励，学生们都知道他们班是差班，他们班级没有聪明的学生。于是，这位老师从岗位工作、学校运动会、上课问答、学习方法交流等每一个学生的日常生活范畴入手，策划了一系列活动帮助学生勇敢地投入，并且设计班会、交流，强化学生自信感，班级的面貌从此变了样。[①] 如果将学校道德教育的目标调整到与学生的成长需求的发展方式相协调，引导和激发学生自信和自我实现的需要，那么学校道德教育会是可爱而有魅力的。

3. 了解学生的成长需要，可以用合适的方式解决问题

不用符合学生成长需要的方式来教授道德，在很大程度上会增加学生对道德原则的疏离与对抗心理；反之，则会增加道德原则与学生生活的契合度。比如"把自己的伙伴往异性的厕所里推"的案例，如果只是进行道德训诫，那么效果恐怕是打折的。聪明的教师和班主任们带领男女生分别把厕所打扫干净，然后找一个合适的机会，在老师的带领下，让男生到女生的厕所参观，让女生到男生的厕所参观。采用这样的策略之后，校园里把伙伴往异性厕所里推的现象大大减少。又如一个优秀的班集体有位残疾学生，在老师的教育下，班级里形成了温暖的氛围，每一个同学都会主动关心照顾这位同学，护送她上学或放学、搀扶她上厕所、帮助她学习……但是，进入四年级的一段时间里，热情细致照顾这位同学的气氛有所减弱了，学生们似乎都很忙碌，各自有自己感兴趣的交流和活动，班级里面明显出现自发形成的小群体。从成长需要的角度来解读，从四年级开始，学生们活动时不再限于正规的小组，而喜欢自由组合选择合适的合作伙伴。这是一个情感丰富细腻化、思想活跃化的发展时机。这一判断拓展了后来四年级班队系列活动，成功的实践又进一步验证了这一判断。[②]

4. 了解学生的成长需要，可以关注学生成长的全程性与全面性

学校道德教育评价的全程性与全面性要求把个体品德心理要素及外在的行为有机地融合在一个教育过程中，形成一个完整的道德评价结构。法国文学家托马斯·布朗爵士说过，你无法延长生命的长度，却可以把握它的宽度；无法预知生命的外延，却可以丰富它的内涵；无法把握生命的量，却可以提升它的质。他认为衡量人生的价值和意义，不在于生命的长短，而在于生命的宽度。但是我们认为评价学校道德教育的成效既要关注学生成长的全程性，也要关注全面性，争取

---

① 李晓文：《青少年发展研究与学校文化生态建设》，教育科学出版社2010年版，第17~18页。
② 李晓文：《青少年发展研究与学校文化生态建设》，教育科学出版社2010年版，第19页。

教育效果的最优化。

四、学生成长需要的实证研究[①]

关于学生成长需要的研究，一些学者已经进行了有益的理论探索。这种理论探索对厘清学生成长需要的内涵有重要的作用。本研究力图通过结合心理学的研究成果，通过实证调研的方式，揭示各个阶段学生成长需要的特征。

（一）研究方法

没有调查就没有发言权，没有广泛的问卷调查也难以掌握更大范围内有关学生成长需要的规律性认识。为此，课题组依托教育实验区的资源优势，精心编制有关成长需要问卷，采取较大样本的问卷测量。具体而言，本次问卷调查的对象为两市（县）小学4~6年级、普通初中7~9年级、普通高中10~12年级全部教学班（班级为分析单位）以及这9个年级的全体学生（学生个体为分析单位），总计32所学校，237个班级。另外，为了将德育过程的衔接问题延伸到大学，研究者还选取了985重点大学、211工程院校、其他普通本科院校、高职高专院校各一所，并对大一到大四各年级的学生进行了调研。

之所以如此选择，有以下两点考虑：

首先，本研究的主要目的之一在于发现不同年级学生需要的发展特点，在调查对象上需要覆盖全部的小学、初中和高中阶段的学生。本研究设计条目相对较多，约300题，对阅读能力尚在发展中的小学1~3年级学生，问卷调查法就不太合适。所以，本研究选择从小学4年级开始。其次，选择武汉市和咸宁市分别代表经济发达和欠发达地区，力图反映城乡二元的不同情况。本研究的基本构想是学生需要发展的可能性和环境相互作用，从而影响学生需要发展的实际表现，而社会经济地位是重要的环境变量。这样选择避免了取样单一的局限，从而为研究结论的适度推广奠定基础。

抽样方法：用三水平分层取样。第一层用随机取样，从每座城市全部市（县）中小学里按预先确定的样本数和学校类型比例随机抽取若干所学校；第二层用整群取样和立意取样结合的办法取样，对规模较小、同一年级内平行教学班不多的学校，用整群取样方法选取所研究年级的全部教学班，对平行教学班较多的学校，尽可能选取出一个好中差兼顾的班级样本。第二层所抽中的全部教学班

[①] 有关实证研究的详细情况，如测量工具、调研过程等，见孙启武、杜时忠：《中小学生成长需要的实证研究》，华中师范大学出版社2018年版。

构成本研究班级分析水平的样本。第三层再用随机取样，从每个班级随机抽取20名学生，全部学生构成本研究中个体分析水平的样本。当然，大学生样本的选择略有不同，主要从学生所属学校的层次不同来选择，包括一所985大学、一所211大学、一所其他本科院校和一所高职院校。在此前提下，按照4∶2∶1∶1的比例选择了各个年级的学生。

（二）调研情况

调研情况如表2-1所示。

表2-1　　　　　中小学调研情况一览

地区	学校	年级	班级数（个）	学生数（人）
武汉	小学（6所）	4	16	370
		5	16	370
		6	16	380
	初中（6所）	7	17	340
		8	17	340
		9	17	340
	高中（5所）	10	15	300
		11	15	300
		12	15	300
	大学（985、211、其他本科、高职高专）	大一		506
		大二		240
		大三		115
		大四		127
咸宁	小学（7所）	4	14	280
		5	14	280
		6	14	280
	初中（5所）	7	10	200
		8	10	200
		9	10	200
	高中（3所）	10	7	140
		11	7	140
		12	7	140
合计	32所（不包括大学）		237	5 888

（三）学生成长需要的三维模型

在进入正式的研究之前，有必要简单回顾一下大中小学生的心理发展特点。第一，在认知发展上，小学生的思维形式逐步从以具体形象思维为主要形式过渡到以抽象逻辑思维为主要形式，而中学生的思维形式则以逻辑思维为主，大学生已经具备了完备而稳定的逻辑思维。就此而言，小学生的思维仍然有很大的具体性，小学四年级是这个过渡的关键期，初中则是思维形式变化的另一个主要时期。第二，在自我意识上，学生的自我意识是不断发展的，但 3~5 年级处于平衡发展阶段，其年级之间无显著差异。进入中学，学生的自我意识会进一步发展，直至进入大学会形成完全的自我意识，如具有就业的意愿、稳定的信念、清晰而明确的理想。第三，在与他人的关系上，一方面，小学生与教师的关系是其人际关系中的一种重要的关系，因此小学教师变得更严格、更有权威性；与中学教师相比，小学教师更具有具体而细致的特点。所以，教师对小学生的影响重大而深远。进入大学，教师则成了学生发展的辅助者，其作用会进一步弱化。另一方面，小学生已开始重视与同伴建立友谊，也是开始建立同伴团体的关系，但有明显的功利性。进入中学，同伴团体对个体的影响力开始上升，作用也开始凸显。到了大学阶段，由于学生自我意识的成熟，同伴的影响力不再增加，甚至有可能会相对减弱。第四，在与父母关系上，小学阶段，父母、家庭仍然是学生安全的"港湾"，小学生对父母有深厚的感情，亲子关系在这个阶段的心理发展中起重要的作用。到了中学阶段，父母对子女的影响力变小，学生与同伴之间的关系变得更为重要。

课题组从学生成长众多心理需求中抽离出了最主要的三种需要：安全需要、自主需要和关系需要，并以此为要素构建了中小学生的基本心理需要。安全需要包括基本的生理需求以及对安全的需要；自主需要是指个体"了解自己、掌控自己"的需要，包括成就动机、权利需要以及自主性的需求等；关系需要是指个体与他人建立实质的心理接触、建立某种类型人际关系的需要，包括归属需要、爱的需要或参与需要等。三种需要中，安全需要是自主需要和关系需要的基础。在安全需要得到满足的条件下，个体的自主需要和关系需要才能得以正常发展，否则会处于异常发展的路线中。需要说明的是，由于中小学生和大学生身心特征和生活环境的差异过于明显，这次调研分成了两个阶段，即中小学 4 年级到高三年级，大学的大一到大四年级，使用了两套问卷，数据也做了单独处理。

人的基本心理需要如图 2-1 所示。

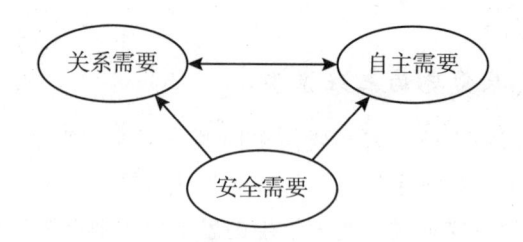

图 2-1　人的基本心理需要

（四）学生成长需要的具体情况

基于人的基本心理需要的假设，我们设计了相关问卷，对武汉市和咸宁市 4～12 年级（即小学 4～6 年级，初中 1～3 年级，高中 1～3 年级）的学生进行了问卷调查。实际调查中，课题组共发出学生调查问卷 4 900 份，收回 4 777 份，回收率为 97.5%。以下是本次问卷调查研究得出的初步结论。

1. 中小学生成长需要

（1）中小学生安全需要的特点。

第一，在"学校不安全性"项目上，小学 4 年级和初中 3 年级分别是学段得分最高的年级，由此应该作为学校教育干预的重点年级。

学校不安全性以"我感觉在学校走廊是安全的"等条目测量。在小学阶段，学生对学校不安全性的知觉整体上以小学 4 年级为最高，这与学生认知能力的发展紧密联系。小学 4 年级儿童已经开始从具体思维向抽象思维过渡，大部分儿童对学校不安全性的知觉在不符合和不肯定之间。这既与他们的认知能力发展有关，也与实际上他们对学校不安全性的模糊感知有关。但对小学 5 年级儿童而言，对学校不安全性的觉察在总体上水平有所下降，已经下降至很不符合和不太符合之间，说明总体上 5 年级的儿童认为学校是安全的。对小学 6 年级儿童而言，他们对学校不安全性的认知总体上略有提升，但与 5 年级儿童的认知没有差异，他们同样认为学校是安全的。以上结果表明，在小学 4 年级，儿童还未充分认识到学校的不安全性，回答总体上较为模糊，倾向于认为学校是安全的，但从 5 年级开始，则有很少一部分儿童认为学校是不安全的，但大多数儿童认为学校是安全的，并且更加肯定。因此，对小学 4 年级的儿童，需要加强他们对学校不安全性认识的教育，而对小学 5 年级和 6 年级的儿童，则需要特别留意那些认为学校不安全的少数儿童。

与小学阶段进行比较，初中生对学校不安全性的觉察有较大幅度的提高。整个初中阶段，又以初三学生对学校不安全性的觉察为最高。但整体上看，大部分初中生对学校不安全性的知觉在不符合和不肯定之间。学校不良行为 7～9 年级大于 2 分的报告率分别为 22.5%、21.8%、22.4%，大于 3 分的报告率分别为

5.4%、5.9%、5.6%。与小学阶段比较，初中生的学校不安全性个体间差异较大，但初三个体间差异较小。初三学生对学校不安全性的评估出现了一些特异值，表明有部分学生觉察到学校很不安全。

与初中生相比，高中生对学校不安全性的觉察开始下降，高一和高二没有差别，但高三则进一步下降。高中生对学校不安全性的觉察个体间差异相对较小。但高中学生有少量极端高分出现，表现出与小学阶段类似的特点。以上结果表明，一方面大多数高中生随着年龄的增长，对周围环境的认识和掌控的感受有所增强，因此，对学校不安全性认识的一致性增高；另一方面少数学生因为某些原因（例如打架结仇）而感受到学校非常不安全。这部分学生值得教师的特别关注。

第二，在"不良行为"项目上，初中是教育干预的重点，高三也是关注的重点。

在特异值上，小学4~6年级儿童都有特异值存在。因此，学校要给予这些儿童特别的关注。由于小学阶段儿童对不良行为总体报告率的平均水平低，那些认为学校有不良行为的儿童，不是小学4~6年级的大多数，但却感受着和大多数4~6年级儿童不一样的学校。因此，学校要给予这些儿童特别的关注。

和对学校不安全性的知觉一样，与小学阶段比较，初中阶段不良行为的发生率大幅度提高。其中初一、初二的发生率已经远高于小学阶段，在初三又有进一步提升。

与初中阶段进行比较，高中生对不良行为的报告率仍然处于上升阶段，尤其以高三学生对不良行为的报告率为最高。以上结果表明，高一、高二学生在经历了初三的不确定期后，不良行为报告率有所下降，但在高三不良行为的报告率最高，值得教育者注意。

第三，在"受欺侮"项目上，小学阶段以小学4年级儿童受欺侮情况最为严重。

小学阶段以小学4年级的儿童报告率相对较高。例如，在"有人用刀割伤过你"这一条目上，4~6年级儿童的报告率分别为4.0%、1.3%、1.9%；在"曾因为在打架中受伤而去过医院"这一条目上，4~6年级儿童的报告率分别为6.5%、1.7%、1.7%，同样以4年级儿童报告率为最高。在"有人对你性骚扰"这一条目上，4~6年级儿童的报告率分别为22.3%、8.8%、6.0%。可以看到，4年级儿童的报告率远高于5~6年级儿童（男童有85人、女童有51人做出了肯定的报告）。以上结果表明，小学阶段以小学4年级儿童受欺侮情况最为严重，5~6年级儿童受欺侮情况比4年级儿童低。初中生报告的受欺侮的情况呈现出初一、初三较高，初二较低的特点。与小学、初中相比，高中生受欺侮的可能性进一步降低，这与他们"自我力量"的增强有关，相比较而言，他们已经不易成为受欺侮的对象。

本研究发现，班级环境中的秩序和纪律因子是学生安全感的来源。当一个班级日常运行井井有条，同学都遵守规章制度，有良好的行为习惯，那么，在这样班级中的学生对校园不安全感、冲突、不良行为和受欺侮报告的平均水平较低。从纵向来看，班级环境本身也具有一定的年级特点。这些年级特点既与学生年级特点有关，也与不同年级基本的教学组织方式和教学目标有关。比如，整体上，小学阶段学业负担较轻，但纪律秩序和同学关系都较好，因此，小学阶段对不安全感的报告率应该较低才对。但是小学阶段不安全感的报告率较高，说明纪律秩序和同学关系只是保护性因子的一种，年龄特点才是主要的影响因素。又由于初中阶段是学生急速变化的时期，但初中的学业竞争和学业负担却快速上升，而同学关系、师生关系质量急速下降，这成为初中生报告不安全感的不利因素。到了高中阶段，学生不安全感的报告率开始大幅度下降，既有学生成熟的原因，也有高中学生处于优良的班级环境的原因。

总之，安全需要的报告既与学生年龄特点有关，也与学生所处的学校环境和班级环境有关，是二者纵横交错、共同作用下的产物。

（2）中小学生关系需要的特点。

第一，在"母亲依恋"项目上，小学阶段母亲和家庭仍然是儿童的"港湾"，初中学生与母亲的亲近感开始下降，与母亲的沟通交流开始急剧减少，高中阶段学生母亲依恋的亲近感有所回升。

小学阶段父母、家庭仍然是儿童的"港湾"。小学4~5年级儿童对母亲的依恋表现出较高水平的亲近感、较多的沟通交流和较低的疏离感。但6年级儿童对母亲的依恋已经开始出现下滑的趋势，且疏离感有所升高。同时，与初中阶段和高中阶段比较，小学儿童对母亲的依恋个体间的差异较小，亲近感和沟通交流相对集中在较高水平，而疏离感相对集中在较低水平。

由于小学儿童对母亲依恋的个体间差异小，所以出现了较多的特异值。进一步的分析发现，亲近感小于2分（2分表示"有时如此"）的4~6年级儿童占所在年级的百分比分别为7.3%、4.9%和8.8%；沟通交流小于2分的4~6年级儿童占所在年级的百分比分别为8.1%、7.6%和14.6%，而疏离感大于2分的4~6年级儿童占所在年级的百分比分别为11.9%、9.7%和11.5%。这些报告较低亲近感和沟通交流、较高疏离感的儿童，值得教育者注意。对这个阶段的儿童来说，父母、家庭仍然是他们极其依赖的"港湾"，如果连这个港湾都不安全了，这些儿童的处境必然十分不利。

初中学生与母亲的亲近感开始下降，与母亲的沟通交流开始急剧减少，与母亲的疏离感开始急剧提高。从初一到初三，初中学生与母亲沟通交流的下降趋势和与母亲疏离感的上升趋势表明，初中学生已经慢慢地不再和母亲沟通交流，开始疏远母亲，从而开始了心理上逐步独立的旅程。

学生从初中阶段开始的心理独立旅程在高中阶段开始趋于稳定。同时，母亲依恋的亲近感有所回升，在高三最高。在对母亲的依恋上，沟通交流和疏离感都没有明显变化，这说明高一至高三学生对母亲依恋的评价是稳定的。

第二，在"父亲依恋"项目上，各个阶段学生的父亲依恋表现出和母亲依恋相似的特点。高中生似乎与父亲显得更加亲近一些，这与父亲独立的形象有关。

小学阶段儿童的父亲依恋表现出和母亲依恋相似的特点。初中学生与父亲的沟通交流以初中三年级为最低，选择"有时如此"和以上分数的比率高达40%，表明初三学生尤其不会对父亲表明"心迹"，与父亲的距离非常之远。

同时，综合观察父亲、母亲依恋的发展趋势，可以看到初三学生与高中学生与父母的依恋质量已经基本接近，这表明与其父母的依恋质量趋于稳定。初中学生与父亲的依恋发展趋势同样表明了初中学生心理的独立旅程。但在此独立旅程中，与母亲依恋一样，仍然有一部分学生与父亲的依恋关系质量较好。我们认为这样的学生在独立旅程中能受到较好的支持，更容易平稳度过"危险期"、"心理断乳期"和"第二反抗期"。高中生与父亲依恋的特点与母亲依恋的特点较为一致，在整个高中阶段也趋于稳定，但与母亲依恋相比，高中生似乎与父亲显得更加亲近一些。这与父亲独立的形象有关。高中生在寻求独立的过程中，多以父亲为榜样而非以母亲为榜样。同时，高中生对父亲的疏离感相比初中时期更高，与父亲的沟通交流更少。这个结果表明，父亲在高中生心目中只是一个独立的符号而非实际沟通交流中得到的实际感受。

第三，在"同伴依恋"项目上，不同阶段的学生的同伴依恋都处于较高的水平。小学阶段亲近感和沟通交流均分较高，疏离感均分较低；初二的同伴依恋的亲近感和沟通交流较高，初三开始下降，而同伴疏离感以初三上升最为显著；高中生的同伴依恋维持相对稳定的较高水平。

小学生的依恋关系以亲近感得分最高，而沟通交流次之，表明学校需要加强学生之间的沟通方面的教育，而父母也需要加强与孩子之间的沟通交流。初中、高中阶段学生的同伴依恋仍然处于较高的水平。通观依恋4~12年级的发展特点，我们发现无论在什么年级阶段，同伴依恋都是学生关系需要的重要来源，这也提示学校教育应充分发掘同伴交往的教育价值。

(3) 中小学生自主需要的特点。

第一，在"学业竞争"项目上：在小学4~6年级，学业竞争表现出剧烈的上升趋势，6年级最明显；初中阶段继续上升，初二达到最高点；高二的学生学业竞争更高。

这种趋势在小学6年级最为明显。学业竞争的实质是和他人进行比较。这是典型的趋近表现动机，评价标准是他人标准。综合成就动机方面的变化趋势，我们认为，小学生已经开始有自我比较的意识以及他人比较的意识。简而言之，他人比较即看个体表现在群体中的位置而非学习任务本身。例如，别人是100分，你也要100分。在自我比较意识和他人比较意识之后，小学生同时保持着对学习本身的兴趣。

初中1～2年级延续了学业竞争的发展趋势，继续呈现上升的态势，至初二达到最高点。也就是说，初二学生认为同班同学间竞争最为激烈。初三学生对学业竞争的评定开始有所下降。这是另外一个初中阶段学生处于不稳定期的反复表现形式。也就是说，初中1～2年级学生开始意识到与他人比较的重要性，但到初三后虽然认为与他人比较仍然十分重要，但重要程度没有初二所认为得那么高。

高二的学生学业竞争更高。高二学生在成就动机上也比高一和高三学生略高。这表明在高二是一个相对重要的关键时期。与初中生相比，高中学生已经开始有了稳定的自我判断，在学业竞争上也更有自己的看法。因此，在排除班级和学校环境方面对学业竞争评价的影响之后，高中生对学业竞争的看法似乎更多受到他们自己主见的影响，而非周围环境的影响。

第二，在"学业调节"项目上：4～12年级学生学业调节的方式主要以认同调节为主，其次是内部动机，再次是内摄调节，最后是外部调节。四种调节方式的排名情况在4～12年级都未发生变化。

学业调节量表由瑞安和康奈尔（Ryan and Connell）于1989年编制。该量表有16个项目，共4个维度，分别为外在调节、内摄调节、认同调节和内部动机。

在小学4～6年级，认同调节保持稳定，内部动机在小学6年级开始下降，内摄调节呈现下降趋势，而外在调节在小学4年级较高，5年级开始下降，然后从6年级开始又呈现上升趋势。这个结果表明小学4～6年级儿童学业调节的方式主要以认同调节为主，认为他们应该学习。外在调节和内摄调节并不是主要的学业调节方式。

初中1～3年级，认同调节呈现下降趋势，内部动机延续了小学6年级开始的趋势，呈现急剧下降趋势，内摄调节则有所上升，而外在调节呈现急剧上升的趋势。以上结果表明，初中1～3年级学生学业调节方式主要以认同调节为主，认为他们应该学习，外在调节和内摄调节并不是主要的学业调节方式。但同时我们也看到，学生的内部动机调节的"强度"进一步下降，外部动机调节的"强度"进一步提升。

高中阶段，学生的认同调节开始有所回升。和成就目标、学业竞争一样，高二学生的认同调节均分最高。学生的内部动机进一步下降，又在高二略有上升后到高三下降至最低点。内摄调节和外部调节方式在高中阶段则保持相对稳定的水平，这两种非自主的学习条件方式以内摄调节方式和内部动机调节方式较为接近,表明在学业上学生的内部动机调节的"强度"进一步下降,外部动机调节的"强度"进一步提升。

研究表明,学生学业调节都是以认同调节为主,认为他们应该学习,外在调节和内摄调节并不是主要的学业调节方式。而且,调查进一步表明初中、高中阶段自主学习动机强度虽然高于非自主学习动机强度,但自主学习动机强度进一步下降,这与中学生尤其是高中生独立自主的需求形成尖锐对立,需要引起学校教育工作者的高度重视。

2. 大学生成长需要

因为大学生与中小学生的心理特征和校园生活环境差别过大,考虑到研究的严谨性,研究者基于学生成长的安全需要、关系需要和自主需要三个维度,重新设计了一套调查问卷。

研究者对武汉市 4 所大学(即 1 所 985 大学、1 所 211 工程大学、1 所其他本科院校和 1 所高职高专院校)四个年级的学生进行了问卷调查。实际调查中,课题组共发出学生调查问卷 1 000 份,收回 988 份,回收率为 98.8%。以下是本次问卷调查研究得出的基本情况、初步结论和启发意义。表 2-2、表 2-3、表 2-4、表 2-5 分别表明了大学生调研的学校分布情况、年级分布情况、学科分布情况、学生地域分布情况。

表 2-2　　　　大学生调研之学校分布情况

选项	小计(人)	比例(%)
985 重点大学	24	2.43
211 工程院校	385	38.97
其他普通本科院校	539	54.55
高职高专院校	40	4.05
本题有效填写人次	988	

表 2-3　　　　大学生调研之年级分布情况

选项	小计(人)	比例(%)
大一	506	51.21
大二	240	24.29
大三	115	11.64
大四	127	12.85
本题有效填写人次	988	

表2-4　　　　　　　　大学生调研之学科分布情况

选项	小计（人）	比例（%）
文学、艺术学、历史学、哲学	206	20.85
法学、经济学、军事学、教育学、管理学	543	54.96
理学、工学、医学、农学	239	24.19
本题有效填写人次	988	

表2-5　　　　　　　　大学生调研之学生地域分布情况

选项	小计（人）	比例（%）
直辖市或省会城市	166	16.80
地级城市	217	21.96
县城或乡镇	259	26.21
农村	346	35.02
本题有效填写人次	988	

经分析得出：

第一，对不同年级被访者安全需要进行卡方检验，被访者安全需要的检验结果未达显著水平，说明被访者在安全需要上不存在年级差异，但是各个指标的高均值也说明了大学生在安全需要方面并未得到满足，这意味着，在大学阶段，学校在学生的生存条件、生活和学习条件、秩序、躲避伤害和羞辱等方面做得并不够好，让学生在心理上产生不安定感。

第二，对不同年级被访者关系需要进行卡方检验，被访者关系需要的检验结果说明被访者在关系需要上存在年级差异。大一学生在关系需要层面比其他年级的学生需求更迫切。就大学生活而言，大一新生入校，脱离了高中的生活情境，也离开了家人和朋友，因而此时更需要朋友的友谊和教师的认可，以便更容易地融入新的生活环境。当然，就四个年级的大学生而言，他们在一些具体指标上有相同的强烈需求。

第三，被访者自主的检验结果未达到显著水平，说明被访者在自主需要上不存在年级上的差异。大学生的身心发展已经趋于成熟，也具有较为清晰的理想信念，同时对自身的兴趣爱好、自我的看法、未来的规划、将会从事的职业也有了稳定的想法，不再表现出像中学生一样强烈的自我意识的需要。就具体的指标而言，我们会发现大学生对自我、对家庭有更高的责任感。

上述的数据分析表明：大学生在安全需要、关系需要、自主需要程度方面并不完全一致，需要程度由高到低排序为：安全需要、自主需要、关系需要，不同年级在安全需要和自主需要总体上差异很小，但在个别指标上差别较为明显。并且，各年级大学生在关系需要上存在显著差异，需要程度由高到低分别为：大一学生、大二学生、大四学生、大三学生。

从数据分析可知，在安全需要方面，大一学生的安全感最低，大二、大三学生的安全感略有上升，大四学生的安全感则再次降低。其中，大一学生在"舒适的宿舍生活环境""便捷的校园学习环境""安定、有序的校园生活""民主、自由的校园文化氛围"等方面需求最高。具体而言，大学生在一年级时更希望获得满意的生活和学习条件（3、4题），同时避免遭到伤害和羞辱、歧视、排斥（7、8题），这与大一新生想要尽快融入新的生活环境的心理是一致的，此时学生也希望可以更多地参与到学校生活之中。大二学生对"质优价廉的校园饮食"需求更高。大二的学生已经基本适应了学校生活，开始将注意力从环境方面转移到生活质量方面，例如更加关注校园中的生活条件。大三学生对"便捷的校园学习环境"的需求上升。大四学生则对"不会遭到羞辱、歧视、排斥"需求迫切。大四学生面临着求职、升学等重大抉择，此时他们希望生活在稳定的秩序之中，并迫切需要被平等地认可，对羞辱、歧视的感觉也更加敏感。于是，我们可以从数据中发现，大四学生对"躲避伤害和羞辱"（7、8题）的需求达到最高值。当然，四个年级的学生对"安全、放心的校园饮食"方面都很看重，这也暴露了学生对学校饮食的不放心。

从数据分析可知，四个年级的学生在关系需要方面的需求都较强。其中，大一学生在"知心朋友""遇到困难能得到学校或老师的帮助""权益受到侵害时能得到救助或保护""能够参加集体活动"等方面的需求明显高于其他年级，表现出大一学生在"友情"（9、10题）、"求援"（13、14题）、"归属"（15、16题）等方面的需求强烈。这与大一新生进入陌生的生活环境，迫切需要得到认可和保护的心理是相一致的。随着学生逐渐适应了学校生活，大二的学生其他方面的需求开始降低，但在"爱情"方面的需求有明显增加。此时，学生度过了适应期，开始在与异性的接触中收获爱情。到了大三，学生逐渐脱离学生社团，也不再需要从教师那里获得认可，开始独立生活。在即将进入毕业年级的压力下，学生开始对爱情有更高的渴望，对"爱情"的需求更高。进入大四，学生会更加眷顾友情。从整体上来看，较之其他指标，大学生对"友情""求援"的需要始终比较强烈，这可能与大学生开始意识到权利受到侵害或感觉到威胁有关。

从数据分析可知，在自主需要方面，大一学生的需求更强烈一些，如在理想和未来规划方面，大一学生开始思考。具体而言，"按照自己的想法规划未来"

"自己的才华、理想能得到认可"等方面的需求更高；在对自身的看法方面，学生更渴望提高自身的素质，如"高水平的教师授课（或专家学者讲座）""人文素养得到进一步提升"等。由此可见，大一学生在"成就""自尊自立""求知""助人""政治意识"等方面的需求强烈。其中，最显著的表现是学生开始自主求知，并且需求强烈，对自我的要求较高，努力地提高自我。这与学生第一次脱离家长的直接影响、自我规划生活并期待在未来实现自我价值有关。大二学生对自主需要的需求下降，仅在提高自身方面的需求有所上升，如"得体的言行、优雅的气质、良好的品质""健康的体质和健美的体魄""养成运动习惯、有运动爱好"。可见，大二的学生开始关注自身的"个性修养""体魄"。大三学生开始在多个方面尝试着证明自己，如"成就""自尊自立"等方面的需要较之大二学生有了显著提高，具体如"比周围的人更优秀""经济上能够尽快独立"等方面的需求明显提高。大四学生与同伴的竞争心减少，也不再愿意参加学校的活动，对国家大事的关心明显减弱。同时，大四学生不再致力于提高自身的素质，如"拥有渊博的知识"，而是在职业方面有了更多的考虑，如"经济上能够尽快独立""打工，减轻家庭经济负担"。此时，学生更想回报家庭，如"回报父母"。可见，较之其他年级的学生，大四学生的自主需要发生了明显的变化，在"职业""感恩"等方面需求强烈。这种情况与学生即将步入社会，获得经济自主的情况是一致的。其实，大四学生在这方面的需求增加，也是一种实现自我价值的方式的外显。

第二节 德育过程衔接的社会依据：国家德育意志

国家因素始终是影响教育发展的重要因素。不同时期，国家会根据自身的不同需求通过颁布政策对学校提出不同的要求。正是出于贯彻国家意志的原因，学校德育始终存在着一定的指向性。关于大中小学德育的要求，国家在诸多政策文件中都有所涉及，这也为德育过程的衔接提供了社会依据。

一、国家在不同时期对大中小学生思想品德的要求

改革开放40年来国家颁布的大中小学德育政策，可以分为整顿调整时期（1978~1981年）、探索建设时期（1982~1991年）、丰富发展时期（1992~1999年）和深化创新时期（2000年~2017年）四个阶段进行分析，通过对德育

政策的梳理概括、分析、反思，探究不同时期我国德育政策对大中小学德育内容要求的变化，寻找确定学生思想道德素质内涵和外延的依据。

（一）整顿调整时期（1978～1981年）

邓小平同志在1978年全国教育工作会议上提出，贯彻德智体美全面发展的教育方针，造就宏大的又红又专工人阶级知识分子队伍，是无产阶级政治的要求，他在讲话中谈道：毫无疑问，学校应该永远把坚定正确的政治方向放在第一位。但这并不是说要把大量的课时用于思想政治教育。① 这从根本上扭转了"文化大革命"时期"以阶级斗争为纲"的思想政治工作路线，但正确的政治思想依然是各级学校必须遵循的发展方向。

这一时期国家颁布的涉及大中小学德育的政策主要有以下5个（仅列举重要文件，下同）：《关于讨论和试行全国重点高等学校暂行工作条例的通知》（1978）、《全国中小学思想政治教育工作座谈会纪要》（1979）、《教育部、共青团中央关于加强高等学校学生思想政治工作的意见》（1980）、《关于建国以来党的若干历史问题的决议》（1981）、《小学生守则》（1981）。

在1979年全国中小学思想政治工作座谈会精神的指导下，同年8月教育部重新制定和颁布了《中学生守则》和《小学生守则》的试行草案，并于1981年8月26日正式颁布施行，这两个守则制定的指导思想是：坚持"三好"（思想好、学习好、身体好）原则，贯彻"五爱"（爱祖国、爱人民、爱科学、爱劳动、爱社会主义）教育，培养良好的道德风尚，使中小学生健康成长，准备为社会主义现代化建设服务。正是因为国家将工作的重心重新调整到经济建设方面，所以才对学校德育提出了新的时代要求，目的是最终培养出为社会主义现代化事业服务的人才。

（二）探索建设时期（1982～1991年）

1982年9月1～11日，中国共产党第十二次全国代表大会在北京召开，以此为标志，我国的改革开放进入了全面展开阶段。1985年3月和5月，党中央和国务院先后召开了全国科学技术工作会议和全国教育工作会议，并做出《中共中央关于科学技术体制改革的决定》和《中共中央关于教育体制改革的决定》，科技和教育体制改革由此提上日程。其中，《中共中央关于教育体制改革的决定》是教育体制改革的纲领性文件，对我国的教育产生了重要的影响。

这一阶段国家颁布涉及德育的政策主要有以下9个：《教育部关于学习贯彻

---

① 中共中央文献研究室编：《邓小平同志论教育》，人民教育出版社1990年版，第60页。

"关于加强爱国主义宣传教育的意见"的通知》(1983)、《中央宣传部、教育部关于加强高等学校思想政治工作队伍建设的意见》(1984)、《中共中央关于改革学校思想品德和政治理论课程教学的通知》(1985)、《全日制小学思想品德课教学大纲》(1986)、《中共中央关于改进和加强高等学校思想政治工作的决定》(1987)、《国家教育委员会关于高等学校思想教育课程建设的意见》(1987)、《小学德育纲要(试行草案)》(1988)、《小学生日常行为规范(试行草案)》(1988)、《关于改革和加强中小学德育工作的通知》(1988)。此外,1985年国家教委与司法部联合印发了《关于加强小学法制教育的意见》。

这一时期的德育政策涉及的德育内容较上一时期有所增加。1985年的《中共中央关于改革学校思想品德和政治理论课程教学的通知》提出小学德育内容包括以"五讲四美"和"五爱"为中心的社会常识(包括法律常识)和社会公德教育,但其具体内容归纳起来既包括爱国、爱人民、爱社会主义的爱国主义政治思想教育,又包括文明礼貌、平等、助人的道德品质教育,还包括讲卫生守秩序、爱科学爱劳动的社会公德教育,此外还涉及法律常识的法制教育等。当然,德育政策中对德育内涵的界定没有统一标准,对学生思想道德素质具体内容的分类也比较混乱,导致德育的内容要求并不稳定,甚至出现了"社会公德教育"和"社会常识教育"两种提法。尽管对德育内容的界定还不够清晰,但随着经济的发展和法制的完善,国家对学校德育提出了更高的要求,如第一次将法制教育纳入学校德育范围。

总的来说,这一时期我国德育政策对中小学生思想道德素质教育内容的要求主要包括:爱国主义教育和共产主义理想的启蒙教育以及中国共产党的革命传统教育、集体主义教育、日常学习及生活习惯教育、热爱劳动艰苦奋斗的教育、社会主义民主和法制观念启蒙教育、道德品质教育等方面。并且,随着政治经济社会发展的需求,国家通过颁布相关的政策文件,不断地对德育提出新的要求,增加更多新的内容。学校德育实践也相应变革,如将法制教育的内容纳入日常教学之中。大学生思想政治教育出现了明显变化:课程体系逐步完善,增加品德修养和法律教育课;思想政治教育的教师队伍向专业化方向发展;领导体制逐渐完善,实行了学校党委对思想政治工作负有领导责任,校长要对学生的德智体全面发展负责的体制。随着改革开放以来经济的发展和西方思想的涌入,学生的价值观念和道德修养受到了强烈的冲击,学校德育工作迫切需要调整。显然,在诊断时代特征的基础上,国家调整了大中小学德育工作的重点——德育教师专业化、德育内容丰富化、德育课程体系化等,并完善了相应的制度。

(三)丰富发展时期(1992~1999年)

以邓小平1992年1月18日至2月21日的南方谈话和1992年10月召开的党

的十四大为标志,我国改革开放和社会主义现代化事业进入了系统推进的新阶段。党的十四大提出要把教育放在优先发展的战略地位,党的十五大又做出了实施科教兴国战略的决断。20世纪90年代,中国学校德育进入了全面深化改革阶段,即全面、科学地规划大中小学德育目标、内容、途径和方法,建构学校德育新体系。①

  这一时期国家颁发涉及德育的政策主要有以下11个:《小学德育纲要》(1993)、《中国教育改革和发展纲要》(1993)、《爱国主义教育实施纲要》(1994)、《中共中央关于进一步加强和改进学校德育工作的若干意见》(1994)、《国家教育委员会关于印发〈关于高校马克思主义理论课和思想品德课教学改革的若干意见〉的通知》(1995)、《中国普通高等学校德育大纲》(1995)、《九年义务教育小学思想品德课和初中思想政治课程标准》(试行)(1997)、《中小学德育工作规程》(1998)、《面向21世纪教育振兴行动计划》(1998)、《关于深化教育改革全面推进素质教育的决定》(1999)、《中共中央关于加强和改进思想政治工作的若干意见》。此外,1999年8月,教育部印发了《关于加强中小学心理健康教育的若干意见》。

  本阶段德育内容已经相当宽泛,包括爱国主义教育、集体主义教育、国情教育、传统文化教育、法制教育、文明习惯教育、社会公德教育、劳动教育、道德品质教育、心理健康教育等。这一时期,学生的心理健康教育开始成为德育内容的组成部分。如《中学德育大纲》和《中小学德育工作规程》中都提到学生的"心理品质教育"。在政策文件的要求下,学校德育承接国家意志,将自身涵括的范围进一步扩展,如加入了国情教育、传统文化教育、心理健康教育等。在大学层面,党和国家开始意识到,确保高等学校坚持社会主义政治方向对稳定党的领导、保障改革开放的胜利果实至关重要,于是高校德育也成了重点工作。因此,培养德才兼备的新一代成为高等学校的首要任务。这一时代任务也让高校的德育目标发生了价值取向上的变化。归根结底,大中小学校德育的变化,其实是与国家面临的新的形势紧密相关的。因为随着改革开放的进一步深入,西方文化渐次涌入中国,某种程度上引起了学生价值观的混乱,这就要求各级学校必须承负这一重任,即着重培养学生的品德,使之成为合格的社会主义事业的建设者和接班人。

(四) 深化创新时期 (2000~2017年)

  进入21世纪,我国社会的利益分化明显、价值取向各异、文化碰撞加剧,

---

① 孙少平:《新中国德育50年》,福建教育出版社2002年版,第177页。

改革进入"深水区"。社会的快速发展对学生的思想道德素质提出了新的要求。

这一时期国家颁布涉及德育的政策主要有以下 19 个：《关于适应新形势进一步加强和改进中小学德育工作的意见》（2000）、《关于加强高等学校思想政治教育进网络工作的若干意见》（2000）、《九年义务教育小学思想品德课和初中思想政治课课程标准（修订）》（2001）、《品德与生活课程标准（实验稿)》（2002）、《品德与社会课程标准（实验稿）》（2002）、《中共中央 国务院关于进一步加强和改进未成年人思想道德建设的若干意见》（2004）、《中共中央 国务院关于进一步加强和改进大学生思想政治教育的意见》（2004）、《教育部关于整体规划大中小学德育体系的意见》（2004）、《关于高等学校辅导员班主任队伍建设的意见》（2005）、《教育部、卫生部、共青团中央关于进一步加强和改进大学生心理健康教育的意见》（2005）、《共青团中央关于在青少年中大力开展社会主义荣辱观教育的通知》（2006）、《中小学法制教育指导纲要》（2007）、《国家中长期教育改革和发展规划纲要（2010～2020年）》（2010）、《中小学文明礼仪教育指导纲要》（2010）、《教育部关于印发〈高等学校思想政治理论课建设标准（暂行）〉的通知》（2011）、《社会主义核心价值体系融入中小学教育全过程指导纲要》（2012）、《关于培育和践行社会主义核心价值观 进一步加强中小学德育工作的意见》（2014）、《关于教育系统深入开展爱国主义教育的实施意见》（2016）、《中小学德育工作指南》（2017）。

这一时期的政策内容具有以下特点：一是德育政策内容适应时代要求，关注学生的生活世界。2004 年 2 月《中共中央 国务院关于进一步加强和改进未成年人思想道德建设的若干意见》要求紧密结合"全面建设小康社会的实际"，针对未成年人的身心成长特点进行培养和教育，强调要坚持"以人为本"。二是德育政策内容中不断添加适应时代发展需求的新要求。教育部印发的《社会主义核心价值体系融入中小学教育全过程指导纲要》中提出，要把社会主义核心价值体系融入各门课程、社会实践、校园文化以及班主任工作、学校日常管理等具体环节。三是公民道德教育得以彰显，心理健康教育、法制教育、网络道德教育不断发展。2001 年颁布的《公民道德建设实施纲要》是新中国成立以来第一个专门从公民角度提出的道德建设实施方案。2002 年 8 月教育部印发了《中小学心理健康教育指导纲要》，分层次提出小学低、中、高年级心理健康教育的主要内容；2002 年 10 月颁发的《关于加强青少年学生法制教育工作的若干意见》，提出要根据不同学龄阶段学生的生理、心理特点和接受能力，有针对性地开展法制教育；2007 年 7 月印发的《中小学法制教育指导纲要》对中小学法制教育的总体要求、基本原则、主要内容和实施途径等方面做了详细阐述。

大学德育也出现了新的变化：第一，根据社会形势变化，积极调整政策。2001年教育部就教育战线学习和贯彻《公民道德建设实施纲要》的有关问题发出通知，"青少年是公民道德教育的重点人群，学校是对青少年进行系统道德教育的重要阵地，加强公民道德教育是学校德育的重要内容。"2004年发布的《中共中央　国务院关于进一步加强和改进大学生思想政治教育的意见》提出要"主动占领网络思想政治教育新阵地"，形成"网上网下思想政治教育的合力"。第二，加强思想政治教育教师队伍建设。2008年《关于进一步加强高等学校思想政治理论课教师队伍建设的意见》规定，高校应设置独立的思想政治理论课教学科研组织二级机构，统一管理思想政治理论课教师，负责思想政治理论教学、科研、社会服务和相关管理工作；负责马克思主义理论学科建设、人才培养和教学科研梯队建设等工作。

总的来看，新时期德育政策中关于中小学德育内容的规定仍然保持"大德育"的内容要求。2005年《教育部关于整体规划大中小学德育体系的意见》中指出"德育主要对学生进行政治、思想、道德、法制、心理健康教育"。并且，对学生进行思想政治教育始终占据着德育的核心地位。到了大学阶段，在政策表述上，德育即思想政治教育。当国家进入改革的深水区，最需要的就是凝聚人心，攻坚克难。因此，国家会根据新的形势，提出新的思想理论体系。在这种情况下，学校德育的指导思想每隔几年就会有较大的变动。如"三个代表""科学发展观""社会主义荣辱观""社会主义核心价值观""中国梦""习近平新时代中国特色社会主义思想"被总结出来后，都会在第一时间进入学校德育内容之中。

二、国家对大中小学德育衔接的具体要求

改革开放以来，德育科学化的探索，是以研制德育大纲开始的。在1993年和1995年，国家教委在总结和提炼"六五""七五"期间全国教育研究成果和教育实践经验的基础上，先后颁布了《小学德育纲要》和《中学德育大纲》。这两部大纲在指导中小学德育走向科学化、序列化、制度化等方面，起到了重要的推动作用。进入21世纪，由于政治、经济、文化等方面的新发展新变化，国家对大中小学校德育提出了新的要求。中共中央、国务院先后印发了《关于进一步加强和改进未成年人思想道德建设的若干意见》《关于进一步加强和改进大学生思想政治教育的意见》。为了充分贯彻并落实两个文件的德育要求，教育部于2005年4月印发了《教育部关于整体规划大中小学德育体系的意见》（以下简称《意见》）。《意见》前接1994年《中共中央关于进一步加强和改进

学校德育工作的若干意见》所提出的"整体规划学校的德育体系"的要求，整合并深化发展了《小学德育纲要》《中学德育大纲》和《中国普通高等学校德育大纲》的内容体系，总结并吸收了多年来整体构建学校德育体系等方面的科研成果和实践经验，对大中小学德育工作提出了系统的指导意见。2017年8月，教育部又印发了《中小学德育工作指南》（以下简称《指南》），一方面承续了德育体系衔接的精神，另一方面又有所推进。就《指南》的"德育目标、德育内容"部分来看，可谓层次分明、重点突出、学段衔接、整体一贯。可以说，《指南》对贯彻国家德育意志、推动德育工作落实起到了极为积极的促进作用。

（一）整体构建德育体系是学校德育科学化的必然要求

《意见》阐述了整体规划大中小学德育体系的工作重点："根据不同教育阶段学生身心特点、思想实际和理解接受能力，准确规范德育目标和内容，科学设置德育课程，积极开展德育活动，努力拓展德育途径，有针对性地进行教育和引导，使学校德育更具科学性，更好地促进青少年学生全面健康成长。"这段内容的表述从德育全过程集中提炼出五项主要任务，依次为：准确规范设计德育目标内容，科学设置德育课程，积极开展德育活动，运用和拓展德育途径，开发有针对性和有效性的德育方法。从遵循教育学规律的角度来看，这五项任务是一个紧密联系的整体，其归结点是使学校德育更具科学性，致力于促进学生的全面健康成长。五项任务分别源于对学校德育在五个方面存在问题的清晰认识，如《意见》所指出的各教育阶段德育目标划分还不够准确，内容安排还不尽合理，存在一定程度简单重复交叉和脱节等问题。教育发展的历史和现实表明，学校德育面对的问题和任务是整体性的，因而，教育改革所取的思想方法和实践方法也必须是整体性的。五个方面的问题"怎样"解决，五项任务"怎样"落到实处，进而实现学校德育的科学化，其方式和方法就是整体构建学校德育体系。

（二）大中小学德育目标与内容既整体一贯，又各有重点

德育目标是党和国家对青少年的政治、思想、道德、法纪、心理等品德素质应达到的标准要求，体现着教育者对德育过程所要达到的预期结果的观念设计。我国学校德育目标是根据21世纪中国特色社会主义政治、经济、文化等方面对人的道德素质提出的要求和青少年一代自身全面发展的成长需要提出来的，是客观现实的反映。《意见》明确指出："坚持把培养有理想、有道德、有文化、有

纪律的'四有'公民作为根本目标，努力培育社会主义事业的合格建设者和可靠接班人。"在这一总的目标之下，各学段的目标和内容各有侧重。以爱国主义教育为例，在小学阶段，学校德育主要是"帮助小学生初步培养起爱祖国、爱人民、爱劳动、爱科学、爱社会主义的情感"；在中学阶段，学校德育主要是"帮助中学生初步形成为建设中国特色社会主义而努力学习的理想，树立民族自尊心、自信心、自豪感"；到了大学阶段，学校德育则是"引导大学生确立在中国共产党领导下走中国特色社会主义道路、实现中华民族伟大复兴的共同理想和坚定信念，牢固树立爱国主义思想和全心全意为人民服务思想……同时，积极引导大学生中的先进分子树立共产主义的远大理想，确立马克思主义的坚定信念。"从《意见》中可以看出，德育目标和内容的层次性和衔接性得到了重视，最终落脚于为国家培养出合格建设者和可靠接班人。

《指南》将这项工作进行了深入推进，明确要求各学段德育目标层次分明、重点突出；总体德育目标一以贯之，同时小学低年段、小学中高年段、初中段和高中段的具体德育目标各有侧重，体现了德育目标的纵向层次性。小学低年段，以基本的文明行为习惯教育为主；小学中高年级，以初步的规则意识和民主法治教育为主；初中阶段以社会主义合格公民教育为主；高中阶段以世界观、人生观和价值观教育即"三观"教育为主。《指南》力图在强调目标和内容衔接的基础上，不断完善中小学德育工作的长效机制。显然，学校德育体系在兼顾学生发展的情况下充分体现了国家的德育意志。

（三）国家对不同阶段德育课程设置的要求不同

《意见》要求小学开设以公民基本道德素质教育为基本内容的品德与生活、品德与社会类课程；中学开设以提高学生思想道德水平为基本内容的思想品德、思想政治类课程；大学则开设《马克思主义基本原理》《毛泽东思想、邓小平理论和"三个代表"重要思想概论》《中国近现代史纲要》和《思想道德修养与法律基础》等德育课程。从课程设置来看，小学、中学、大学的课程是相互联系并且程度是逐渐加深的，从小学阶段的认知和行为习惯要求，到中学阶段的情感态度价值观要求，最后到大学阶段解决实际问题的要求。可见，因为不同年龄的学生的生活环境和发展不同，国家有针对性地设置了不同的德育课程。同样，《指南》也明确提出要根据不同年级和课程特点，充分发挥课程育人的作用。"严格落实德育课程。按照义务教育、普通高中课程方案和标准，上好道德与法治、思想政治课……发挥其他课程德育功能。要根据不同年级和不同课程特点，充分挖掘各门课程蕴含的德育资源，将德育内容有机融入到各门课程教学中。"不同阶段德育课程的要求，可以体现出国家力图贯彻德育目标、合理培养学生的用心。虽然在政策文件中留出了一定可以灵活操作的空间，然而较之以往，依然可以看出国家在实现德育意志和课程标准化方面的努力。

（四）各学段德育活动方式存在差异

《意见》要求，在小学阶段，学校要"积极组织开展感受家乡变化、欣赏自然风光等活动，增强小学生爱国情感。开展介绍名人名言和英雄人物事迹等活动，激励小学生树立远大人生志向。"在中学阶段，学校要"积极组织开展感受社会主义现代化建设成就等社会实践活动，帮助中学生逐渐树立为国家、为人民、为民族奋斗的志向。开展了解中华民族历史文化、参观爱国主义教育基地等活动，引导中学生树立民族自尊心、自信心、自豪感。"到了大学阶段，文件则要求学校"积极组织开展邓小平理论和'三个代表'重要思想理论学习和实践活动，教育引导大学生树立走中国特色社会主义道路的理想。开展弘扬民族精神、时代精神和深入工农群众、深入社会的教育实践活动，坚定大学生报效祖国、服务人民的信念。"为了完善德育体系的衔接工作，《指南》还要求健全活动和实践育人衔接机制。"开展团、队活动。加强学校团委对学生会组织、学生社团的指导管理。明确中学团委对初中少先队工作的领导职责，健全初中团队衔接机制……要考虑小学、初中、高中不同学段学生的身心发展特点和能力，安排适合学生年龄特征的研学旅行。"

新中国成立60年来，随着不同时期社会形势的发展，我国学校德育的具体目标和内容发生了很大的变化，及至今日形成了丰富而有层次性的目标和内容系统。从国家意识形态来看，学校德育始终用社会主义、爱国主义和集体主义来教育广大学生，始终坚持社会主义、爱国主义和集体主义为德育的"主旋律"。《意见》和《指南》在新形势下既坚持了"主旋律"教育，又发展了"主旋律"教育。例如，《指南》用社会主义核心价值观教育充实、更新了以往的社会主义教育；用中华优秀传统文化教育，如家国情怀教育、社会关爱教育和人格修养教育等弘扬了爱国主义教育，并将其上升到文化自觉和文化自信的高度；倡导共同理想和坚定信念教育，发展了传统的集体主义教育，强调培养学生的政治认同、情感认同、价值认同。由上可见，国家德育意志始终引导着学校德育的发展，通过颁布各种政策文件对学校的德育过程进行"调控"。这些文件要求为大中小学德育过程的衔接提供了政策依据。

第三节 德育过程衔接的学科依据：德目逻辑层次

学校德育的实施除了需要在国家政策的要求之下进行实践，也需要依据各个德目的内部逻辑。因为具体德目内部是有联系的，而且也有层次的不同，这种不同的层次正好对应于学生的各个阶段的身心发展。因此，我们在强调大中小学德育过程的有机衔接的时候，有必要考察各个德目内部的具体逻辑。为避免赘述，研究者将选择爱国和诚信两个德目进行论述。

一、爱国的逻辑层次

爱国主义教育是通过培养受教育者对国家的持续性发展和稳定性存在等根本利益的高度关心和自觉维护而形成一套复杂的价值体系的教育活动。其初衷是培养学生关心国家利益，在理性判断的基础上最大限度地实现国家的福祉和振兴。因而，加强爱国主义教育一直是国家道德教育的主题。即使在日益多元的现代社会，爱国主义教育在学校教育中的重要地位也并没有动摇，而是愈发内隐、深沉。为充分厘清爱国主义教育的逻辑层次性，我们有必要认识不同年龄层次学生对国家的差异性理解。

（一）认知逻辑层次性

爱国的逻辑层次划分和儿童的认知情感的发展是一致的，这主要表现在儿童对国家的认同出于的原因是什么。根据儿童认知的发展特点，我们将其对国家的认知分为三个层次：

第一层次，象征的国家，即学生认识国家的物化象征，如接触国旗、国徽。儿童在入学之前，其思想意识局限于日常活动的范围，因而生成的物理概念是家庭、社区，更广泛一点的概念则是家乡，并没有形成关于国家的概念和意识。进入学校之后，学生借助教师的讲解和书本的知识，对国家的了解会逐步超出日常活动所见之物，此时，他们关于"国家"的概念已经与家乡并不相同。当学生开始逐步参与到学校生活之中，如加入少先队、参加升旗仪式、对着旗帜宣誓、学习国歌和队歌等，在这个过程中，儿童必然会经历种种仪式，如升旗仪式、入队仪式等。在少先队的入队仪式中，学生高呼："准备着，为共产主义事业而奋斗！——时刻准备着！""这些语言并非出自操演者，而是已经在教规中编码，因而可以加以准确重复……按规矩这些词语和行为的系列以前都被操演过。"① 区别于普通的话语，呼号的内容穿透时间的阻隔，会固化为一种信念，可以更加深化学生对其少先队员身份的认识。在爱国主义教育实践中，这种仪式的操演实质上是儿童、青少年政治化受到高度重视和精心安排的过程，是教化儿童、青少年"听党的话""跟党走""忠于国家和人民"的过程，也是儿童、青少年国家化的过程。于是，这一时期的学生会初步了解到国旗、国徽、国歌的象征意义，从中获得关于国家的认知和想象。

第二层次，物质的国家，即学生认识到国家的具体存在物，如属于国家的山川河流、历史传统、民族文化等。随着儿童认知的成熟，他们会逐渐接触到国家的物质层面，从而获得关于国家更具体的认识。山川河流构成了一个国家存在的基石，历史文化则注入了一个国家流动的血液。于是，学生会逐步意识到，自身存在于一个拥有长久文明历史的国家之中，成长于祖国山川河流的滋养哺育之下。理所当然的，学生认同自己祖先的勤劳、勇敢、善于创造，热爱黄河母亲和黄土大地。学生也应该秉承祖辈的优良传统，继续创造和前行。学习五千年的辉煌历史和近代百年的变迁历史，可以增强学生的国家自豪感，进而生发出强烈的爱国主义情感。将悠久的历史和辉煌的文化与可塑的头脑连接起来，社会的文化记忆将得到永久性保存。无论是火焰中的陶与青铜、我们的国粹京剧书画，还是神奇的中医，都是五千年历史文化的积淀，无不展现中国的风貌。它们都将深深地渗入到每一个学生的血液之中。

第三层次，抽象的国家，即学生的认识超越具体物质层面而认同抽象的国家形象，如国家的政治制度、经济形势、文化特征等。在社会制度化的场景中，学生作为国家的公民要对政治制度持肯定态度。而公民对政治制度的接纳首先表现在认同其合法性，例如在德育教材的呈现中，作为中国根本政治制度的人民代表大会制度，其合法性的证明途径主要有两个：一是现行的政治制度符合国家的社会现实。屈辱的百年历史中，不屈的中国人进行了各种尝试，从君主立宪制到总统共和制，都以失败告终。现行的政治制度使中国走向稳定繁荣。二是现行的政治制度使民众得利。人民代表大会制度确立之前，各种制度都无法保障最广大人民的根本利益。而现行的政治制度在根本上保证了人民当家做主，一切利益属于人民，让人民第一次成了国家的主人，充分享有国家的利益。不难看出，历史和当下都证明了现行政治制度的合法性和优越性。学生也是国家的公民，为了让他们亲在性地体验国家的政治制度，国家将部分政治制度投射到学校之中。当然除

---

① ［美］保罗·康纳顿著；纳日碧力戈译：《社会如何记忆》，上海人民出版社2002年版，第66页。

了对政治制度的认同，学生还需要认同社会主义市场经济制度、社会主义文化特征等内容。

需要说明的是，这三个层次虽然有明显的区别，但并不是截然割裂的，而是相互渗透、呈螺旋式上升并贯穿于大中小学各个阶段的。当然，随着学生认知的逐渐成熟，三个层次会交替成为影响学生形成国家认同的主体。

（二）情感逻辑层次性

学生在不同年龄段的情感特征也是不同的。随着年龄的增长，学生的情感会逐渐稳定下来，受外界的影响降低。因而，对不同年龄段学生进行爱国主义情感的培养，需要采取不同的方式。根据学生情感的发展特点，其对国家的热爱也可以分为三个层次：

第一层次，情绪性情感，即学生被外界物质刺激产生的单纯的情绪情感，认为国家是完美神圣的，值得每一个人维护。学生的爱国情感初始表现为对于国家标志物的珍爱与敬仰。"无论是中小学还是大学，在校园中可以没有操场、没有喷泉、没有草坪，但是不可缺少的东西是一根旗杆和上面随风飘扬的国旗。"[①]因为国旗是一个国家的象征，是国家话语在学校空间的主要言说者。每周一清晨的升旗仪式是所有学生必然进入的情境，当他们听着国歌、向国旗敬礼、看着国旗缓缓升起的时候，国家似乎以具象的形式出现在他们面前。于是，在小学低年级，学生仰望着国旗，就像是国家俯瞰着学生，情感受到暗示。此时，学生相信自己的国家无论是往昔还是现在都是光荣的，并必然会带领其走向光明的未来。在国家标志物的刺激之下，学生的爱国情感会随着情绪体验而产生。同时，通过课堂知识的学习，学生开始了解到出生地之外祖国辽阔的疆域，在远离家乡的地方还有许多名山大川甚至是一些代表着国家形象的建筑名胜。由此，之前被身体感观所局限的情感瞬间被开拓，爱国情感随着地缘认识的扩展而愈发浓烈，由爱家乡一步步发展为"祖国山河常在我心"。无论是对出生地的朴素情感还是对于国家标志物的崇敬，抑或是胸怀祖国的万里山河，都属于自然实体的层次，无关于认知的充分理性。可见，这一层次的爱国情感是在外界的物质刺激下产生的情绪情感体验，学生由此获得了一种国家是神圣、完美并值得维护的意识。当然，无可否认的是，这种爱国主义情感的水平较低，如果不能获得进一步发展，要么会随着年龄的增长而逐渐消失，要么会被某一特殊事件诱发而产生盲目的爱国主义行为。

---

① 石艳：《我们的"异托邦"——学校空间社会学研究》，南京师范大学出版社2009年版，第104页。

第二层次，有理性情感，即学生在认知的基础上形成的情感，认为国家是存在缺陷的，因而爱国要理性。皮亚杰和魏尔通过对各个年龄段学生进行调查，共同研究了"祖国"概念的发展过程，发现儿童直至年满12岁或12岁以上才能对这个概念获得恰当的情感价值。① 12岁的学龄儿童正是到了学习祖国的历史文化传统和一些当代文明基本知识的阶段。并且，根据皮亚杰的认知发展理论，这一阶段的儿童正处于具体运算阶段向形式运算阶段过渡的时候，能通过自己切身的所见所闻所感将这类知识转化到自己的认知结构之中，从而形成属己的看法与见解。随着学生对国家了解的持续深入，他们会认识到虽然国家有着光辉的过去，但在某些方面仍然是存在缺陷的，如它有自己的屈辱历史、有自己的当代缺失。于是，学生在深入了解国家的基础上，深化了自己对国家的情感。在陈会昌对中小学生"维护祖国尊严的情感"的测试中，达到水平3（初步的维护国家尊严概念）在小学5年级阶段有一个显著的提升（由小一、小三的3.5%到小五的20.7%），并在之后的年段中呈稳步提升的趋势（初一为31%，初三为34.5%，高二达到了41.4%）。② 可见，在第二层次，学生的爱国情感在对国家现实的了解和学习中逐步清晰和升华，他们开始考虑到国家的对错问题，从而认为不能盲目爱国，并最终形成了有理性情感。

第三层次，超越性情感，即在综合认识的基础上形成的情感，认为即使国家会犯错，它依旧是我的国家，依旧值得热爱和维护。到了初中阶段（13岁左右），学生经历着身份（儿童—少年、少先队员—共青团员）和认知结构的双重转变，爱国情感也就相应地发生了质的变化。这一阶段学生的认知水平趋近于成熟，开始接触到国家经济、政治层面的知识，在对国家的认知上格局开始扩大，并拥有了初具规模的思想体系。正因为对国家有了深入的认识，此时形成的爱国情感会格外的深沉浓烈。此时，"人们像认同宗教一样相信自己的国家是好的，却不会像宗教信徒相信上帝绝对正确那样相信国家是完美的。"③ 于是，学生自身的爱国情感表达逻辑由对错之分变成了这样的表述：即使我的国家是有错的，但在情感上，无论国家对错，它依旧是我的国家。因为国家始终与我们同在，并不虚幻，而是现实的或历史性的存在。正如陈会昌的研究也表明："初中生已有明确的报效祖国母亲的情感，高中生则能从深刻的爱国主义原则性出发，从公民对国家的责任和义务角度出发判断。"④ 可以说，这一层次的爱国情感开始建立在经济和政治等高层次的实体之上，超越了个人的得失和利益的考量。此时，学生

---

① 顾海根：《中小学生爱国情感的发展》，载于《上海师范大学学报》（教育版·中小学教育管理）1999年第10期。
②④ 陈会昌：《中小学生爱祖国观念的发展》，载于《心理发展与教育》1987年第1期。
③ 汪晖：《"民族主义"的老问题与新困惑》，载于《读书》2016年第7期。

的爱国主义情感是浓烈而深沉的,并不会因为国家的表现而轻易改变自身的情感。

二、诚信的逻辑层次

诚信作为人类社会生活中共同的道德准则,是社会持续合理运转的必要基础。许多研究者从不同角度,对诚信的内涵进行了研究。诚信的不同内涵体现出人们对诚信认识的差异性,而对诚信内涵的不同理解也关系到对诚信教育内容的设置以及诚信教育的实施过程与方式。

为促进学生形成合理的诚信观(既包括合理的诚信观念,也包括恰当的行为表现),我们有必要结合学生各个阶段的身心特征,从教育学的角度建构诚信的逻辑层次性。

第一个层次:我不能撒谎。按照发展心理学的观点,小学阶段是指六七岁到十一二岁的童年时期。由于此时儿童进入小学,学习成为他们的主导活动,因此也称为学龄初期。从道德情感的角度来看,很多研究认为,小学阶段是儿童道德情感发展的重要时期,我国学者的研究甚至认为,小学阶段是道德情感发展的关键期。[①] 此时,儿童的道德情感还具有很大的情境性、主观性和任意性。从道德认知的角度来看,自七八岁开始,儿童的品德心理开始进入"这样做对我有什么好处"的道德推理阶段。处于这一阶段的儿童认为,每个人都有他自己的利益和观点,与他人交往应该是互惠的。随着年龄的增长,小学生的自我独立性增强,不再认为凡事都要由成人来管束自己,形成了"别人怎样对待我,我就怎样对待别人",以及以德报德、以怨报怨的公平意识,但这种公平意识并不是真正意义上的利他行为。从道德行为的角度来看,虽然随着年龄的增长,学生的自我控制能力会有所提高,但总体上呈现一种"高原现象"。换句话说,由于自我控制能力相对不够成熟,小学生的道德行为和他们的道德认知经常存在不一致的现象。因而,对小学生进行诚信教育时,要从最基本的"不撒谎"开始。具体而言,首先,要通过别人来约束学生的行为。教师在进行诚信教育时,要让小学生知道,如果你对别人不讲诚信,别人也会对你不讲诚信。其次,要通过构造诚信的情境来激发学生情感。教师可以给学生讲授诚信小故事,让学生知道撒谎对别人和自己造成的伤害,从而体会到诚信的必要性。最后,要通过习惯养成来强化道德行为。教师可以在教学中让学生进行角色扮演,来强化学生的道德行为。"我国学者孙云晓教授的研究发现,有些儿童某种道德行为习惯的养成甚至需要 30~40

---

① 邵景进、刘浩强:《我国小学生品德发展关键期》,载于《心理科学》2005 年第 2 期。

次的反复强化才能形成。"①

第二个层次：知道诚信的理由。中学阶段的少年正处于人生发展的一个重要转折时期，心理学称之为心理发展的第二个危机期。在品德心理方面，他们既含有小学生的某些道德观念，又具有一部分较高层次的道德价值观。由于教育的作用，此时学生已经懂得道德概念的正确含义，并知道应该自觉地按照一定的道德准则来调节自己的行为。林崇德教授发现，大多数学生在初中二年级对道德知识的理解仍停留在比较肤浅的水平，但到初三上学期，学生开始能够初步揭示概念的本质，从而为高中阶段的逻辑思维的发展奠定基础。②虽然他们还没有形成坚定的道德信念，但已经出现初步的道德信念的萌芽。随着年龄的进一步增长，中学生的自我意识日益凸显。就诚信而言，中学生开始追问"我为什么要诚信""诚信对我意味着什么"。因而，教师在进行诚信教育时，可以从学生身边的生活逐步扩展到社会，让学生知道诚信对社会秩序的重要性。这样学生会认识到，自己不讲诚信会对班级、学校，甚至对社会的秩序造成不好的影响。在这种情况下，学生从维护普遍社会秩序的重要性、履行个人责任、对法律和权威服从的角度来调整自身的认识，在生活中表现出持续而稳定的诚信行为。

第三个层次：可以有善意的谎言。当学生进入高中后期和大学时期，其心理发展的特征已经接近成人。因此，此时学生的品德心理表现为：根据一定的社会道德准则在行动时表现出某些稳固的、成熟的心理特征，开始形成"理想自我"和"现实自我"的分化，并努力用"理想自我"的要求来调控"现实自我"。在认知发展上，在当前社会思想、道德和文化日益多元的时代，大学生已经能够进行甄别，初步形成稳定的道德信念。在行为表现上，他们开始从哲学的角度对理论问题进行思考，更加自觉地把自己的生活目标和整个社会的发展联系起来，形成比较稳定的道德行为习惯。因此，此时的道德教育不应该集中于对学生行为习惯的培养，而应该引导其进行深刻的人生观、世界观和价值观的理论探讨，使他们能够自觉地对自己的行为习惯进行反思。因为只有在自我独立的道德意识的支配下，学生才能够克服自身的不良行为习惯。就诚信教育而言，由于大学生开始认识到社会规则是人为的、契约性的东西，也意识到关于诚信的社会规则有时候存在局限性，应该被修改，因此，他们开始基于自己的良心和人类的普遍价值标准来判断道德行为。于是，在特定的情况下，学生认为善意的谎言是被允许的，甚至是一种为了维护社会秩序所践行的更高层次的诚信

---

① 杨韶刚：《道德教育心理学》，上海教育出版社2007年版，第99页。
② 杨韶刚：《道德教育心理学》，上海教育出版社2007年版，第102页。

行为。

需要强调的是，因为学生心理发展的个别差异性，诚信的三个层次与每个学习阶段并不完全吻合，只是一种大致的相同。当然，相对于每个学习阶段，学生个体表现出现的诚信三层次可以提前或滞后，但并不会跨越式发展。

以上所述，以哲学和心理学的研究成果作为资源，从教育学的角度对爱国和诚信教育的逻辑层次性进行了粗疏的研究。这种研究力图以德目本身的逻辑为大中小学德育过程的衔接提供依据。当然，这种德目的逻辑层次性除了依赖于学科知识自身的逻辑，也是建立在学生身心发展的顺序性、阶段性和差异性基础之上的。以上只是以爱国和诚信为代表来论述德目的逻辑层次，由此扩展，其他德目（如法治、民主、公正等）各自也都是有内在逻辑层次性的。依据每个德目的逻辑层次来进行德育实践，可以有效提高德育的效率和效果。

第四节　大中小学德育过程的衔接方式

大中小学德育过程的衔接，首先是德育目标的衔接，即各级学校需要就培养什么样的学生达成共识。德育目标的确立，也对德育课程、内容和活动的设置有指导作用；其次是德育课程的衔接，即各级学校在怎样培养学生方面做出努力，将各自负担的目标贯穿于课程之中，完成相应的德育目标；最后是德育活动的衔接，即德育活动应作为实现德育目标的主要途径之一，依据学生各阶段的身心特征选择不同的德育活动促使德育目标的实现。当然，需要注意的是，德育目标的设置更多受国家政策的影响，德育内容的安排则更多取决于德目本身的逻辑，而德育活动的施行则要满足学生各阶段的成长需要。通过德育目标、德育课程、德育内容、德育活动等多重方式共同协作，可以更好地促进大中小学德育过程的衔接。

一、德育目标的衔接

德育目标是学校德育实践的出发点，也是归宿点，是制定德育内容的依据。1999年6月，中共中央、国务院颁布的《中共中央　国务院关于深化教育改革全面推进素质教育的决定》中指出："各级各类学校必须更加重视德育工作，以马克思列宁主义、毛泽东思想和邓小平理论为指导，按照德育总目标和学生成长规律，确定不同年龄阶段的德育内容和要素，在培养学生思想品德和行为规范方面，要形成一定的目标递进层次。"① 2005年4月20日，教育部颁布了《教育部关于整体规划大中小学德育体系的意见》，其中分别对小学教育、中学教育、大学教育的阶段性德育目标做了较为细致的要求。② 然而，大中小学并没有形成整体化的德育过程，如现在实施的《小学德育大纲》、《中学德育大纲》和《高等学校德育大纲》是分别制定的，对大中小学德育的衔接并没有给予充分的考虑，缺乏系统性、连续性和层次性。为了解决大中小学德育出现的诸多问题，同时考虑对国家需求和学生成长需要的满足，我们要从以下理论原则和实践操作层面着手。

（一）德育目标衔接的理论原则

1. 根据整体性原则确定德育的总目标

教育部应该组织大中小学德育工作者形成三结合的工作班子，统一制定大中小学一体化德育大纲。具体到构建大中小学校德育目标体系，要坚持整体性和层次性统一的原则，即坚持"德育目标，一以贯之"，整体规划学校的德育目标体系，要将党和国家对青少年一代品德发展的要求和青少年自身成长需要的要求细致地编排到德育目标之中，将公民道德教育、爱国主义教育、理想信念教育贯穿始终，并予以逐步贯彻实施。

2. 根据层次性原则确定德育的分目标

德育目标的确定要坚持由低到高、由浅入深、分层划分、逐步递进。具体而言，"在社会主义初级阶段，在发展市场经济、民主政治和多元文化的历史背景下，我国中小学德育的任务有三个层次：第一个层次就是培养爱国、守法、明德的公民；第二个层次是培养具有科学世界观和人生观，具有较高思想觉悟的社会主义者；第三个层次是使少数优秀分子成为共产主义者。"③ 大中小学德育任务的三个层次正对应着三个阶段的德育目标和内容。需要说明的是，三个阶段的德育目标是渐进性、共时性存在的，而不是置换式关系。

（二）德育目标衔接的实践操作

1. 小学德育的目的是实现德育任务的第一个层次：培养爱国、守法、明德的公民

小学德育主要是对学生进行以"爱祖国、爱人民、爱劳动、爱社会主义"为

---

① 《中共中央、国务院关于深化教育改革全面推进素质教育的决定》，教育部网站，http://old.moe.gov.cn/publicfiles/business/htmlfiles/moe/moe_177/200407/2478.html，1999年6月13日。
② 《教育部关于整体规划大中小学德育体系的意见》，教育部网站，http://old.moe.gov.cn/publicfiles/business/htmlfiles/moe/moe_991/201412/179051.html，2005年4月20日。
③ 王道俊、郭文安：《教育学》，人民教育出版社2016年版，第264页。

基本内容的社会公德教育和有关的社会常识教育（包括必要的生活常识、浅显的政治常识和有关的法律常识），着重培养和训练学生良好的道德品质和文明行为习惯。因而，小学教育阶段德育目标是：教育帮助小学生初步培养起爱祖国、爱人民、爱劳动、爱科学、爱社会主义的情感；树立基本的是非观念、法律意识和集体意识；初步养成孝敬父母、团结同学、讲究卫生、勤俭节约、遵守纪律、文明礼貌的良好行为习惯，逐步培养起良好的意志品格和乐观向上的性格。

2. 中学德育的目的是实现德育任务的第二个层次：培养具有科学世界观和人生观，具有较高思想觉悟的社会主义者

中学德育是培养学生热爱祖国，具有民族自尊心、自信心、自豪感，初步树立公民的国家观念、道德观念、法制观念，具有公民的社会责任感；初步树立为建设中国特色的社会主义现代化事业奋斗的理想志向和正确的人生观；自觉遵守社会公德和宪法、法律。因而，中学教育阶段德育目标是：教育帮助中学生初步形成为建设中国特色社会主义而努力学习的理想，树立民族自尊心、自信心、自豪感；逐步形成公民意识、法律意识、科学意识以及诚实正直、积极进取、自立自强、坚毅勇敢等心理品质，养成良好的社会公德和遵纪守法的行为习惯。中等职业学校还要帮助学生树立爱岗敬业精神和正确的职业理想。

3. 大学德育的目的是实现德育任务的第三个层次：让少数优秀分子成为共产主义者

在这一阶段，学校德育要立足于使当代大学生成长为社会主义事业的建设者和接班人。因而，大学教育阶段的德育目标是：教育引导大学生确立在中国共产党领导下走中国特色社会主义道路、实现中华民族伟大复兴的共同理想和坚定信念，牢固树立爱国主义思想和全心全意为人民服务思想，自觉遵守法律法规和社会道德规范，加强自身道德修养，具备良好的心理素质和艰苦奋斗、开拓进取的精神，促进大学生思想政治素质、科学文化素质和身心健康素质全面协调发展。同时，积极引导大学生中的先进分子树立共产主义的远大理想，确立马克思主义的坚定信念。

从表面看来，确立大中小学德育目标的主要依据是教育目标，更根本的是国家的德育政策。因而，其精神实质包括两个层面：一是为谁培养人；二是培养什么样的人。这两个层面的精神实质也贯穿在各级德育目标的衔接之上，随之大中小德育内容也是依此设立，并渗透在德育课程、德育内容和德育活动之中。

二、德育课程的衔接

课程是由一定的育人目标、特定的知识经验和预期的学习活动方式构成的一种蕴含着丰富、基本而又有创造性与潜质的一套计划与设定。从育人目标的角度看，课程是一种培养人的蓝图；从课程内容的角度看，课程是一种适合学生身心发展规律的、连接学生直接经验和间接经验的、引导学生个性全面发展的知识体系及其获取的路径。① 就此而言，德育课程正是在符合学生身心发展需求的基础上，引导学生获得德育的基本事实、基本概念与原理，按照一定的逻辑—心理顺序组织而成的知识体系及其路径。为了保证教学的效果，德育课程需要在阶段性衔接方面下足功夫，即纵向贯穿知识体系，使学生可以长时间段、系统地获取具有逻辑性、正面引导性的德育知识。当然，课程设置的衔接也可以从理论原则和实践操作两个方面进行考虑。

（一）德育课程衔接的理论原则

德育课程设置的依据：一方面是学生的身心发展特质；另一方面是德育目标和内容。因而，整体规划大中小学德育课程，要根据德育目标将小学、中学、大学三个阶段的德育课程进行合理配置，使之有效衔接、分层实施，实现诸阶段课程的有机整合及协同发展。

1. 整体规划，避免相互脱节

学校德育是一项复杂的系统工程，整体规划大中学校德育课程是学校德育能否形成一个有机整体和完整系统的重要环节。因此，要强调德育课程是一个系统连贯的统一整体，应该在大中小学校一以贯之思想教育、政治教育、道德教育、法纪教育、心理健康教育，做到各学段全面把握，统筹实施各项德育内容要求。德育课程的整体实施要求各学段不能只考虑本阶段的任务要求，"各自为政"，而应立足于学生整体发展，保证德育内容的全面实施。

2. 循序渐进，合理过渡承接

学生品德是遵循一定的规律，按一定次序和水平，由低级到高级，由感性到理性逐渐形成发展的，是阶段性和连续性的统一。研究者在对大中小学生成长需要的调研分析过程中，发现学生的成长需求具有明显的连续性，且各阶段需要的重点并不相同。建立于学生成长需要基础之上的学校德育，要充分考虑学生发展的阶段性特征，进而在课程设置上体现各阶段的连续性。因此，德育课程的合理设置不仅要相互衔接，更要有效承接过渡，从而使大中小学德育内容的设置能够符合各年龄段学生品德形成的发展规律。当然，值得注意的是，每个学段的过渡阶段是学生成长需要变化突出的部分，就此而言，我们建议在六年级和初一、初三和高一、高三和大一之间分别设置一个过渡期，在各个过渡期内逐步引导新生

---

① 王道俊、郭文安：《教育学》，人民教育出版社 2016 年版，第 121 页。

适应新环境的变化，如生活环境的变化、学习方式的变化、师生关系的变化等，帮助他们消除身心方面的不适应，从而逐步过渡到新的学习生活之中。相比较而言，对刚入学的新生进行抽象的理论课教育，如《思想道德修养和法律基础》，甚至是强调肩负培养社会主义事业建设者和接班人的历史使命的教育，只会增加他们更多的心理矛盾而难以适应。

3. 螺旋上升，避免简单重复

学生个体品德的形成和发展是阶段性和层次性的统一，对其进行的德育也要形成一定的层次性，即先进行基本道德规范教育，再进行政治理论教育，最后进行科学的世界观、人生观、价值观教育。2000 年 12 月 14 日，中共中央办公厅和国务院办公厅发布了《中共中央办公厅　国务院办公厅关于适应新形势进一步加强和改进中小学德育工作的意见》，其中明确提出德育内容的制定要遵循由浅入深、循序渐进的原则。同时，考虑到学生心理发展特点也是由具体到抽象的，德育内容的具体安排，要把握大中小学校德育课程的阶段性特点，螺旋上升，避免简单重复。例如，爱国主义教育，小学可以通过生动活泼的校内外教育教学活动，对学生进行以"爱祖国、爱人民、爱劳动、爱科学、爱社会主义"为基本内容的社会主义公德教育；初中侧重于教育学生热爱祖国的版图河山、悠久历史、灿烂文化，维护国家尊严，加强民族团结等。高中侧重于进行中国人民斗争史、革命史、创业史教育，社会主义现代化建设发展前景和报效祖国的教育，维护国家主权等；大学侧重于中华民族爱国主义传统教育、中国近现代史教育、国防教育和国家安全教育等。

（二）德育课程衔接的实践操作

1. 小学开设以公民基本道德素质教育为基本内容的品德与生活、品德与社会类课程

小学 1~2 年级的品德与生活课着重引领小学生健康安全、愉快积极、负责任有爱心、动脑筋有创意地生活，逐步养成良好的生活习惯。小学 3~6 年级的品德与社会课着重讲解个人成长，讲解家庭、学校、家乡（社区）、祖国，讲解世界，引领小学生逐步认识自我、认识社会，为形成良好的品德奠定基础。

2. 中学开设以提高学生思想道德水平为基本内容的思想品德、思想政治类课程

初中开设的思想品德课着重讲解个人成长应具备的基本要求，个人与他人的关系，个人与集体、国家和社会的关系，引领初中学生感悟人生意义，提高道德素质，了解基本法律知识，培养健康心理品质，确立责任意识和积极的生活态度。普通高中开设思想政治课，着重讲解哲学基本常识和政治生活、经济生活、文化生活常识，公民道德与伦理常识、法律常识，引导学生运用矛盾和实践的观点和方法认识问题、分析问题和解决问题，使高中学生具备在现代社会生活中应有的自主、自立、自强的能力和态度，初步形成正确的世界观、人生观和价值观，初步掌握辩证唯物主义和历史唯物主义的观点、方法，为终身发展奠定思想道德基础。中等职业学校开设哲学基础知识、经济与政治基础知识、法律基础知识和职业道德与职业指导类课程，帮助学生树立正确的职业理想，养成良好的职业道德，使其具备基本的就业创业意识，为其步入职业生涯和终身发展奠定思想道德基础。

3. 大学开设以提高学生政治素质水平为基本内容的各类课程

这些课程包括《马克思主义基本原理》《毛泽东思想、邓小平理论和"三个代表"重要思想概论》《中国近现代史纲要》《思想道德修养与法律基础》等德育课程。加强对大学生进行马克思列宁主义、毛泽东思想、邓小平理论和"三个代表"重要思想基本理论教育，帮助大学生全面准确把握马克思主义基本原理和毛泽东思想、邓小平理论、"三个代表"重要思想和习近平新时代中国特色社会主义思想等基本理论，正确认识人类社会发展的规律，坚定走中国特色社会主义道路的信念，提高自觉应用马克思主义立场、观点和方法认识、分析和解决问题的能力，使大学生了解国史、国情，深刻领会历史和人民是怎样选择了马克思主义，选择了中国共产党，选择了社会主义道路，帮助大学生提高思想道德素质，增强社会主义法制观念，解决成长成才过程中遇到的实际问题。

三、德育内容的衔接

各学段德育内容应该注意阶段性和层次性，并着力在内容要求的现实性和可行性上做文章，力求符合学生的思想特点和年龄特征。就相关的德育内容而言，我们应该从德目自身的逻辑层次入手，结合社会主义核心价值观，将德目不同层次的内容渗透其中，通过具体的教材设计传递给学生。

（一）小学阶段：注重生活体验，培养良好习惯

小学阶段要进行的应该是每个人所必备的、最基本的品德教育。因此，小学德育内容的重点应该落脚于日常生活良好行为习惯的养成，从而让学生对基本的社会规范、文明礼貌等有合理的把握和正确的实践。从品德发展特点来看，小学阶段是学生思想品德教育的启蒙阶段。根据道德认知理论，这一时期的学生，品德发展正处于"从前习俗水平向习俗水平过渡，从依附性向自觉性过渡，从外部监督向自我监督过渡，从服从型向习惯型过渡"的阶段，其道德认知往往以外部的道德判断为准则。从德目逻辑的层次而言，此时学生对爱国、诚信、友善等内容的理解处于最基本的阶段。所以，这一时期，在德育内容的层次方面，学校应该从制定系列的道德行为规范出发，帮助学生理解日常生活必备的行为规范，并利用外在的力量，使学生养成良好的道德行为习惯；在德育内容的呈现方面，学校应该注意德育内容的形象性和具体性，少讲一些空泛的道理，多讲一些具体的规则，借助学生周围的人事物创设良好的氛围感染学生、影响学生。在德育内容的传递方面，教师和学校管理者要以身作则，通过生活中的小细节（如捡起校园中的纸屑、兑现做出的承诺等）引导学生形成良好的行为习惯。具体而言，学校可以开展热爱学习、立志成才教育，开展孝亲敬长、爱集体、爱家乡教育，开展做人做事基本道理和文明行为习惯养成教育，开展热爱劳动和爱护环境教育，开展尊重国旗、国徽和热爱祖国教育，开展社会生活基本常识和安全教育。

（二）中学阶段：引导学生体悟，深化品德认知

中学教育是小学教育的深化，又直接与高等教育衔接，在整个教育系统中起着承前启后的作用。就当前社会现实而言，尽管我国高等教育取得了长足发展，进入大学的学生人数逐渐增多，但是对于部分学生来说，中学其实是他们接受教育的最后阶段。换言之，一部分结束中学学习生活的学生，并不会进入更高的受教育阶段，而是直接进入社会生活。这就要求中学所进行的德育在内容上要体现对社会生活的辐射性，关注德育内容的基本完整性。同时，又由于中学在整个教育体系中所具有的承前启后的地位，中学的德育内容必须体现其对大学阶段教育的承接作用，注重德育内容的发展性。从中学生的品德发展特点来看，这一时期的学生处在品德发展的习俗阶段，是奠定和形成人生观、世界观和价值观的关键时期。此时学生的心理发展接近成熟，创造力、想象力和独立思考的能力明显提高，但思维的形式依然处于经验阶段，在情绪情感层面也不够稳定。因此，在这期间，学校应该根据中学生的身心特点及存在的具体问题，有针对性地向学生传递相应的德育内容，深化学生在品德层面的认识，从而使其了解道德在人生中的重要性，引导学生在道德判断和价值选择能力方面的成长。具体而言，学校可以开展法制教育和民主、科学教育，开展基本国情和时事教育，开展青春期卫生常识和心理健康教育，开展社会公德和劳动技能教育。中等职业学校还可以加强职业道德、劳动纪律和职业规范教育。

（三）大学阶段：注重理论传递，引领思想方向

大学教育是教育系统的重要组成部分，是学校教育系统中的最高层次，直接

承担着为社会主义事业输送建设者和接班人的重任。这就意味着,大学阶段的教育内容要充分体现其对整个教育层次的提升作用。对于德育内容而言,大学德育既要关注德育内容的完整性,更要关注德育内容的层次性。因此,除了继续注重基本道德素质的巩固和发展以外,还要强化对学生进行正确世界观、人生观和价值观的培养。从大学生的品德发展特点来看,这一时期的学生,思维逐步由感性的经验性思维向理性的逻辑思维发展,独立性和批判性明显增强,不容易接受别人的意见。所以,大学阶段的德育内容要突出基本理论,深化思想性和理论性,不仅让学生知道德育的内容是什么,还要让他们知道学习这些内容的原因。在内容属性上,一方面,学校要注意满足学生成长成才的需要,帮助学生解决学习生活中遇到的实际问题,将学生普遍关心的热点和难点作为教育的重点;另一方面,学校还要对学生加强思想方面的引导,厘清学生思想层面出现的紊乱现象,将引导学生形成正确的价值观念视为重要问题。最终,实现解决思想问题与解决实际问题相结合。具体而言,第一,学校可以强化马克思列宁主义、毛泽东思想、邓小平理论、"三个代表"重要思想、社会主义核心价值观和习近平新时代中国特色社会主义思想教育,加强党的基本理论、基本路线、基本纲领和基本经验教育,加强基本国情和形势政策教育,加强民族精神和时代精神教育;第二,学校可以加强社会公德、职业道德和家庭美德教育,加强法制和诚信教育,加强人文素质和科学精神教育,加强心理健康和就业创业教育。

四、德育活动的衔接

"学生的教育影响前后不连贯、不一致、时紧时松、断断续续,不仅直接影响学生良好习惯和品德的形成,而且易使学生的思想松弛,出现起伏、退步。"[①]所以,使教育影响的连贯和一致,是德育的一项重要工作。为使各阶段德育活动的衔接更加合理有序,学校要对德育活动进行合理的设计,包括对活动类别和层次的考虑。这也就意味着,学校的德育活动要灵活多变,能够满足学生的身心发展需要。研究者在对4~12年级、大一到大四学生进行实证调研基础上,分析学生成长需要的特点,从而为各学段德育活动重点的设置提供参考(见表2-6)。

---

① 王道俊、郭文安:《教育学》,人民教育出版社2016年版,第294页。

表 2-6　不同年级德育活动的重点

年级	成长需要的特点	德育活动的重点
4	班级里非正式群体明显增多，学生开始建立比较密切的同伴关系。同学之间亲疏距离的出现、朋友圈的建立，意味着交往在关系发生了变化，这就是人格独立性发展的标志性交往的关系向平行性交往为主体的关系转化，这就是人格独立性发展的标志。 (1) 安全需要方面：学生还未充分认识到学校的不安全性。学生的不良行为是安全的。学生的不良行为和校园冲突率较高，高于5年级和6年级，但远远低于中学阶段。受欺辱的情况最为严重。 (2) 关系需要方面：学生对父母依恋水平较低，与同伴的亲近感较高，日相对稳定。 (3) 自主需要方面：学生竞争压力较小，并未充分地意识到与他人竞争；更多认为自己应该学习，而不是出于内在的目的	德育活动要促进非正式组织与正式组织的接轨。通过发挥小群体的长处，让小群体成为大群体的有机部分。 德育活动需要加强学生对学校不安全性的教育，让学生认识到学校中的各种不安全情况，努力减少弱势学生受欺辱的情况。 教师可以通过多种形式鼓励学生学习，如活动、故事、表演等，让学生喜欢学习，在学习中获得快乐
5	非正式群体逐渐稳定，性格相投和兴趣相投的同学喜欢存在一起交流、结伴，开始形成真正的朋友关系。这是友谊开始产生的标志，也是个性开始形成的标志。由于独立意识增强，学生不大愿意向老师和家长倾诉自己的内心想法。 (1) 安全需要方面：有一部分儿童开始认识到学校是不安全的，学生的不良行为减少，校园冲突率降低，受欺辱的情况也在减少。 (2) 关系需要方面：沟通减少，学生对父母的依恋降低，但是开始逐渐疏离父亲，亲近感降低，与同伴的亲近感提高，日相对稳定。 (3) 自主需要方面：学业竞争压力开始提高，并开始经常与他人进行比较	德育活动要侧重拓展5年级学生对社会和历史文化信息的接触面，引导他们围绕学科学习、收集有关信息，进行创造交流，以满足和促进学生兴趣和智慧的发展。 (1) 教师需要特别留意那些认为学校不安全的少数儿童，加强心理辅导，持续关注学生的受欺辱情况，提高这部分学生的安全感。 (2) 教师可以举办亲子类活动，如"孝亲郊游""父子郊游""孩子，我想对你说"等，增加亲子之间的沟通。 (3) 学业竞争虽然可以提高学生学习的积极性，但也需要教师进行适当的引导，避免影响同学之间的关系，进而导致冲突事件的发生

续表

年级	成长需要的特点	德育活动的重点
6	学生面临生活的转折点，对环境变化十分敏感。环境的变化给他们带来了自我提升的机会，他们的积极投入又促成了自我概念的重新选择和积极建构。 (1) 安全需要方面：学生逐渐认识到学校的不安全性，不良行为和校园冲突比5年级增加，受欺辱情况变得严重。 (2) 关系需要方面：学生对父母的依恋开始降低，疏离感增加，沟通减少，开始尝试离开父母，产生了独立意识。与同伴关系开始增加，达到小学阶段的最高峰，且相对稳定。 (3) 自主需要层面：学生的压力急剧增加，学生竞争变得更加看重学业成绩，内在调节为主，外在调节开始上升。	德育活动要为学生创造将积极表现化为现实的条件，尤其要关注弱势的学生。 德育活动要侧重提高学生的安全意识，加强师生之间的交流互动。在师生相互了解的基础上，让教师与相关学生进行沟通，减少师生之间的冲突。创设安全的班级和校园环境，提高学生的安全感和安全意识。 德育活动的形式可以偏重创设促进学生独立意识成长的活动，如"今天我当家""我是家里小厨师"等。让父母从引导者变为辅助者，教师要引导学生树立正确的竞争观，如在合作中竞争，与昨日自我的竞争等。鼓励学生完成学习任务，而不是仅与他人比较。
7（初一）	学生从家人的护佑下独立起来的信念更加强烈，自我定位也更加多元，在教师色视角转向多重观点的学生角色视角转向多元的学生，自我的需求也使得他把视线投向成人世界里的信息。学生积极投入班集体活动，教师肯定、积极表现、喜爱自己的班级。学生发生了转折性变化，学生既感觉到了压力又充满挑战和新奇感。建立朋友关系是初中青少年生活中的主要需求，"向朋友倾诉"成为学生解决烦恼的一个主要选择。 (1) 安全需要方面：相对于小学，初一学生对学校不安全性的觉察有较大幅度的提升，不良行为率也提高，欺辱事件的情况有回升。 (2) 关系需要方面：初一学生开始进入"心理断乳期"，与父母的疏离感开始急速提高，与父母不再进行经常性沟通交流。当然，也有部分学生与父母的依恋关系质量较好。朋友关系从初中开始有所增加，学生需要从同伴处获得支持。 (3) 自主需要层面：学生的学业竞争压力持续上升，学习调节开始下降，但依然认为自己应该学习。	德育工作者可以通过设计多种交往活动，加强生生对话，如"朋友""友谊""感动""欣赏"等主题教育活动，提高学生与父母、教师、同伴的交往能力。 在开学的时候，一方面，学校要组织各种形式的活动，让学生尽快熟悉校园环境，融入班级集体。另一方面，教师可以让学生组织班级活动，给学生参选班级管理者的机会，如演讲比赛、运动会、社会服务等。 德育活动要加强与家长的联系，既要对家长进行一些关于沟通技巧的培训，也要对家长维护学生健康成长达成共识，也要对学生在生活和学习上都能从朋友方面获得支持的友情观，教师要引导学生树立正确的友情观，以便学生在生活和学习上都能从朋友方面获得支持。鼓励学生努力学习，并在这方面给予学生认可。

续表

年级	成长需要的特点	德育活动的重点
8（初二）	生理的变化强化了青少年个体成长的自我意识，最明显的是人际交往风格的变化。前一时期以同伴交往为重，后一时期注重整合交往中不同的状态和观点，开始具有某种程度的世俗性，开始向社会过渡。喜欢与老师建立朋友般的关系。学生在家庭里的身份感发生变化，意识到自己作为家庭一员的角色。 (1) 安全需要方面：学生的不安全感维持稳定，且略有降低。学生之间的不安全感差异较大。不良行为频有增加，受欺辱情况明显减少。学生的情绪不够稳定，经常反抗父母和教师，也得不到父母的支持。 (2) 关系需要方面：与父母的疏离感进一步提高，心理进入独立的旅程，与同伴亲近感和沟通交流水平均较高，且后有明显的上升趋势。 (3) 自主需要层面：学业竞争达到最高值，同班同学之间竞争表现得更好。开始意识到与他人比较的重要性，有意识地想要与同学之间协调下降，外摄却有所上升。但依然不是主要的学习调节方式	学校团队组织工作和体育节、艺术节等活动要放手给学生，促进他们策划、组织、交往等能力的发展。德育活动要加强学生与成人世界的交往指导，促进学生形成良好的沟通意识和技巧。 首先，德育活动要促进学生形成良好的同伴交往能力。 其次，德育活动要特别关注学生在教育活动中的参与面、参与方式，通过班级内部的干部轮换，采取温和的方式疏导学生承担班级的管理责任。 最后，教师要尽量不用负面的惩罚方式。 (1) 教师要尝试与家长沟通，重点关注与家长疏离感较强的学生，引导学生与家长沟通交流，让更多学生少用或尽量不用负面的惩罚方式。 (2) 教师要及时与家长度过"关键期"。 (3) 教师要正确引导学生之间的竞争，让学生形成正确的竞争观
9（初三）	学生第一次面对重大人生选择问题。他们不愿意在家长面前表达自己内心的紧张，人际关系敏感，需要关怀和支持。同学之间也出现两种关系：一是竞争使同学之间走向疏离甚至相互防备的状态；二是共同的学习过程使学生结下更为深厚的友谊。 (1) 安全需要方面：学生对学校不安全的觉察为最高，有部分学生认为学校很不安全。学生对学校不良行为达到初中阶段的峰值，受欺辱的情况变得严重。 (2) 关系需要方面：学生对父母的冲突感增加，家长和学生之间的沟通出现严重问题。同学之间的亲近感达到初中阶段最低水平下降，疏离感进一步增加，尤其对父亲不再表现出较多的依恋。同伴依恋水平下降。 (3) 自主需要层面：学业竞争水平开始下降，虽然依旧认为与同学相比仍旧很重要，但重要程度下降了。学生对学习的兴趣降低了，甚至开始出现一些"无所谓"的态度，尤其是一部分不会进入高中继续学习的学生	德育活动要帮助学生形成清晰的自我定位，让学生有信心地面对生活。 德育活动要促进同学之间、学生与教师之间的多维度交流。 (1) 教师要加强对学生的心理疏导，尤其要关注认为学校不安全的学生。建立心理健康咨询室，举办各类型的讲座，引导学生有准备、有信心地面对生活。 (2) 教师需要关注与家长和同伴疏离感都较高的学生，这些学生的处境十分不利，需要教师采取特别的教育措施。 (3) 教师要注意放开一些失学学习动机的学生身上，采用灵活的方式将其重新引入学校园，熟悉的高中进行联系，提前让学生进入高中校园，体验生活，以激发学生的内部学习动机

续表

年级	成长需要的特点	德育活动的重点
10（高一）	学生在心理和行为上表现出强烈的自主性，迫切希望从父母的束缚中释放出来。他们的感情变得内隐，即内心世界活跃，但情感的外部表现却并不明显。在掌握知识方面自己经分出较为明显的优生和差生的层次，即所谓已经分出比较为明显的优生和差生的层次。（1）安全需要方面：学生认为的不安全性开始下降，当然也会出现少量的极端情况，如打架结仇。让个别学生认为学校很不安全的有降低，校园冲突事件减少。受欺辱的情况比初中阶段大幅度减少。（2）关系需要方面：学生已经有了较强的独立意识，开始形成较为稳定的价值观，对事物有了自己的看法。学生对父母的依赖感有所回升，调节方式以认同调节为主，且开始回升，其次是内部动机	德育活动要引导学生适应新的生活环境和学习环境，同时加强对学生学习兴趣的引导。（1）学校要建立安定有序的环境，让学生将主要精力投入到学习之中。教师要重点关注那些与同学发生争执的学生，避免打架结仇情况的出现。（2）同伴依恋是学生关系需要的重要来源。德育活动要助力于创设和谐氛围，让学生迅速地融入新的生活环境，还可以组织多种活动，活动形式可以采用"趣味运动会"、任务驱动型合作学习，充分发掘同伴交往的教育价值。（3）学生还没有面临外部高考的压力，对学习的动力主要来源于自认为自己应该学习，教师可以通过培养学生学习兴趣，来调动学生自主学习积极性
11（高二）	学习的主动意识明显增强，对高考有期待与恐惧，观察、解剖自己，但有时会陷入理想人格之中。不再为了需求归属感而刻意交明友，他们更愿意与自己性格相近、有共同爱好的人建立深层次的友谊。（1）安全方面：学生对学校不安全性持续保持稳定，受欺辱的情况略有回升，校园冲突事件持续减少。不良行为的发生率较小，个体差异性较大。（2）关系需要方面：学生对父母的依恋情况有所回升，倾向于认同父亲的独立形象，以父亲为榜样。但是，相比初中阶段疏离感更强，母子沟通交流更少。学生与父亲的疏离感更强，且沟通交流更少。父亲对高二学生与父亲的关系特别重要，此时，认同调节作用最大，自主学习更高，成就动机也比高一和高三略高。此时，成就动机却进一步下降	德育活动侧重于引导学生树立明确的目标，从而提高学生的心理压力；引导学生正确看待日常考试和高考，疏解学生的心理压力。（1）教师要关注学生之间的同伴关系，努力防止弱势学生受欺辱情况。（2）德育活动要加强与学生父母的沟通与交流，努力让其主动与学生交流。可以适当地将家长引入学校，开发家长教育资源。（3）德育活动要让学生在理想和现实之间找到平衡，培养学生自主学习的能力

续表

年级	成长需要的特点	德育活动的重点
12（高三）	学生的社会意识已经接近成熟，并逐渐形成自己的人生观和价值观，对社会现实问题有自己的独立见解。随着高考时间的减少，学生的思想压力和心理波动都比较明显。 (1) 安全需要方面：学生对学校不安全性的看法进一步降低，不良行为的发生达到最高值，校园冲突和受欺辱的情况却降低到最低值。 (2) 关系需要方面：对父母的依恋在高中阶段达到最高，这意味着学生从初中阶段开始的心理独立历程趋于稳定。同伴依恋依然处于较高水平，依然是学生关系需要的主要来源。 (3) 自主需要层面：学生在竞争上有了稳定的自我判断，在排除班级和学校对学业竞争的评价影响之后，更多受到自己自主见的影响。面对高考，学生对自身有了较为清晰的看法，不再受同学的影响，学业竞争态势急速下降。学生的内部动机降至最低点，外部动机的"强度"略微提升	德育活动要侧重于加强教师和学生之间的沟通，了解学生的生活情况和心理状态。同时，鼓励家长多关注孩子的心理状态，切忌因自己的焦虑影响到孩子。 学校要针对学生不良行为出现频率增加的情况，采取必要的解决措施。学校要针对父母依恋感提高的同时，家长和教师应做好辅助工作，疏离感也进一步增强，可以尝试与孩子缓解学生对学业的看法，可以尝试与孩子沟通，也要以轻松的心态尽量缓解学生面临的压力。 学生对学业的看法已经形成了较为稳定的看法，不再教其他人的看法所左右。教师要尊重学生的意愿，重点关注那些已经准备放弃学业的学生
大一	大一学生虽然生理上已基本成熟，但心理上尚未完全成熟。许多学生第一次离开父母，在社会独立感、人际孤独感、发展孤独感方面表现最强烈；学业环境不适应，导致放松心理和困惑心理、自我放松心理、自律尚未建立起来，他律失去、困惑感情绪、人际环境不适应，自律尚未建立起来，他律失去、表现为交往能力缺失，唯我独尊心态严重，不善交友。 (1) 安全需要方面：大一学生的安全感最低，其中，大一学生在"舒适的宿舍生活环境"、"便捷的校园学习环境"、"安定、有序的校园生活"、"民主、自由的校园文化氛围"等方面需求最高。 (2) 关系需要方面：学生对同伴依恋的程度较高，以获得同伴体的认可，遇到困难时会寻求教师和同学的帮助，以更希望加入学生团体，也希望能够获得教师的认同。 (3) 自主需要层面：学生希望比周围的人更优秀，以证明自己的能力和价值；同时学生开始有意识地想要提高自己的能力和各方面的素质，对未来开始有了规划，也努力将理想付诸实践	德育活动要侧重于培养学生的适应能力，包括适应新的生活环境和新的学习方式；引导学生发现自己的兴趣点，通过多种途径，如网络、图书馆、社团活动等，可以利用课堂指导之外，开展学习指导，进行自主学习。教师要在课堂指导之外，开展学习指导通道，对个别感兴趣的学生进行学业指导，或吸收学生到自己的社会科研相关实践活动之中。同时，学校还可以和社会机构联系，为学生的社会实践活动提供机会。 (1) 学校可以多办各种德育活动，如带领学生参观校园，介绍各功能区等，让学生尽快适应新的生活环境。辅导员要多加强对学生的关心和心理疏导，可以利用班会让同学之间尽快熟悉起来。 (2) 学校要支持各种社团招新活动，并为之提供必要的条件，以促进其开展活动。各种社团的组织要以学校支持、引导、学生自主、自发的原则进行。 (3) 以学院为单位，在充分调查学生意愿的基础上，针对性地开展课程。辅导员要利用班会和个别谈话的方式，让学生认清理想和现实的关系

续表

年级	成长需要的特点	德育活动的重点
大二	学生具有自我表现欲与参与感，渴望参与到班级和学校事务之中。学生的心理压力增强，来自学业、人际关系、就业等方面压力使他们产生情绪容易烦躁，易怒等问题。学生与异性交往不清友谊和爱情。另一方面，经常分不清友谊和爱情，建立与异性的友谊和爱情的界限。 （1）安全需要方面：大二的学生已经基本适应了学校生活，开始将注意力从环境方面转移到学习方面，仅在提高自身方面。质优价廉的校园饮食"。 （2）关系需要方面：学生对友谊相关需要开始降低，并将相关需要转移到对爱情需要方面，如"甜蜜的爱情""与心上人在一起"。学生也不再热衷于参加学生团体的活动。 （3）自主需要层面：大二学生对自主需要的需求有所下降，"健康的体质与良好的品质"、"得体的言行、优雅的爱好""养成运动习惯，有运动爱好"。	德育活动侧重于对学生进行人际关系辅导，包括处理师生之间和同学之间的关系。随着学生的独立性格愈加明显，教师要有意识地引导学生建立平等尊重的师生关系。 德育活动要对学生进行自我管理教育，包括形成稳定的价值观，积极向上的情感知模式，有效的压力调节方式。 学校要加强食堂饮食菜的质量和卫生的检查工作，并合理清除周边贩售不健康食物的杂贩，努力为学生提供健康的饮食。 辅导员要重点关注失恋学生的情况，反合理交友、得当言行，辅导员要重点关注喜欢上网时间玩网络游戏的学生。同时，辅导员要进行体育锻炼。 学校可以根据学生的需求开设选修课，如人际交往礼仪，口才与演讲等，鼓励学生进行体育锻炼。辅导员要重点关注失恋学生的情况，及时引导。
大三	学生独立生活和处理问题的能力有所提高，但心理发展尚未完全成熟，处于情感发展期的大三学生在恋爱失败带来的心理冲突中突发异常明显。一是恋爱情感导致的大学生的生理变异是最为突出的现象。二是性冲动与传统道德观与传统价值碰撞和道德观冲突后，性冲动相对滞后，容易出现与异性交往障碍等心理疾病。 （1）安全需要方面：面临即将毕业的压力，学生重新想进一步提升自己，对"便捷的校园学习环境"的需求上升。 （2）关系需要方面：情感冲突在大三学生中表现尤为突出。此时，学生更加期待"和心上人在一起"。情感异变是最为突出的现象，会倾向于向老师求助。 （3）自主需要层面：大三学生开始从多个方面尝试证明自己，如"比周围的人更优秀"、"经济上尽快独立"。较之大二学生，此时学生自主需要有所提升。	德育活动重点关注大学生进行恋爱情感辅导，重点对抑郁情绪、恋爱心理的调节。教师要以正确的恋爱道德观，用科学健康、纯洁的恋爱观和性道德观念，引导学生能够客观看待恋爱生活中遇到的困难和问题，用积极向上的心态去面对困难和挫折，克服消极、沮丧、过激行为不良情绪，树立生活的信心和勇气，避免过激行为的发生。 （1）学校要给关注失恋学生创造便捷的学习环境和氛围，比如组织考试辅导、模拟面试，甚至引入校外资源（包括辅导机构），为学生的求职或升学提供支持。 （2）教师要重点关注失恋的学生，做好心理疏导工作。 （3）帮助学生了解自己的职业兴趣，探索适合自己的职业，明确生涯角色，二是教授学生获得职业信息的途径，如网络应聘、学校招聘会、公司招聘等

续表

年级	成长需要的特点	德育活动的重点
大四	学生多会出现因求职择业而产生的心理上的矛盾问题，兼有个人未来发展和社会需要相矛盾的问题等。一是学生择业求职的期望值过高；二是学生对职业的选择比较盲目。大学生择业难以同全考虑自身条件及职业特点和社会总体需求，既影响择业又压抑了自己的优势，易导致大学生的主观幸福感状况，大四学生的主观幸福感最低。 (1) 安全需要方面：大四学生则对"不会遭到羞辱、歧视、排斥"需求迫切，大四学生面临着求职、升学等重大抉择，此时他们迫切需要被平等地认可，对羞辱歧视的感觉更加敏感。 (2) 关系需要方面：面临毕业，学生对同伴依恋程度达到最高，包括对朋友的珍惜、对恋人的眷恋。此时学生对爱情的期望较之大三略微有点降低，与毕业的压力有一定的关系。 (3) 自主需要层面：大四学生与同伴的竞争心减少，也不再愿意参加学校的活动，对国家大事的关心明显减弱。同时，大四学生不再致力于提高自身的素质，对"拥有渊博的知识""更深入地学习专业知识"。此时，学生更想回报家庭，如"回报父母或家庭"。这种情况与学生即将步入社会，获得经济自主的情况是一致的	德育活动要侧重于对学生进行求职择业辅导，通过求职情境模拟和心理训练，训练学生的求职技巧，应变能力和抗挫折能力。教师要对学生进行心理素质辅导，培养健康的个体心理和稳定积极的心态，对自我能力进行客观评价，对挫折进行理性思考，积极乐观地接受挑战和应对困难；强化学生对生活满意感的体验，克服消极情感。 (1) 学生将进入社会，心理调适过程还未完成，自身角色依旧停留在学生。教师要对学生进行合理引导，在遇到挫折时答易沮丧。此时，学生的心理格外敏感。在学生求职过程中遇到困难时，教师要主动提供帮助，并给予合理的建议。 (2) 教师要做好辅助工作，关注学生的求职情况。学校可以以讲座的形式向学生传递求职过程中需要注意的要点。 (3) 学校要提供一套系统有效的生涯决策模式，让学生能够自己做出生涯规划。学校可以鼓励学生进行创业，并提供必要的场地、经费和人员资助

第五节 核心价值观"进教材"的体系化研究

　　学校德育过程的衔接有着充分的主体依据、社会依据和学科依据。为了将德育过程的衔接落实到学校实践层面,我们有必要从教材层面进行探究。当前,社会主义核心价值观是学校德育的"主旋律","进教材"就成了必然选择的路径。教育部在"三进"文件中,也始终把"进教材"作为首选。问题在于,核心价值观"进教材"有什么样的路径选择和过程环节?怎样才能建构"全面覆盖整体一贯"并且"阶段分层螺旋上升"的内容体系?我们在组织编写国家义务教育德育教材小学《品德与生活》《品德与社会》和初中《思想品德》的过程中,也对核心价值观"进教材"的体系化设计进行了探索。

一、核心价值观"进教材"的路径选择与过程环节

　　核心价值观"进教材"的路径选择有三:第一,在现有德育教材之外,编写一本专门的补充教材;第二,在现有德育教材之中,增加一个单元,专门讲解社会主义核心价值观;第三,把社会主义核心价值观"融入"到现有德育教材之中,以核心价值观统领德育教材。哪一种比较合理可行呢?第一种势必增加学生的学习负担,同时难以避免两种教材之间的交叉重复;第二种不仅会造成核心价值观与现有德育内容的交叉重复,割裂核心价值观与教材内容的有机联系,而且会导致教材结构的混乱。比较明智可行的是第三种选择,它不仅可以克服前两种路径的弊端,而且还有如下特点:第一,彰显了德育教材之价值引领的宗旨与特色;第二,符合道德学习、价值观教育的特点(不同于知识、技能学与教)。因此,"融入模式"成为教育专家学者的共识。[①]

　　进一步的问题在于社会主义核心价值观究竟如何"融入"现有的德育教材?现有的德育教材是根据国家义务教育课程标准(实验稿,2002 年版)编写的,经过长达十余年的使用,既积累了一定的经验,也存在诸多缺憾,确有总结提升、修改完善的需要。教育部 2011 年修订并公布了国家义务教育德育课程标准,尽管没有对 2002 年"实验版"课程标准进行颠覆性的推翻,但确有不少变化与

[①] 2015 年 2 月 10 日,教育部召开"社会主义核心价值观进教材、进课堂、进头脑座谈会",与会专家强调要重点在"融入"上下功夫。详细内容见同日《中国教育报》报道。

改进，因此，修订德育教材势在必行。在此背景下，以社会主义核心价值观统领德育教材的修改，将核心价值观融入德育教材恰逢其时。

按照"融入模式"推动社会主义核心价值观"进教材"，要经过三个过程环节：第一，解读课程标准；第二，建构教材框架；第三，组织教材呈现。

（一）解读课程标准

国家义务教育德育课程标准，即小学《品德与生活》、《品德与社会》和初中《思想品德》课程标准，是2011年修订发布的，而社会主义核心价值观是在2012年召开的党的十八大才明确提出的，无疑二者之间存在"时间差"，那么，二者之间是不是存在着"内容差""精神差""价值差"呢？

事实上，2011年版国家德育课程标准并没有背离社会主义核心价值观，不仅没有背离，而且对社会主义核心价值观有相当充分的体现。仅以2011版德育课程标准规定的课程内容为例来说明。小学《品德与生活》课程标准43条课程内容中，直接体现核心价值观要求的有7条，占比16%，涉及"爱国、敬业、友善"三个范畴；[①]《品德与社会》课程标准50条课程内容中，直接体现核心价值观要求的有25条，占比50%，涉及全部12个范畴；[②] 初中《思想品德》课程标准54条课程内容中，直接体现核心价值观要求的有33条，占比61%，覆盖了核心价值观12个范畴。[③] 为什么会有这样的"巧合"？

之所以如此，主要原因有二：一是因为在研制德育课程标准的过程中，就十分注意用正确的价值观和党的十六大精神（当时的表述是社会主义核心价值体系）作指导，注意贯彻落实中共中央印发的《公民道德建设实施纲要》的要求（参见三个德育课程标准的前言部分）；二是因为德育课程标准的设计思路是生活逻辑，即根据学生面对的主要关系（学生与自我、学生与国家和社会、学生与自然等）和不断扩大的生活场景（即家庭、学校、社区、家乡、祖国、世界）来建构课程内容。社会主义核心价值观涵盖了学生生活的主要关系和主要场景，具体化为这些关系和场景中的学习、交往、生活和实践，因此二者是高度一致的。

[①] 中华人民共和国教育部：《义务教育品德与生活课程标准（2011年版）》，北京师范大学出版社2012年版，第8~10页。

[②] 中华人民共和国教育部：《义务教育品德与社会课程标准（2011年版）》，北京师范大学出版社2012年版，第7~17页。

[③] 中华人民共和国教育部：《义务教育思想品德课程标准（2011年版）》，北京师范大学出版社2012年版，第7~16页。

（二）建构教材框架

国家义务教育德育教材即《品德与生活》、《品德与社会》和《思想品德》，涵盖小学、初中2个学段、9个年级，共计18册教材，每册4个单元，共有72个单元，每个单元又有数量不等的课题，课题下面又分2~3个不等的框题。社会主义核心价值观"进教材"的第二步，从教材设计来讲，就是要进入三级教材框架，融入单元主题、课题和框题，从而能够渗透到内容之中，真正完成体系化设计。因而，在建构全套德育教材的三级框架时，就要清晰地勾画出社会主义核心价值观"图谱"，实现社会主义核心价值观在德育教材中"全覆盖""体系化"——12个核心价值观范畴是一个相互联系且具有内在逻辑层次性的整体，应该也必须在教材中得到完整体现，不能顾此失彼、层次混淆。

然而，第一，学生是正在成长中的，年龄阶段不同，认知水平、生活经验、生活需要、行动能力不同；第二，12个核心价值观范畴高度抽象，内涵丰富，有自己的逻辑层次性，[①] 有不同的维度，难以在一个有限的主题完成所有层次的价值观教育。因而，"全覆盖"不等于面面俱到，不必也不可能每个主题都同时体现12个核心价值观范畴。"全覆盖""体系化"是对18本德育教材的整体系统而言。在不同的学段、年级、教材以及三级主题，落实社会主义核心价值观理应各有侧重，应该根据学生认知和行动能力的发展而"螺旋上升"。例如，《品德与生活》、《品德与社会》和《思想品德》教材都有诚信教育的内容，但是，《品德与生活》重在告诉学生"要诚实，不撒谎，做个诚实的好孩子"。《品德与社会》既讲诚实的美德，也讲言而有信、坚守信义，并进一步扩展到社会生活中的岗位承诺、商业信誉和政府承诺。《思想品德》不再停留于展示生活中的诚信现象和讲述历史上的美德故事，而是要全面而准确地阐释诚信的丰富内涵，揭示的道德行为更加复杂。例如，"善意的谎言"也是道德的；追求的道德境界更高，超越了"讲诚信有好处，不讲诚信有害"的功利道德，而上升到诚信乃"为人之本"，它是一个人勇于承担责任的体现，彰显着人的高贵和尊严。

这样，把社会主义核心价值观融入教材的三级主题框架，融入教材的具体内容之中，才能真正形成整体而无遗漏，具体而有重点，由低到高螺旋递进，由浅入深梯次深入，不同主题层次分明的内容体系。与之相对，生搬硬套、逻辑不清、缺乏系统地将核心价值观灌输给学生，既不利于内容的传递，也不利于价值的培养。

[①] 孙银光：《爱国主义教育的逻辑层次性及实践策略》，载于《中国教育学刊》2018年第3期。

（三）组织教材呈现

德育教材的呈现方式，大体有三种：第一种是绘本，主要以漫画图片来呈现，配以少量的文字，适合低年段小学生；第二种是话本，即美德故事书，教材由一个又一个美德故事所构成；第三种是教本，即主要为教师开展课堂教学而准备的知识化教材。体系化的核心价值观应该以何种方式来组织呈现呢？

教材是课程内容的文本表达，表达工具主要是文字与图片。《品德与生活》以图画为主；《品德与社会》逐步加大文字比重，到了小学高年段过渡到文字为主；《思想品德》主要是文字呈现，图片起辅助作用。除此之外，新课改中，我国德育教材还创造性地使用一定的"留白"，给学生自己的创作留下空间，教材成为学生成长的记录册，从而扩展了其功能。

尽管德育教材的表达工具是有限的，形式也是静态的（不同于动画视频音频等），但其取材广泛（包括生活事件、美德故事、格言警句、理论知识、社会常识等）、主题多样（综合个人品德、社会公德、心理健康、国家认同、传统文化、法治精神、公民意识等）、内容丰富（既有事实、知识的陈述，也有情感、态度的表达，还有活动场景、活动过程的展示，以及矛盾冲突的揭示和技能方法的训练等）。那么，依据什么样的思想进路来组织材料、表达主题、呈现内容呢？

价值观的学与教不同于知识、技能的学与教，难以以直接的方式（如口授和训练）加以教授，必须诉诸学生的亲身体验和理性认同。因而，真正有效的价值观教育，必须以学生的生活经验为基础，鼓励学生独立思考，做出自己的判断与选择，并在生活实践中验证和巩固。因此，核心价值观"进教材"的组织呈现方式由如下四步构成：第一，经验导入，设置情景或活动，与学生的生活经验建立联系；第二，聚焦主题，陈述由知识点支撑的观点、原则；第三，展开分析，深入分析冲突、矛盾和问题的过程与原因，或者陈述更为普遍的通则；第四，方法指导，提供学生行动指南或者安排拓展活动。当然，因为学生的年龄阶段特点和具体主题内容的差异，四个部分的程度和份额也有所不同。《品德与生活》主要是呈现生活场景（第一步），提出简单的行为要求（第二步），指导具体的行动；《品德与社会》则在两步的基础上深入揭示生活冲突，分析问题原因，提出解决对策（第三步）；《思想品德》不仅完整地包含了四步，而且知识的陈述更加系统、严谨，冲突分析更加深刻复杂，能力拓展要求更高。多种形式的教材呈现方式让体系化的核心价值观能够真正落地生根，从而悄无声息地走进学生的心中。

二、整体分层落实核心价值观教育的内容体系[①]

义务教育阶段的德育教材落实社会主义核心价值观教育要有两方面的综合考虑：一方面，要注意核心价值观自身的逻辑层次性，从而做到全面覆盖体系化设计；另一方面，要尊重学生身心发展的规律，在不同学段有不同的重点，分层有序化实施。基于这两个方面的考虑，我们确定了四项原则：一是依据学生心理和认知特点，由浅入深。社会主义核心价值观内涵丰富、层次分明，因而必须根据不同年龄段学生的认知水平来安排价值观教育的内容，引导学生由浅入深地认识核心价值观。二是联系学生的生活经验，由近及远。学生的生活经验各不相同，教材必须结合学生不断增长的年龄和阅历，针对不同成长阶段所面临的困惑来呈现素材，促进学生逐步形成社会主义核心价值观。三是采取螺旋递进的呈现方式，强化教育效果。核心价值观的基本内容在不同年段循环呈现，同时在深度上不断提升，引导学生对核心价值观的认同层层推进。四是设计多种活动形式，促进知行合一。教材通过活动设计，引导学生从不同角度、不同侧面感悟和践行核心价值观，努力做到"内化于心，外化于行"。最终，根据四项原则，教材在整体上呈现了一套义务教育阶段实施社会主义核心价值观的德育内容体系。核心价值观具体呈现如下：

（一）富强

小学低年段从家乡物产和家乡变化来感受富强；中年段从发达的交通和通信、家乡变化的喜与忧来了解富强；高年段从国家的变化与科技的发展来认识富强。初中阶段通过经济社会发展以及国际地位提升等方面深刻体会富强，认识到国家富强是全国人民的共同理想，并且把国家富强作为少年梦想的价值追求。

（二）民主

小学低年段通过日常班级生活激发民主生活意识；中年段通过制订班级规则等体验班级民主生活权利；高年段从家庭生活、班级生活、社会公共生活等多层面、多角度感受民主的意义。初中阶段则在关注不同生活领域民主参与的基础上，了解我国民主政治的实现形式。

[①] 本部分内容参考了教育部基础教育司的材料，《德育教材分层落实社会主义核心价值观研究》。

（三）文明

小学低年段结合衣食住行、待人接物等情境，知道文明的生活习惯；中年段结合邻里生活、消费生活等实例，感知文明行为在日常生活中的意义；高年段通过不同民族的生活方式，了解文明的差异并懂得尊重不同的文明。初中阶段则在系统认识生态文明、社会文明、精神文明、政治文明的基础上，全面而又深刻地认识文明作为国家层面的核心价值观的意义。

（四）和谐

小学低年段通过家庭生活氛围来感受人与人的和谐，通过观察常见的自然现象感受人与自然的和谐；中年段围绕邻里关系、师生关系和班级关系的实例体会人与人的和谐，围绕身边的环境问题感知人与自然和谐的重要性；高年段结合陌生人、陌生群体之间交往的实例领悟人与人的和谐，结合全球性环境问题领悟人与自然和谐的意义。初中阶段则通过公共生活的和谐、民族之间的和谐、国家（地区）之间的和谐，深刻领会和谐作为中华优秀传统文化的精神价值，认识建设和谐社会的内涵和意义。

（五）自由

小学低年段通过不依赖他人，独立做好自己身边的事情感知自由；中年段通过自主学习体会自由；高年段通过集体生活中的实例感悟自由与规则的关系。初中阶段在了解《宪法》赋予每个公民广泛而真实的自由权利的基础上，进一步领悟自由与规则、自由与法律的辩证关系。

（六）平等

小学低年段结合具体的活动（如游戏）体会什么是平等；中年段通过班级生活的案例认识平等的重要性；高年段通过社会公共生活的实例感知人的权利的平等，通过不同文化下的生活实例感知文化的平等。初中阶段则在各个不同生活领域中尝试践行平等的原则，通过法律知识的学习，深刻领会法律面前人人平等的意义。

（七）公正

小学阶段主要通过如何对待身边的人、如何处理身边的事来感知何为公正。初中阶段则在集体生活、公共生活中感受公正、体会公正的价值与意义，通过公共服务体系和社会保障体系的不断完善来感受社会公正的不断进步，认识到实现社会公正不仅是一个历史过程，也需要大家的共同努力。

（八）法治

小学低年段围绕具体生活情境养成规则意识；中年段通过制订规则的活动感受规则的意义；高年段结合儿童生活中的典型案例，感知国家法律与自己的生活密切相关。初中阶段则通过法律对未成年人的保护来深切体会法治的价值，通过对法律知识的学习，增强对法律的敬畏，认识依法治国的重要意义，不断增强法制意识。

（九）爱国

小学低年段从节日、国家标识以及升国旗等仪式中体会爱国情怀；中年段从地域文化中体会爱国情怀；高年段从辽阔的疆域、优秀的传统文化以及中华民族近代以来的发展史中感受爱国情怀。初中阶段则通过我国改革开放以来所取得的伟大成就以及我国国际地位的提升，体会民族自豪感，深化爱国情怀，树立为祖国富强作贡献的责任感。

（十）敬业

小学低年段从学习态度，以及作为家庭、班级成员的岗位意识和担当意识来体会敬业；中年段从了解身边各行各业的人来体会敬业；高年段通过集体责任的承担来感受和体会敬业的内涵。初中阶段则从教师、榜样人物、普通人的不平凡贡献中进一步领会敬业的内涵与意义，并且在未来职业规划中立下敬业爱岗的志向。

（十一）诚信

小学低年段通过诚信的榜样认同诚实和守信的行为；中高年段结合学生生活中的真实情境，引导学生践行诚实和守信。初中阶段则通过现实社会生活的分析，认识诚信的价值和意义，认识诚信的复杂性；通过对社会诚信现实状况的反思，认识社会诚信制度体系建设的必要性，并努力做一个诚信少年。

（十二）友善

小学低年段侧重与同伴建立友谊、善待动植物，同伴间乐群、合作、互助、分享等交往习惯的基本内涵；中年段侧重尊重、关爱和理解他人与父母，尊重不同行业的劳动者等具体的、比较复杂的友善内涵；高年段则结合人际交往中的矛盾与问题，侧重认同、接纳、体谅、宽容等更丰富的友善内涵。初中阶段更为侧重认识友善的思想内涵，从中华优秀传统文化的角度和人与人、民族与民族、国家与国家交往的基本原则的角度认识友善的意义与价值。

表2-7反映了社会主义核心价值观分年级主题。

表2-7　　　　　　社会主义核心价值观分年级主题

核心价值观	年级	主题
富强	1~2	物产丰富
		家乡变化
	3~4	发达的交通
		通信的发展
		家乡变化的喜与忧
	5~6	新中国的成立
		科技的发展
	7	少年的梦想
		青春的价值
	8	新媒体时代
		公共生活
		民族精神
	9	共同的理想
		大国的崛起
民主	1~2	班级民主生活意识
	3~4	班级民主生活权利
	5~6	班级民主生活
		家庭民主生活
		社区民主生活
		国家民主生活
	7	班级的民主生活
		家庭的民主生活
		集体的民主生活
	8	民主参与公共生活
	9	政治生活中的民主

续表

核心价值观	年级	主题
文明	1~2	礼貌礼仪
		安全健康
		勤俭节约
		公共秩序
		绿色环保
	3~4	个人生活
		邻里生活
		消费生活
		网络通信
		公共生活
		文明风俗
	5~6	不同民族的生活方式
		不同国家的文明
	7	生态文明
	8	精神文明
		法治文明
	9	物质文明
		政治文明
和谐	1~2	和谐家庭
		和谐校园
		人与自然的和谐（侧重儿童对自然的感悟）
	3~4	人际和谐（侧重师生关系、家庭关系等）
		群际和谐（侧重邻里关系、班级关系等）
		人与自然的和谐（侧重身边的环境问题）
	5~6	人际和谐（侧重陌生人间的人际关系等）
		群际和谐（侧重不同民族、种族等）
	7	同伴和谐
		人与自然的和谐
		师生和谐
		家庭和谐

续表

核心价值观	年级	主题
和谐	8	人际和谐
		社会和谐
	9	民族和谐
		和谐社会建设
		世界和谐
自由	1~2	合理安排生活
		积极参与生活
	3~4	自主学习
		遵守规则的自由
	5~6	班级公共生活中的自由
		家庭生活中的自由
		国家生活中的自由
	7	生命自由
		班级自治
		自主生活
	8	公共生活中的规则与自由
		法治与自由
		自由是《宪法》赋予公民的权利
	9	自由是人们的共同理想之一
平等	1~2	平等参与活动
		儿童视野中多元生活的平等
	3~4	班级生活中的平等
	5~6	人的权利的平等
		文化平等（侧重国际视野）
	7	同伴交往中的平等
		师生关系的平等
		家庭生活中的平等
		集体生活中的平等
	8	人际交往中的平等
		公共生活的平等参与
		法律面前人人平等
	9	政治生活中的平等
		世界交往中的平等

续表

核心价值观	年级	主题
公正	5~6	公正地对人
		公正地对事
	7	集体生活中的公正
	8	公共生活中的公平与正义
		法律保障公正
	9	依法治国保障公正
		国际交往中的公正
法治	1~2	规则意识的养成
	3~4	规则的制订及意义
		日常生活中的法律
	5~6	国家的法律
	7	学校生活有规则
		网络世界有规则
		法律的作用
	8	公共生活有规则
		法律保障我们的各项权益
	9	国家法律体系的不断完善
		依法治国
爱国	1~2	国庆节及国家标识
	3~4	地域文化
	5~6	辽阔的疆域
		优秀的传统文化
		中华民族近代以来的抗争史、发展史
	7	少年的梦想与祖国和时代相关联
		青春的价值体现在对祖国的贡献
	8	热爱中华文化
		积极参与公共生活
		热爱祖国、奉献社会时公民的责任
	9	感受祖国发展的伟大成就
		感受祖国国际地位的提升
		职业规划与国家命运联系在一起

续表

核心价值观	年级	主题
敬业	1~2	端正学习态度，喜欢学习生活
		有岗位意识
		有担当意识
	3~4	热爱学习，快乐学习
		各行业中的敬业精神
	5~6	对集体责任的担当
	7	生命价值的思考中感受普通人的敬业
		师生交往中感受老师的敬业
		少年榜样寻找中体会榜样的敬业
		集体生活中做好本职工作
	8	社会生活中模范人物的敬业
	9	择业的态度
诚信	1~2	不说谎
	3~4	诚实
		守信
	7	同伴交往中的诚信
		网络交往中的诚信
		集体生活中的诚信
	8	人际交往中以诚为本
		中华优秀传统文化中的诚信
友善	1~2	友好
		乐群
		合作
		互助
		分享
	3~4	关爱
		理解
		尊重
	5~6	宽容
		认同
		接纳
		体谅

续表

核心价值观	年级	主题
友善	7	同伴交往中的关爱
		师生交往中的亦师亦友
		家庭生活中的平等互爱
		集体生活中的合作、互助
	8	人际交往中的平等与尊重
		人际交往中的理解与宽容
		公共生活中学会共处
		中华传统文化中的忠恕之道
	9	民族交往中的友善
		世界交往中的友善

三、核心价值观"进教材"的教育学反思

核心价值观"进教材",既要避免简单庸俗政治化的痼疾,又要克服知识化的弊端,就必须遵循价值观形成和价值观教育的复杂规律。因此,它要渗透在德育教材之中,关照学生的生活世界、满足他们的成长需要,形成一套丰富完备、层次分明、衔接得当的内容体系。当然,为了能够更准确地把握其中的规律,我们还应该对之进行教育学反思。

(一) 掌握三种逻辑:知识逻辑、生活逻辑和教育逻辑

教材作为有选择性地传递人类知识经验的载体,当然要尊重学科逻辑,把最可靠、最有价值的知识传递给学生。德育教材概莫能外!不过,相比其他教材,德育教材的学科逻辑有其自身的特殊性。第一,难以从某一个概念或逻辑起点出发,演绎出整个教材的知识体系。试问核心价值观代表了人类文明多方面的普遍的价值共识,何以能由某一个价值观为"逻辑起点"而推演出来?第二,道德知识不是一堆僵死、枯燥的概念、范畴,而是生活的智慧!因此,德育教材的知识逻辑必须遵循生活逻辑,通常的表达就是:从生活出发,通过生活,为了生活。那么,生活是杂乱无章的"一地鸡毛",还是像马克思所指出的,透过纷繁复杂的现象背后,可以发现"人类历史的普遍事实"?其实,生活是有主体的;生活是有过程的;生活是有价值向度的;生活是由需要来推动的。① 德育教材要以生

---

① 杜时忠:《生活德育论的贡献与局限》,载于《教育研究与实验》2012年第3期。

为本，为学生的生活服务，归根到底是要了解、满足、引导学生的成长需要。

尽管上述认识对于教材编写和核心价值观"进教材"极其重要，但它们毕竟只是观念性的，还必须进一步具体化、细节化和可操作化。首先，德育教材的学科逻辑，既指一般性的道德知识之间的有机联系，更要深化为每个核心价值观的多种逻辑层次（以核心价值观之"诚信"为例，它有四个层次：不撒谎，讲真话；说话算数，一诺千金；个人诚信；国家和社会诚信）；其次，学生的生活逻辑，要具体化为学生在不同时（如每一学期、每一个月，甚至每一个周）、空（即生活场景，如家庭、学校、社区、祖国、世界等）的生活需要，以及已经发生或可能发生的重大生活事件。核心价值观进德育教材，那就意味着要了解、掌握1~9年级学生的所有成长需要和发展序列。事实表明，这是相当困难的。理论上，青少年发展心理学、德育心理学只是提供了学生心理、道德和价值观发展的概要性的年龄特征，无法代替学生实际生活中成长变化的具体过程，以及面临的冲突与矛盾。实践中，尽管成千上万的中小学班主任每天和学生打交道，但是他们无法准确说出学生的成长需要，更没有能力勾画出1~9年级学生的成长需要序列。教材编写者如果没有掌握核心价值观的逻辑层次，如果没有掌握1~9年级学生的成长需要，肯定编写不出高质量的教材。即使掌握了这两个逻辑，也不一定就能保证编写出高质量的教材。因为，教材编写还受到第三个逻辑，即教育逻辑的制约。

此处的教育逻辑，不是指与主观认识相对应的客观规律，而是融客观规律与主观认识于一体的教育创造、教育实践智慧。对于教材编写而言，就是用什么样的知识、话题、材料、关系、活动和情景等来组织教材内容，展开教育过程。仍然以诚信教育为例，假使已经区分了诚信的四个层次，也准确把握了学生的成长需要，但是，对某一具体年级，究竟如何组织诚信主题的教材内容，用什么故事，安排什么活动，阐述何种道德知识，以什么方式来评价学生的诚信度？众所周知"狼来了"道德原型故事，对小学低年段学生尚可，但是对小学高年段学生来说，无疑是老调重弹，毫无新意，不仅起不到教育作用，反而会招致学生反感。那么究竟用什么样的故事、活动、知识、情境、问题来组织呢？这正是德育教材编写的特殊困难之处。这种教材编写之难，其实就是教育学之难。难在何处？难就难在不仅要掌握知识逻辑，还要通晓生活逻辑，更要形成教育逻辑（教育创造、教育智慧）。对核心价值观的体系化设计、层次性落实，正是打通了三种逻辑之间的壁垒，因而能够达到"从国家中来，到学生中去"的效果。

（二）打通三个世界：符号世界、意义世界、生活世界

教材是以文字和图形等语言符号形式来反映课程内容的，它向学生展示的是一个符号世界。"人是符号的动物"（卡西尔），不仅像一般动物那样，通过身体和感觉器官来感受世界，形成直接经验；更重要的还通过符号来表达、识记、认识、理解和改造世界。学生对社会主义核心价值观的学习，第一层次是符号学习，即对社会主义核心价值观能读、能认、能写、能背。如果停留于这个层次，那只能称之为语言学习，属于语文教学，还不是价值学习和价值教育。学校的价值观教育，当然要以第一层次的语言学习为基础，特别是小学低年段的儿童，有必要识读、记诵社会主义核心价值观。但是，仅有符号学习是远远不够的！第二层次即意义学习、价值学习，也就是理解社会主义核心价值观的历史文化内涵，理解其所代表的情感、态度和价值。这也是符号学习的本质要求。第三层次即实践学习，即在生活中践行社会主义核心价值观，过社会主义核心价值观所倡导的、有价值有意义的生活。意义学习高于符号学习，它尽管是符号学习的本质，但还不是目的。符号学习的目的，以及意义学习、价值学习的目的都是为了在生活中实践，把习得的意义与价值观变成生活、行动的指南。学校开展价值观教育的复杂性，就在于它包含了三个层次的学习与教育，为此要打通三个世界（符号世界、意义世界和生活世界），架设三个世界之间的联系桥梁。社会主义核心价值观真正"进教材"有难度，但沟通三个世界、走进学生的生活更有难度。它在德育教材中的层次性、体系化设计，正是为了能够以符号世界为工具、手段，通过揭示意义世界，进而指导生活世界，引领生活实践。

（三）倒逼三大改革：学校改革、教育改革和社会改革

按照《学会生存》的论述，教育在人类文明的绝大多数历史时期内都是一种"保守的力量"。人类历史往往是：经济的增长、技术的进步提出了新的要求，促使教育变革。"教育的发展一般是在经济增长之后发生的"。[①] 社会主义核心价值观"进教材"，依然可以看作是我国经济高速增长之后的社会转型对教育提出的新要求，其逻辑是经济增长促使社会改革，社会改革迫使教育改革、学校变革。

然而，十多年的新课程教材实践，特别是核心价值观"进教材"的实践，表明高水平的德育教材不仅需要而且能够"倒逼"学校变革、教育改革和社会改革，"翻转"经济、社会、教育、课程的"旧秩序"，由教育"适应"社会发展转变为教育"推动"社会进步。

我们在前期的全国性调查中发现，尽管新课程教材受到了中小学生的普遍欢迎，并且绝大多数老师们肯定新教材的进步与变化，但为数不少的品德课任课老师仍然以学科教学、知识化德育的思路来开展德育课堂教学，把品德课当作知识

---

① 联合国教科文组织编，华东师大比较所译：《学会生存》，教育科学出版社1996年版，第35页。

传授的课程，更多地着眼于考试。老师教学主要是讲课本上的知识点，学生通过死记硬背教材上的道德知识、价值知识来获取分数。因此，如果不提高德育学科教师的专业化水平，改变他们的教育理念；如果不改革应试教育的评价标准，新课程、新教材将"前功尽弃"，基础教育改革将"半途而废"。随着新课程标准、新课程教材实践的深入发展，教师教育改革（2011年8月教育部发布《教师教育课程标准》，旨在全面提高教师培养质量，建设高素质专业化教师队伍）和考试评价制度的改革（2014年9月国务院发布了《关于深化考试招生制度改革的实施意见》，标志"几十年不变"的高考制度面临"大变局"）应运而生！

因此，社会主义核心价值观"进教材"既要追求、更要依靠教材建设的"溢出效应"。即通过高水平的社会主义核心价值观教材和课堂教学，改变师生关系、生生关系，改变班级生活与学校生活，整体提升学校生活品质，推动学校综合改革，全面提升基础教育质量。这样，形成由社会主义核心价值观教材促进德育课堂的发展，从而促进班会活动、师生交往，完善学校制度，以致整体学校生活的层层递进、良性循环，由教材建设、课程改革推动学校教育变革，最终实现社会主义核心价值观教材建设效益的最优化、最大化。

对社会主义核心价值观教育而言，尽管"进教材"并形成体系化的内容设计是重要的，但是实践和行动更重要；尽管学校整体生活是无形而有效的教育影响，但是更为广泛而深刻的社会生活对学生的影响"像空气一样无所不在、无时不有"。正如习近平总书记所指出的，真正入脑入心的核心价值观教育，是"切实把社会主义核心价值观贯穿于社会生活方方面面"，"使经济、政治、文化、社会等方方面面政策都有利于社会主义核心价值观的培育"。[①] 在先进教育理念指导下的社会主义核心价值观"进教材"实践，必将有力推动其"进生活""进交往""进生产""进实践"，进而促进国家和社会的进步和发展。这难道不是教育理论指导实践、教育改革推动社会进步从而发挥其巨大的功能价值吗？

[①] 《习近平在中共中央政治局第十三次集体学习时强调　把培育和弘扬社会主义核心价值观作为凝魂聚气强基固本的基础工程》，载于《人民日报》2014年2月26日。

第三章

内部德育要素融合与整体提升的实践探索

改革开放40年来，学校德育取得了很大的成绩，同时，人们对学校德育也有许多批评，其中颇为突出的批评就是"德育实效性低"。[①] 如果不深究德育实效的追求是否正当，我们要问：为什么学校德育实效性低？到底如何提高学校德育的实效性？在我们看来，学校德育实效性低的根本原因是教育分离，学校德育被分割，学校内部德育要素缺乏融合与整体提升。

何谓"教育分离"？其主要是指原本统一的"教育"，被人为地分为"教"和"育"互不相连的两部分。教育分离的现象早已有之。杜威曾言及这种现象："学校的智力训练和道德训练之间非常可怕的分割，获得知识和性格成长之间的可悲分离"。[②] 时至今日，杜威所言及的"可悲分离"仍存在于我国的学校教育之中。特别是改革开放以来，随着我国经济的快速发展，学校教育在某种程度上陷入了"经济主义"，把效率作为最优先的追求目标。受此影响，中小学教育被"升学率"所控制和主宰，片面重视学生的智育，直接导致：教师在课堂教学的过程中，更加重视"书本""考题""分数"，而在某种程度上忽视了"育人"。在大学里，教育分离同样存在，教授、副教授只顾教知识，忽视对学生进行思想政治教育。

所谓"学校德育被分割"，主要是指：作为整体的学校德育，被指定为某个

[①] 杜时忠：《人文教育与制度德育》，安徽教育出版社2012年版，第223页。
[②] [美] 杜威著，赵祥麟等译：《学校与社会·明日之学校》，人民教育出版社2005年版，第143页。

部门（中小学里是德育处、大学里是学工部）、某些教师（班主任、辅导员）的专门工作，而排除了学校教育的其他要素（其他部门、课堂教学、教师、校园文化、教育活动，等等）的德育责任。其典型表现就是德育机构专门化、德育人员专门化。

"现在的德育几乎成为班主任的'专利'了。班里一旦发生什么事，大家都会很自然地说，你们去找班主任，要不就去找政教处、团队部。有的学生成绩不好或有违规行为，照理来讲，这种事情发生在哪一堂课上就应当由哪一位老师去处理，发生在哪一门学科上就应当由哪一位学科教师去解决。现在不是这样了，发生在物理课堂上的事情，物理老师不解决，一手推给班主任，由班主任老师去处理。"①

"德育人员专门化"和"德育机构专门化"直接导致"学校德育工作化"。黄向阳在《德育原理》一书中较为深刻地批判了学校教育中的"德育工作说"，指出："德育'工作化'，也把实践引入了误区。它错误地把德育设置成学校的一项专职工作，并配备与之相应的专职或兼职的德育工作者队伍。这种分工制度，本意是为了加强学校德育，实际上却妨碍学校全体教育工作者积极参与学校德育，造成对学校德育的忽视和削弱，甚至使各级各类学校越加强德育，越难以有效地实施德育。"②

"德育工作化"与"教育分离"两者"合谋"，对教育产生了极大的危害。"在我国中小学，教师队伍实际上一分为二：一部分人是从事学科教学的科任教师；另一部分是从事德育工作的德育教师。前者重教书（特指学科教学）轻育人（特指德育工作），后者重育人轻教书。学校专职的德育工作者队伍，主要是由书记、校长、政教主任、辅导员、班主任构成……那么，这种分工究竟有多大的合理性？教书与育人能否分开，应不应分开？分开之后存在什么问题？"③在我们看来，不管是教育分离，还是学校德育被分割，都不利于学校德育形成合力。由此，我们不得不思考：到底如何走出学校德育被分割、教育相分离的局面，实现学校内部德育要素的融合与整体提升。

第一节 学校教育整体的育德意蕴

我们可以从课堂教学、校园文化、教育管理和实践活动四个方面来分析。

---

①③ 杜时忠：《人文教育与制度德育》，安徽教育出版社2012年版，第243页。
② 黄向阳：《德育原理》，华东师范大学出版社2000年版，第37页。

一、课堂教学的育德意蕴

在汉语中,较早出现"教学"两字的文献是《尚书·兑命》中的"教学半",之后被《学记》引用。此处"教学"两字尽管连在一起,但并不是一个合成词,分别指"教"和"学"两种活动。"教"的解释为"上所施,下所效也"。"学"则指"觉也,以反其质",即不断地"觉悟"以回归本性的过程。因此,"教""学"不仅仅是指"知识的传递和获得",而且是指"引起学生积极思考的活动",以便更好地理解和实践伦理原则的过程。① 可见,从词源学的角度看,"教学"就内含着育德的意蕴。19世纪初,德国著名教育家赫尔巴特第一次在西方教育史上明确提出了"教育性教学"的概念,并进行了系统的阐述。这一概念的背后所蕴含的道理是深刻的,即教学作为培养德性的核心,是学校道德教育的基本途径,且与管理和训育一道,负责培养学生的道德性格。课堂教学具备对学生进行德育的功能,其内涵具体为以下几方面。

(1)从教学目标的定位来看。教学目标中包括对学生进行思想道德教育。

(2)从教育者的角度看。教育者是具备一定的思想、道德、立场、观点的人,他们是在一定的思想道德的指导下开展教学工作的。教师在教学过程中的一言一行、一举一动都会成为丰富的德育资源。

(3)从受教育者的角度看。学生不是空着脑袋走进学校的,他们本身具有一定的思想道德观念,这些因素对他们接受道德教育具有一定的帮助作用。

(4)从教学方法的角度看。教学方法的好坏,对学生养成良好的道德习惯有很大的教育影响,例如,启发式、对话式教学有利于养成民主的性格,灌输式教学容易让学生变得思想守旧、僵化。

(5)从教学过程的角度看。作为人的精神发育的品质和特性,品性指人的智能之外的其他精神能量的特点和倾向性,主要包括思想意识、品德修养、情感态度、理想信念、价值观念、人格特点等,其中最重要的是自尊、爱、理解与宽容、价值感、责任感。② 在教学过程中,教师和学生就教学内容展开对话和交流,彼此感悟,伴随着个体对事物的内在体验,教学过程具有"涵养品性"的功能。

综合上述五个方面的分析可知,课堂教学蕴含着丰富的育德元素。当然,课堂教学的育德功能发挥得如何,关键还是要看教师是否具备课堂教学育德的意识,倘若教师缺乏这种意识,课堂教学的育德功能是无从发挥的。

---

① 石中英:《教育哲学》,北京师范大学出版社2007年版,第157页。
② 全国十二所重点师范大学联合编写:《教学论》,教育科学出版社2007年版,第144页。

二、校园文化的育德意蕴

校园文化，就是学校全体师生、员工在学习、工作和生活的过程中所共同拥有的价值观、信仰、态度、作风和行为准则。校园文化是教师和学生共同创造、积淀、提炼而成的一种环境、一种氛围、一种精神，它影响和制约着校园人的活动和校园人的发展。[①] 有学者指出，校园文化是学校教育资源的有机组成部分，对青少年学生品德健康发展具有规范、导向、促进和激励的功能，是学生成长的基本教育因素。[②] 还有学者指出，校园文化的德育功能有导向功能、晓知功能、育情功能、美育功能、享用功能、健全人格功能、渗透功能。[③] 可见，校园文化的育德功能是多方面的。不过，在笔者看来，虽说校园文化具有育德的功能，但不能就此说明校园文化的育德功能在教育实践中已经得到了充分发挥。值得进一步探讨的问题是：校园文化如何育德？校园文化育德的机制是怎样的？

一般认为，校园文化有四个层次：第一，物质文化层次，主要是指校园文化建设中的"硬件"设施等。第二，制度文化，主要包含学校师生、员工在学校生活中的习俗、习惯和礼仪，以及已经成文的、约定俗成的相关制度。第三，精神文化层次，主要包括学校的办学理念系统，比如校风、学风、教风、校训等。精神文化是校园文化的核心。第四，行为文化层次，即学校师生、员工在校做事的方式、习惯。相应地，校园文化育德的总机制为：学生在参与校园文化（物质文化、精神文化、制度文化、行为文化）建设的全过程中，实现品德的进步和发展。例如，在校园文化建设的过程中，学校鼓励学生积极参与、勇于发表不同的看法和意见，同时学校又乐于、善于听取学生的不同意见，那么，学生在参与校园文化建设的过程中，就很容易习得民主、对话的做事理念和做事方式，最终逐渐养成民主、对话的性格和品性。上述过程即反映了校园文化的育德过程。

三、教育管理的育德意蕴

长期以来，很多人认为学校教育管理的唯一目的是提高学校教育的效益。这种观点忽视了教育管理的其他目的和功能。在笔者看来，学校教育管理具有育德的功能。教育管理具备育德的可能吗？有研究者指出："教育管理本身就具有强

[①] 王栋民：《认识校园文化 建设校园文化》，载于《中国教育学刊》2005年第7期。
[②] 徐廷福：《校园文化的德育功能及其强化》，载于《黑龙江高教研究》2003年第2期。
[③] 王朝庄：《试论校园文化的德育功能》，载于《中国教育学刊》2004年第7期。

烈的人文精神与浓厚的伦理色彩,教育管理本身就是一项充满道德性的事业。教育管理与人的成长和发展密切相关。教育管理的教育性决定它不可能没有基本的价值立场和道德取向,决定了它不应当蜕变为纯粹的专业技术化和职能化的活动。由此,学校管理活动本身的道德价值向度和公共伦理精神,决定了精神价值和伦理标准不仅应该成为学校管理理论研究的一个观点,更应该成为学校管理的实践追求。"[1] 可见,教育管理具备育德的可能性。问题是,教育管理如何育德?我们可从教育管理的构成要素这方面进行一定的探索和说明。教育管理主要由三个基本的要素组成:教育管理者、教育管理对象和教育管理手段。这三个要素中,均蕴含丰富的育德资源。教育管理者就是在教育管理活动中处于领导地位、发挥引领作用的人。教育管理者高尚的言行、举动会对学生的道德成长产生积极的影响。教育管理对象,就是教育管理活动的承受者。学校教育管理的对象包括学校的人、财、物、时间、空间和信息等资源,其都具有隐性或显性的德育功能。教育管理的手段主要包括学校教育的各种组织机构和规章制度。其中,学校规章制度对学生道德的发展产生一定的影响。学校的规章制度能够育德吗?学校的规章制度何以育德?有学者对此进行了深入的研究,指出实现制度育德有三部曲:第一,"制度是教育资源"。要彰显学校制度正向的多方面的育德功能。第二,"制度是教育过程"。要确立优良学校制度的品质,对现行学校制度进行批判性审视,建构公平正义、民主平等、自由发展的学校教育制度,把制度建构活动变成教育过程。第三,"制度是生活方式"。要把成文的制度规定与有组织的制度活动,通过内化与外化的双向机制,变成稳定的制度化行为模式,化为学校制度生活,通过学校制度生活来培养学生品德。[2]

四、实践活动的育德意蕴

众所周知,教育是一种培养人的社会实践活动。然而,长久以来,"实践活动"作为一个重要的教育学概念,在理论上并没有引起人们足够的关注。什么是教育活动?鲁洁教授指出,教育活动就是通过人的主体选择把人的发展中蕴含的某一种(或几种)符合教育目的的可能因素在人的现实的发展结构中呈现出来,并使它在整个发展运动中起支配作用,改变自然状态下的发展过程,以期形成为目的所规定的理想品质。[3] 还有学者指出,教育活动就是教育主体能动、现实地

---

[1] 吴慧蕾、郅庭瑾:《我国学校管理伦理研究的述评》,载于《教育科学研究》2008 年第 8 期。
[2] 杜时忠:《制度何以育德》,载于《华中师范大学学报》(人文社会科学版)2012 年第 7 期。
[3] 鲁洁:《道德教育的当代论域》,人民出版社 2005 年版,第 32~33 页。

改造世界（包括物理世界、心理世界和文化世界），以促进人的素质全面、生动、发展的社会互动过程。① 教育活动的定义中已经蕴含了育德的可能性："教育活动"与人的精神品质、素质有直接的联系，即开展教育活动的目的之一是要形成人的道德品质和道德素质。从学校德育的角度看，教育活动是学校德育的重要途径、方式，因此国内有学者提出了活动德育模式，指出：活动是个体道德形成、发展的根源与动力，是学生自我教育的真正基础。② 问题是，学校的教育活动是如何育德的呢？在笔者看来，主要通过以下方式进行：第一，通过教育活动中的合作、交往，培养学生的合作精神和团队意识。在交往和合作活动中，学生一方面可以较深切地感受到团体活动的成果有赖于每个成员的努力，另一方面也可以清楚地体会到团体协作对保证每个人的利益来说是必不可少的；他既能懂得规则和纪律对个人、团体的约束、规范作用，也能体会到其对个人发展、个人利益的保证和促进作用。③ 第二，在学校教育活动的过程中，活动的组织者对学生产生道德影响。教师作为教育活动的主要组织者和参与者，其自身的人格、情操、精神品质都会对学生的道德发展产生重要的影响。可见，从上述两个方面来看，学校教育实践活动本身具有丰富的育德内涵。

由上可知，我们分别阐述了四个德育要素的育德意蕴，但这四个要素是否能够实现融合与整体提升呢？答案是肯定的，最根本的原因：上述四种德育要素的主体都是人，而不管是课堂教学、校园文化，还是教育管理、教育实践活动，其根本目的都是为了促进学生的发展，只不过"四个德育要素"是通过不同的"育德机制"对人的道德产生影响而已。

当然，四种德育要素要实现其育人功能是有条件的。第一，道德性。我们所倡导的"四个德育要素"首先必须在性质上是道德的。比方说，课堂教学不能是"伪教学"，否则，"课堂教学"不仅不能"育德"，而且还可能影响其他德育要素育德功能的发挥。第二，动态性。从理论上讲，"四个德育要素"同时融合当然是最好、最理想的，不过，由于学校教育实践的情况比较复杂，"融合"可能发生在两个要素之间，也可能发生在三个、四个要素之间。因此，我们所讲的"融合"，不一定要求上述四个要素的全部、同时融合，应坚持一种动态融合的原则。以动态的原则审视德育要素的融合，我们可依据不同学校的具体情况，先寻找"融合"的突破口，再逐步以"突破口"为契机，实现其他德育要素的融合与整体提升。第三，同步性。道德是学校教育的重要目的。因此，"要素融合"必须是几个要素同步进行的，仅仅靠一个要素进行德育，是无法形成学校德育合力的。

---

① 柳海民：《教育原理》，东北师范大学出版社2006年版，第374页。
②③ 戚万学：《活动道德教育模式的理论构想》，载于《教育研究》1999年第6期。

第二节　实践探索的主体、过程与方法

一、实践探索的主体

"学校内部德育要素融合与整体提升"这一子课题主要是由华中师范大学道德教育研究所、"真教育"联盟[①]和部分试验学校联合承担。参与课题研究的试验学校主要有：湖北武汉市新洲区邾城街道的10所学校（新洲区实验中学、新洲区第一初级中学、邾城街第二初级中学、邾城街中心小学、邾城二小、邾城三小、邾城四小、邾城六小、邾城街章林小学、邾城街道幼儿园）、湖北孝感市玉泉小学、华中师范大学附属小学、广东中山市水云轩小学。[②] 为什么本课题选择上述学校作为试验学校呢？主要原因为：第一，上述学校均为华中师范大学道德教育研究所、"真教育联盟"的试验学校，且这些学校均是主动、自愿参与本课题研究的。第二，上述学校在办学特色、师资水平、生源情况等方面不尽相同、特点各异，有利于对研究的结果是否具有普遍性进行评判。具体而言，广东中山市水云轩小学、湖北孝感市玉泉小学、华中师范大学附属小学均为城市小学，办学的硬件条件相对较好，学校整体实力较强。新洲区邾城街道的10所学校均地处城乡接合部，但10所学校面临的发展任务各不相同。例如，新洲邾城街中心小学是一所百年老校，办学历史悠久，在当地享有良好的办学声誉，但随着时代发展和教育转型，如何突破学校发展的"瓶颈"成为新的挑战。邾城四小留守儿童居多，如何走出一条中国特色的"留守儿童教育"之路是其现在面临的问题。新洲区第一初级中学是一所转制初中，学校发展刚刚步入正轨，但如何在阵痛、新平台上走出一条新的办学之路是其面临的问题。应该说，在时代、社会、教育转型等背景下，每所试验学校都面临新的独特问题和挑战。这些"地方性的""内生性的""特殊情景中的"问题和挑战，不仅是试验学校获得发展的机会，同时也是课题组中教育学术研究者突破自我、提升自身学术研究素养的机会。

---

① 2013年12月20日，华中师大道德教育研究所"真教育联盟"成立大会暨学术研讨会在华中师范大学田家炳教育书院举行。德育所的全体研究人员和湖北、广东、广西、新疆等地的中小学校长们参加了成立大会。"真教育联盟"成立的宗旨：探讨教育规律，研究教育问题，分享教育经验，探寻教育真谛。

② 武汉市新洲区邾城10所学校成为课题组"试验学校"的时间为2013年6月。广州中山市水云轩小学、湖北孝感市玉泉小学成为课题组"试验学校"的时间均为2014年6月。华中师范大学附属小学成为课题组"试验学校"的时间为2016年2月。

课题组的另一部分成员是华中师范大学道德教育研究所的专职研究人员、兼职研究人员和在读的硕士、博士。尽管三类研究人员在任务分工上有所不同，但都做到了：全身心、高质量地投身于课题研究的每一个环节、每一次活动，甚至是每一个细节。在课题研究过程中，专职、兼职研究人员具有较高的理论水平、实践素养和学术研究能力，他们既是课题研究的"主持者""引领者"，又是课题研究的"实施者""参与者"。在读的硕士、博士，在课题研究的过程中主要从事整理资料、编制问卷、访谈记录、参与研讨等具体工作，不仅学术科研能力得到了锻炼，而且为课题顺利进行做出了自己的贡献。

除此之外，子课题的研究工作还得到了中山市教育局、武汉市新洲区教育局等有关领导的大力支持，他们为课题研究的顺利进行提供了多方面的保障。

在三年课题研究过程中，我们初步形成了大中小学合作研究的组织方式架构图（见图3-1）。

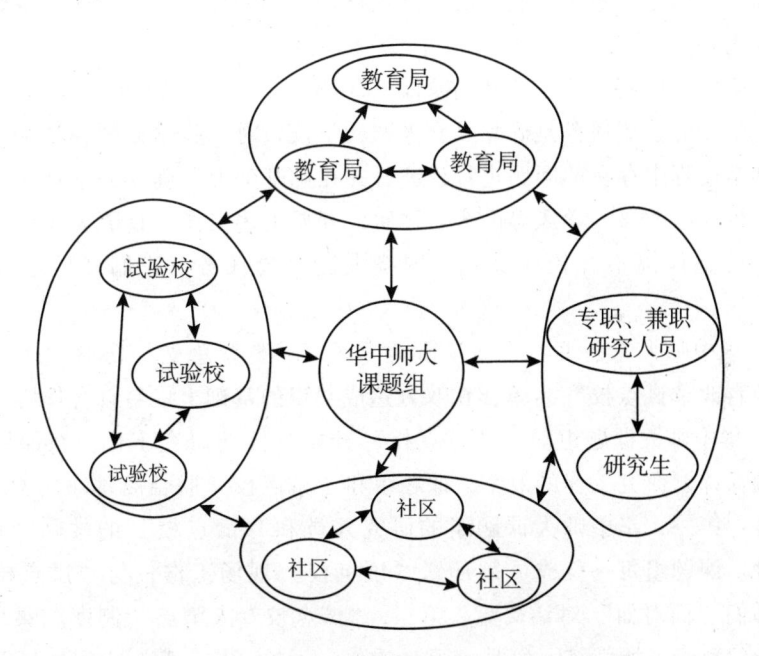

图3-1 本课题研究的组织方式架构图

二、实践探索的过程

（一）研究目标

根据复杂论、系统论的相关理论，我们的研究假设为：第一，学校德育体系建设，要放在整个学校教育的大系统中去审视才能全面和有效；第二，学校德育体系的加强，离不开学校内部德育各要素的融合。

基于上述两点假设，结合研究的实际情况，我们确立了本课题研究的具体目标：从微观、教育实践的层面，立足学校教育的大系统，分析学校内部德育要素（课堂教学、校园文化、教育管理、实践活动）之间的内在关系。即从教育理论和教育实践两个方面以及两者互动的意义上，提炼各试验学校的教育特色，并以此为切入点、突破口，探寻"学校内部德育要素融合与整体提升"的具体策略和路径。

（二）研究过程

自2013年6月开始，我们将整个研究过程相对地分为三个阶段（在这里，为了详细、整体地说明研究展开的具体过程，我们的介绍以新洲区邾城街道的试验学校为主）：

第一阶段：协商、策划和开始阶段（2013年6月～2014年6月）。

这一阶段的主要任务是确立、介入试验学校，对试验学校的办学水平、办学现状、办学过程中存在的问题进行诊断，并在此基础上，确立办学理念，提炼办学特色、校训、教风、学风等内容。之所以开展上述工作，是因为我们认为学校德育要素的整体离不开校园文化。围绕上述主要任务，我们开展了以下具体工作：

（1）华中师大课题组与"武汉市新洲区邾城教育总支"协商，确定"新洲区邾城教育改革试点校"名单，在双方达成共识的基础上，签订合作协议。

（2）华中师大课题组深入"试点校"开展具体的研究工作。在课题研究之初，为确保课题研究工作的效率，课题组和"试点校"联合商讨确立了三项具体研究制度：第一，华中师大课题组的研究人员和"试点校"的教师"面对面"研讨制度。课题组每一位成员每月到"试点校"现场工作，与"试点校"的领导、老师们"面对面"对话交流。第二，"试点校专人蹲点"制度。课题组的一位成员专门负责一所学校，每月一天（看似一天的工作，实际上需要研究人员付出大量的劳动，他们往往需要做几天的准备工作，来保证这一天研讨、实地工作的效率）到"试点校"进行实地调研，内容包括：访谈、座谈、发放问卷、观课评课、集中研讨等具体工作。第三，课题组核心成员"碰头研讨"制度。每次到"试点校"之前，课题组的核心成员都要碰头、研讨，确定每次工作的具体内容、重点和难点；课题研究遇到困难时，集体展开研讨，以克服困难。在课题开始研究之际，上述几项制度保证了课题研究的时间、空间和质量。事实上，上述几项制度一直延续到现在，并必将延续下去。

有了研究制度做保障，课题组全体成员和"试点校"的教师们精诚合作，高效率地开展了一系列具体研究工作：深入了解每所"试点校"的办学历史、办学现状，诊断每所"试点校"目前存在的突出问题，等等。上述具体研究工作，特别是对"试点校"过去及当前办学过程中存在的突出问题进行深入、准确的分析、归类和归因，为提炼出每所"试点校"的办学理念系统打下坚实基础。

（3）课题组和"试点校"的师生们合作研讨，提炼、打磨办学理念系统。在这一过程中，课题组成员反复、多次深入师生的生活，倾听教师（包括已经退休的教师）、学生的意见。结合新时代社会发展的特点、新时期教育转型的特点、"试点校"的独特办学历程，课题组和"试点校"的师生一起研讨，确立了新的办学理念系统，同时在新理念的基础上，对学校的精神文化、物质文化、制度文化进行了合理的规划。办学特色的提出，不是某位课题组成员或者某位"试点校"的校长拍脑袋拍出来的，而是课题组成员和"试点校"的广大师生、教育局领导一起多次研讨的结果。比方说，"邾城四小"的办学理念系统的提出，就费了很大的周折：先后组织该校的领导、老师讨论不下 10 次，整个邾城街道的校长研讨不下 4 次。

第二阶段："具体化"展开、实施阶段（2014 年 7 月 ~ 2015 年 8 月）。

这一阶段的主要工作任务是：在办学特色的总领下，课题组和"试点校"合作开展每所"试点校"独特的教育模式（"教学模式""德育模式""管理模式"）探索。我们具体的做法是，课题组依据每一所"试点校"的办学特色，提出"教育模式"的大致设想和整体框架，然后"试点校"的分管领导组织领导班子、教师代表进行集体讨论，在讨论中，生成教育模式的具体内容、框架、结构和特点。在此基础上，由"试点校"的教师执笔，写出模式的初稿，将初稿及时反馈华中师大课题组。在模式初稿的基础上，华师课题组提出修改建议，供"试点校"的教师们参考，进一步修改完善。这一过程，可简单概括为："试点校"写出模式初稿→华中师大课题组"修改"→"试点校"写出二稿→华中师大课题组"再次修改"……多次打磨后，形成比较规范的文本。这些文本的纸质稿敲定后，交由"试点校"的教代会讨论，"试点校"将讨论的意见反馈给华中师大课题组，然后再进行有针对性的修改，直至全校教师认可为止。在华中师大课题组和试验学校教师的共同努力下，"邾城教改试验区"的教育特色精彩纷呈：新洲区实验中学的"和合教育"、新洲区第一初级中学的"孝心教育"、邾城街中心小学的"求真教育"、邾城街第二初级中学的"感恩教育"、邾城二小的"书法教育"、邾城三小的"诗文教育"、邾城四小的"怡情养正教育"、邾城六小的"快乐教育"、邾城街章林小学的"跆拳道教育"、邾城街道幼儿园的"民间游戏特色教育"，等等。与此同时，孝感玉泉小学提出了"孝正教育"。

第三阶段：深化、总结、提炼和反思阶段（2015年9月至今）。

这一阶段的主要任务是：深化办学特色，制定学校的办学规划，将学校特色建设引向深入；对三年的课题研究进行回顾、总结和反思。我们认为，办学特色不是写在纸上、贴在墙上的东西，需要试验学校的师生们在学校日常生活中一点一滴地去认真践履。为了深化办学特色，延续学校文化特色，我们鼓励"试点校"对学校发展进行规划。各"试点校"总结办学经验，针对自己学校的独特问题，成立专门的"学校规划研制小组"，充分听取教职员工的意见，在大量调研的基础上，制定了学校3~5年发展规划。在规划制定的过程中，华中师大课题组的研究人员会提供一些大体的参考建议，并和"试点校"的教师们"面对面"交流，对"试点校"的学校发展规划进行逐字逐句的修改，经学校全体教师讨论后最终定稿。在这一过程中，华中师大课题组的研究人员能够深切地感受到"试点校"教育变革的艰难和复杂，感受到一线校长、教师的辛苦与无奈，感受到学校变革迫切需要专门研究人员一起努力，感受到自己肩上的研究使命。

另外，在这一阶段，为了总结三年以来郏城教育变革的经验，扩大试验影响，华中师大课题组和"郏城教育总支"联合，组织"试点校"编写了"郏城区域变革教育模式"系列丛书。该丛书主要由"试点校"的老师执笔，课题组负责对丛书的提纲、总体框架结构进行具体指导。为了提高丛书的编写质量，在后期的合作研究中，课题组和"试点校"的老师几乎每个月都要集中商讨一次。

三、实践探索的方法

为了有效地达成研究目标，在研究方法上，我们不仅采用了访谈、问卷、讲座等方法，而且采用了"行动研究"的方法。为了更清晰地说明我们的研究方法论，我们决定将课题组进行的具体工作和"研究方法论的选用"结合起来进行详细阐释。具体而言，我们在和试验学校合作研究的过程中，采用了"问津校长论坛"、专题式研讨、文本打磨、听课评课、"班主任工作坊"等研究方法。

我们在与"郏城试点校"合作研究的过程中，共组织了12次"试点校"校长论坛，进行专题式研讨，具体内容如表3-1所示。每次论坛，试验学校的各位校长都会踊跃发言，他们的表达力、思维力和学习力得到了有效的锻炼和提升。其实，每次论坛对课题组的核心成员也是一次次考验，在论坛讨论的过程中，课题组成员的学术视野得以开阔，特别是对教育试验的复杂性有了更深刻的认识。

表3-1　　　　　　　郏城"问津校长论坛"一览

序号	时间	主持	主题	地点	参与人员
1	2014年1月7日	C校长	中心小学文化建设	一小	专家团成员、各小学校长、一初何立志校长
2	2014年2月26日	R校长	四小办学理念	四小	专家团成员、各城区小学校长、实验、一初、二中校长
3	2014年4月23日	C校长	郏城一小办学理念系统研讨	一小	郏城街城各学校校长
4	2014年5月21日	H校长	（1）郏城一小办学理念反馈；（2）教师队伍建设（师德建设）	一初	郏城街城区各学校校长及中心幼儿园园长
5	2014年8月23日	W老师	学年度工作计划讨论	一小	郏城街城区各学校校长及中心幼儿园园长
6	2015年1月21日	R校长	四小办学理念系统研讨会	四小	郏城街城区各学校校长及中心幼儿园园长
7	2015年5月13日	R校长	四小"郏城模式"实践与理论体系的研讨	四小	郏城街城区各学校校长及中心幼儿园园长
8	2015年10月27日	W老师	（1）讨论郏城区域变革教育模式书稿提纲；（2）确定该书稿各学校撰写内容	六小	专家团、试点校领导、丛书书稿撰写者
9	2015年11月27日	W老师	（1）细化明确郏城区域变革教育模式书稿提纲；（2）进一步明确各学校撰写内容	六小	试点校领导、丛书书稿撰写者
10	2015年12月30日	W老师	郏城区域变革教育模式书稿修改会	二小	试点校领导、丛书书稿撰写者
11	2016年1月15日	W老师	（1）郏城区域变革教育模式书稿修改会；（2）指导郏城街第二小学校园文化建设构想	二小	试点校领导、丛书书稿撰写者
12	2016年3月11日	W老师	（1）郏城区域变革教育模式书稿修改会；（2）指导郏城街第二小学校园文化建设构想	二小	试点校领导、丛书书稿撰写者

自我们和"试点校"签订合作协议以来，我们每月到试验学校"蹲点（现场工作）"一天。上午的工作一般为：课题组的研究人员和"试点校"的领导、教师集中研讨"试点校"的办学特色、办学理念、教学模式、德育模式、管理模式、学校发展规划。下午的工作一般为：课题组的研究人员随机观课评课、组织班主任工作坊、举行"校长沙龙"。晚上，课题组成员有时还要给试验学校的老师们做学术报告、办讲座。拿听课来讲，三年来，华中师大课题组成员在试验学校累计听课上百节，有时是走进教室听课，但假如时间安排不凑巧，就观看教师的录像课。听完课后，我们会和执教者及时进行交流，并进行评课。在我们看来，评课不仅要评"教师的教"，更要评"学生的学"；在评课的过程中，要找出每位教师行动背后的教育思想，提出按新的教育理念应如何执教、如何改进课堂，力图真正触及执教者心中根深蒂固的陈旧观念。

为了提高班主任的专业素养及其进行德育工作的水平，"专家顾问团"组织试验学校的班主任开展"班主任工作坊"，进行深入研讨。"班主任工作坊"讨论的主题有：班主任如何帮助"潜能生"，班主任如何处理学生的手机问题，班主任如何组织和召开班会，等等。通过"班主任工作坊"，试验学校的班主任培养和组织班集体的能力、转化"潜能生"能力、分析研究具体班级问题的能力、教育科研的能力得到了极大提高。在这一过程中，指导"班主任工作坊"进行的课题组成员同样收获很大，特别是对中小学班主任真实的生活状态、生存处境、工作复杂性等都有了更为深刻的体验。这种体验直接催生了相关理论文章的诞生。

在整个研究过程中，课题组核心成员的投入度和工作量都非常大，有时为了一次活动要准备数日（甚至是数月）。对课题组的核心研究人员来说，这种研究是真正扎根中小学一线实践的研究，是真正有生命力的研究。我们逐渐领悟到：这种研究要取得一定的效果，绝不可能靠理论研究者坐在书斋里"遨游""寻章摘句"就能完成。参与研究的"试点校"的教师们，在课题研究的过程中改变的也绝不仅仅是一些显性教育教学行为，更有对教育教学的理性认识和重新建构。

在研究的具体方式上，我们的指导思想是：在试验的过程中，动态处理教育理论和教育实践的关系。在研究性质上，我们所要研究的子课题有其自身的特殊性，即本研究既不是单纯的实践研究，也不是单纯的理论研究，而是两种研究的动态融合。在此认识的前提下，我们提出：本课题的理论研究要适当、适度先行。这主要是因为，没有科学、合理的教育理论指导的教育试验是盲目的，甚至是无效的，此其一。其二，面对试验学校的新情况、新问题，我们的研究的核心任务是学校内部德育要素的融合与提升，因此不可能在不做理论研究的情况下，完全由课题研究人员凭经验去创造。所以，在课题研究之初，我们对"我们应该树立怎样的德育观""我们的德育信条是什么"等一系列原点性、全局性的教育基本理论问题进行了较为深入的思考和探究，直接催生了相关的理论文章。

概言之，结合上述具体研究过程和研究方法，大体上可将我们研究的方法论概括为"三层次"：第一层次属于宏观的，主要是教育基本理论的研究。第二层次是立足学校教育的实际，从较为宏观的角度提炼试验学校的办学理念系统。第三层次是微观的，在第一、第二层次的统领下，围绕学校的办学特色，提炼试验学校的课堂教学模式、德育模式和管理模式，以实现学校内部德育要素的融合与整体提升。这种"三层次"研究方式的意义是重大的：第一，有效地促进了教育理论和教育实践的融合。第二，为课题组每一个研究成员、"试点校"的教师提供丰富的创造空间。第三，"三层次"的具体研究使得学校内部德育要素实现了内在的关联和互动。此外，这样的研究方式，不仅使我们真正感受到了教育的复杂性和艰巨性，更使我们感受到学校教育变革的必要性和迫切性。

可以说，近三年的研究、试验，不仅改变了我们的话语方式和言说逻辑，而且使我们的学术研究方式、路径都发生了深刻的变化。"试点校"的总体发展态势是令人满意的，体现了课题组研究在学校发展过程中所发挥的重要作用。同时，课题组的研究者也在一定程度上，从课题研究的过程中领悟到了"教育理论研究与教育实践相结合所带来的职业尊严感和幸福感"。

第三节 实践探索的具体进展[①]

一、以"德性管理"为突破口的德育要素融合[②]

进入 21 世纪，随着社会发展改革深化和转型升级，文化多元导致传统美德文化被弱化，价值冲突导致道德价值观念被挤压，进而推动了每个社会成员意识形态的变更和发展。在这样的社会背景下，学生德性的培养显得格外重要。然而，德性在生活、教育中没有得到应有的重视，教学缺乏德性，制度缺乏德性，管理缺乏德性，就连德育也常常是"说起来重要，做起来次要，忙起来不要"。儿童时代是培育美好身心的黄金时期，因此在小学开展德性教育，已成为教育发

[①] 尽管我们有十多所试验学校，但是针对此课题各校进行教育试验的进度不一样，在此我们有针对性地选择比较成型的广东中山市水云轩小学、新洲邾城街中心小学、湖北孝感市玉泉小学、新洲邾城四小进行较为具体的介绍。

[②] 以广东中山市水云轩小学的"德性教育"试验为例。

展的必然之道。基于上述思考,结合水云轩小学的具体实际,我们在水云轩小学进行了"德性教育"试验。该试验的基本设想为:以学校管理变革为突破口,提出"德性管理",在此基础上,提出"德性课堂教学""德性校园",以实现学校内部德育要素的融合与整体提升。

何谓"德性教育"?我们认为,"德性教育"不是一种空洞的教育理论,它是一种在教育实践和教育理论交互作用的过程中产生的教育新模式。在德性教育研究实践中,我们破除点状式分析思维、割裂式思维,着眼师生教育生活的幸福、全面、充分、持续发展,着力构建全面、系统、高效的德性教育体系,对试验改革进行整体规划。该体系涵盖了德性教师、德性德育、德性教学、德性管理、德性校园等方面。德性教育的最终目标是培养品德高尚、行为文明、心智完善、情趣高雅的人。"德性教育"的特质有三个方面:第一,德性教育是一种"以人为本"的教育。人本质上是一种德性存在。德性与生命是密切相关的,生命的卓越是德性光辉的体现,德性是生命价值的最高展现。德性教育以德性为根本,借由德性来关照教育的本性,把促进学生生命和谐、自主、可持续发展作为教育的根本目的,它不仅是理论性的,也是实践性的。在我们看来,德性教育关注个体心灵能力的整体培育,是一种"合道德性"的、具有生命特质与实践意义的、面向个体卓越品质的、激发个体生命力量的素质教育。德性教育的根基在于人与人之间尊重、信任、理解,其基本旨归在于:提高师生的主体地位,构建有利于师生不断完善与自主发展的德性环境,激活师生生命的内在潜质,唤醒师生潜在的美好德性,促进师生各方面素养的和谐发展。第二,德性教育是一种"率性而教"的教育。《中庸》里的"遵道"即尊德性,德性是"道"的体现,践履德性才能化育万物。《中庸》有言:"唯天下至诚,为能尽其性;能尽其性,则能尽人之性;能尽人之性,则能尽物之性;能尽物之性,则可以赞天地之化育;可以赞天地之化育,则可以与天地参矣。"① 夸美纽斯提出了"自然适应性原则"。卢梭倡导"自然教育法"。裴斯泰洛齐提出:人的全部教育就是促进自然天性遵循它固有的方式发展的艺术。有鉴于此,德性教育强调教育必须遵循其基本规律,因势利导,率性而教。第三,德性教育是一种追求"美满人生"的教育。教育的根本目的是帮助学生过一种幸福的生活。"道德实质上就是追寻美满人生的一连串不间断的活动,而当我们如此这般界定道德时,此时的道德也就是德性。"② 德性教育,就是通过道德的教育把学生培养成为一个有德性的人,过一种幸福、美满的生活。

---

① 王国轩译注:《大学·中庸》,中华书局2006年版,第106页。
② 陈根法:《德性论》,上海人民出版社2004年版,第1页。

下面我们将介绍德性教育坚持、贯彻的六个基本原则。原则是方向的体现，是行事的指南。任何工作的开展和推进，都必须遵循一定的内在机制与行事原则。德性教育如何开展，走向何方，同样要遵循一定的原则，主要包括：第一，自然性原则。人是自然的存在物，有其内在的"自然禀性"。"自然禀性"，也即是"自然规律性"，具体包括个体的天赋、才能和欲求。尊重"自然规律性"是德性教育的重要特征。第二，主体性原则。"主体性是人作为活动主体的规定性，是指主体在认知、交往及自我反思与调整活动中表现出的基本特性，包括能动性、自主性、自为性、自律性、社会性。"① 教育的目的就是要建构人的主体素质，培育、发展和完善人的主体性。德性是人的主体性的集中体现。德性教育只有充分关注人的主体性，才能真正培养人的内在德性，促进人的德性生成。第三，发展性原则。促进人的全面发展是教育活动的基本价值取向与永恒追求。基础教育的根本使命是培养完整、全面、可持续发展的人，为人的终身幸福奠基。学校教育最主要目的是构建发展性的教育环境以促进受教育者的全面发展。发展和解放是个体生命的内在诉求，德性教育的核心价值取向就是促进生命的优质发展和本能解放，为健康人生、幸福人生打底。第四，普惠性原则。基础教育是一种义务教育、年限教育、权利教育，更是一种普惠教育，它的终极目的是促进每位学生的健康发展。在均衡教育的时代，学校教育的任务是通过构建公正公平的教育制度，落实普惠教育价值理念，促进每位学生、每个班级、每所学校的健康发展。德性教育把普惠、公正作为重要的追求目标，以确保每位学生的生存权、受保护权、发展权和参与权。第五，体验性原则。每位学生都是独立的、有主观能动性的鲜活生命个体。学校教育只有为学生创设亲身体验的机会，珍视学生生活的独特感受，才能切实提高学生学习的积极性和主观能动性。德性教育要尊重学生的生命本能，尽量为学生提供参与、体验和感悟的机会，进而丰富学生的精神世界，促进学生的生命成长。第六，幸福性原则。教学的根本目的不仅仅在于传授知识和技能，更在于唤醒、激励和鼓舞学生。"激励和鼓舞"的最终目的是提高学生的幸福指数，让学生在学习中有"高峰体验"，过一种幸福的教育生活。追求生命自主成长、幸福成长是每位学生内在的生命需要。德性教育倡导"德福一致""德福共生"，反对一切压抑精神的做法，力主教育的最高宗旨是促进学生的生命幸福。

以上对德性教育的内涵、特点、原则进行了较为简要的概括。如前所述，在提出"德性教育"的基础上，我们着力以"德性管理"为切入点，并将"德性"贯穿于学校内部其他的德育要素（课堂教学、校园文化），分别提出了"德性课

---

① 郭文安：《主体教育思想发展的回顾与前瞻》，载于《教育研究与实验》2006年第5期。

堂教学""德性校园"的概念,下文将逐一介绍。

现代管理主要分为"人性化管理"和"制度化管理"两个流派。这两个流派的目标都是希望唤醒人、激励人、协调人,有效实现组织目标。德性管理是一种追求整体利益和个体利益协同共生、管理过程和管理结果都充满德性的管理。德性管理,不仅倡导管理过程的科学性,而且强调管理过程的人文性。德性管理理念融合人性化管理和制度化管理的优势,使管理过程具有"人性品度"。德性管理不仅是一种管理理念,而且是一种管理方式。

(一)德性管理的特质

德性管理不同于一般学校管理的独特之处在于:第一,德性管理是一种个性管理。德性管理是一种遵循管理对象身心发展规律、因人而异、率性而为的管理方式。在管理过程中,学校要为学生、教师、学校的个性发展创设适宜的空间。主要包括:培育具有个性的学生、塑造具有个性的教师、建设具有个性的学校。第二,德性管理是一种"中道"管理。孔子认为"过"和"不及"是相反的两个极端,都不是理想状态,做事必须把握住这两者之间的关系,使之"无过无不及"。换言之,德性管理的核心旨趣是:要求每个人做事时把感情、欲望、行动控制在道德允许的范围之内,促进万事万物和谐发展。亚里士多德提出了"中道美德"这一观点,他明确指出"中道"就是强调适度、适中。"中道"思想落实到学校管理中,就是强调学校管理要依据师生的成长需要和规律来进行。德性管理要求管理者能在上下级、现实与理想、校内与校外之间,找到科学合理、持续发展、和谐共生的契合点以及方式方法。第三,德性管理是一种良心管理。教育是一项"心灵触发心灵"的艺术,管理是一个"心灵协同心灵"的过程。良心是个人道德自律的最高表现,也是对道德义务的内在体认。良心以公正为基本准则,只有管理者心发公正,不断修炼良心,坚守教育信仰和责任,才能让被管理者心悦诚服,形成凝心聚智的群体。德性管理是一种严守道德义务和秉持公正的管理,它能激发师生心灵力量,使师生获得正向情感体验,从而培育德性,内化道德规范,生成自觉行为。

(二)德性管理的具体策略

在德性管理中,强调人人参与管理、事事有人管理,通过管理促进师生的发展。制度是管理的依托,它既是"人化"的结果,又有"化人"的功能。德性管理主张建立合德性的制度来推进合德性的管理,提升教育的境界和人成长的境界。在管理制度的构建与实施过程中,我们立足于校本、师本、生本,全方位地吸引广大师生参与到管理之中,引领师生朝着真、善、美的方向发展。具体而言，在德性管理中我们努力做到了：以生为本，追求有德性的学校管理；创新包容，善待学校"反对派"；自主建构，着力优化教师组织伦理关系；推行简约，努力营造"临下以简"氛围；促发活力，重视革新教育管理观念；深化协作，努力建设利益发展共同体；悦纳全员，争取让每位学生都有发展；明晰职责，实施管教评适度分离，为学生、教师、学校的发展创设更适宜的发展软环境。

"德性管理"作为众多德育要素中的一个，很难单独对学校德育发挥整体性的效应，于是我们在"合力德育论"理念的启发下，相继提出了"德性课堂教学""德性校园"的概念。

1. 德性课堂教学

德性课堂教学是一种基于德性培育和德性实践的理想教学范式，其根本目标是提升学生的生命质量，培育学生美好人性，促进学生德性的发展。德性课堂教学从"德性培育"的高度来理解教学的目的、方式、过程、对象、内容、评价等。在我们看来，德性课堂教学具有生态品质：它强调学习的过程是动态而非静态的，自主的而非被动的，愉悦的而非痛苦的，生成的而非预设的，民主的而非专制的，人文的而非工具的，合作的而非离散的，探究的而非灌输的，对话的而非"独白"的，开放而非封闭的。从德性的角度审视课堂教学，课堂教学的主要特点如下。

第一，人本性：把学生的健康、全面发展放在首位。德性课堂教学的人本性要求在教学过程中，教师关爱、尊重、信任每一位学生。

第二，生活性：促进学生德性的生成。德性课堂教学是以生活为"蓝本"，倡导教学与生活相连，树立"生活即教学"的理念，让教学过程成为学生德性生成的过程。

第三，优质性：让学生得到最大限度的发展。优质是效益的内在本质，是课堂教学的生命线。真正的优质课堂教学包括学生在"量"和"质"两方面的发展：一是数量方面，指每位学生在课堂教学中都得到发展；二是质量方面，指全体学生在认识、情感态度、价值观等方面都得到发展。

第四，顺导性：满足学生的发展需要。德性课堂教学强调在教学的过程中要充分遵循学生身心发展规律，为学生成长需要的满足创设适合的学习环境，促进学生潜能的健康发展。

关于德性课堂教学模式在课堂上实施，水云轩小学采取了一系列具体措施：

（1）教、科、训一体促进德性课堂教学质量优质化。

（2）以学科教学改革为载体，全面推进德性课堂教学的实施：在语文科开展"大量阅读进课堂"的改革探索；在数学科开展数形结合教学顺应学生思维特点；在英语科开展故事教学提高学科趣味；在思品科开展体验式教学；在心理科开展身体自我纳悦教学。

（3）推进"一·四·五"学本课堂教学模式（"一"是指保证每个学生的学习权；"四"是指全面践行"大爱无痕、大道至简、大智若愚、大成若缺"的教学思想；"五"是指推进"小题大做、激情引趣→小鬼当家、组内研讨→小组互动、点拨突破→小试牛刀、巩固提升→小事大成、人人出彩"的具体教学模式）。

2. 德性校园

德性教育强调校园在学生成长过程中具有不可忽视的重要作用，因此应注重营造厚德的文化、优雅的环境、启智的氛围，陶化和引领学生发展，使校园具有"化育品位"。德性校园的核心要点有：

第一，熏化性情。有德性的校园，不在于它面积的大小和校舍的新旧，而在于校园的厚德意蕴，其重点是引起学生思想共振、心灵共鸣。校园是学生成长的场所，每处都应散发出导人求真、崇善、向美的积极精神。要让校园成为学生求真的科学世界、崇善的人际世界、向美的艺术世界的完全结合，引领学生人性的修炼、人格的健全、智慧的生发。

第二，启迪智慧。校园就是一个学园。德性校园在校园环境布置和设计方面，要结合学生的认知特点，融入相应的学习内容，让学生时时可学习、处处可思考。校园建设要顺应学生的天性，呵护学生的心灵，尽量为学生提供互动探讨、引人思考、快乐游戏、自由阅读的条件，让校园成为学生精神放松、思维雀跃、探索体验的殿堂。

第三，服务生活。有温度的校园不是简单的物理建筑。其必须以现实生活为基础，关注师生的生命发展，以提高师生的生命质量为目标。只有在校园环境设计方面，紧扣学生生活实际，融入更多人性关怀的因素，才能让学生在学习和生活中自然而然地被感化、受到教育。

德性校园如何建构？在我们看来，主要包括：安全校园，守护师生生命；书香校园，涵育高贵精神；快乐校园，健全完善人格；厚德校园，陶冶美好人性。

二、以"求真课堂"为突破口的德育要素融合[①]

武汉市新洲区邾城街中心小学作为一所百年老校，在发展过程中历尽炮火、运动以及其他的各种磨难，如今成为当地的一所优质学校。时至今日，尽管学校面貌与从前大相径庭，但学校一直坚持的是：严格遵循教育规律，培养全面发展的人。小学阶段的培养重点是：培养学生良好的行为习惯，为人生的发展打下坚

---

① 以武汉市新洲区邾城街中心小学的"求真教育"试验为例。

实的基础。特别是自 2013 年开始，学校历经标准化建设、国家及省级均衡教育建设和校园文化建设，校容校貌发生了翻天覆地的变化，整体办学实力上了一个大台阶。在这样的背景下，学校面临如下问题：怎样才能更好地满足老百姓对优质教育资源的渴求，而进一步提高学校的办学水平，实现新的飞跃？怎样才能更好地促进学生的发展？怎样才能更好地对学生进行德育？在总结学校百余年办学历史的基础上，课题组和试验学校的师生们一起提炼了学校的办学特色——求真教育。该教育试验的基本设想是：在提炼"求真教育"办学特色的基础上，以课堂教学改革为突破口，着力探索课堂育德的模式，从而发挥课堂的育德功能。在"求真课堂"建构的基础上，我们提出了"求真德育""求真管理"，借此实现学校内部德育要素的整合。

"求真教育"的基本内涵为：

第一，遵循规律，追求本真。遵循教育与学生发展规律，因校制宜，因材施教；全面贯彻党的教育方针，办人民满意的优质学校；沿承"多彩人生的起点，快乐成长的天地"的办学传统；注重教育实效，挖掘师生潜能，尽可能满足其成长需要。

第二，格物致知，探究真理。回归教育本真，追求学校内生性与可持续性发展；丰富"求真教育"实践，创设适合学生的教育；科学启航，人文润泽，引导学生主动探究真知；与时俱进，历久弥新，探索真教育，勇立潮头。

第三，践行不辍，务求真干。力行教人求真，学做真人，秉持培养"真人"的教育价值取向；学生质真朴雅，乐思乐学，敏行博学，勤勉认真；教师赤心真诚，精研乐教，严慈相济，务实笃行；以人为本，管理科学、民主、高效，形成全员、全程、全科合力育人"教育场"，努力践行武汉教育精神。

第四，砥砺渐成，练就真本领。搭建教师专业发展平台，提高教师专业水平，让教师有真本事；提供学生全面发展平台，促进学生健康成长，让学生有真功夫；小学大成，给学生以坚实的人生起步，让教师有成就感与幸福感；百年唱响，促进学校内涵与可持续发展，打造学校现代教育品牌。

在"求真教育"特色的引领下，我们以"求真课堂"的建构为突破口，整合学校管理、课堂教学，以实现学校内部德育要素的融合与整体提升。

（一）对"伪教学"的批评

"伪教学"之一：公开课成了表演课。说起公开课，教育中人几乎无人不知，无人不晓。固然，公开课有利于集中全校教育资源和全体老师的教育智慧，"短时突击"，打造"教学英雄"，为学校赢得奖牌和声誉。事实上，有不少的名师、名校是靠公开课被人们熟知的，甚至"一鸣惊人"！但是，如果公开课变成了表演课，其弊端也是显而易见的：一是重复性地上一节课或几节课，浪费学生时间；二是有弄虚作假的行为；三是使部分校长、老师变得浮躁，眼睛盯住竞赛，心中向往得奖，对平时的课堂教学马虎应付！不改变这种风气，校长不会安心办学，老师难以静心教学。

"伪教学"之二：教学制造教育不公。在一个文明社会中，学校教育有一种神圣的义务，这种义务不是提高升学率，而是缩小社会不公，成为维系社会公平的一道基础性防线。然而，目前我国基础教育（也包括高等教育）中也存在一些不公平的问题。例如，某些老师对成绩好、家境好或长得漂亮的学生青睐有加；对成绩差或属于弱势群体的学生则关注不足。这种情况在课堂教学中也有反映。我们曾统计过一堂课，老师提问的情况是这样的：全班同学58人，有13个学生被提问，总共提问22人次，人均不到半次；被提问4次的学生有1人，3次的有2人，2次的有2人，1次的有8人。想想看，学生在课堂上拥有同等的表现机会吗？更严重的情况是，老师"钟爱"的学生垄断了课堂，"差生"根本得不到机会，总是被冷落、被忽视，成为"沉默的大多数"，有时甚至被赶出课堂！

"伪教学"之三：教学就是把教案走一遍。一般来说，中小学都比较强调老师备好课，并要求他们在上课前写好教案，这当然值得肯定。有的学校规定了要定期检查教案，还搞教案比赛。不仅如此，现在有的学校还要求老师写"导学案"。刚开始，研究人员感到匪夷所思！难道教案不是导学的吗？后来，研究人员在听了一些课后恍然大悟！对于有的老师来说，教学就是把教案走一遍（类似于大学课堂上老师照本宣科），至于学生有没有在听，有没有在学习，有没有收获，学习中存在的困难与障碍在哪里，怎样解决，这些老师根本不关心。似乎上这堂课就是把教案在教室里过一遍，没有师生互动，没有师生对话，更没有教学生成。教学成了老师一个人的独角戏！这种有教无学的教学，不是"伪教学"又是什么！

"伪教学"之四：教学没有个别指导。自夸美纽斯提倡班级授课制以来，个别教学就成了历史的"陈迹"，对于追求高效率的现代社会而言，它简直就成了奢望！特别是在我国中西部，由于教育投入不足，超级中小学（小学人数在4 000人以上，中学多达万人）并不少见，不仅学校大，班额也大。就是在武汉市的区县学校，小学班额达60多人的比比皆是！如此大的课堂，老师如何开展个别教学？据我们的观察，确实没有，确实做不到。问题在于，课堂教学的效果不落实到具体的一个个学生，能称为真实有效的教学吗？为此，我们访问了一些老师。他们说，他们关注的重心在中等学生，因为关注中等学生收效最明显。教学进度全班统一，布置作业全班统一，这是一种典型的工业化批量生产模式。跟不上的学生容易被"淘汰"！至于跟不上的同学究竟是哪里跟不上，存在什么具体的问题，要采取什么样的教育措施让他们跟上，这些问题难以解决！研究人员了解到北京十一学校的学生每人的课程表都不同，真是无限羡慕、无限向往！

（二）"求真课堂"的基本原则

教学原则是有效进行教学必须遵循的基本要求和原理。教学原则既指导教师的教，也指导学生的学，贯穿于教学过程的各个方面和始终。时代在发展，教育在发展，教学原则的阐述必须与时俱进，"更加全面地反映教学目的、教学内容、现代教学的特点与要求、人的认识规律、儿童天性与身心发展的一般特点及其个别差异，以及学校教学与社会生活的联系等各个方面的要求，力图使其在教学过程中真正发挥引领的作用"。① 基于上述认识及"伪教学"的种种弊端，我们认为具有"求真"品质的教学原则主要有两条：生本、公平。

第一，生本。教育、教学的出发点究竟是什么？在相当长一段时间内，我们国家课堂教学的出发点是教材，强调"双基"，即基础知识、基础能力。几十年来，这种做法有没有好处？当然有好处，我国学生的基础知识、基本技能是很过硬的，这是值得肯定的。但是，这些基础知识、技能有没有促进学生的发展？有没有转化成学生未来发展的潜力？有没有使学生在接受基础知识、技能的过程中感受到知识的魅力？学生有没有对这个学科产生兴趣？现实教育中，我们看到：有些学生取得了该学科的最高分，但是他并不喜欢这个学科。例如，有的学生在数学考试中得了满分，但你问该生是否喜欢数学学科，他说不喜欢。所以，我们在教学过程中，从教材出发、从完成教学任务出发，采取各种各样的方法提高学生成绩，这个当然不是什么坏事情，但仅仅这样做，是远远不够的，因为这样做还没有真正做到坚持生本的教学原则。教学的"生本原则"就是指教学活动要坚持以学生的发展为本的原则。应该说，今天很多人都在提教育教学要"以人为本""以生为本"，但究竟该怎么做，人们在认识水平上是参差不齐的。最近，我听了一节小学语文课，课后对执教者说："这堂课完全可以不上。"执教者不解，满脸困惑。我回答道："既然所有的孩子都能回答教师的提问，那还上这节课干什么，岂不是浪费教学时间？"备课是上好课的前提和基础。在备课时，教师须自问：对于这堂课的学习，学生可能存在哪些困难？是否有相应的知识基础、储备？哪些知识学生可能不理解需要重点点拨？学生在学习过程中究竟存在什么障碍？准备如何激发学生的学习兴趣？等等。简言之，教学绝对不是简单地完成教材规定的内容，教学要从学生学习的实际出发，而不是从教材、教学参考书、教案出发。

---

① 王道俊、郭文安：《教育学》，人民教育出版社 2016 年版，第 196 页。

第二，公平。在全国听了上千节课，研究人员深感在课堂教学中，教学中的公平性是个大问题，它严重地制约着我国课堂教学改革的质量。教师应考虑在有限的 40 多分钟内解决如下问题：教学注意力的分配怎样体现公平原则？怎样照顾后进生？怎样照顾程度不同的学生？怎样让学生感受到自己没有受到歧视，而是感受到老师是在注意我？一次听数学课，坐在研究人员前面的一个孩子整堂课都没有听讲，而不知道是什么原因，教师始终没有把目光投向这个孩子。前几年，有学校搞教育改革，把教室的讲台拆掉了。学校为什么要这样做？因为教师总是把注意力集中在教室的前几排，或把注意力集中在几个成绩好的学生身上。特别是，有的教师上课时总是站在讲台上，极少走到学生中间去。上述学校极端地把讲台拿掉、搬走，不给教师讲台，这些措施的背后体现的是什么？体现的是我们对教育质量的更高追求，对教学公平的深切关注。

（三）"求真课堂"的核心理念

在"生本""公平"原则的指导下，我们认为"求真课堂"的核心理念主要有以下几方面：

1. 对话式教学：蹲下来倾听学生的心声

有关对话的种种理论，已然成为教育学研究的热点。伽达默尔的解释学对话、哈贝马斯的交往式对话、布伯的"我—你"式对话，都从不同的视域展示了对话的意蕴，彰显了对话的独特价值。今天，人们更是生活在一个对话的时代，对话成了人们的生存方式。在巴西著名教育家弗莱雷看来，平等、爱、谦虚、信任、希望和批判性思维构成了对话实现的条件和基础。① 根据弗莱雷的对话理论，我们认为"对话式教学"的内核有以下三点：

第一，对话式教学中人与人之间的关系从意识的角度来说，主要是一种意识间的关系，而非简单的意识关系。意识间关系是主体间关系的体现。

第二，在对话式教学中，教师不再仅仅是知识的讲授者，在与学生的对话中，教师本身也得到教益，有所成长，学生在被教的同时反过来也在教育教师，师生合作起来共同成长。

第三，对话式教学肯定人是处在变化过程中的存在，以创造力为依托，鼓励师生对现实做出"真正的反思和行动"。具体到教学实践中去，对话式教学就是：在教学过程中，教师应走到学生中间去，俯下身子和学生交流、互动，而不是高高在上地占据讲台，把学生视为自己表演的"道具"。

---

① ［巴西］保罗·弗莱雷著，顾建新等译：《被压迫者教育学》，华东师范大学出版社 2001 年版，第 37~42 页。

2. 个别化教学——每个人的课程表

我们认为，目前我国中小学课堂教学最大的问题是"个别化教学"的缺失。这个问题的形成，固然有它的历史原因，但我们认为最主要的原因是现在班额太大。比如，有一些学校，由于办学声誉比较好，人们都想来，学校控制控制再控制，但还是五六十人的班级。班额这么大，所以老师没有力量、时间和精力去关注每一位学生，这是客观原因。但是，主观原因是什么？笔者觉得是教学习惯。事实上，今天我们在追求升学率这样一个大的前提、背景下，许多老师把大部分注意力放在了那些成绩好的孩子身上。

我们过去所讲的"分层教学"，是对不同层次的学生进行不同进度的教学，给予不同的教学指导。但是，值得注意的是，现在的教学仍然是分层的，而不是个别的。所以，今天我们的教学最大问题是没有落实到每一个个别的学生身上，能够做到分层就很不错了。可是，我们的学生是以个体形式存在的，要实现的是每一个人的发展，而不是一个层的人的发展。落实个别化教学这个提法有点理想化，但是从教师主体性发挥的角度来讲，还有很大的改进空间。举个例子，在北京十一学校，全校1 000多个孩子每个人的课表都不一样，这就是个别化教学。客观上讲，我们现在固然不具备条件给每位学生一张课表，但我们应该在教学中有意识地关注学生的个别差异。

3. 生成式教学："收到礼物很难过"

现在我们为什么格外强调生成式教学？因为在我们的课堂教学中，生成的东西太少了，即便是有教学生成，但一些教师没有本领抓住。"收到礼物很难过"是我刚听到的二年级的一堂语文课。讲的是小熊和松鼠成为好朋友，收到礼物后是什么样的心情。老师问孩子："你们收到礼物后是什么感受呢？"有三种回答：一是收到礼物后很兴奋、高兴；二是收到礼物后很幸福；三是收到礼物后很难过。在教材上写的是小熊收到礼物后很高兴，老师能够把小熊的感受和孩子们的感受结合在一起，这很好，但是如果有一个学生回答收到礼物很难过，老师会怎么处理？"会问问他为什么难过？难过的理由是什么？"我为什么会讲这个例子？因为我相信我们老师在认真备课的时候应该会想到学生在回答这个问题时会讲很多高兴的、兴奋的、幸福的经历，但他可能不会想到学生会说收到礼物很难过。当时学生讲完答案，这个老师愣了一下，马上就跳过去了，这就叫没有生成。其实，生成之后会使教学有另一道风景。

在教学过程中，老师根据教材、教案来上课，还可以根据学生偶然迸发的思想火花把这堂课上得更加有风采、更加灵动。后来，我去了解这个孩子为什么难过，得到的回答是："这么好的礼物送给我了，我替另一个朋友难过，我得到了他就不能得到这个礼物了。"他是在替对方着想，这种感情是非常珍贵的，与幸福相比，替对方着想是不是更高水平的道德要求？这完全可以拿出来进行探讨。这样的例子还有不少。我在松滋一所学校听4年级的语文课"小英雄雨来"，也碰到这样的情况，老师问："小英雄为什么勇敢？他有哪些品质值得我们学习？"孩子们回答："勇敢，机智……"有一个孩子回答："狡猾。"结果，老师没有办法，说："错了，你回答错了，坐下来。"其实，这个时候，老师完全可以利用教育机智对学生进行有针对性的引导。所以，我们认为真教学一定要从"真课堂"出发，从学生的真实思想火花出发。

4. 问题式教学："大家还有什么问题"

教学究竟是干什么的？有的老师会说："那还不简单，就是完成预定的教学任务。"我觉得这个回答只回答了一半。教学当然要完成教学任务，长久以来都在说堂堂课要落实，如这堂课要解决一个公式，学会几个生字词、单词，等等，这是值得肯定的，不能完全否定。但我为什么说这个回答只回答了一半呢？这个任务是教材、教案给的，是国家课程标准规定的，但是，解决学生在完成学习任务的过程存在的真实的问题也是非常重要的。俗话说，最大的问题就是没有问题。有时候课上完，教师会问："同学们，大家还有什么问题？"教室里一片沉默，大家已经习惯了不提问题。当然这种情况正在改变。无论如何，我们的教学备重点难点，备非重点非难点，其实就是要备问题。

（四）"求真课堂"教学模式的实施步骤和"求真德育模式""求真管理模式"的探索

第一步，趣。爱因斯坦说过，兴趣和爱好是最好的老师。"趣"即浓厚的学习兴趣，它可以激发学生强大的学习动力和求知欲望。

第二步，究。"究"即"研究"，也即"合作探究"。推求、追查、探求事物的本质和规律，落实在教学层面就是教师对教材的研究，学生对知识的探究。具体而言，"究"就是教师引导学生自己去发现问题、探索问题、分析问题并寻求答案的一种方法。

第三步，练。"练"是学生在教师的指导下巩固已学知识和形成基本技能技巧的基本途径，是在学生掌握一定知识后的复习巩固与运用，同时也是学生形成各种良好的心理品质的重要途径。练习是教材编写中的重要一环，其目的是培养学习者的巩固发展能力，强化知识的掌握与拓展；练习是对新知的巩固，通过练习提升认识和能力，检测学生对所学知识的水平，可以起到巩固、拓展的作用。小学生接受知识主要阵地就是课堂，而课堂练习则是最基本也是最有效的活动形式。

第四步，理。"理"是对学习内容进行分类整理和归纳的过程。对所学知识的梳理、总结、归纳应遵循由浅入深、由易到难的原则，可以对一节课的知识进行梳理，也可以对某一知识体系进行梳理。"理"既指对本节教学内容的理解运用，又指对学习方法的掌握与运用，还指对教学内容的适当拓展。

"课堂教学育德"能否取得好的效果，不仅与课堂教学本身有关，还与"学校德育""教育管理"有紧密联系。有鉴于此，为了实现"合力育德"，打破教育分离的现状，我们同时探索了"求真德育模式""求真管理模式"。

求真德育模式有以下四个要点：

（1）序。"序"即学校德育活动有序列、有条理、有系列之意。不管开展怎样的德育活动，都既要遵循学生生理发展特点，又要遵循他们的心理发展特点，做到循序渐进、因材施教。因此，同一项德育内容，各个学段都应制定不同的发展目标，以求学生更好地接受并参与其中。如养成教育系列，一二年级学生小，我们制定目标时可从简单的"学会吃饭、学会睡觉、学会说话"等入手；到了三四年级，我们就可以适当地提高要求，在巩固前面内容的基础上，加入"学会学习、学会团结、学会节俭"等内容；五六年级学生既掌握了一定的知识，又有一定的感知能力，我们就可以从"学会环保、学会感恩"等较高要求方面入手。这样既符合学生的发展规律，也与学校求真教育的理念相互吻合。

（2）活。"活"即德育过程必须以形式多样的活动为主要载体，彰显德育过程的活力，引导学生有活力地发展。与此同时，德育过程中的"活"既要体现在活动内容上，也要体现在活动形式上。学生从活动中得来的感受和体验，远非简单说教的效果所能比拟。学生的品德是在生活体验中形成的，是通过学生"自我教育"而得来的。在班级活动的设计与组织上，要彻底打破"组织活动是学校的事"这一误区，鼓励各班级大胆开展各种各样的班级教育活动，帮助学生在活动中生成德性。教师本人即活的德育课程，每一位教师的言行举止都蕴含了丰富的德育资源，是学生模仿和学习的对象。根据学校德育活动系列的总体要求，每个班级可灵活安排符合本班实际的德育活动。例如：三月份在班级开展"我给雷锋写封信"的活动，安全教育活动时开展"我考行走执照"活动，心理健康教育开展"给老师的一封信"活动等。

（3）实。"实"的内涵主要有：第一，依据学生道德发展的实际而制订学校德育工作计划，注重德育工作计划的真正落实；第二，德育过程必须扎实，注重德育过程的教育价值；第三，德育结果具有实效性，每一次德育活动都能达到或接近活动的期望值。以上三点内涵也是学校"求真教育"特色的具体要求。

（4）新。"新"即活动理念超前、活动形式新颖、活动内容创新、活动结果有突破。当前，小学德育活动的自主空间较大，活动理念不断更新。我们应紧跟时代发展的脉搏，与时俱进，不断学习，更新教育观念。德育创新的根本目的并不是创新，而是更好地培养学生。

在求真管理的探索上，学校努力将传统的"宝塔式"行政管理结构改革为"扁平式"民主管理结构，变被动执行式的少数人管多数人为全员主动参与式的自主管理，实施以人为本的制度管理。具体包括：

第一，在干部选拔方面，实行竞争上岗，任期责任制。为优化学校人才资源配置，建立精干、高效、务实的内部运行机制，按照"公开、平等、竞争、择优"的原则，公开选拔学校中层干部，每三年进行一次。对当选干部实行任期目标责任制，采用"契约式"目标管理、信任授权、自主聘任、自主评价，以激发他们的主动性和创造性。

第二，在教师任用方面，按照"德能决定岗位，绩效决定待遇"的原则，全校教师实行竞聘上岗、合同管理。在个人申报岗位的基础上，由学校聘任班主任，再由年级组和班主任选聘科任教师，层层签订聘任合同，定岗定责定酬。

第三，在分配制度方面，根据上级人事政策，学校在保证教职工财政工资直达的基础上，按照良好待遇向教学一线倾斜、向工作负担重的人倾斜、向对学校贡献大的人倾斜的原则，实行岗位结构工资制，以岗定酬、多劳多得、优劳优酬。具体实施按照教代会通过的《郏城街中心小学教师奖励性绩效工资考核发放实施细则》执行。

第四，在学校的运行机制方面，要做到：坚持实行集体决策，民主管理；推行校级领导主管负责制和年级负责制，实行管理重心前移，工作重心下沉；评先评优评职由学校考核小组按照标准公开、程序公开、结果公开的"三公开"原则，实行量化考评，以数据说话；学校物资采购按照政府采购管理办法实施，即处室申请、领导同意、政府采购办审批、总务处会同采购的方式，基建工程实行对外公开招标，确保"阳光"操作。

第五，在制度文化建设方面，学校管理制度涵盖教育教学、学生管理、教师管理等内容。

三、以"校园文化"为突破口的要素融合[①]

俗语有云：一方水土养一方人。如果宽泛地理解，这里的"水土"既包括自然地理环境，也包括了当地的文化传统与风土人情。学校作为专门的教育机构，当然与"一方水土"存在着千丝万缕、无法割舍的联系。甚至可以说，一方水土特有的历史文化孕育了学校，它使学校承载过往千年文明，而变得厚重深沉，韵

---

① 以湖北孝感市玉泉小学的"孝正教育"试验为例。

味无穷。玉泉小学得天独厚地"拥有"中国传统文化的精髓之———孝文化。有鉴于此，我们教育试验的基本设想为：通过对"孝文化"内涵的挖掘，课题组和试验学校的师生一起，提炼学校的校园文化系统，以"校园文化"为突破口，整合学校内部的德育要素。

（1）孝文化。"孝"为中国文化的核心元素，一直以最基本的道德规范形态存在于中国社会。正如梁漱溟先生所言，中国文化自家族生活衍来，而非衍自集团。亲子关系为家族生活核心，一孝字正为其文化所尚之扼要点出。孝道礼仪作为中华礼仪的重要组成部分，是一种民族修养、文化境界和内化力量。中国文化之孝道贯穿数千年文明，具有深厚的文化积淀和丰富的民族元素。其作为中国传统文化的核心，渗透在中国社会生活的方方面面。它在加强个人修养、维持家庭和谐和社会稳定方面发挥了巨大的作用。在今天，对传统文化之孝道辩证扬弃、传承倡导，仍然有其必要性。孝感具有深厚的孝文化底蕴。南朝宋孝建元年（公元454年），因此地"孝子昌盛"，遂置县名"孝昌"。后唐同光二年（公元924年），庄宗李存勖因孝昌县名之"昌"字犯了其祖父名讳，遂根据董永卖身葬父、黄香扇衾温被和孟宗哭竹生笋等孝子感天动地的故事（二十四孝之三），改孝昌县为孝感县，是为"孝感"得名之始。今天的孝感，正在大力弘扬古孝德遗风，打造孝文化品牌。因此，在打造玉泉小学校园文化精神的时候，有必要结合孝感的历史文化积淀和当前实际情况，在批判继承的基础上，提出符合时代诉求、体现时代特征的校园文化精神。

（2）玉文化。玉泉小学之名，"先天"性地拥有了中国人所追求、所仰慕的美德，从而得天独厚地蕴含了丰富的精神资源！中国人爱玉、赏玉、敬玉，中国人咏泉、觅泉、护泉！玉有十一德。孔子曰："非为珉之多故贱之也；玉之寡故贵之也。夫昔者君子比德于玉焉。温润而泽，仁也；缜密以栗，知也；廉而不刿，义也；垂之如坠，礼也；叩之其声清越以长，其终诎然，乐也；瑕不掩瑜，瑜不掩瑕，忠也；孚尹旁达，信也；气如长虹，天也；精神见于山川，地也；圭璋特达，德也；天下莫不贵，道也。《诗》云：言念君子，温其如玉。故君子贵之也。"《礼记·聘义》，玉有五德。东汉许慎在《说文解字》称"玉"，石之美者，有五德：润泽以温，仁之方也；思理白外，可以知中，义之方也；其声舒扬，敷以远闻，智之方也；不挠不折，勇之方也；锐廉而不忮，洁之方也。因而，在古代"君子无故，玉不去身，君子与玉比德焉"，并以玉的温润色泽代表仁慈，坚韧质地象征智慧，不伤人的棱角表示公平正义，敲击时发出的清脆舒畅的乐音表征廉直。君子佩玉，则是按照玉德规范自己的言行，操守德行信条。所以，古之君子必佩玉。

（3）泉文化。泉者，天地之灵水。"水善利万物而不争，处众人之所恶，故几于道。居善地，心善渊，与善仁，言善信，正善治，事善能，动善时。"（《道德经·第八章》）泉有五质。泉为天地之灵水，其品质可概括为五象："纯而无暇，甘而不纯，流而不涸，寒暑温而不变，至清而纳万物"。泉的纯、甘、温、清、纳的特质，正是为师者所应具有的品质。

在深入探寻上述地域文化的基础上，结合该校的实际情况，课题组和该校的师生们一起提出了学校的办学理念系统：以"孝正"文化为核心，以"孝馨"校园、"孝善"德育、"孝养"管理等内容为支撑，共同组成体系完善、结构合理的校园文化系统。

（1）"孝馨"校园。"孝馨"校园的打造是构建玉泉小学"孝正"精神文化系统中的一个重要组成部分。我们认为：构建合理的"孝馨"校园，有必要对现有的校园环境进行整体的打造，不仅要有物质建设，还要有文化建设，同时兼具立体感和平面感、历史感和现代感。这种打造可以通过有形的物质建设来烘托氛围，用氛围来生发情感，进而影响学生的行为，达到以形生情、以情固孝的目的。这样才能让学生在"孝馨"校园中活动时，也时时徜徉在"孝正"文化的滋润之中。具体的做法：第一，立体感的打造（主题雕塑、建筑命名、廊道文化）；第二，平面感的打造（道路铺设、学校色泽、校园绿化）；第三，历史感的打造（从学校历史积淀中生发、从地方历史文化中提炼）；第四，现代感的打造（种植相关植物、鼓励孝心孝行、弘扬孝义精神）。

（2）"孝善"德育。其具体内涵如下：第一，就学生发展的方向而言，小学生在学校学习最基本的目的是健全人格之养成。从学生自身发展的方向来说，获得"善"的品德是更加重要的。第二，就道德教育的目的而言，毋庸置疑的是，德育是导人向善的，善良是美好生活不可或缺的首要因素。虽然小学的学生可能不甚理解"善"的意义，但是诚信、友善的要求贯穿于他们生活的各方面，对其个人美德的形成具有重要的奠基作用，因此培养诚信、友善（包括孝亲爱人）有必要成为小学道德教育的根基；在此基础上，需要进一步发展小学生尊重他人、热爱国家的意识，这是公民教育的必要要求。因此，诚信、友善、尊重、爱国是社会主义核心价值观运用于小学教育的必然结果。四者之培养既要结合知识进行，还要辅之以良好行为习惯的养成和社会志愿服务的训练，以促进学生知、情、意、行的综合发展。"孝善"德育的理念是在"孝正"核心文化的基础上生长出来的，二者既有连接，又各有侧重点。"百善孝为先"，"孝善"德育更加侧重学生良好思想和行为的培育，突出了善良品性的培养，既说明了学校的道德教育是为了培养行为孝、思想善的人，也蕴含着孝和善是相互作用的（孝促进善，善反哺孝）。它的提出，对学校而言，有利于明晰进行道德教育的方向，也有利于为开发德育校本课程、完善德育模式、丰富学校德育内容等工作提供标的。

(3)"孝养"管理。具体内涵如下：第一，就特质而言，学校管理是管理者通过一定的机构和制度采用不定期的手段和措施，引导师生员工，充分利用校内外的资源和条件，整体优化学校教育工作，有效实现学校工作目标的组织活动。此种理解将学校管理趋近于企业管理，而忽视了学校管理的自身特质——"育人"的目的。我们要将学校管理视为培养学生的一部分，即通过"孝养"管理改善学生的思想和行为（更侧重于行为）。第二，就规律而言，现在的学校管理存在重行为而不重思想的现象。管理者对具体对象所进行的职能性实务活动，即实际掌管、治理和安排某种事务，做出技术性处理。这种技术性管理将管理对象视为物，而不是人，因而违背了教育规律。"孝养"管理就是将人文理念渗透进学校管理之中，"以孝正行，以行塑孝"。值得注意，该校成为我们课题组试验学校的时间较短，尽管"孝养管理"的具体模式还没有提炼出来，但透过上述具体的理念，我们也能感受到该管理理念的独特性。

四、以"学生实践活动系列"为突破口的要素融合[①]

20世纪80年代，随着改革开放的推进，特别是我国市场经济的建立，劳动力人口开始按照市场经济的规律流动。同时，伴随着户籍制度的松动，"打工潮"逐渐兴起，大量的农村剩余劳动力向城市流动。大部分农村青壮年都外出打工，儿童离开父母留守家乡，从而出现了"农村留守儿童"这一特殊的社会群体。他们的特殊性并非源于他们在认知水平或者是身体机能上与其他儿童存在差异，而是长期离开父母所引起的情感、心理、行为、习惯等方面的问题。近年来，"留守儿童"的教育问题引起了社会的特别关注和讨论，教育相关部门都在充分利用教育资源，着力探索并解决留守儿童教育问题。这不仅仅是教育部门积极贯彻落实党和国家农村发展工作部署的战略任务，也是学校主动适应社会发展形势和教育发展趋势的具体表现，更是促进学生健康成长和发展的必然要求。

新洲区处于武汉市的城乡接合部，位于城市的远城区，许多儿童的父母双方或一方在户籍所在地以外的地方务工，他们一般与父母双方或一方连续分离长达半年以上，并且留守在农村或者远城区的城镇中。邾城四小是在2004年由几所村小合并而成，其服务范围为邾城街3个社区，跨服务范围招收外出务工人员子女，现有学生1 642名，其中留守儿童1 480名。部分学生处于亲情缺失、学习落后的状态。面对这种现状，武汉市新洲区邾城街第四小学率先面向留守儿童创办寄宿制小学，真情实意关爱留守儿童，成为全区寄宿制办学典范，被媒体赞

---

① 以武汉市新洲邾城街第四小学"怡情养正教育"试验为例。

誉为"留守儿童第一校"。刘延东认为学校关爱留守子女的教育经验"可宣传推广"。在几年的办学实践中,我们发现,留守儿童的教育关键在于爱的教育,这是郏城四小办学的必然选择,也是重要途径。因此,学校开始了"情倾留守,爱满校园"的建设之路,始终坚持着"爱秉于真,爱蕴于常,爱屡于实"。对留守儿童的教育和爱不能仅仅停留在课堂上,还要延伸到课堂之外,延伸到生活之中。学校进行精细化的管理,建立全员导师队伍,开展序列化的活动,开发丰富的生活课程,实施校园环境教育,构建和谐的家校合作等,无处不弥漫着爱的气息。在我们看来,丰富多彩的校园活动是寄宿制学校留守儿童教育不可或缺的重要组成,因为校园活动具有育德功能。如何更好地以活动为线索,整合学校内部的德育要素(班主任、科任教师、政教处、总务处、家长),以实现学校德育的合力育人?基于上述思考,课题组在郏城四小以"学生实践活动"为突破口,进行了相关的教育试验,并最终提出了"怡情养正教育"。

该试验的基本设想和目的是:在"怡情养正教育"理念的指导下,课题组和该校的师生一起,开发和组织开展系列课外实践活动,整体设计遵循儿童身心发展的规律,按由近及远、由浅入深的阶段顺序,基于不同的年级提出不同的教育要求,注意前一年级的学习应为后一个年级打基础,不同年级间形成逐渐上升的层级,从而生成由低到高、由易到难、彼此加强、相互打通的系列主题。主要包括习惯养成活动序列、潜能开发活动序列、交往实践活动序列、公民参与活动序列四个活动序列(见表3-2)。

表3-2 郏城四小学生活动序列表

项目	习惯养成活动序列	潜能开发活动序列	交往实践活动序列	公民参与活动序列
活动内容	各年级习惯养成目标、生活自理大赛	社团类活动(艺术节、科技节、读书节等)	感恩节、爱心节、六一游园(物物交换、跳蚤市场等)	志愿服务类、参观旅游类
活动参与者	1~6年级学生、班主任、科任教师	1~6年级学生、班主任、科任教师	1~6年级学生、班主任、科任教师	1~6年级学生、班主任、科任教师
活动组织者	政教处	政教处、体卫艺处	政教处、体卫艺处	政教处
活动评价	优	良	优	良
活动资源	学生寝室	科技楼、服务站	师生自备	社区、片区

(一)习惯养成活动序列

习惯是一个人存放在神经系统的资本,一个人养成好的习惯,一辈子都用不完它的利息；养成一种坏习惯，一辈子都偿还不清它的债务。小学是养成行为习惯的关键时期。郯城四小组织开展的习惯养成系列活动主要是"生活自理我能行"综合实践活动。在引导学生开展生活自理实践活动时，重点教给学生具体的生活自理方法，使学生掌握技巧，从而增强自理能力。活动指导注重与实践演练相结合，生活指导教师深入教室、寝室、饭堂，对学生进行有重点、有针对性的指导，教师指导和学生指导相结合，集中指导与分散指导相结合，从衣、食、住、行、医、洗、学等各个方面进行指导，通过让学生听生活教师和同伴的讲解，观看教师和自理能手的示范，到自己的实际操作、演练，再到反复训练达到熟练，从而掌握其基本要领，形成技能。充分发挥学生干部和自理能手的榜样示范作用和"传、帮、带"作用，开展"比、学、赶、帮、超"活动，对学生的生活自理情况实行一天一通报，一周一小结。各年级活动设定的具体目标如下：

1年级：学会穿衣、穿鞋、洗手、洗脸，学会洗手帕、洗红领巾、洗袜子，学会自己吃饭、洗澡，学会物品归位，能与同学友好相处。

2年级：学会叠被子、铺床，学会整理衣柜，整理书包、课桌及学习用品，学会刷牙、刷鞋子、洗袜子，能和同学互相帮助。

3年级：学会洗短裤、学会梳头，较好地整理床铺以及自己的物品，学会扫地。

4年级：学会洗内衣、洗头，根据气温选择衣服并能适时增减衣服，学会拖地、整理寝室。

5年级：学会妥善保管自己的财物，学会自己照顾好自己、自己能做的事情自己做，遇到问题和困难自己能想办法解决。

6年级：学会合理安排时间、独立生活、自觉搞好个人卫生和寝室卫生，学会做好宿舍区卫生。

（二）潜能开发活动序列

我们眼前的每一个学生都有巨大的潜能。他们还有极大的潜能没有被开发，还有很多的聪明才智没有发挥出来。作为教育工作者有责任承担这样的重任，积极投身到小学生潜能开发的实践探索中去。要通过潜能开发序列活动探索一条改变传统的小学生学习方式的新途径；构建一种具有生活气息且真正让学生参与的聪明潜能开发的新模式；探寻一项或几项小学生聪明潜能开发的操作策略；总结小学生聪明潜能开发的实践经验；为其他学校开展小学生聪明潜能开发提供借鉴及其范例；进一步丰富聪明潜能开发的理论。通过聪明潜能的开发研究，使部分对学习失去兴趣的学生，从了解周围的世界开始，从信息的搜集开始，对学习有一定的模式可循,从此变得聪明好学;同时充分发挥学习成绩优异的学生的强势智慧和创造智慧,使其变得更加聪明;逐步完善"以人为本"、生活教育、情绪及情感教育等。近年郏城四小围绕"潜能开发"开展了航模、建模竞赛,读书节,英语节等一系列活动(见表3-3)。

表3-3　　　　　　　　郏城四小潜能开发活动序列

项目	具体内容	参与者	组织者	评价
语言潜能	读书节、英语节	3~6年级	语文组、英语组	优
数理逻辑潜能	七巧科技	1~6年级	ZMQ	良
科学探究潜能	航模竞赛、建模竞赛、参观科技馆	4~6年级	LJJ、SJS、CXD	优
艺术潜能	拉丁舞、小提琴	3~5年级	HHY、ZPL	优
身体潜能	田径队、乒乓球队	1~6年级	体育组	优

(三)交往实践活动序列

学校要在各种活动中注意学生良好伙伴关系的建立,积极组建学生活动社团,促进学生良好性格的形成,增强学生的交往能力和公民意识。1年级、2年级以同伴关系为纽带,促进学生良好人际关系的形成,引导学生在寝室与同床的高年级同学像兄弟姐妹一样交往,在教室与同桌形成良好的学伴关系,在课外活动中与一名学生形成良好的玩伴关系;3年级、4年级以兴趣交往为纽带,巩固学生间的伙伴交往,促进学生交往面的扩大,同学之间培养良好的友情,直接或者协助做好寝室管理工作,至少参加一个学科学习的兴趣小组,培养一个课外兴趣,在学习、生活中至少与一名学生形成良好的朋友关系;5年级、6年级学生在实践活动中强化交往习惯和能力,培养良好的公民意识,要积极承担寝室管理、就餐管理、校园环境管理、照顾小伙伴等工作,至少参加一个学生社团的活动,积极参加走进社区、走进敬老院、文明小区创建、文明交通宣传等志愿活动。

(四)公民参与活动序列

小学生公民参与活动具有以下五点积极意义。一是传递爱心、传播文明。孩子们在把关怀带给社会的同时,也传递了爱心、传播了文明,这种"爱心"和"文明"从一个人身上传到另一个人身上,最终会汇聚成一股强大的社会暖流。二是有助于建立和谐社会。活动提供了社交和互相帮助的机会,加强了人与人之间的交往及关怀，减少了彼此间的疏远感，促进社会和谐。三是促进社会进步。公民参与活动序列正是鼓励越来越多的人参与到服务社会的行列中，这对促进社会进步有一定的积极作用。四是丰富生活体验。孩子们利用闲余时间，参与一些有意义的工作和活动，既可以扩大自己的生活圈子，也可以亲身体验社会中的人和事，加深对社会的认识，这对孩子们自身的成长是十分有益的。五是提供学习的机会。在参与志愿工作过程中，除了可以帮助别人以外，还可以培养自己的组织及领导能力，学习新知识、增强自信心及学会与人相处等。学校通过多种途径培养学生公民参与能力，开展了一系列活动（见表3-4）。

表3-4　　　　　　郏城四小学生公民参与活动序列

内容	参与者	活动地点	负责人	评价
"学雷锋"走进敬老院	5~6年级	新洲区养老院	LJJ、XWD及班科教师	优
交通志愿服务	3年级	学校附近十字路口	JYJ	优
"环境小卫生"走进社区	4年级	龙城华庭社区	XWD	良
"家校共建"我参与	全校师生及家长	班级为单位	LJJ	良

五、U-G-S协作：促进学校德育的区域整体提升

区域性学校德育变革固然离不开学校内部德育要素的整合，但仅仅局限于学校内部德育要素的整合，视野难免狭窄，且德育要素整合的水平有限。有鉴于此，我们在和试验学校合作研究的过程中，建立了政府（government）、学校（school）和大学（university）三方合作的模式，开创了"U-G-S"伙伴协作式学校德育要素整合之路。

在"U-G-S"伙伴协作模式中，政府（G）方面的主体是武汉市新洲区郏城街教育行政部门，学校（S）方面的主体为我们课题组在郏城的试验学校，大学（U）方面的主体是华中师范大学道德教育研究所的课题组。政府（G）发挥了其组织性、引导性和保障性的作用，运用其行政权威和资源给学校德育要素整合研究和改革充分有力的支持，其具体表现为：动用自身的资源帮助试验学校提炼德育要素整合的教育经验；为试验学校德育要素整合的研究与改革充分提供制度空间和物质支持；促进本区域内试验学校之间的日常交流和有效推广；促成试验学校与华中师范大学道德教育研究所专业团队的持续合作，协助、引导中小学与大学之间进行真诚、有效的良性沟通。试验学校（S）则是学校内部德育要素整合的主要承担者、实践者、行动研究者，它把在学校内部的德育要素整合过程

中面对的各种问题、困惑、挑战、诉求以及取得的经验、突破、初步的规律性认识等同时向政府（G）和大学（U）反馈，分别从二者那里获得制度性和思想性的变革资源，更好地反思、改进和推动学校内部要素的整合。大学（U）则发挥了其擅长的现状科学评估、问题与需求诊断、理念梳理与提升、理论启发与培训、数据收集和统计、教育规律提炼等专业作用。自"U-G-S"合作以来，华中师范大学课题组运用科学调查方法多次调研，初步梳理出了学校内部德育要素整合的几个模式。在这一过程中，课题组和十几所试验学校一起梳理、重建了学校文化理念系统，深度反思和剖析了学校内部德育要素融合的若干难点和重点问题，借助"问津校长论坛""教师工作坊""区域共同体研修"等多种方式促进了包括区域学校共同体的建设和发展。

第四节 研究反思

一、研究成效

试验学校的教师、领导的教育观念和教育行为发生了积极的变化。试验主体对教育教学、教育科研的理解有所深化。从教师的课堂教学行为来看，我们发现：大部分教师能够在学校教育模式的引领下，反思、改进自己课堂教学的不足，勇于在教学过程中尝试新的教学理念和方法，满足学生课堂学习的多种需要。不少校长在参与课题研究的过程中，身先士卒，虚心学习各种理论，不断拓宽、更新自己的办学思路和办学方略，大胆走学校发展的特色之路，实现了学校发展和自身发展的同步。此外，不少教育局的领导和校长、教师一起进行学习，多次参加研讨，无论是从管理理念上，还是从管理的方式、方法上都有很大转变。

试验学校学生的变化是显著的，无论是思想道德还是精神风貌，都发生了很大的变化。我们每次走进试验学校，都能看到整洁的校园和文明有礼的学生。有试验学校分管德育的副校长坦言："自学校进行德育模式改革之后，我们的学生特别懂礼貌、讲卫生，独立生活的能力很强，行为习惯非常好。"在学业成绩方面，试验学校学生的学习成绩并没有因为学校进行教育试验改革而下降。不仅如此，学生的能力、态度和情感及创造性等方面都有可观的变化。

二、研究体会

（一）学校教育系统的变革需要"参研人员"付出大量的心血、真情和智慧

梳理、反思三年的实践过程，作为课题研究人员，我们最深的感受是：学校教育系统的变革异常艰难，特别是学校文化的变革难上加难，需要付出大量的心血和智慧。三年来，我们苦苦探索的核心问题是：在教育转型的关键时期，学校内部要素如何实现融合和整体提升。这项探究要取得成效，必将深入到研究者、学校师生的"生存方式和生活方式"。因此，这一探索格外充满了复杂性、艰巨性和挑战性。可以说，这一探究是对参与课题研究全部人员的教育信念、教育情怀和研究素养的极大考验。从研究的结果来看，这一探究，不仅实实在在地改善了试验学校师生的精神面貌和生命质量，而且真真切切地提高了所有研究人员的学术研究素养。

（二）"学校内部德育要素融合与整体提升"需要多方的努力和合作

本研究所选择的试验学校虽不多，但试验学校的教育改革都涉及"学校内部要素的融合与整体提升"这一主题。"学校内部德育要素"与"学校外部德育要素"不可能截然分开。在本次课题研究的过程中，我们越来越深刻地认识到：学校德育的整体变革，是"学校德育内部要素"和"学校德育外部要素"相互作用的"合金"。学校内部德育要素能否融合、实现整体提升，不仅取决于课题组研究人员提出的方案、假设、理论的科学性、合理性与可行性，而且取决于学校领导对试验的具体支持、付出、投入程度，更取决于参与课题研究的全部成员的研究自觉性、执着思考和持续学习的愿望。同时，研究在一定程度上还取决于学校所在社区（街道）领导的关心与支持。在研究的过程中，我们深感学校要素的变革受到方方面面因素的制约，甚至有时感到寸步难行。尽管困难重重，但课题组成员和"试点校"的教师们还是一起全力以赴地做出了自己的努力和探索。

（三）要实现课题研究的预期目标，特别需要探索合适的研究方法与研究方式

作为教育部哲学社会科学研究重大攻关项目的子课题，若无方法上的突破，

要想在期限内取得研究的进展、达成预期的研究目标几乎是不可能的。在三年的试验研究中，课题组的研究人员在教育理论与教育实践、大学教育学课堂和中小学课堂之间穿梭，逐渐形成了一套较为科学的、综合性的研究方式方法，即"问题诊断、整体透视、关联互动、反馈修正、提炼概括、集体探讨"。

"问题诊断"——包括两层含义：第一，宏观层面，对试验学校办学历史过程中存在的问题进行诊断；第二，微观层面，对学校内部要素存在的问题进行诊断。课题组进行的研究工作基于具体的问题（理论问题与实践问题）。自始至终，研究都是基于问题的。

"整体透视"——研究具有"整体"意识，而非仅仅关注"局部""细微"意识。研究必须立足于时代、社会、学校转型的大背景。在不同层次的"背景知识"下，审视学校教育的内部要素。"透视"主要是在研究的全过程中，必须"一进门就力争抓住研究的本质问题"。特别是在对所要研究的问题进行清晰而准确的界定的基础上，对所要研究的问题进行"全息式""多层次""多维度"剖析，以期弄清问题的类型、性质和特质。

"关联互动"——将"学校内部各要素"与"学校外部各要素"进行关联；课题组的研究人员与试验学校的研究人员之间的合作和互动；教育理论与教育实践之间的转化和互动；"理论人"与"实践人"身份的互动。

"反馈修正"——课题组的研究人员和试验学校的研究人员及时"对接"，实现"无障碍沟通"。课题组研究人员为"试验学校"提出各类文本性材料（计划、方案、规划、论文等），然后进行"面对面"的修改和完善。

"提炼概括"——透过纷繁复杂的具体学校教育实践，提取、提炼相关的"本土概念"和"地方知识"。

"集体探讨"——课题组成员内部之间的集体探讨、试验学校的研究人员之间的集体探讨、课题组的研究人员和试验学校的研究人员之间的集体探讨。

（四）任何高品质的教育研究，都是在正确的意识指导下进行的

开展教育实践探索，需要具备10个研究（工作）意识：

（1）历史意识。主要包括两点：第一，任何事情的发展、观点的得出，都有一个历史的过程，不可能凭空产生。试验学校的发展，不是从零开始的，有一定的继承性。进行学校变革研究，不能离开学校发展的历史脉络。第二，任何学校变革研究，不能离开特定的历史背景进行。应在新的时代、新的历史背景下，审视学校教育变革的特质。

（2）具体意识。每一个学生都是独特的，因此每一所学校都是独特的。研究具体的某一所试验学校的变革，需要结合"这一所学校"的特点进行，不可能拿

现成的、既定的理论去套"这一所学校"。

（3）现场意识。学校教育的变革总是在一定的教育现场中进行的。教育现场的独特情景、背景，是思考学校教育变革的突破口和关键点。进入教育现场之后，如何高效开展工作，如何在教育现场积累资料，面对瞬息万变的现场怎样形成独特的思考问题的视角，都是我们要解决的问题。

（4）创生意识。正因为立足于具体的、现场的学校教育变革，原有的观念、思维、理论可能不够用、不适合用，此时，需要研究者创生出独特的概念、思路和框架。

（5）专业意识。教育学的学科专业意识，是进行学校教育理论创生的理论基石。在具体的研究过程中，不能淹没在学校变革的琐碎工作中，要用教育学的专业眼光进行学理的审视：我们所从事的研究工作，能否经受住教育学理论的拷问？

（6）角色意识。在大中小学合作研究的过程中我们（我）的角色定位到底是什么，如何通过具体的工作彰显我们的角色、身份，这些都是我们要明确的问题。

（7）提炼意识。要跳出学校教育变革实践中的诸多"具体做法""具体措施"，而对其进行"学术化的提炼"，形成较为独特的教育理论。

（8）转化意识。将提炼的教育理论，转化为具体的学校教育实践，进而形成一定的辐射效果，扩大基地影响，加大辐射力度，真正实现"产学研"的结合。

（9）积累意识。在研究的过程中，课题组和试验学校的成员，要做到随时、及时积累研究资料，并将积累的资料归类、整理。特别是录音、视频、会议记录、活动材料、讲座报告，甚至包括一些闲聊，都要注意积累。课题结题时所需要的各种原始资料，应大部分来自平时的积累。

（10）学习意识。作为教育理论工作者，进入教育现场之后，一方面要敏锐观察、深入了解，另一方面要抱着学习的态度。

总之，实现研究思维方式的"更新"要做到：第一，要素思维和关系思维的统一；第二，简单性思维和复杂性思维的结合；第三，静态思维和动态思维的统一；第四，实践思维和理论思维的切换。

三、研究困惑

在课题研究的过程中，我们还存在一些困惑。

第一，到底怎样更新学校校长的办学观念和办学思维，我们还没有探寻到合适的路径和突破口。如何真正激发校长在学校教育变革过程中的引领作用，我们还需要进行深入的研究。与此同时，需要着力思考的是：教师在"学校内部德育要素融合与整体提升"的过程中，发挥何种作用，居于何种位置。在教育试验的过程中，尽管在水云轩小学我们提出了"德性教师"的概念，但到底如何发挥教师的育德功能，并没有进行足够深入的研究。

第二，在大中小学合作研究的过程中，各自的角色功能、利益诉求如何平衡，特别是课题组的核心研究人员怎样才能有效地对中小学进行指导，并促进学校教育变革的顺利、高效进行，在课题研究过程中，尽管我们对这些问题进行了探究，但指导的效果到底如何，尚需一定的时间进行检验。

第三，随着课题组与"试验学校"合作研究的进行，如何在现有的基础上，将合作研究推向深入，如何在合作研究中做到精细化、科学化是我们要进一步解决的问题。

第四，学校教育变革的主阵地在课堂教学，如何将学校的办学理念、办学特色体现于、内化于校园文化、课堂教学、教育管理中，如何切实将学校的各种教育模式真正内化为教师的教育行为，尽管我们对这些问题进行了一些探索，但没有真正实现教师教育教学行为的根本性变化。

第五，面对复杂的学校变革，我们怎么能有所坚持进而保持我们学术研究的专业性？面对不确定的教育变革，追寻确定性的东西很难。比方说，鉴于班主任对学生德育的重要作用，我们和试验学校的班主任组建了"班主任工作坊"，但是"班主任工作坊"刚刚步入正轨，在几次研讨活动之后，慢慢停了。

第六，怎样将学生培养（硕士、博士）与试验学校的工作结合起来？如何将"试验学校发展"与"课题组成员的学术进步"统一起来？作为德育所的每一个成员，如何依据自己在课题组中的角色做出力所能及的贡献？特别是课题组中的硕士、博士，如何在实践中真正有所发展、有所成就、有所进步？

第七，课题组的研究怎样才能真正深入到试验学校的课堂中去？特别是当试验学校不希望我们进入他们学校课堂的时候，我们怎样获得真实的课堂教学研究信息、研究资料？

第八，如何处理课题组与当地教育行政主管部门的关系？在现有的学校教育管理体制下，我们课题组与试验学校的合作，如何能够有所作为，进而在一定程度上改变体制的束缚？

第九，在课堂教学育德研究方面，总体上讲，我们还不够深入，客观上讲，是由于试验的时间有限。但更深层次的原因是什么？我们为什么没能深入？课题组和试验学校的老师们一起提出了几个教学模式，很有必要，但教学模式真正执行、应用得如何，我们还需要进一步加大研究力度。此外，倘若开展学科教学方面的研究，我们课题组成员需要整体盘活，资源的配置（指导学科教学的团队成员）需要重新思考。

第十，尽管我们有十几所试验学校，但这些实验学校基本上"各自为营"，缺乏协同，也即是说，在如何打通实验学校之间合作的方面，我们做得还不够。如何在课题组的统筹下，实现试验学校之间的合作和协同推进，进而形成区域德育教育变革的态势？

第十一，全国有很多大中小学合作研究，我们（道德教育研究所）和中小学合作研究的不同之处在哪里？有无自己的特色和亮点？在合作研究的价值取向、研究的主体、研究内容、研究方式和研究评价方面，我们的特色是什么？

第四章

社会—家庭—学校"高效德育场"建构

改革开放以来的学校德育取得了多方面的进步,确立了以人为本的德育指导思想,厘定了学科德育课程标准,探索了多样化的德育方法。不过,学校教育、家庭教育和社会教育之间的隔膜、脱节甚或冲突,却始终未能得到妥善解决。尽管学校、老师年复一年、日复一日地对学生进行道德教育,尽管学校努力营造有利于学生成长的健康校园、平安校园、道德校园,然而,"5+2=0"的现象仍有相当的普遍性。有人概括为,"学校教育多年功,不及社会事件一次冲"。我们的调查研究也通过确凿数据证明,社会风气对学生思想道德观念的影响是第一位的,学校教育的影响是第二位的。因此,加强学校德育体系建设,不能不重视学校之外的家庭和社会,不得不正视社会和家庭对学生的多方面影响,特别是消极影响。正是基于这样的认识,我们提出要重新审视学校德育的作用,走出"学校德育中心论"的迷途,倡导"合力德育论",构建社会—家庭—学校"高效德育场",形成全方位、全天候的教育合力。

在我国,谈到学校教育在人的发展中的作用,经典的理论表述就是"学校教育(当然包含学校德育)在人的发展中起主导作用"。"学校教育主导论"在两个层面上被理解:一是"主宰",即认为"它规定人的发展方向";二是"主要",即认为它在影响人的发展的诸因素中,相对遗传和环境(主要是家庭和社会)是起主要作用的因素,甚至可以协调、控制家庭和社会的影响,所突出的仍然是学校教育的"主宰"地位。这样的"学校教育主导论",无论表达的是"学校教育对学生的身心发展起主导作用",还是"学校教育可以主导和控制家庭和社会的影响",其实质仍是"教育决定论"!众所周知,"教育决定论"夸大了教育的作用,与辩证唯物主义的立场(内因是变化的根据,外因是变化的条件)相矛盾,实践中使学校教育承担了难以承受之重,"学校德育主导论"也让学校德育承载了过重的负担,几乎"把所有责任都自己扛"!

其实,比较合适的表达是"学校教育引导论"或"学校德育引导论"。所谓"引导",指的是"带着人向某个目标行动"。从字面上理解,它没有"主宰"或"主要"的含义,表达的只是一种行为、动作。"教育引导论"的意义在于,一方面,它没有放弃学校的责任,认为学校仍然有"引导"学生的任务;另一方面,它没有"决定论"或"主导论"的嫌疑。最为重要的是,"引导"十分贴切地表达了教育的本质内涵!尽管学校履行了引导学生的职责,但学生是否一定朝所引导的方向发展,这不是单凭或主要靠学校就能够决定的。学生的发展,一方面依赖于学生本人(从最基本的生理依赖,到更高层次的心理成熟等),学生是其学习和发展的主人,并最终决定于学生本人;另一方面也依赖于其成长的学校、家庭和社会环境,学校教育其实也是一种环境影响,尽管它是一种特殊的环境。"教育引导论"体现了对于学生的尊重,体现了对于家庭和社会的尊重。学生的发展可以看作是以上各种因素"合力作用"的结果!

当然,教育是复杂的,在语义上具有多义性,不同的语义代表了不同的逻辑。"教育主导论"中的"教育"是一个"成就词",表达的是教育的结果或成就(教育是起主导作用的因素);"教育引导论"中的"教育"是一个"任务词",表达的是教育的过程与努力(教育是带着学生向某个目标行动的过程)。应该指出的是,后者才能反映教育的本质,大多数教育理论家在论述教育的本质时,一般采用的都是"任务词"或"努力词"的形式,如赫尔巴特的"教育即塑造"、斯宾塞的"教育即预备"、杜威的"教育即生长"等。

而且,分析中国和西方"教育"一词的演变历史,可以看到其原初的含义也是强调过程而非结果。在我国,古代思想家们对于教育问题,大都是通过对"学"的论述来阐述自己的主张的,论"教"的时候不是很多,而且一般在谈到"教"的时候总是谈到"学","教"的问题实质上也就是如何"教人学"的问题。而"学"的意义,一是强调"学则由己",学习的根本方法在自己努力;二是强调"学以为人",为人既是学习的目的也是学习的内容;三是强调"学"就是"行","行"就是"学","学"是与日常生活联系在一起的,甚至就是一种生活方式。在西方,education 起源于拉丁词 educare,意即"引导""引出",所表达的就是通过一定的手段,把某种本来潜在于人身体和心灵内的东西引发出来。人们讨论教育一类的事情常用的是 nurture(培育)、rear(养育)、bring up(抚育)等,具有浓厚的生活气息,提供儿童成长所需的是父母而不是教师,是家庭而不是学校。由此可见，现在提"教育引导论"，正是对人类原初教育智慧的继承和高层次的"复归"。这种"复归"符合否定之否定的辩证法。

事实上，对学校教育与学校德育的"主导"作用，也有学者持谨慎的立场。比如，顾明远先生主编的《教育大辞典》（1998，上海）就指出：教育的主导作用是相对的、有条件的，受青少年儿童的遗传素质、社会环境的制约。叶澜先生曾明确地分析过教育主导作用"意味"着什么，实际上表达了"教育即引导"的含意。她指出，"主导表现为对发展方向的引导"。在德育理论界，黄向阳指出，"学校德育的作用是有条件的，受到各方面的限制"。喻学林的博士学位论文，更是全面探讨了"德育有限论"。

"德育引导论"既没有推卸学校德育的责任，依然强调学校对学生有教育引导之义务，也没有让学校教育承担学生品德形成与发展的全部和主要责任，强调的是学校与家庭和社会一起，形成"合力"，共同引导学生的品德发展。其实践价值在于：

第一，审视学校德育所处的社会环境，为学校德育"松绑"。学校德育作用的发挥受到各种条件的限制与制约，不能期望太高，不能急功近利。一方面，学校德育总是处于一定社会历史条件之下，受到特定社会历史条件的限制，包括社会风气、道德水平、政治经济文化发展程度等。在社会风气尚未根本好转的情况下，我们不应对学校德育抱有过高的期望和幻想。另一方面，学校德育也受到人们认识水平的制约，比如，尽管我们都懂得德育必须以遵循学生品德形成发展规律为前提，但问题是我们并不了解这一规律的具体细节，很多品德形成机制还处于"黑箱"状态，期望实现学校德育工作的"科学化"只能是一种理想的追求。

第二，学校德育要贴近生活，服务生活，引导生活。工业社会以来学校教育的扩张与成功，使学校德育过于乐观与自信，忽视了知识传授与道德培养之间的本质差别，轻视家庭与社会的德育影响，要么试图"统领"甚至控制家庭教育与社会教育，要么在学校与社会之间筑起高墙，其结果都是学校德育陷入"困境"。要走出这样的"困境"，需要建构社会—家庭—学校的"高效德育场"。

第一节 问题诊断与多层建构

这些年来，我们在武汉市进行社区—家庭—学校"高效德育场"建构的实践探索。首先，分析武汉市在形成德育合力上的现状与问题；进而按照从小到大的范围，概述武汉市建构"高效德育场"的多种方式，大致可包括班主任与家庭合作（班级层次）、学校与家长委员会合作和校企合作（学校层次）、学校与社区合作（社区层次）、政府主导下的多方合作（区域层次）四个层次；最后对这些不同层次的德育合力总结提炼，概括出建设高效德育场的策略，提出建设"高效德育场"的建议。

一、现状与问题分析

自课题立项以来，我们在大量调研的基础上，分别实地访谈与考察了一线学校10余所，社区5个，对武汉市民政局、妇联、文化局、公安局、团市委等多个涉及青少年教育的行政职能部门进行了座谈与调研，发现武汉市过去在建设社区—家庭—学校"高效德育场"方面虽然取得了一定的成效，但仍然存在"组织无力，各行其是"的问题，具体表现如下：

（一）社区：自顾不暇，有欠深入

1. 关于社区对青少年健全人格培养的现状

第一，社区工作头绪多，无暇顾及对青少年的人格培养。社区是实施政府职能最基层的组织，由于其对应的部门太多，涉及党建、民政、城管、治保、安全、计生、环保、科普、康复等，往往一个社区办公室会悬挂近30余块牌子。在调研与走访中我们深感社区工作千头万绪。由于人手有限，而事务性工作太多，社区根本无暇关注青少年在社区中的教育，这是目前普遍的现实情况。

第二，缺少相应的保障措施，对青少年教育的举措无法实施。武汉市的社区形态大部分是不太健全的，社区没有配套关于青少年教育的专项经费，也很少有相配套的活动场地、设施与专门的工作人员。有鉴于此，一些社区充分利用社区的"五老"等人员对青少年进行教育与健全人格的培养，虽然这对青少年培养有一定的成效，但其实效仍然不容乐观。

第三，社区开展的活动缺少吸引力。有些社区力所能及地开展了对青少年培养的活动，但活动大多是临时性，或是配合某一职能部门的应景式活动，其设计往往不是从青少年的主体出发的，抑或活动没有兼顾不同年段青少年的主体需求，由此得不到青少年的广泛认同，导致青少年的参与度不够，活动流于形式。此外，需要言明的是，学生基本上也没有时间参与社区的活动。由于社区活动的开展时间与青少年紧张的学习时间相冲突，客观上导致青少年学生没有时间或机会参加社区的活动。当然，社区开展的活动取向也与家长、青少年在应试压力下的课外培优需求不一致，导致家长不支持，学生不参与。

2. 关于社区与家庭、学校协作的现状

第一，与辖区学校缺乏有效的沟通与协作。社区与学校的交往多是事务性的，社区往往是为了完成某一项上级职能部门的事务而与学校进行沟通，这样客观上会给学校带来一定的工作负担，导致学校对社区工作的支持力度有限，进而也影响了社区与学校对青少年健全人格培养的效度。另外，一个社区往往对应多个学校，这种一对多的关系，客观上也影响了沟通的深度。

第二，对家庭的影响力甚微。社区对辖区内的家庭的影响，尤其是在对青少年健全人格教育上往往收效甚微，这主要体现在不成熟或不健全的社区中，家长往往认为，社区就是提供生活服务的场所，多是承担解决生活事务性的社会责任。退一步来说，即便一些较为健全的社区，如百步亭社区、常青社区等针对青少年健全人格的培养开展了一些家庭教育活动，但多限于幼儿的亲子活动、社区公益劳动、才艺展示之类，缺少系统性和针对性，由此家庭参与的积极性并不高，参与面也有限，进而社区活动对家庭的影响力甚微。

（二）家庭：参差不齐，以"分"为本

1. 家庭教育的现状

第一，家庭教育现状不容乐观。由于家庭之间的差异悬殊，导致家庭教育参差不齐，也出现了一系列的家庭教育问题：不完全家庭——离异、丧偶、犯罪入狱等，其家庭教育往往不协调、不统一，各行其是，导致孩子的无所适从；流动、留守学生型家庭——隔代管养，一般由祖辈管养，有的过分溺爱孩子，有的监管不到位，这往往导致孩子在情感上的受挫，或是形成不良的行为习惯；忙碌型家庭——家长忙于工作、事业，缺少与孩子的沟通与交流，在教育上疏于监管，有的甚至把孩子送到贵族学校、寄宿学校，"一托了之"，完全依赖学校教育；功利型家庭——家长彼此间为了面子，给予孩子高期望值，与同事、朋友彼此以孩子较劲，比上什么学校，比出国等，结果逼出许多问题孩子等。

第二，家长教育素质亟待提高。家长是孩子的第一任教师，也是任期最长的教师，承担着抚养和教育的双重责任。如今，家长多是独生子女的一代，在教育独二代时许多家长欠缺对孩子的教育能力，往往是"管吃、管住、管用，就是管不了孩子的心"，孩子也知道父母为自己好，但就是听不进父母的建议与忠告。就此而言，提高家长的家庭教育能力，增强家庭教育实效，势在必行。

2. 家庭与学校、社区协作的现状

第一，家庭与学校的协作方面。家庭与学校的协作是经常性的，随着孩子进入学校，家长就会参加学校的家长会，在参与中了解孩子，学校也对其进行相应的培训（武汉市中小学普遍建立有家长学校），但家长多是关心孩子的学习成绩，

对学生健全人格的养成不是很重视。

第二，家庭与社区的协作方面。家庭处于社区，但限于对孩子学习成绩的关注，便很少让孩子参与社区的活动。在调研中我们了解到，诚然有一些家庭参加了社区的活动，但多限于低年段，甚至幼儿家庭，且主要以娱乐活动为主。此外，一些家庭参与社区活动也主要是由于学校对孩子在课余或假期有参与社会实践的要求，父母才"不得已而为之"。

（三）学校：内容单一，实效不高

1. 学校与家庭协作现状

武汉市中小学一般设立家长学校，成立家长委员会。武汉市教育职能部门定期对学校设立的家长学校进行督导考核评估，家长学校有完整的工作目标、职责、任务与计划，主要是对家长进行家庭教育的培训，同时让家长参与学校的活动，了解学校。但由于学校间的差异，家长学校活动的开展也有所差距，比如有些学校受制于师资的匮乏，家长学校的课程没有"开足""开好"。

2. 学校与社区协作现状

学校与社区协作在青少年学生的健全人格教育上往往就显得内容表面化，缺乏深度与广度，其协作多是展开周边环境治理，诸如网吧、游戏机室、交通等周边环境事项。不过令人欣喜的是，学校与社区的协作上也取得了一定的成绩，比如开展"新三好"评价的试点区、家庭对学生作为"好公民""好孩子"的相关维度给予评价，进行协作，一些社区就此建立了青少年学生的社区档案，将社区活动的绩效反馈给学校，形成对青少年学生评价的无缝对接，为构建全方位的育人网络做出了有益的探索与尝试。

总的来说，当前学校、家庭与社区三方的合作取得了不俗的成绩，但也存在不少的问题。具体即三方的合作往往是单边互动的协作模式，常根据各自对青少年的教育需要，双方单边采取彼此互动的方式，如学校与社区共建、学校开设家长学校等。这些模式在目前武汉市建设社区—家庭—学校"高效德育场"中较为普遍，其问题表现为彼此协作具有较大的自由度与随意性，广度有限、力度不够、实效不高。这主要可归咎于前期缺乏有效的统筹与规划。就此而言，如何构建社区—家庭—学校"三位一体"的育人模式，形成德育合力，促进青少年的健康成长，无疑是当前武汉市基础教育、社区建设与社区教育亟待解决的问题。有鉴于此，武汉市在建构"高效德育场"上进行了一些富有针对性和成效的尝试。具体分析将在后文展开。

二、"高效德育场"建构的多种方式

(一) 班主任、家长合作[①]

一直以来,学者们都高度重视班主任在教书育人方面的重要作用,"班主任是班的教育者和组织者,是学校进行教导工作的得力助手。实践证明,他的作用十分重大,许多所谓的'差班''乱班',经过优秀班主任的辛勤培育,深入细致地做思想工作,终于转变成'好班''优秀班集体';而有的班本来很不错,由于班主任不负责任,放任自流,却逐渐松弛、散漫,沦为落后班。可见,班主任工作的状态与质量,在很大程度上决定着一个班的精神面貌和发展趋向,深刻影响每个学生的全面发展"[②]。就家校合作而言,亦不例外。时至今日,随着网络技术的发展,班主任和家长的线上交流固然能够有效促进家校沟通,但面对面的线下交流仍不失为重要的家校沟通模式。

武汉光谷在家校共建中总结出的班主任、家长合作方面的家访(选好家访对象、做好充分准备、讲究家访策略、建立回访跟踪)、家长会(选定家长会主题、做好家长会准备与家长会上的策略指导)和家长开放日的宝贵经验(在家长开放日前,可以通过发放调查问卷的方式了解家长的关注点;在策划开放日的实施方案时,应注意活动方案要翔实、活动形式要多样、过程注重协奏)堪称典范,值得我们在今后推动以班主任为中介的家校合作工作时大力借鉴和推广。

【案例链接(家长会)】

多年的家长会经验告诉我:每个阶段要有主题,家长才能更明确,家校合作的效能才能最大化。每次我都会根据该年段特点和班级主要努力的方向确定主题,如一下:养成良好的学习、行为习惯,形成团结、文明的班集体;二上:行为养成习惯;二下:重复的事用心做;三上:沉下心来让孩子用心积累。这个积累不是知识的累积那么狭隘,而是我将低中高三段做了一个划分:习惯起航、本领学习、才华飞扬。家长和老师一起找到努力的方向:继续养成好习惯,积累知识,学习本领,为高年级的扬帆远航打下基础。又如五下:夯实基础,飞扬才华;六上:勤奋、严谨、务实、超越。有了明确的主题,家长的认识也会比较

---

① 此部分和下面两部分(学校—家长委员会、校企合作)参考顾绍山:《光谷家校共建合作书》(尚未公开出版),特此致谢。

② 王道俊、郭文安:《教育学》,人民教育出版社 2016 年版,第 371~372 页。

清晰。

当然，黑板的欢迎词是必不可少的，孩子们会布置得恰到好处。这些细节能让家长宾至如归，自觉把自己当作教育的一分子。从我参加儿子的家长会上，我能感同身受。除了艺术地准备讲话的内容外，还可进行一些与家庭教育有关的趣味形式。如准备好"一百句赞美孩子的妙言"，在中场时让家长接龙式地一人一句，让每人开开口，创造轻松和谐的教育氛围。现在我每次会寻找一段与主题相关的名言提炼家长会精神，每次会邀请一位家长朗诵，这个传统让家长倍感自豪。如：

不是用规则可以教得好的，规则总是会被他们忘掉的。但是习惯一旦培养成功之后，便用不着借助记忆，很容易地自然地就能发生作用了。

——洛克

有一句话献给大家：真正的教育，是自由的精神，公民的责任，远大的志向，是批判型的独立思考，时时刻刻的自我觉知，终身学习的基础，获得幸福的能力。

——献给我们的父母

还有一次，我分享了学生们的作品，这些作品表达了他们的个性和思考。例如，学生周末看微电影后写的微影评：

冒险比空想重要，童心比科学重要。

让每个孩子闪烁出独特的星光。

大人想改变子孙后代，孩子想畅想自我未来。

孩子的天性是银子中的金子。

每个孩子都有自己的思考，每个孩子的知识储备在课堂展现不同，每个班级风貌也呈现不同。我们的努力见证孩子在每一个年段的努力和成长。这样的引用能起到画龙点睛的作用，比老师空讲一段大道理好得多。

记得有一次，当学校和数学、英语老师都登场讲完要求时，会议已持续两小时。班主任的事情最多啊！咋办？休息更耽误时间，接着讲效果肯定打折。我幽默地说了一句："此刻我讲的就是金子也会变成银子了！"家长们立刻放松下来，会心笑了！为保证按时散会又能让家长有效参与，我劈出中场2分钟"休息时间"。有人会质疑，家长是成年人，有必要吗？有！这两分钟，我让家长们站起身，动动胳膊伸伸腿，与小组里的家长相互认识，握握手，"考"了一位来得不多的爸爸，说出小组成员的名字，欢乐的中场休息如加油站为家长们补充的欢乐的能量。让一期一次的聚会成为他们的期盼而不是"噩梦"，成为一种交流而不是指示，成为一种动力而不是无尽的压力。

另外，讲话的内容尽量有PPT配合要点，家长会更清晰。比如这次我选用了刘若英《最好的你》童声版配乐，在讲班级优点时出现，在讲问题时音乐停，在讲名言和结束时音乐又起。家长们整个感觉像经历了一场电影，非常舒畅、自然，没有会议的感觉。他们说这是"艺术的家长会"，收获很大，希望一年多开几次！

（二）学校—家长委员会合作

在武汉市建构"高效德育场"的众多实践探索中，以家校合作的内容最为丰富。其中，传统的班主任、家长合作的影响犹在，新颖的学校、家长委员合作则日渐成为主流。家长委员会，顾名思义就是由家长代表成立的组织，它是学校的参谋、咨询机构，是家庭与学校沟通的桥梁，又是加强学校、家庭、社会三结合教育的一种组织形式。职能主要有：参与功能，家长委员会要积极参与学校的教育管理；配合功能，家长委员会应该主动配合学校深化教学改革，强化学生素质教育；督促功能，家长委员会要督促学校全面贯彻教育方针，保证德、智、体、美、劳五育全面发展；沟通功能，家长委员会要沟通学校与家庭、学生、老师和家长之间的联系。武汉光谷在家校共建中大力推动各校家长委员会的建设和工作开展。在家长委员会的积极配合下，家庭教育课堂和家长讲坛等系列活动风风火火地开展起来。

具体来看，家庭教育课堂旨在通过专家讲座（家长知识技能收获的讲坛式家庭教育课堂）、家长沙龙（通过体验式的经验交流，促使家长获得心灵成长的交互式家庭教育课堂）、亲子活动（如亲子运动会、户外亲子游等，构建和谐的亲子关系的开放式家庭教育课堂）等形式来满足广大家长们日益增长的掌握正确家庭教育知识的需要，从而引导家长进行正确的家庭教育。与家庭教育课堂注重学校对家长的单向指导不同，家长讲坛则强调家长走进学校、走入课堂对学生直接进行有关的教育。近些年来，为达到全面育人的目的，光谷力求充分发挥各学校优秀家长的辐射作用，为学生提供丰富优质的教育资源，加强家长、教师、学生之间的沟通，坚持开展"家长讲坛"活动。各校在充分调查了解家长情况的基础上，动员家长积极报名，学校精心排出上课安排表。活动开办三年以来，东湖高新开发区30余学校已有数百名家长走进课堂，为学生们带来了一节节妙趣横生、精彩纷呈的课。在多年的实践中，为了最大限度地发挥家长讲坛的教育功效，我们摸索发现出以下四个原则。（1）创新性：老师能讲的，家长不讲。（2）实际性：要讲孩子能受益、能接受的。（3）专业性：要讲家长擅长的、起码是其所熟悉的。（4）实践性：尽可能让孩子学会动手、实践，突破书本知识学习的局限。

【案例链接（家长讲坛）】

光谷四小进行了三年的探索，以"家长讲坛"为课程开发的切入点，采取先实践再开发的形式，带领家长逐渐揭开了校本课程的神秘面纱。

1. "家长讲坛"汇聚课程资源

"家长讲坛"的初衷在于激发家长参与校本课程开发的兴趣，消除其心理的距离感，让不同职业、不同身份的家长带着自己的专业知识或是兴趣爱好，抑或特长等参与到学校教育中来。家长群体中蕴藏着丰富的教育资源，他们所擅长或从事的领域很多是学校教育中所缺乏的教育内容，因此做好"家长讲坛"就是挖掘和整合优质的课程资源，为课程开发做好充足准备。

2. "家长讲坛"形成制度

为了更好地实施"家长讲坛"，让更多家长参与到课题研究之中，除了鼓励家长走进课堂外，我们还积极建立"家长讲坛"授课制度。每班利用每半月一次的"走班制"教学时段，邀请家长进行授课，确保了课题实践研究的时间。其次，对家长进行课前培训和指导显得尤为关键。走进"家长讲坛"，家长的身份已由学校教育的旁观者转变为参与者了，这个转变对于很多家长来说有压力，也不知所措。他们有丰富的专业知识或是高超的技艺特长，但是如何将其转化为儿童所能接受和乐于参与的教育活动，却常常令他们束手无策。我们在实施"家长讲坛"的初期因为预见不足，导致家长精心准备，但因不懂教育规律和儿童心理，或语言过于成人化和专业化，因此"学生闹翻天，家长干瞪眼"的局面比比皆是。由此也容易让家长产生挫败感而不利于后期活动的开展，因此我们也有了新的措施和策略：

第一，家校共备一节课。作为专业教育人，老师更懂学生的认知规律和身心特点，而这些恰恰是很多家长缺乏的。家长课前应先与老师沟通授课内容，由老师给出方法和策略上的指导，并提出教育活动中可能存在的问题，共同商定解决的措施，让家长做到心中有数、手中有法，走上讲坛也就更有信心了，课堂效果也会有所不同。例如一位家长在讲述"摄影入门小技巧"的时候，原本准备的是专业的摄影器材和术语性特别强的讲稿，当老师和家长一起备课时马上发现了问题：太专业的术语孩子们根本听不懂，照相机太大太重，孩子们无法实践。于是老师建议家长结合当下比较流行的手机拍照，给孩子们示范如何构图、处理图片，开发手机照相新功能。这样做不仅使学生易懂有兴趣，而且每个人都有实践互动的机会，兴趣盎然。

第二，家长培训家长。每一个走进"家长讲坛"的人本身就是一个极为重要的培训者。当班级内有家长进行授课时，可以邀请还未授课的家长来观摩，所谓"旁观者清"，让其在听课过程中发现别人的长处和不足，同时家长之间可以相互交流授课后的感受，更有借鉴作用。

第三，一课多讲，资源共享。学校的"家长讲坛"开设，可以根据实际情况开展，尤其是优质的教育资源要善于发现并懂得使其发挥最大作用，实现资源共享。班级的"家长讲坛"可以在同年级中实施"一课多讲"活动，既满足更多学生的需求，也扩大了家校育人的影响力。班级、年级、学校还可以以学期或学年为限开展展示活动，不仅为学生，也为老师和其他家长开设讲坛，形成良性互动。

三年的实践研究，我们在不断实施、反思、再实施的过程中总结得失，梳理心得，开发教材。将"家长讲坛"中涉及面最广、学生关注度较高的内容进行整合后开发出了《异域风情》《环保零距离》《国防教育读本》《生活百事通》四个类别的校本教材，并且将课题组成员在研究过程中的随笔、论文编印成《印·迹》论文案例集，同时将部分优秀的授课案例编写为《家长讲坛授课案例集》，通过家长会、家长学校授课等活动向更多家长进行推介，使其形成良性发展的态势。

（三）校企合作

"校企合作"是"校企合作教育"的简称，国际上又称为"合作教育"。它是利用学校和企业两种不同的教育环境和教育资源，将课堂上的学习与工作中的学习结合起来，让学生将理论知识应用于现实性的实践中，然后将企业实践中遇到的挑战和见识带回学校，促进自身的发展。武汉光谷汇聚了众多的高新企业和高素质人力资源，为了挖掘这些资源的教育潜能，东湖高新区加强与企业合作，以实现企业与学校共同发展、互利共赢。

在学校与企业的共建中，学生走进高新企业，企业人才走进学校，让更多的人知光谷、爱光谷，让每一个灵动的生命，汲取每一股灵感之泉，攫取每一束智慧之光，不断前进，为实现我的梦、光谷梦、中国梦而不懈追求。光谷教育的发展也是东湖高新区发展的一个部分，光谷的教育站位高、定位远，具有教育国际化的视野。学校与企业的共建是教育发展中的重要一环，在学校与企业互动中实现教育服务企业，企业促进教育发展，相辅相成，推动东湖高新区的腾飞。

2012~2015年间，以世界500强企业中冶南方、富士康为首的35家企业为学校提供实践基地，5 380人次走进高新企业开展参观、实践活动，企业为教育提供资金援助达304.5万元，企业高端人才进校园讲演190人次，有效地培养了高新区广大中小学生的科学精神和创新意识，开阔了学生视野。

学生们穿梭于光电子产业间，感受光电技术的神奇；行走于应用软件开发产业中,感受科技发展的迅猛;亲近智能科技产业中,畅想美好的明天。在他们眼里,创新就像色彩斑斓的万花筒,如魔幻般变化无穷。他们真切地感受到了创新是一个民族的灵魂,是一个国家和地区兴旺发达的不竭动力。

【案例链接(参观企业)】

武汉市光谷第八小学以马鞍山纯净水厂为企业共建基地。为了让学生理解"节约用水,从我做起,从今天做起",学校 2012~2015 年分六批次带领学生走进马鞍山纯净水厂。学生们首先进入净水车间,张经理向他们介绍水从地下 153 米抽上来需先进行预处理,包括介石过滤系统、活性炭过滤系统、树脂软化系统以及保安过滤系统四道过滤。之后开始两次精滤,使用二级反渗透和臭氧杀菌两次杀菌程序后,净化的水随管道进入纯净水成品罐,进行无菌灌装封盖。

参观了净水车间,工作人员又带同学们来到清洗车间,看到一整套的清洗设备。在清洗车间,地上摆放着数排回收的蓝色空桶,车间的一角放着一台清洗机,工人拿起一个空桶放入机器内,轰隆隆的响声过后,空桶就被清洗干净了,然后通过窗口送到下一车间。这是桶的外部清洗,通常一个桶需要在清洗机里洗 3~5 分钟,当然,如果桶外壁比较脏的话,工人会挑出来,专门清洗。

经过外部清洗的空桶被送入洗消间,进行内部清洗和消毒。工作人员把桶口向下,扣入机器的接口,接口处立即向桶内喷出高压水花。这个过程经过消毒—清洗—再消毒—再清洗—冲洗,其中,冲洗是用成品水冲刷桶内壁,最后,水桶在灌装车间进行无菌灌装。

参观完所有的工序,学生们又亲身体验了一下最后的包装和装车工序,女生们津津有味地给水桶穿上"外套",男生们大显身手,帮着把穿好"外套"的纯净水搬到指定的位置。

同学们在水厂工作人员和老师的解说下,了解了纯净水的制作过程,明白了纯净水的来之不易,更懂得以后在生活中要节约用水,从自己做起。

【案例链接(专家进校园)】

左岭小学于 2015 年 6 月 19 日上午有幸请到武汉鹰飞拓光电子有限公司总裁白燕博士到校对全校师生进行了一场以"启迪梦想、抓住明天"为教育主题的励志演讲。

陈永胜校长首先向白燕博士介绍了学校的办学情况,白燕博士对学校的办学理念表示了赞成,她还主动走进教师办公室和教师们进行了交流,对教师们目前在过渡点这样艰苦的条件下的工作态度表示了敬佩,对学生们的学习劲头和日常的行为礼仪表示了认可。

9点30分，白博士在操场上对全校师生进行了"启迪梦想、抓住明天"的主题演讲。她结合自己的求学经历和创业经历鼓励同学们要树立理想、树立吃苦耐劳的精神，并和同学们进行了交流，同学们都争先恐后地和博士对话，热情高涨。白燕博士也认真仔细地回答着学生们提出的困惑，像个朋友一样跟学生们热情地沟通，在交流中，师生们都被白燕博士那和蔼可亲的笑脸折服了。

演讲结束后，白燕博士和校领导还就后阶段的"博士进校园"活动进行了规划，对活动的开展意义达成了共识。

白燕博士用她自己的人格魅力、精彩讲座，为学生们树立正确的学习观、掌握科学的学习方法指明了方向，让学生们在以后的学习中变得更加从容和自信，也为学生们指明了学习的方向，通过白燕博士的演讲，很多学生都更加坚定自己的信念。学生们都立志要成为像白燕博士一样对社会有贡献的人才。

（四）学校—社区合作

学校和社区的沟通与协作，是现代教育与社会发展的趋势。学校是有计划、有组织、有目的地为社会培养人才的专门机构，社区是学校所处的一个外在环境。20世纪50年代，美国就有学者曾提出，学校不应游离于社区而孤立存在，它是社区的一部分，它应主动与社区架设各种桥梁，融入社区，加强对青少年的教育，促使其全面发展。20世纪90年代初，在北京召开的面向21世纪教育国际研讨会《学会关心：21世纪的教育》的报告中提出："要想形成21世纪要求的学习，教育体制应不同于目前的模式，可能其最重要的方面将是社会更多地参与学校和学校更多地参与社会。"可见，加强学校与社区的相互协作，将会极大地有利于学生的发展。武汉市建构"高效德育场"的一个重要模式就是"以社区为主导，学校、家庭参与"，利用成熟社区的资源与条件，协调学校、家庭及社区内多方教育资源形成对青少年的合力育人网络。

武汉市青山区119社区开办"四点半学校"。该社区采取学校、家长、社区相结合的办法，由社区有一技之长的居民对下午放学后的孩子进行乒乓球、书法、国际象棋等义务辅导，培养他们对文体活动的兴趣，吸引他们来到社区玩。武汉市百步亭社区，在小区内开展了德育实践课（如在老师监护下，学生到社区路边维护交通秩序，当小交警；到社区广场认养树木，当小护绿员）、优秀家长表彰会（由社区出资，对学校推选的优秀家长进行物质上的奖励，宣传和传播优秀家长教育子女的经验）、捐资助学活动（成立教育援助组织，设立100万元专项基金用于资助贫困家庭子女）等，共同关心学生的成长。

【案例链接（社区教育新格局）】

武汉市百步亭社区拥有住宅面积150万平方米，社区居民有6万余人（其中未成年人超1万人）。6年来，百步亭社区没有发生过一起青少年犯罪案件，也没有发生过一起侵犯青少年权益的案件，没有一个孩子辍学，没有一个青少年沾上黄、赌、毒，甚至没有一家电子游戏室或网吧。之所以如此，是因为学校与社区的教育联结发挥了重要作用。

学校经常到社区里来召开家长会。例如，百步亭社区与育才小学就联合举办了优秀家长表彰会，由社区出资，对学校推选的优秀家长进行奖励。在家长表彰会上，受到表彰的家长走上主席台，向大家传授自己教育孩子的经验。此外，有的学校还组织社区实践一日游，活动内容有：社区里的数学题、车流量调查报告、画出社区里的美丽景色等。学校德育实践课多达54种。

这充分说明德育绝不是一个老师、一所学校能够全部完成的。离开了家长，离开了社区，德育教育可能仅仅只是一句口号、一种形式而已。

（五）政府主导下的多方合作

如前所述，我国学校德育体系的首要特点即"党政决策、学校执行"。德育承担着强烈的政治使命，我们党和国家都高度重视德育，加上我国自上而下中央集权式的管理体制，因此，有关学校德育的制度、文件、法规、政策，往往出自中共中央、国务院、教育部，往往出自党和国家领导人的讲话精神。就此而言，德育很少是学校自身的事情，它始终是在国家的要求下进行活动。在建构社会—家庭—学校"高效德育场"方面自然也不例外，对此党和政府有明确意识，先后颁布了多个政策文件对此进行规定。就武汉市而言，政府先后颁布了一些促进家庭学校社会合作的文件。武汉市的政府部门也积极推动了家—校—社合作工作的深入开展，例如东湖高新区的家校共建工作之所以能够风风火火、成绩斐然，就是得益于高新区教育文化体育局的大力推动和保驾护航。就武汉整体区域而言，建设"高效德育场"的一个重要工作便是争创全国文明城市。具体来说，多年来，武汉市一直为创建全国文明城市而冲刺攻坚。武汉市委、市政府把创建全国文明城市作为提升城市治理水平的重要抓手，一个个"难啃骨头"被列入整治清单：发起"城管革命"，整治市容市貌；整治不文明过马路；整治不文明驾车、停车；整治"麻木"非法营运；整治空气、湖泊等环境污染问题；整治城乡接合部乱象；完善"门前三包"制度……在不懈的努力下，武汉市终于在2015年被授予"全国文明城市"称号，但这并不意味着武汉文明城市的建设画上了句号。相反，武汉文明城市的建设永远在路上，近期武汉将开展"十大工程"（信仰工程、社风工程、作风工程、志愿者工程、基础工程、家风工程、环境工程、未成年人工程、文明行为工程、榜样工程），这势必将文明城市建设推向新的高度。

显然，在武汉市创建和深入持久推动文明城市建设的过程中，将直接或间接地促进家—校—社合作工作的开展。例如武汉市围绕"家风工程"（武汉市将加强家风建设，发扬光大孝老爱幼、互敬互爱、勤俭持家等传统家庭美德，倡导传统的家教、家训、家书等家风传承手段，创新培育优良家风的平台载体，促进家庭和睦、亲人相亲相爱，让下一代健康成长，让老年人老有依归，使300万和睦家庭成为武汉文明建设的重要基点）和"社风工程"（武汉市有关部门将加快制定"诚信武汉"的顶层设计，围绕构建覆盖全社会的诚信体系中心任务，以建立信用信息公共服务平台为突破口，逐步将违反交通规则、制假售假、违法经营、违法建设等不文明行为纳入社会诚信记录。为让守法诚信者受褒奖，武汉市将打造一批诚信机关、诚信企业、诚信学校、诚信社区、诚信家庭等）开展的工作，将极大地促进家长素质、社会诚信水平的提升以及社会风气的改善，这意味着"5＋2＝0"的老大难问题（学生在学校被施以的五天正面教育，随即又被周末家庭和社会的负面影响所抵消）将得到很大程度的缓解甚或消解，此其一。其二，"家风工程"和"基础工程"（街道社区是党委、政府联系群众的桥梁，也是与群众最贴近、最敏感的"神经末梢"。武汉市将实施文明城市建设"基础工程"，调整完善街道社区职能，加强其在城市文明建设中的堡垒作用。武汉市提出，取消街道的招商引资等经济发展任务，强化社会治理和公共服务职责，加大对街道社区的人员、经费等资源支持力度，加快推动街道社区职能和工作重心回归到服务群众、服务社会上来）的开展，也将极大地提升家长关心教育子女和街道社区关注爱护辖区学生的主体意识和行动意愿，这意味着家庭和社区将比以往更加主动积极地谋求与学校合作、参与学校教育的有关事务当中，进而最大限度地促进学生的健康成长和全面发展。

三、讨论与建议

从上面的讨论可以得知，武汉市建设"高效德育场"的多种方式中，按照从小到大的范围，大致可包括班主任与家庭合作（班级层次）、学校与家长委员会合作和校企合作（学校层次）、学校与社区合作（社区层次）、政府主导下的多方合作（区域层次）四个层次。以下将试图对这些具体合作层次的内容进行总结提炼，概括出建设"高效德育场"的总体策略，进而也给出未来更好地建设"高效德育场"的具体建议。

（一）"高效德育场"建构的总体策略

1. 教育形式互补

学校的教育多是以课堂集中授课为主，采用讲授和引导式的教学方式，进而导致学生缺少相关的实践体验过程。就此而言，学校与家庭、社区开展形式多样的协作互动可以增强青少年的社会实践和内在体验。

就学校与社区的协作而言，可以在社区开展包括社区兴趣小组、社区英语角、社区竞技比赛、社区劳动、帮扶、讲座、读书、社会调查等在内的一系列丰富多彩的社区实践活动。

就学校与家庭协作而言，通过家长学校、家长会、讲座论坛等，对家长进行家庭教育方法、观念等方面的指导、培训，从而有助于提升其家庭教育的水平，进而也有利于家校间的有效协同，以共同促进学生的全面发展与健康成长。

就社区与家庭的协作而言，社区要针对辖区内学生的有关情况开展相应的活动，如开展社区内的家庭亲子活动、帮扶活动等。

2. 教育角色互动

社区就是一所大的学校和一个大的家庭，学校、家庭是社区的一个个子系统，学校与社区内各类社会组织有机地结合在一起，通过彼此的相互影响与相互渗透来搭建教育平台。具体而言，可以在社区让高年段的学生指导和帮助低年段的学生，这样既可以增强高年段孩子的信心，同时也让低年段的孩子有所收获，形成教育的良性互动；设立大学生志愿岗位，给大学生提供参与社会的机会，让他们走进社区，用自己的智慧在社区为大家服务的同时，也更多地了解社会，锻炼自己的能力，为自己将来走入社会做准备；成立孩子文明礼仪监督岗，对小区的不文明现象进行监督，对父母等成年人的不文明行为进行监督、纠正，往往可以起到意想不到的效果；开展亲子乐园等活动，给家长和孩子提供交流的场所，这样让家长和孩子彼此交流教育心得和成长感悟，从而构建了和谐的亲子关系，同时也营造了小区良好的人文氛围。

3. 教育资源共享

挖掘、整合、拓展家庭与社区显性或隐性的教育资源，从而促进社会—家庭—学校"高效德育场"的建设。

第一，教育设施共享。学校与社区教育硬件实施共享，实现两者一体化。学校和社区在硬件设备上做到共享互惠，学校可以在节假日和空余时间段开放校内的体育场馆、图书馆等，社区可以开发辖区内的公共场所以及辖区其他共建单位的有关设施供青少年开展各类实践活动，让社区的教育资源得到最大效度的使用，为青少年的成长及社区居民的生活提供尽可能多的服务。

第二，挖掘教育资源。社区的每一个单位或个体都是社区的资源，社区的成员从角色来分有老师、学生、家长等，从年龄来分有老年人、中青年人、青少年等，每一个社区居民都扮演着一个或多个不同的社会角色，不同的社会角色便意味着是社区这所大学校的不同的教育资源，由此可以发挥不同群体和个体的资源优势为社区青少年提供教育服务。如社区可以组织辖区派出所、法院等单位为青少年开展普法教育、禁毒教育、青少年维权等；学校可以在社区开展心理辅导咨询、素质拓展等活动，做到教育资源在社区内部和社区之间的流通和共享。

第三，拓展学生校外实践基地。根据学校所处社区地域特点，发挥地域优势，拓展学生校外实践基地，利用图书馆、青少年宫、影剧院、博物馆、科普基地等，充分发挥普及推广、兴趣培养、体验实践的功能。要针对未成年人的身心特点，精心设计和广泛开展经常性、大众化、参与面广、实践性强的校外活动；要结合学校的课程设置，组织开展生动活泼、怡情益智的文体、科技等兴趣小组和社团活动，使广大未成年人在形式多样的校外活动中，培养兴趣爱好，发挥发展特长，得到锻炼和提高。

（二）"高效德育场"建构的未来之路

显然，建构社会—家庭—学校"高效德育场"的目标就在于借由家校社三方的有效合作和积极沟通来形成德育合力，进而促进学生的健康成长和幸福发展。平心而论，鉴于家校社三方之间先天的隔膜性（"隔行如隔山"可谓形象而准确的表达），建构社会—家庭—学校"高效德育场"的过程难免会遇到各种困难和障碍，但这种困难不能任意夸大。随着时代的发展，三方的合作意识和合作能力（如信息技术的发展）都有了极大的提升。退一步来说，不管有多大困境和障碍，我们都需要迎难而上，竭尽所能地采取种种措施，推动社会—家庭—学校"高效德育场"的建设，从而更好地促进学生发展。具体而言，展望未来，建设"高效德育场"需要做到以下方面。

第一，国家需要发挥好协调性作用。具体来说，在我国"条块分割"的体制环境下（家庭教育由妇联系统负责，学校教育由教育行政部门负责，社会教育由社区、街道或民政部门负责），已经形成各司其职、互不干扰的习惯。以学校教育为例，学校日渐自我设防、画地为牢，不习惯、不欢迎甚至拒绝除教育行政部门以外的其他部门的工作指导和管理介入。在此情况下，由政府出面从上位协调和统筹，整合各方力量和资源，进而推动家校社工作的开展便显得尤为必要。此外，国家还需要在法律法规制定、经费保障、评价考核等方面用力，以保障家校社合作能够长期、稳定和积极运行。

第二，社会需要发挥好平台性作用。前已述及，受制于整体注意力的有限、教育部门的弱势、基层部门管理的低效和领导人员更迭的频繁等政府方面的因素，政府主导下家校社合作的情况不尽如人意。有鉴于此，有必要转变政府职能，建立有限政府，彻底扬弃由政府全权主导和管理家校社合作的做法，赋予学校和社会更多的自主权，允许和鼓励相应的社会组织、团体（类似于美国的家长教师协会）成立并发展，进而逐步实现家校社合作的自主运行和自我管理。

第三，学校要发挥好主导性作用。鉴于我国当前"社会"发育程度较低，由社会力量自主推动家校社合作的情况还较为少见，在短时期内很难实现根本性的突破。由此，为了推动家校社三方更好地合作，眼下还要学校发挥主导性作用。进一步来说，需要发挥好班主任的重要作用。以往班主任通过家长会、家访等方式来与家长进行沟通，增进彼此的信任和理解，从而促进了学生更好的发展。时至今日，随着网络技术的发展，线上交流固然能够有效促进家校沟通，但面对面的线下交流仍不失为重要的家校沟通模式。武汉光谷在家校共建中总结出的班主任家访和家长会的宝贵经验堪称典范，值得我们在今后推动以班主任为中介的家校合作工作中大力借鉴和推广。

第四，家庭要发挥积极性作用。眼下，越来越多的家长通过各种各样的方式参与学校教育，甚至代替学校教育（或者自己教育子女，或者请家庭教师），学校也乐意把部分教育任务"转嫁"给家长（这在中小学尤其常见，如学生作业要家长检查、督促）。进一步来说，家长参与学校教育的一个重要途径即是通过家长委员会来承担一些校方不方便出面组织的事宜（如牵扯安全问题的春秋游活动，涉及利益纠葛的校服购买问题）。在武汉光谷由家长委员会、班主任或校方组织的家长沙龙、家长讲坛等活动极大地丰富了家校合作的内容，有力地保障了儿童的幸福发展。

第五，从具体情况出发。推动"高效德育场"建设时，切勿"一刀切"式地将某种模式全面推行，而需要根据具体情况，实施相契合的工作模式。如前所述，根据武汉市以往的工作经验，对不太健全或不太成熟的社区或影响力较大的学校而言，实施以学校为主导的德育场模式；而在新生的较为健全与成熟的社区，实施以社区为主导的德育场模式。就具体的实施策略而言，为了提升实效，可以借鉴美国家校社合作的经验，以具体的"项目"形式进行。

第二节　破解留守儿童的德育难题

截至2016年，全国农村共有义务教育阶段留守儿童1 726.29万人，其中，小学 1 190.07 万人，占小学在校生数的 12.01%，初中有 536.22 万人，占初中在校生数的 12.39%。① 虽然较之以往，留守儿童数量已减少，但仍然构成了一个较为庞大而特殊的群体，需要特别关注。农村留守儿童的教育问题是基础教育亟待解决的问题，也是农村义务教育学校必然要关注的重点之一。

一、农村留守儿童的身心特点与学校教育难题

（一）情感上缺乏家庭安全感和归属感，容易导致人格孤独、心理负担大

留守儿童最缺乏的是父母的长期陪伴与亲身关心。对于一般的孩子而言，亲情是他们成长中的"必需品"，而就留守儿童的成长现实而言，亲情往往却只能是"奢侈品"——想盼盼不来，可望而不可即。由于缺乏来自父母情感的日常交流和滋养，留守儿童在情感上非常缺乏家庭安全感和归属感，容易感到孤独、失落。很多留守儿童小小年纪便开始有了较严重的心理重负，他们不仅要为家庭的经济、生活担心，还常常要牵挂着外出打工父母的健康与安全。另外，那些同龄儿童完整、幸福的家庭生活也常常会成为留守儿童内心暗暗羡慕、比较的对象。这样的生存状态容易让留守儿童产生敏感、内向、封闭的心理，使得学校教师难以进入到留守儿童真实的内心世界，很难察觉到他们的情感和思想的动态，从而给留守儿童日常学习生活和老师的教学工作带来困扰和挑战。

（二）学习与生活习惯上缺乏及时、正确的指导，导致习惯差、隐性问题多

留守儿童另一个最大的问题就是部分学生未能养成良好的学习习惯、生活习惯，这给学校教育者提出了很大的挑战。由于长期被隔代抚养或独自留守，缺乏来自父母的生活与学习习惯指导，留守儿童的习惯培育基本上处于自生自长的随机、自发状态，这与学校计划性、一致性、准备性的教育要求不相符。这样造成的结果是学校和儿童相互的不适应：一方面，留守儿童突然进入到制度化的学校生活中，由于学习、生活习惯差，很难适应学校生活，容易产生失败、厌倦、自卑等消极心理；另一方面，学校和老师在准备周期短、班级规模大、教学任务重

---

① 原春琳：《〈中国农村教育发展报告 2017〉：农村留守儿童数总体呈减少趋势》，中青在线，http://news.cyol.com/yuanchuang/2017-12/23/content_16805203.htm，2017 年 12 月 23 日。

的情况下，面对起点不一、习惯基础薄弱的留守学生时，也容易产生棘手、困难、烦躁、倦怠、失败感等不适应心理。

（三）观念上缺乏合理的引导，容易导致学习观和价值观的偏差

由于缺乏父母在日常生活中的价值观引导，加之学校很难做到针对性的、个别性的观念辅导与关照，留守儿童的学习观和价值观也容易出现偏差。有研究表明，大多数厌恶学习的留守儿童表示其厌恶学习的原因是要留在家乡上学而不能与父母团圆，所以将要上学作为与父母分离的归因，造成了其厌恶学习。[①] 同时，由于主要监护人缺位、社会系统支持措施不够以及当代社会环境日趋复杂，留守儿童可能会过早地暴露在复杂的社会环境中，极容易感染不良的社会风气，形成不良甚至是有害的价值观念。比如社会上尤其是在一些农村地区颇有影响的"读书无用论"，都在或隐或显地影响留守儿童对教育生活的价值判断和自我预期。这些有偏差的学习观、价值观混合作用在一起，可能会形成比较强大、顽固的"教育离心力"，非常不利于学校教育的顺利开展和留守儿童的学习持续进步、人格健全发展。在家庭教育缺位的情况下，学校如何及时有效地引导和归正他们的学习观、价值观，如何在校园文化和不良社会文化的拉锯战中占据主导地位，都让学校教育者陷入困境和深深的思考之中。

（四）人际交往上缺乏自信，导致交往能力差和心理隐患

由于父母长期不在身边，处于性格成长关键期的留守儿童胆子普遍较小，这也极大地制约了他们的人际交往意识和能力。有研究表明，在人际交往中无论是在同伴接纳上还是在自我感觉上，留守儿童的同伴关系明显比非留守儿童差。[②] 相比之下，留守儿童的人际交往同伴数量更少、同伴交往质量更差。留守儿童的同伴接受度低于非留守儿童，时常不被同伴接纳和认同，严重者还会被孤立和排斥，这种长期的排斥会进一步加深他们人际交往的恐惧与自卑，降低他们的自尊和社会归属感。自信缺失、自尊下降、孤独、恐惧，这些都是抑郁症和自闭症的重要引发因素，加之众多学校针对性的心理辅导工作的缺失和疏忽，留守儿童的心理隐患频发。正确引导留守儿童健康的人际交往，及时有效地进行心理疏导和干预，应该是学校教育应予以重视的难点。

---

① 商姝：《农村留守儿童学习问题的调查研究及其对策——以安徽省朱桥乡中心小学为例》，河南大学2013年硕士论文，第8页。

② 张艳：《留守儿童亲子沟通、同伴关系与应对方式的关系及干预研究》，安徽医科大学2013年硕士论文，第31页。

虽然留守儿童学校教育面临家校沟通困难、学生的隐性问题多、教育连续性难以保证等难题，一般的学校教育和管理模式难以适合留守儿童，但是这并不能成为放弃教育留守儿童的理由。不可否认，留守儿童本身也有着不可忽视的潜能和优点。例如，他们一旦领悟和觉醒，可能更加感恩生活，感恩父母和社会，从而激发出更强的学习动力；他们更容易将对父母的情感期盼和信任"转移"到朝夕相处的班主任、任课教师、生活老师等身上，从而创造出更加亲密和谐的师生关系；他们更可能在生活的磨炼中锻炼出较强的生活自理能力和责任心，更懂得关心长辈和他人等。如何针对留守儿童的心理特点，克服留守儿童教育中的难题，发扬和促进留守儿童的优势和潜能的发展，更全面、贴切地服务于他们的成长，这是当代基础教育学校尤其是农村学校应着重考虑的时代教育问题。

二、教育大爱　公平正义

20世纪90年代，有这样一所农村小学：校舍破败，资金短缺，学生不到300人，学校困难重重，濒临撤并。如今，还是这所学校，《中国教育报》2011年12月28日头版"要闻"报道其"养成教育"办学特色。《武汉晚报》2012年2月21日以"武汉留守儿童第一校，名额堪比专家号"为题开启的系列报道，引发新华社的高度关注。2012年4月9日，中共中央政治局委员、国务委员刘延东对这所学校的办学经验做出了专门批示："邾城四小用真情实策打造留守儿童寄宿制学校经验很好，可宣传推广。"自此，其"留守儿童第一校"的品牌叫响全国。这所农村小学就是武汉市新洲区邾城街第四小学（下文简称为邾城四小或四小），为何在短短数年之内，它能从濒临撤并的小学"起死回生"，成为"留守儿童第一校"呢？其成功经验——留守儿童学校教育的"邾城经验"也值得中国基础教育学校尤其是农村学校借鉴。

（一）创立"第二家园"寄宿制，弥补留守儿童缺失的家庭真爱

留守儿童教育最大的问题之一是爱心缺位、监护缺位、学习缺位、生活缺位，这首先需要从学校制度设计上进行根本性的弥补与应对。据此，邾城四小根据留守儿童多的实际情况，在邾城区首创了"第二家园"农村寄宿制办学模式，即以学校寄宿制为制度载体，以"视若子女、关怀入微"的教育真爱精神与情怀，对留守儿童进行全面悉心地照顾和引导，让他们在宿舍里、课堂上、校园的任何一个角落时刻都能感受到家庭般的安全温暖和真爱关怀。对于邾城四小而言，真正落实"第二家园"寄宿制并非易事，需要面临很多问题和挑战：首先，

低龄寄宿生的教育和管理问题突出。他们所面对的不仅是基本生活技能的匮乏，更重要的是亲情和关爱的缺失；① 其次，学校老师除了教学还要担当起"父母""保姆"等多重角色，老师的工作难度、强度显著加大；最后，家长和社会对寄宿制学校提出了高期望、高要求，给学校教育带来极大的压力。不过，即使是在办学资源有限的前提下，郲城四小也尽力完善了"第二家园"学校寄宿制的制度安排和细节设计，其中不乏自己的创造和亮点。

例如，为留守儿童宿舍配备专职生活老师，悉心照顾学生饮食起居。学校会挑选身心健康、育儿和生活经验丰富、细心负责的女性担任留守儿童宿舍区的生活老师。郲城四小现有的40多名生活老师都已经身为母亲，照顾留守儿童的经历短则五年长则十年，是一支非常悉心、负责、重要的留守儿童教育力量。每名生活老师负责一间30多个留守儿童的大宿舍或两间10多个留守儿童的小宿舍，细心照顾孩子们的饮食起居，与他们同吃同住，关系融洽、亲如母子。有一次，一个孩子在洗脚的时候需要老师添热水，结果下意识地喊了一声"妈妈，我要加水"，其他孩子都笑他，生活老师吴莉马上回应说："孩子，叫妈妈怕什么，以后就叫妈妈！"在四小已经工作六年的生活老师彭玉梅还记得这样一个细节："四年级有个女生晚上经常尿床，总是被同学笑，我从来不批评她，就帮她洗，帮她晒被子，和她谈心。冬天，每个晚上我都要喊她两次起夜，不然她又会尿床了。开始她不愿起床，尿床了又害羞，还把尿湿的秋裤塞到床底下藏起来，我都不让其他同学笑她。后来，她就好多了，基本上不会尿床了。"生活老师江双梅带的多是留守女生，她非常关注女孩子的一些小细节：女孩子们喜欢穿颜色鲜亮的衣服，江老师就经常为她们洗衣服，好让衣服总是干干净净、漂漂亮亮；女孩子的鞋子也是一周为她们洗一次；低年级女生不会梳头发，江老师每天都是为她们一个一个细心梳理。这样感人、温馨的细节在四小的寄宿制宿舍里几乎每天都在发生，可以说真真正正地让留守儿童体验到了"第二家园"的温暖和舒心。

再如，创造"以大带小"，不同年级学生融合居住的宿舍安排。考虑到许多留守儿童生活习惯基础差、居住初期缺乏安全感、人际交往胆怯、不自信等心理特点，郲城四小创造出了"以大带小"，不同年级学生融合居住的宿舍安排。在每个寝室有生活老师监护和照顾的前提下，安排不同年级的留守儿童同住一间寝室，其中六年级和一年级同住，二年级和五年级同住，三年级和四年级同住。学校还以一个学年为周期，以学生升留的所在年级为标准，定期调整学生铺位。一年级的小朋友最小、自理能力最差，而六年级的大哥哥大姐姐们相对而言更成熟，比较熟悉寝室生活和生活自理规则，具备了一定的责任感，他们能很好地协

---

① 张传武：《农村寄宿制学校办学模式新探索》，载于《人民教育》2006年第23期。

助生活老师照顾一年级的小弟弟小妹妹们。其他年级的融合居住安排都是根据这样的教育原则来设计实施，这样的安排可以让高年段留守儿童照顾低年段留守儿童，低年段留守儿童也能随时向高年段留守儿童学习，如此就促进了双方能力、情感和人格的健康、和谐发展，同时还能获得较高的归属感与安全感。

又如，设置了学校领导和教师轮岗负责制。学校领导和教师定期轮岗，对留守儿童宿舍的安全、生活、管理等进行全面监护和负责。这样的制度安排，为师生之间创造了更多的日常生活接触和交往的机会，学校管理者、教师和留守儿童们之间的关系亲切自然、温暖真挚。正如参与轮岗负责的数学老师张明清情不自禁地对学生说出的心里话："孩子们，班主任汪老师就是你们的妈妈，张老师我就是你们的爸爸！"此外，在"第二家园"的理念下，郏城四小还设立了留守儿童寝室与生活文化节、家长和社会人士开放日等，最大限度地满足了寄宿学生的成长需求，让家长和社会放心满意。可以说，在留守儿童和家长的心中，郏城四小就是名副其实的"第二家园"，四小的管理者和教职员工们就是孩子们名副其实的"第二父母"！

（二）以养成教育为突破口

留守儿童教育的难中之难是习惯问题，包括生活习惯和学习习惯的正确养成，如果能克服这一难题，留守儿童教育则能更进一步。学生刚入学一个月，不良习惯千奇百怪，这是四小老师们最累最苦的时候，他们常常是早上六点半到校，晚上八点半回家。"随风潜入夜，润物细无声。"如今，养成教育已经成为郏城四小的特色校园文化，浸润着每一个师生。在四小每天都有这样一幕幕场景：近1700名学生同时就餐，整个餐厅里只有筷子和餐具碰击发出的声音。有人举手，生活老师走过来，看学生是否需要加饭。所有的餐盘里都没有剩饭剩菜。学生就餐结束后，有序走出餐厅，无一丝杂乱，无一点吵闹。就寝时间，学生的洗漱都静悄悄地有序进行，等待洗漱的学生没有一人吵闹，安静地坐在床上边看书，边等待。在学校，老师的脸上时刻洋溢着幸福，他们明显能感受到，随着年级的升高，管理起来越来越轻松，偶尔有个别学生行为不规范，老师只要一个眼神、一个手势，学生就心领神会，并立即纠正。经过全校老师和管理者们多年的不懈努力，郏城四小直面问题，迎难而上，逐渐摸索出了一套行之有效的留守儿童习惯养成教育策略体系，形成了自己的养成教育学校特色。

第一，规范习惯，让习惯在自觉中养成。四小实行常规管理规范化、内务管理标准化、生活管理常态化。实行常规管理规范化，将教学区、生活区、运动区实行三区相对分离，制定了详细的"三区"管理细则，并且逐一进行规范，让习惯在规范中养成。实行内务管理标准化，创造"优雅、舒适"的寝室环境，让好习惯在环境熏陶中养成。学校明确提出门窗擦净、地面扫净、杂物除净、墙面洁净、床铺干净的生活要求,并每天检查公布。实行生活管理常态化,让生活习惯在培养中渐渐养成,学校通过活动规范学生言行,对每天生活必要的行为进行培养,让学生每天的学习、生活形成规律并逐渐成为习惯。

第二,内化习惯,让习惯在行为中彰显。针对留守儿童寄宿制学校的特点,四小提出了"生活自理、学习自主、行为自律、健康自强"的"四自"目标。学校把生活自理习惯这一基本要求放在首位,对学生提出自我管理,自我服务的要求。通过日积月累的训练,学生的寝室生活变得秩序井然,有条不紊。其次,学校突出抓好六种习惯的养成,即主动学习的习惯、不断探索的习惯、自我更新的习惯、学以致用的习惯、科学管理知识的习惯、处理信息的习惯。学校还组建了舞蹈、音乐、习作、绘画、书法、英语、信息技术等十多个兴趣小组,让学生自主选择、自主学习。根据学生心理年龄特点,针对小学生大多自控力差的特点,学校组织了学生"学规范、正言行"主题活动,让学生学会行为自律。四小强调学生在学校体育活动和集体生活中,积极锻炼,合理进餐,增强体质。

第三,培养习惯,让习惯在校本课程中生成。四小自主开发了富有特色的校本课程《优秀学生成长计划》和《养成教育手册》,并将其列入课程计划作为常规课程开设,不但丰富了学校德育工作的内容,而且让学生良好习惯的培养、训练有纲可依,有序引导和促进了学生良好行为习惯的养成。与此同时,四小还建立健全了校本教研制度,根据学校教学实际需要和学生实际生活以及终身学习的需要,进一步挖掘养成教育的内涵。

第四,评价激励,让习惯在养成中张扬。四小一直将"星级评比"作为养成教育的抓手,利用期中或期末,组织"养成教育十星少年"评选,对评出的"明星"学生进行表彰。学校进一步细化了"星级评比标准",各班每天围绕"星级评比标准"进行评比,得出星际学生名单;少先队大队部每周一公布全校各班的星级学生名单;政教处每月举行"授星"仪式,并在各班级门口明显位置悬挂"星级班"展示牌。有效的评价激励使同学们都成了"追星族",不但促进了同学们良好习惯的养成,同时也为同学们不断进步树立起"星级"标杆。

第五,家校合作,让习惯在养成中产生社会效益。郏城四小的养成教育经历了一个艰难的历程,开始并没有得到家长的认同,个别家长极不情愿,认为学校在吃饭、睡觉时都不让学生说话,处处要求学生行为规范,学生的个性得不到体现,活泼好动的天性就此被扼杀了。有些家长自身的一些行为习惯就很差,接孩子时一打开校门就像百米赛跑一样往学校冲,教室门口不愿排队,推推搡搡难免产生摩擦,以至于骂骂咧咧、互不相让,在校园内乱丢乱扔,一次性碗筷不入垃圾桶随手乱扔,扔哪算哪,花草树木间本没有路也被图方便的家长踩出了路。面对家长不理解不配合的情况，四小加大宣传力度，开展了"好习惯伴我成长"养成教育启动暨签名仪式，召开教师会、主题班会下发《家校联系卡》，与家长签订《文明公约》，同时开展"小手牵大手"活动，把责任分解给学生，在班级及时反馈家长的文明表现，评选文明家长，增强学生的责任感和荣誉感。事实证明学生"治"家长的举措是非常有效的。学校还适时举行家长会和家校联络会，邀请家长来学校参观体验，让师生及家长共同认识到开展并参与养成教育的重要性。在课间休息和大课间活动时间，家长们看到热闹沸腾的操场，看到孩子们一个个生龙活虎，阳光灿烂，个性展露，尽情地参与和享受着各自喜欢的活动项目，对学校有静有动、张弛有度的养成教育就完全理解了。一个家长来开家长会，不注意把烟头丢到地上，四小的一个孩子悄悄地把它捡起来，丢到了垃圾箱里，然后非常认真地向这位家长讲解学校的养成教育对家长的要求，这位家长事后很有感触地说，在郏城四小，受教育的不只是孩子，还有我们家长。养成教育在给每一名学生成长指导的同时，也影响了每一位家长，在让每一名教师亦师亦母的同时，也让每一名家长亦亲亦师。现在每到周五下午，接学生的家长自觉在教室门口排好长队，数千家长来过，校园整洁如初。

（三）实施全员"德育导师制"，做留守儿童的"360度的生命呵护者"

由于家庭教育和爱的缺乏，寄宿制学校的留守儿童们更需要充满爱心地陪伴、细节照顾和习惯的培养，四小和教师们承担着教育学生和照顾学生的双重责任。因此，这些客观的现实都决定郏城四小的教育工作不能依靠班主任或任课老师等的单兵作战，必须发挥出全校所有教职员工的爱心精神与育人合力，必须推行"人人都是教育者，个个都是德育人"的全员"德育导师制"，做留守儿童的"360度的生命呵护者"。

科任教师是留守儿童的"德育导师"。第一，亲情关系是四小德育导师制的情感底色。四小的校园经常有感人的一幕幕场景：寝室里，孩子们在生活老师怀里撒娇，讲悄悄话。操场上，教室里，老师为孩子们梳头发，而孩子们也为自己辛苦了一天的老师捶捶背。在"德育导师制"的实践中我们可以清晰地感受到"亲情"在教职工和学生之间的充盈与滋养：一大批"师德标兵"让人眼睛一亮——大众妈妈饶小平校长、爱生如子的两只小燕子（刘晓燕、高小燕）、"婆婆妈妈"的辅导员刘建军、孩子王史计生，"姐姐老师"李小玲和夏学林……读着他们与留守儿童之间的故事，让人立即感受到他们身上有一种共同的魅力——他们爱生如子。第二，朋友关系是四小德育导师制的交往基调。老师和学生的关系像朋友，这是四小一千多位学生和其家长公认的事实，也是一个不争的事实。

学校提出低年级老师"先做父母,后做老师",高年级老师"先做朋友,后做老师"的理念,致力于让学生感受老师的可敬可亲,增强在校期间的归属感。① 所以,不难理解在郑城当地会出现"四小热"现象,甚至会出现"一铺难求"的情景。第三,教学关系是德育导师制的自然果实。学校是学习的场所,学习是每个学生的主要任务。亲情关系、朋友关系是积极的,它们对教学有"助"无"阻",这些关系的形成往往能促进师生间形成好的教学关系。教学中,在原则问题上老师从不让步,学生在学习中也从不打折扣,良好的教学关系推动了学校教育质量的提升。

非科任老师也是留守儿童的"德育导师"。生活老师"母亲"般的柔情,通过潜移默化的语言和行为将道德指导传递给留守儿童,从而让孩子们更容易接受。宿舍里的男孩容易以自我为中心,比较调皮,喜欢在寝室里疯逗打闹,生活老师在时刻监护的同时还耐心地跟他们讲道理:"宿舍里打闹,容易受伤,自己受疼,家里还要出钱。"有的留守儿童成绩不怎么好,把作业带回寝室做,生活老师也会辅导他们作业,给他们讲故事鼓励他们:"你看人家牛顿,天才的基因加后天的勤奋才取得成功,你只要努力一定行的!"碰到留守孩子犯了比较严重的错误需要批评时,生活老师考虑到他们可能更加脆弱和自尊,把孩子叫到卫生间或寝室外面,进行单独地批评和教育。高年级女生第一次来月经,惊慌不知道怎么办,作为过来人的生活老师都会言传身教、细心教导。四小的管理者与行政人员也同样时刻兼顾着"德育导师"的责任,他们不会用严厉的行政语气命令学生该如何做,而是以身作则且时时叮嘱学生要爱护环境、保持卫生、要和同学友好相处等。后勤职工也会教孩子有序排队、尊老爱幼、自己的事情自己做。在推广全员"德育导师制"的四小,留守儿童真正体验到360度的生命陪伴与呵护!

(四)独特的"爱心守望课堂"促进留守儿童的个性化发展

在学校教育中,课堂也是留守儿童学习和发展的主阵地。针对留守儿童情感缺失、渴望陪伴、渴望被承认的特点,郑城四小的教育者们在长期的留守儿童课堂教学实践中创造了独特的"爱心守望课堂",效果显著。"爱心守望课堂"的第一要义就是要求教师在课堂上对留守儿童能富有爱、能表达爱、能感受爱和创造爱;其次,把课堂视为守望留守儿童精神成长、人格成长、智慧成长的生命场和学习场;最后,通过知识、教师、留守儿童个体与群体以及课堂环境四者之间的真实、真情、真诚互动,实现留守儿童的个性化发展。

郑城四小的教育者们的"爱心守望课堂"中有很多宝贵的教育创造。例如,

---

① 饶小平、李伟:《重建教育场域中的师生关系》,载于《中国德育》2014年第19期。

老师们自发创造的"第二办公室":在四小,从一年级开始,第一节课的任课老师在下课后,都会自发地在教室后面办公,抓住每一个和学生交流、共享的时刻,教室成了他们的"第二办公室"。课下,学生们随时可以向老师请教问题,也能随时找老师交流,既可以谈家庭情况、学习情况,也可以谈集体生活或社会生活。"第二办公室"的老师们也会主动与比较内向的学生交流,用实际行动让学生感受到他们被尊重、被关注、被重视。在愉悦的课间氛围里,老师的角色既是教师又是父母还是朋友,学生们都能敞开心扉,师生间的交流也显得格外的轻松、自然、有效。笔者也曾经怀疑,"第二办公室"是不是四小管理层的硬性规定?但经过调查,才明白这不是任何人和机构的强迫要求,而确实是四小老师们出于对留守儿童的真爱和关心,自发自觉地创造的一种行之有效的独特办公方式,并且已经成为被全校老师们广泛认可、遵循的学校文化。

"爱心守望课堂"还体现在老师富有爱心地去研究留守儿童的性格特点、学习情况,采取针对性的教学组织方式和课堂激励与评价方式,从而守望每一个留守儿童的独特成长。老师在把握问题难度的前提下,针对性格内向的留守儿童,会把握教育时机"用意不刻意"地请他们回答问题,锻炼其表达的勇气,同时,还会安排活泼热心的学生与他们同桌,通过同伴关系潜移默化地影响其性格,以便更好地帮助他们融入学习和班级生活;针对学习成绩有待提高的留守儿童,老师会放大其优点和闪光点,提高他们的学习积极性与兴趣,同时也安排"一对一"的小帮手来进行合作学习;针对自理能力差、"容易偷懒"的学生,老师会专门安排清洁表,为他安排动手能力强、爱劳动的小助手一起在团体中实践和成长。孩子的心是柔软的,同时也是敏感的,他们能感受到老师们的真心实意,进而将其转化为自身发展的动力。也许,四小"用意不刻意"的"爱心守望课堂"的奥妙就在于此。

(五) 营建弥缝无痕的家校合作体系

留守儿童的教育不仅仅是学校的单边行为,而应该是家庭和学校的共同责任。如何将学校工作延伸到家庭之中?郏城四小通过多种方式营建弥缝无痕的家校合作体系,发挥留守儿童教育的最大功能。

在促进家长和学校的沟通、合作方面,四小创造出了"班门口的五分钟"、定期家长会、"家长评教评校"、定期发放《致家长的一封信》、建立班级—年级—学校三位一体的家长委员会、搭建多元方式的家校网络交流平台等措施体系。例如,"班门口的五分钟"是四小老师和家长们长期交流过程中自发地创造的一种备受家长欢迎和认可的沟通模式,即每周五接学生回家的时候,家长总愿意在教室门口排着长队等着和班主任及任课老师谈上五六分钟的话,及时地了解孩子这一周的身体、心理和学习情况。此外，四小将召开家长会作为对班级管理和考核的一项重要内容，并规定每班一学期召开家长会次数不得少于2次。每次开家长会时，班主任都会真诚地询问家长对学校、班级工作的期望，各学科教师也会真诚细心地逐一对学生在校的学习、生活等情况进行介绍。在访谈中，一位留守儿童的奶奶说道："之前我孙女成绩退步很多，上次开家长会的时候，老师为这个事情都说得哭了起来。我回去把这件事告诉了我的孙女，没想到后来孙女就变了，成绩也慢慢起来了！"可以说定期家长会是学校和留守儿童家长沟通、合作的有效途径之一。四小还开展了"家长评教评校"活动，学校每学期都会向家长发出邀请函，将家长请进学校，请他们评教评校。四小还将每周五定为教学开放日，在开放日里家长可以推门听课。"家长评教评校"活动的开展，促进了家校合作文化的形成，也促进了全体教师课堂教学水平的整体提高。

在促进留守儿童和家长的沟通、交流方面，四小也提供了包括亲情聊天室、爱心电话、亲子游园会等一系列条件保障和活动平台。亲情聊天室是四小专门为留守儿童创办的亲子交流空间，学生可以和家长定时定点地聊天、视频，缓解了留守儿童的思亲之情。学校还为学生安装了固定的爱心电话，学生每次可以免费和父母通话五分钟，解决了他们对通话资费的后顾之忧，创造了良好的亲子沟通环境和机会。亲子游园会是学校每学年都会组织的亲子活动。为了留守学生能有机会和父母在活动中互动、增进感情，学校根据学生课程情况、家长空闲时间，不断调整亲子游园会活动的主题、时间、地点，千方百计为家长节约费用，只为父母和子女久别重逢后能充分享受亲子交流的快乐和幸福。

正是这样如此贴心和弥缝无痕的家校交流和合作体系，才使得家长对老师和学校更加放心，对留守儿童在校的学习和生活更加放心；同时也使老师能定期了解学生和家长的情况，以便更好地服务学生，从而发挥留守儿童教育的最大功能。

（六）推进留守儿童教育"D-S-U"伙伴协作式区域整体变革，优化留守儿童学校教育的区域生态

留守儿童教育是中国转型社会时期产生的具有中国本土独特性的问题和难题，它涉及的主体、因素、环节很多，要想比较好地解决这个问题和难题，仅仅依靠一所学校是很困难的，也是不现实的，它需要教育理论领域、教育实践领域、教育行政和决策领域诸多主体的通力合作。通过摸索，郏城四小逐渐建立了区域（district）、学校（school）和大学（university）三方合作的模式，开创了"D-S-U"伙伴协作式区域整体变革的留守儿童教育研究与实践之路。

在这一留守儿童教育"D-S-U"伙伴协作模式中，区域（D）方面的主体

是武汉市新洲区邾城街教育行政部门，学校（S）方面则为邾城四小，大学（U）方面则主要是华中师范大学道德教育研究所的专家团队。区域（D）发挥了其组织性、引导性和保障性的作用，运用其行政权威和资源给四小的留守儿童教育研究和改革充分有力的支持，具体表现为：动用自身的资源帮助四小提炼自身的留守儿童教育经验；为四小留守儿童教育研究与改革充分提供制度空间和物质支持；促进四小留守儿童教育经验在本区域内学校之间的日常交流和有效推广；促成四小与华中师范大学道德教育研究所专业团队的持续合作，协助、引导中小学与大学之间真诚、有效的良性沟通。学校（S）则是留守儿童教育的主要承担者、实践者、行动研究者，它把在留守儿童教育中面对的问题、困惑、挑战、诉求以及取得的经验、突破、初步的规律性认识等同时向区域（D）和大学（U）反馈，分别从二者那里获得制度性和思想性的变革资源，更好地反思、改进和推动自己的留守儿童教育工作，逐渐把学校真正建设为"留守儿童的家园、终身发展的学园、幸福生活的乐园"。大学（U）则发挥了其擅长的现状科学评估、问题与需求诊断、理念梳理与提升、理论启发与培训、数据收集和统计、教育规律提炼等专业优势。自"D-S-U"合作以来，华中师范大学道德教育研究所专业团队运用科学调查方法多次调研，梳理出了留守儿童、教师、管理者和家长等相关主体的教育需求；帮助四小梳理、重建了符合留守儿童教育特点的学校文化理念系统；和四小一起归纳、提炼了其多年以来形成的留守儿童教育的有效模式，深度反思和剖析了留守儿童教育中的若干难点和重点问题；对学校管理者、教师进行了多种形式的教育理论研修和普及；借助"问津校长论坛""教师工作坊""区域共同体研修"等多种方式促进了包括四小在内的区域学校共同体的建设和发展。几年下来，"D-S-U"伙伴协作的三方都一心立志于留守儿童教育事业的长远进步和可持续性发展，彼此之间不断接触、磨合、再接触、再磨合，优化了留守儿童学校教育的区域生态，取得了良好的教育效益、社会效益和研究效益。

剥离"邾城经验"中那些技术性、策略性的枝节，它真正的精神内核与灵魂是什么呢？

我们得出的答案就是——"教育大爱、公平正义"。只有基于爱的教育才是真教育，只有基于公平的教育才是好教育，只有做到"教育大爱、公平正义"的学校才有可能接近教育的真谛，只有秉承"教育大爱、公平正义"这一原点和源点，才能不断地创造出让广大留守儿童感到幸福、温暖的学校教育生活，才能真正地办好老百姓"家门口满意的学校"，办好"人民满意的教育"，让天下所有留守儿童的父母放心、让人民放心！邾城四小校长饶小平讲过这样一件真实的事情："有一天，一位老人走进了我的办公室，说儿媳得了癌症，临终前最大的心愿是能让自己的孩子读四小，话没讲完老人泪水涟涟，我也哭了。"其实，类似这样真实、感人的故事在郏城四小的办学历程中不是个别事例，它们正是老百姓、正是人民对郏城四小教育者们的真情与教育创造，对留守儿童教育的"郏城经验"最生动感人、最朴实无华、最确认无疑的认可与致敬。它们都激励着千千万万个如郏城四小人这般投身于中国留守儿童教育事业的教育人，更加坚定了一个信念，在关爱留守子女、促进教育公平的发展道路上，再苦、再累也要坚持、坚守、探索、前行！

第三节 网络社会的学校德育变革

伴随着网络的普及，人类精神生活及物质生活的几乎一切领域都随之发生了巨大变化。人们在初识网络时，只是把网络看作一种新型的信息传播方式，而随着网络威力的全面展现，人们逐渐认识到，网络象征着一种新型的生活方式。网络使人们足不出户就可以与世界各地自由联络、互动，也使一个个真实的、有血有肉的人成为网络上形形色色的符号、昵称、表情，使人具备了现实存在和虚拟存在两重身份。人类生存处境的变化，对人必然提出新的要求。教育作为一种培养人的活动，必然受到网络时代精神文化的影响。本书拟在分析网络社会特点的基础上，聚焦网络社会对学校德育提供的机遇，寻找德育变革的方向与方法。

一、网络社会的含义与特点

人类社会迄今的发展，从技术形态的角度看，大致可分为狩猎社会、游牧社会、农业社会、工业社会和信息社会等；从文化传播的方式看，可分为口传文化社会、印刷文化社会、电子文化社会。网络社会即是以电子文化为基础的信息社会。

（一）网络社会概念解析

关于"网络社会"有两种认识：一是指一种新的社会结构形态的"网络社会"（network society）；二是指基于互联网架构的电脑网络空间（cyberspace）的"网络社会"（cybersociety），即赛博空间。卡斯特在《网络社会的崛起》一书中对网络社会的界定，采取的是第一种认识，强调网络技术带来的人们思维方式、交往方式和生活方式的变化，以及整个社会结构形态的变化。我国学者戚攻、黄少华在研究网络社会时,偏向的是第二种认识,即网络社会是在信息通信及网络技术发展和整合中创造出的一种新的社会,是人类生活和工作的"另类空间"。[①] 两种认识相互联系,都是基于互联网技术的发展对人类社会的生存、生活产生巨大影响的背景下的,不同的是第一种认识从宏观的角度分析、解释了网络技术对人类社会实践全方面影响,以及造成的社会整体结构的变革。第二种认识,从具体的人类活动空间的延伸入手,探讨了虚拟空间中个体实践活动的特点,以及虚拟空间与现实空间的关系。总体来说,第一种认识涵盖第二种认识,原因是网络空间的生活及其互动方式是社会结构形态的变化的表现,网络空间的人际互动模式对于现实社会所造成的改变,是整个社会结构变化的一个小的部分。第二种认识表征第一种认识,是理解第一种认识的一种视角,揭示人类社会生活变革的具体体现,网络空间的数字化、虚拟化、个性化的生活方式,渗透人类社会生活的各个方面,塑造现实的社会形态。

这里对网络社会的界定,两种认识是相互融合在一起的,既有宏观视角,也有具体视角。网络社会是由网络技术范式以及网络空间的特点所带来的信息流动方式、人际交往方式、个人思维方式及社会生存方式的变革。网络社会凸显网络时代的精神,重构个人生活与现代社会生活。

(二) 网络社会的特点

网络社会从本质来看是一种全新的社会生存形态,是继农业社会、工业社会之后的第三种社会形态。网络社会里,虽然工业社会的因素还大量存在,并且将会一直存在,但并不影响我们对网络社会与传统工业社会的定位。一个社会里占主导地位的生产方式决定一个社会的形态。因而,在分析网络社会与工业社会的不同时,选取的是网络社会与工业社会里分别占主导地位的生产方式、生产关系,以及社会文化。

首先,生产方式与主要资源的不同。网络社会是基于信息技术特别是互联网的广泛应用而发生、发展的,在网络社会里,一切社会组织与个人的行为模式都要被网络技术进行重新整合。"传统社会的一切领域和方面,都必然要经过信息技术、网络化的洗礼,得到不同程度的改造、重塑,在不同程度上被信息化、网络化。"[②] 工业社会,机器是最主要的生产工具,机器的制造与应用技术,是推动社会前进的主要生产力。机器的操作具有实体化、具体化特征,使用者可以根

---

① 戚攻:《网络社会的本质:一种数字化社会关系结构》,载于《重庆大学学报》(社会科学版) 2002 年第 1 期。

② 孙伟平:《信息社会及其基本特征》,载于《哲学动态》2010 年第 9 期。

据具体的原理进行把握。网络社会里,信息是最主要的资源,信息的搜索、选择、判断、整合与应用,是最主要的生产方式。因而,网络社会里,具有高度信息素养的信息主体是网络社会对人的要求。何谓信息主体,按照鲁洁先生的看法,即具有加工信息的能力,使信息转变为有用知识的主体。

其次,社会组织之间关系网络的深度与广度的不同。个人、家庭、社会组织都是处于一定的社会网络之中的。人类社会由各种功能类型的具体社会组织及它们构成的网络组成,各种社会资源在这些网络中自由流动。社会的运行就在于这些网络的稳定和其中资源的顺畅交流。"某种程度上,社会历史的演进也就是社会网络的变迁。"① 网络社会里,各社会组织之间的关系网络不断向纵深发展,人们更具开放的视野与合作的精神。与工业社会相比,网络社会是一个不断重组的动态过程,各社会组织在网络社会的大背景下可以相互渗透、相互协作,使社会资源广泛重组。互联网技术超越了时空的限制,使各社会组织能够有效融入一个更大、更具包容性的大社会网络中,扩大组织与组织之间的交流,实现社会资源的有效配置。工业社会里,由于意识与技术的缺乏,组织的排异性强,各组织之间较为封闭,工业社会的关系网络相对单一,强大的社会组织网络无法形成。

最后,人与社会的存在形态不同。网络社会是虚拟化与实体化共存、相互型塑的社会。工业社会是实体性社会,交往双方都在场,交往的规范更加明确。网络社会中,虚拟性激发了主动性,个体在虚拟身份的掩饰下,能按照自身意愿主动地参与个性化的讨论、交流。但是在匿名、隐身的交往网络空间里,交往失范现象比较普遍,这是网络社会的一个典型特征。另外,网络社会受网络空间里虚拟交往特征的影响比较强烈,网络空间里的很多精神,比如,对个体的平等诉求、对个性化的宽容、对创新性的热爱演化为网络社会的时代精神,所以,网络空间里多元、开放的视角,改变着个体与社会的面貌。因而,网络社会是实体性与虚拟性共存的,网络社会相比工业社会,是更具变动、更具风险的社会。

需要重申的是,网络社会与工业社会的不同,是整个社会形态的不同,是精神理念的不同,必须把握网络时代的精神内核。表4-1的对比,有助于更加清晰地理解网络的时代精神。

表4-1　　　　　　　　网络社会与工业社会的比较

	网络社会	工业社会
生产方式	互联网技术的应用	机器大生产
主要资源	信息、知识	机器、土地

---

① 郑中玉、何明升:《"网络社会"的概念辨析》,载于《社会学研究》2004年第1期。

续表

	网络社会	工业社会
资源配置方式	各社会组织之间的广泛联系	各社会组织内部的分工、协作
人的主体性	多极主体	单一主体
人的存在形态	虚拟性与实体性的存在	实体性存在
交往范围	跨越时空的普遍交往	时空局限的有限交往
交往形式	基于人—机—人的电码信号交流	基于语言、文字的交流
社会形态	自由、开放、平等、民主	封闭、阶层固化、不平等
人的价值	每个人个性的充分、自由发展	个体的工具性价值
个性要求	信息素养、创新性	程序化

二、网络给学校德育提供的机遇

目前，德育学界对网络社会到来而产生的影响，多持消极态度。观点大体如下：(1) 网上不良信息对学生思想发展的误导；(2) 虚拟性与匿名性对人性弱点的放大，无监管导致的为所欲为；(3) 多元文化、价值观的冲击，极端自由主义的泛滥；(4) 网络游戏、网络交往的沉迷导致对现实生活的逃离，人格缺陷。不可否认，网络时代给学校道德教育提出了巨大的挑战，使以往静态、单一、平面化的学校德育变得更为复杂。但是，我们认为，网络社会恰恰给予时代精神相互依存的学校道德教育的深刻变革提供了条件。

"网络的信息空间有多大，德育的空间就有多大"。[①] 网络给学校德育带来了大量的德育资源，更求新的德育理念及方法，开阔了学校德育阵地，给学校德育的发展与变革带来巨大的机遇。我们认为，学校教育对网络时代的回应，不应仅仅局限在物质、技术层面，而应该总体把握网络时代的精神价值对教育的影响。因而，这里的分析主要集中在价值层面。从表 4-2 中可以看出，网络社会的价值取向与德育改革的价值取向是高度一致的。

表 4-2　　　　德育改革与网络社会的价值取向比较

	德育改革的价值取向	网络社会的价值取向
道德教育的目标	独立、自由的人	主体性
	好公民	积极参与公共生活

---

① 戚万学：《道德教育新视野》，山东教育出版社 2004 年版，第 191 页。

续表

	德育改革的价值取向	网络社会的价值取向
道德教育的方式与途径	变灌输为价值建构	交往实践
道德教育的价值导向	平等、宽容、批判、创新	多元、共存
道德教育的心理基础	尊重学生的成长需要	自由选择

（一）网络社会有利于学生的道德学习与道德实践

网络社会道德教育从"培养"论转向"学习"论，道德学习更加注重个体的自主性与价值的自我建构。网络社会的时代特点，为"道德学习"创造了条件。有论者指出，"在这种多元化、信息化的社会背景下，学习者需要拥有道德判断、推理和抉择的能力。新的社会环境要求学校德育把道德学习推向德育的前台，使其回归正确的位置。"[1] 道德学习区别于知识学习与技能学习，本质上是一种体验式学习。道德学习主要有如下四种方式：情境感受、活动体悟、价值辨析、道德反思。[2] 网络空间的"超文本"特性能够将不同时空的信息集中起来，实现教育在文字、图片、声音、影像等之间的转换，使学生身临其境地感受到生活事件、道德事件。网络社会里学生的同伴交往、集体参与比较频繁，交往中面临的道德问题，价值观的冲突、矛盾问题，需要个体学会协商、对话，在对话的基础上理性反思，构建道德图式。总体来说，网络社会有利于个体的道德学习与道德实践。

首先，网络生活开阔学生的视野，增强其对道德规范的理解。网络社会，"学习者的思想突破了学校'道德教育'的壁垒，主动触及、感知现实生活中存在的道德价值"。[3] 价值规范指向人的生活，学校德育传授的价值规范，是为学生现在与将来的社会生活作准备的。由于学生现实生活空间的局限，一些价值规范难免抽象化。网络空间的开放性、信息资源的丰富性，能对学生的思维起到开拓作用。网络上，学生可以感受到人类实践活动的方方面面，易于理解价值规范不是外在于人、压迫人的东西，而是人们交往实践的需要。这导向学生对价值规范学习的认同。价值规范不是一成不变的，对价值规范的意义、价值规范的变迁背景，学生需要有一个深刻的认识过程与情景，否则极易养成灌输式学习。

其次，当代社会价值规范的趋向多元，不同规范之间存在矛盾与冲突，对这

---

[1][3] 桑青松、朱平：《道德学习的本质属性与实践目标取向》，载于《中国教育学刊》2009年第3期。
[2] 王健敏：《道德学习的心理特点与基本方式》，载于《山东师范大学学报》（社会科学版）2005年第2期。

一现象的理解，单凭纯粹的学校生活，学生是无法完成的。当代道德教育理论，一是强调生活德育，通过学生的生活、行动来达到教育的目的。在网络生活里，学生面对大量信息时的观察、理解、思考、行动，就是一种道德学习的形式。二是强调主体性德育，注重主体能动地理解、反思、批判。也就是强调主体的能动作用，强调个体理解基础上的批判思维的养成。没有道德事件的触动，没有人们观念行动的对比，学生在校习得的很多道德规范是僵化的，对其理解难免偏颇。这就需要开拓学生的生活视野与行动范围。学生的视野如果局限在一个窄小的时空范围里，其对规范的理解无疑会比较困难。

最后，网络生活为学生的道德践行提供了条件。道德教育传授的价值观需要进过认知、情感、践行几个过程才能真正内化。高德胜曾指出，在统一、效率等工业理念的指导下，道德教育蜕变为知识学习、符号学习、意义学习与践行学习，由于效果的不可测量性，被认为是一种教育资源的浪费。网络提供了大量践行的机会，学生在践行中体悟意义，内化观念。践行离不开交往，离不开参与，网络空间里由于主体的能动性、交往的普遍性，能为道德教育提供一个天然的支持空间。在网络空间里，学生就所学道德规范相关的事件积极参与讨论与行动，表明自己的立场，就是一种道德行为。由于网络世界的无所不包，价值规范可以在网络空间里得到践行，所学价值规范的适用性与合理性问题都可以在网络践行中得到检验。

（二）网络社会有助于培养新型人格

网络是一片沃土，个体人格与道德的发展能受到充分的滋养；网络同时也是一个助推剂，加速人格的转型。充分发挥网络的优势，有利于培养新型人格和道德品质。

1. 有助于主体性人格的生成

多年前，鲁洁先生疾呼："从中国的现实出发，我们必须承认对于个体价值的确认和个体独立人格的培养是我国教育的一项至今远未完成的重要任务。"① 其指的就是教育中没有认识到每个个体独特个性蕴含的价值，没有针对主体性的价值理念而变革教育理念、教育内容与教育方式，没有培养学生的主体性人格。从理论上来看，主体性人格相对于依附性人格，指的是在社会生活中，能够独立选择、独立判断、独立行动，对自己的行为有充分的责任意识的独立自主的个体人格。现代教育崇尚的是个体的独立自主与创造精神，培养学生敢于质疑、批判与创造的个性。这一点，与网络社会里对个体的要求是非常吻合的。

---

① 鲁洁：《当代德育基本理论探讨》，江苏教育出版社2003年版，第72页。

网络社会，个体面对着汹涌澎湃的信息时，为了防止被海量的信息淹没，个体必须具备相当强的审视与判断能力。此外，网络时代，人们垂手就可获得大量的信息，哪些信息有用，哪些信息无用，哪些信息是真，哪些信息是假，都依托于学生的独立选择与独立判断能力。同时，网络空间具有很强的自由属性，个体能够自由选择、自由行动，但是，网络自由是有限度的，是与道德、规范、法律相结合的，这就特别强调个体自我控制，也就是自律，否则网络生活将遭到破坏，造成个体生活的混乱。行为规范需要内化到个体的心中才能够对个体行为有指导意义，在网络空间，每个个体在自律的前提下过着主体式的生活。

2. 有助于交往型人格的形成

交往型人格即喜爱交往，善于交往，实现与他人共同生活、和谐共存的个性特征。引导得当，交往型人格更易产生对公共事务的关心、参与，有利于公民品格的养成。交往是人的基本需要，也是人的基本实践方式，促进了人的发展，交往在改造了世界的同时也改变了人类社会。当代西方思想家哈贝马斯构筑了一套交往行为理论。他将人的行为分为四种：目的性行为、规范调节行为、戏剧性行为、交往行为。① 目的性行为对应个体认识自然界和客观世界的实践活动；规范调节行为对应着个体接受社会规范调节的行为；戏剧性行为对应的是个体有意识的表现自己的主观性行为。唯独交往行为，是能够达到主体间性的，因为它集认知的真实性、行为的正当性、主体的真诚性于一体。交往理性有利于克服以往人与人之间交往过程中简单的主客二分思维，同时又能够利于个人的积极参与和人际互动中共识的有效达成，以促进个人与社会的共同发展。有鉴于此，他将"交往"界定为人与人之间以言语为媒介，通过对话达至人与人之间相互"理解"与"一致"的行为。传统社会里，阻碍交往的原因主要体现在几个方面：(1) 人与人之间在信息的收集和获得环节上，往往由于社会资本、生活环境、教育背景、人际资源的不同处于不对称状态。(2) 主体之间的不平等观念与权威意识。(3) 学校教育对于交往的排斥，主"静"的学习观更需要个体反求诸己，静心思考，不去创造交往的条件。

按照杜威的经验主义哲学来讲，缺少与外界的交往互动，学生的品格将缺少发展的资源与动力。互联网技术发展之前，受交往主体的观念、交往的时空、交往环境的限制，人与人之间的交往是很不充分的，数量与质量都较低下。互联网社会的到来，人与人之间普遍的、真实的交往才有了可能。原因有三：第一，互联网打破了时空限制，人们之间凭借一个鼠标、一个显示器就可以相互联系。网

---

① ［德］哈贝马斯著，曹卫东译：《交往行为理论（第一卷）》，上海人民出版社2004年版，第83～85页。

络空间打破了人们交往时地缘的限制，生活于不同区域的人们普遍有了交往的可能。在互联网上，大到世界形势、国家政策，小到穿衣、吃饭，人们都可以就自己喜欢的议题与兴趣相仿的网民共同讨论、沟通，人与人之间的联系更紧密了，交往互动的频率增强了。第二，由于互联网的虚拟性与匿名性，人们在交往过程中能够表达自己的真实想法，而不像"在场"交往时双方有太多的顾忌，物理空间的交往往往由于习俗、环境的暗示作用，主体容易戴上面具，将自己的真实意图隐藏起来。互联网的特点利于主体间的真诚交往。第三，网络空间中人与人之间处于平等地位，每个人都是信息的接受者，同时也是信息的传播者，每个人在信息面前都是平等的，收集与利用信息的机会是向每个人敞开的。

3. 有利于批判性人格的养成

传统德育中批判精神缺失的原因：一是主体性的沉睡；二是信息的堵塞。网络社会的到来，改变了这一局面。网络空间是一个开放的空间，生活于各网络终端的人们由于生活背景、文化背景的不同，拥有差异极大的价值观。人们交往过程中，各种价值观都在网络平台上呈现，经受审查、评判，会使个体认识到自身原有价值观的局限，使思维方式、思想观念有一个大的飞跃。人们通过网络空间的交往，会逐渐认识到，任何道德行为规范、生活方式都不是唯一的，每个民族、每个社会、每个个体都拥有不同的价值观念。

价值多元与自由精神、主体性精神的结合，使得"网络可以成为人们手中进行充分质疑、挑战及表达不同思想的工具，所以网络时代可以构成一个具有批判思考的时代"。网络世界里，各种价值观念相互交融在一起，什么样的行为规范才是合理的呢？学生们可以批判反思现今存在于自身生活中的观念的利与弊，不再拘泥于社会习俗。综上，批判性人格的养成，利于信息爆炸时代主体的明辨，而不至于使学生在信息世界里迷失。

（三）网络社会为改革传统学校德育指明了方向

长期以来，传统德育有如下特点：首先，传统学校进行的是一种知性、规范、成人取向的德育，德育的价值在于为学生将来参与社会生活作准备。其次，师生关系的不平等。学校教育者以长者、权威自居，学生则是不成熟的群体，学校空间里，一些制度安排与教学结构的安排是以师生关系的不平等为前提的。再次，忽视学生的生活实际。学生只需要学习学校提供的课程内容，按照学校的规范行动，学校里学生的自由被限定在很有限的范围内，学校德育忽视了学生的生活，学生生活总体来说是压抑的，生活的意义是外在的，德育的意义必然也是外在的。最后，忽视公共生活的参与，关注视角多局限在个体狭小的集体生活圈内，表现为对集体规范的被动服从。网络社会里，主体性高扬，生活视野不断扩大，平等化、个性化、多元化不断深入人心，个体的自主选择、自主参与力度不断增强。在尊重个体的主动性与独特性的基础上，师生关系、教育方式、管理方式更加民主，教育理念着重培养学生的选择能力与批判能力。具体说来，传统德育的改革方向与网络社会状态下的精神、价值观是相吻合的，网络社会为传统学校德育的改革指明了方向。

三、学校德育对网络时代的应对

在网络社会中学校德育如何进行变革，从哪些方面进行变革，教育界一直在努力探索之中。基于对网络社会的特点及其网络社会提供的机遇进行的分析，我们认为，网络时代，学校德育应从观念、目标、方法上加以变革。

（一）正视网络的德育功能

在网络空间里，由于存在平等、开放、非强制性等特点，学生更容易在不知不觉中接受、习得、践行这些价值观。以致在学校教育中，学生表现为不相信权威、敢于质疑、挑战权威；对教师的生硬说教嗤之以鼻；对教师的过多干预深恶痛绝。正是因为网络空间与学校空间有很多价值冲突的地方，学校不再是学生接受教育的唯一和主要地方，学生的心灵会严重受到外界的影响，学校教育的影响力会降低。因而，互联网时代来临时，很多学校教育者疾呼："狼来了。"我们认为，教育者应该理性审视网络的德育功能。

首先，重视网络空间的德育功能。高德胜在研究实体空间时，提到"社会空间里不仅弥漫着社会关系，还具有伦理功能"，"空间不是沉默不语的，它会说话，深刻地诉说着人际关系和伦理规范"[1]。其实这些结论对于网络空间是同样适用的。网络空间里，看似个体的自由是无边无际的，行为是无拘无束的，其实不然，网络空间也同样弥漫着社会关系与伦理规范。个人一旦从物理实体空间进入网络空间里，这里诉说的是自由、平等、多元、共存的伦理规范及精神。每一个个体都是平等而自主的；每一个个体都是独立且自由的；世界是多元的、个性是多元的、价值观也是多元的；网络空间里的价值规范，会无形之中影响学生的个性发展，作为数字化影响下的一代，当今学生个性的自由、自主，观念的开放、多元，显然已经大大超过学校空间里所提供的教育影响。

其次，网络生活经验是学生生活经验的一部分，网络生活参与着对学生个性的塑造。网络生活与学校生活共同构成学生的实际生活，它们之间具有学生经验

---

[1] 高德胜：《论空间的德育意蕴》，载于《教育研究与实验》2006年第4期。

发展的"连续性"与"交互性"。连续性指的是个体在不同生活空间的依次继替,学生从现实学校空间走出,就进入网络空间或者其他空间,接受这些空间的影响。交互性指的是网络空间与学校空间是相互影响的。杜威指出:"教育者的主要责任是不仅要通晓环境条件所形成的实际经验的一般原则,而且也要认识到实际上哪些环境有利于引导生长的经验。最为重要的是,他们应当知道怎样利用现有的自然的和社会的环境,并从中抽取一切有利于建立有价值的经验的东西。"① 这就要求学校教育应加强学生的上网指导教育,扩大德育的范围。作为指导、传授学生日常生活行为规范的道德教育,不应忽视学生在网络空间里的行为表现,因而学校应针对学生在网络空间的行为特点,加强网络领域的道德教育,防止网络生活的"失范"。如赵志毅、万谊认为,"以'网民'的上网行为构成的网络活动是网络社会最普遍、最基本的现象,是网络德育学中最基本的概念。""网络德育的实质是网络道德规范的制定与上网者行为规范是否符合道德标准的教育。"② 张茂聪、王培峰也有如此理解,他们从网络交往伦理角度指出,应重建青少年的交往伦理。③

(二) 培养具有信息素养的主体

网络生活如今已经成为学生的重要生活形式,但对于学生信息素养的培养,学校教育还没有充分重视,一边是网络时代轰轰烈烈的到来,引起社会形态、个体生活方式、观念的极大变革;一边是信息素养的理解及其对学生发展意义的认识模糊不清。关于学生的信息素养,华南师范大学的桑新民教授认为,信息素养包含以下六个方面:(1) 能有效地获取信息;(2) 熟练和批判地评价信息;(3) 有效地吸收、存储和提取分析的信息;(4) 以多媒体的方式来表达信息和创造性地使用信息;(5) 把支配信息的能力转变为自主学习和交流的能力;(6) 学习、训练和提高作为在信息时代公民的道德观、情感、法律意识和社会责任感。④ 简言之,信息素养指的是在信息加工、批判、应用的基础上,利用网络进行自主学习,参与交流与合作,成为合格公民的能力。

因此,学校道德教育的目标应自觉的变革,以适应网络社会要求。网络既是

---

① [美] 杜威著,姜文闵译:《我们怎样思维·经验与教育》,人民教育出版社1991年版,第264~265页。
② 赵志毅、万谊:《"虚拟环境"中的真教育——建构我国"网络德育学"的几点思考》,载于《南京师大学报》(社会科学版) 2005 年第 3 期。
③ 张茂聪、王培峰:《网络交往伦理:青少年网络道德教育的新视域》,载于《教育研究》2007 年第 7 期。
④ 转引自蔡伟仁、丁卫东:《基于批判性思维的信息素养教育》,载于《江苏大学学报》(高教研究版) 2004 年第 2 期。

一种技术因素，同时也是一种观念力量。随着网络社会的到来，人们的生活方式、思维方式、价值观念都有了相应的变化，这是时代发展的必然，是道德教育的时代背景，也是时代对学校道德教育提出的要求。鲁洁先生认为，在网络社会里，"我们应该充分发挥网络优势，通过人—机—人的互动而逐步孕育出网络社会新型人格和道德品质。"① 即应该培养信息世界的主体、符号世界的主体、道德世界的主体；也即学校德育应在尊重网络时代精神的前提下，利用网络技术，培养具有良好网络精神和信息素养的个体，通过培养具有理性、批判精神的人，创造新的道德规范，引领社会的积极健康发展。具体说来，学校德育应指导学生学会利用网络，高效地收集、选择、加工信息；较好地处理网络与学习、生活之间的关系，做网络的主人而不是网络的奴隶；积极参与公共事务与公益活动，以积极开放的心态参与社会变革。

（三）以引导代替灌输

人们的价值观念、思维方式、生活方式发生了改变，学校道德教育不能罔顾社会变化的事实，固守原来的教育理念、教育方式，造成学校道德教育与社会脱轨，效率低下，甚至南辕北辙。

首先，高扬主体性德育和生活德育。网络时代的自由、自主精神对学校德育提出了挑战，学校德育必须主动变革。网络时代，学生的主体性精神张扬，具备强烈的自由、平等、质疑精神，同时，生活视野、生活范围的扩大使得德育面临的问题更加复杂。学校德育无法教给他们所用空间、所用情况的道德"应当"，其只有依靠审慎、理性的主体精神，做出合理的行为。我们认为，网络时代，学校德育不仅要培养主体性，同时也必须依托主体性。网络社会中，生活中各种美丑善恶事件极易得到传播，个体必然受到影响，封闭式的学校德育、不与外界生活联系的德育肯定是无效的。这就要求学校德育充分利用网络时代的特点，尊重学生的个性特点，以主体性德育和生活德育为旗帜，提高德育实效。

其次，更新德育方法和思路，引导学生进行自主价值建构。檀传宝教授认为："德育是促进个体道德自主建构的价值引导活动。"② 在网络时代，这句话更加具有现实意义，原因如下：（1）网络时代学生接受信息的广度与深度都在提高，具有开放、多元的道德观念，这为学校德育提供大量德育资源。多元价值观如果不加以引导，会变成道德虚无主义，如果强力控制，道德规范进入不了学生

---

① 鲁洁：《当代德育基本理论探讨》，江苏教育出版社2003年版，第213~216页。
② 檀传宝：《德育原理》，北京师范大学出版社2007年版，第6页。

的内心。因而只能依靠对道德问题及其道德原则的讨论，进行思想的交流与碰撞，引导学生自主建构。(2) 网络时代，更加注重自律性的道德养成。网络生活的匿名、监管缺乏的特性，如果没有道德自律，很容易导致道德行为的失范。只有价值引导与自主建构的德育方法，才能使道德规范深入内心，才具备指导行为的力量。

第五章

学校德育体系建设的制度创新

我们认为，制度创新是全面加强学校德育体系建设的关键。由此必须回答的一系列问题是：全面加强学校德育体系建设，何以重视制度创新？制度创新的层次、类型有哪些？各个层次、各种类型的制度其历史沿革、当代困境、未来走向又如何？作为制度的重要形式，法律是否应当为学校德育体系建设提供支持？又该如何支持？

第一节 制度创新的理论基础

学校德育体系是学校为促进学生品德发展，综合校内外各种德育要素、活动、环境，构建合理的体制、机制，进而形成的一个整体系统。这其中必然包含了制度。制度既是学校德育体系的一个构成性要素，也是学校德育体系的稳定形态的表达。研究制度（包括学校制度和国家制度）能够为全面加强学校德育体系建设提供一条制度建设的思路。同时，依据我们所持的制度德育论立场，重视制度建设正是题中应有之义。

联系到我国一个半世纪以来的现代化历史进程，并对这一历程进行制度视角的反思，可以得到一个基本结论：制度变革既是社会进步的结果与标志，也是推动社会进步的力量。小的制度变革带来的是小的社会进步，大的制度变革带来的是大的社会进步，根本性社会制度的变革就是社会的根本进步。我国20世纪80年代的改革开放，也是以制度变革为突破口的。农村的"包产到户"这一生产和分配制度的改革，带来了农村的根本变化；城市里打破"大锅饭"，采用承包制，发展市场经济，带来了城市经济的活跃。受经济体制变革的影响，多劳多得、公平竞争、时间观念、效率意识等市场经济伦理逐渐被国人接受。

下面我们将对制度育德的心理机制进行分析。

"机制"原指机器的构造和工作原理，后引申为有机体的构造、功能和相互关系，如生理机制，或者指一个工作系统的组织或部分之间相互作用的过程和方式，如竞争机制、市场机制。① 由此可知，"机制"实际上是就客观存在的、事实中在起作用的过程和方式而言的。基于此，我们研究学校制度影响社会主义合格公民生成的机制，实际上就是要解释为什么制度能够客观上影响公民的养成，或者说，制度事实上是如何影响公民养成的，而不是主观建构一套方式、手段，进而"认为"通过这套所谓的"机制"，制度可以影响公民养成。

以心理学的视野来看，公民可以被看作是具有公民道德、公民精神的集合体。公民道德、公民精神属于道德品质，包括自由、平等、尊重、责任、正义、权利、公平等。因此，问题就转化为，制度事实上是如何影响学生的这些优良品德的？

（一）对儿童品德发展机制的认识

任何以促进儿童品德发展为目标的德育模式或理论，都必须解释其所倡导的核心要素是如何促进儿童品德发展的。不过，在解释制度是如何促进儿童品德发展之前，必须先给出儿童品德发展的一般机制。因为任何要素想要促进儿童品德发展，都必须以儿童品德发展的一般机制为基础。换言之，如果违背了儿童品德发展的一般机制，其有效性也必然无从保障。

在品德心理学的视域之下，研究者对个体道德发展核心机制的认识经历了道德内化与道德化两个阶段。②

1. 道德内化

早期观点认为，道德内化是个体品德发展的核心机制，指的是个体在外部环境影响下，将社会的道德要求、道德规则转化为自身动机系统的一部分，从而在无外界压力的情境中作出道德行为。③

---

① 夏征农、陈至立：《辞海》（第六版彩图本），上海辞书出版社2009年版，第1000页。
② 刘春琼：《"道德内化"究竟内化什么？——道德心理学的争鸣、转向及其教育思考》，载于《上海教育科研》2010年第9期。
③ 顾海根：《道德内化的心理分析》，载于《上海师范大学学报》（教育版）1999年第2期。

"道德"何以内化？具有代表性的观点有五种：涂尔干的社会学倾向（纪律内化观）、弗洛伊德创立的精神分析取向（情感内化观）、班杜拉为代表的社会认知取向（行为内化观）、以皮亚杰、柯尔伯格为代表的认知发展取向（认知内化观）和以霍夫曼为代表的道德结构内化观。表5-1为不同取向道德内化观对照表。

表5-1　　　　　　　　不同取向道德内化观对照表

	内化之物	内化过程	内化结果	内化年龄	内化途径	代表人物
社会学倾向	纪律精神、群体依恋、自主性	—	纪律精神、社会情感、科学知识	不明	惩罚、习惯、集体环境、学科教学	涂尔干
精神分析取向	来自父母的道德标准	对父母道德标准的认同	超我	儿童期	对父母的认同、爱的撤回	弗洛伊德
社会认知取向	行为规则	单个行为的内化	行为习惯	不明	强化、榜样、惩罚	班杜拉
认知发展取向	公正原则	阶段发展	道德判断	整个认知发展时期	道德认知训练、角色承担	皮亚杰、柯尔伯格
道德结构取向	行为的理由和行为规则	认知机制与动力机构	认知和情感形成的道德结构，主动的道德动机	主要为儿童期	父母的纪律教育（主要是诱导）	霍夫曼

资料来源：刘春琼：《"道德内化"究竟内化什么？——道德心理学的争鸣、转向及其教育思考》，载于《上海教育科研》2010年第9期。

2. 道德化

上述诸道德内化观，其内化之物要么不全是道德，还包括非道德元素，如社会认知取向、精神分析取向；要么是片面的道德，如社会学倾向、认知发展取向、信息加工取向。在这个意义上，"道德"内化多少有些名不副实。经过几十年的发展，目前道德心理学界出现了一股不容忽视的潮流，即以道德化来代替道德内化作为道德心理发展的核心机制，[①] 强调认知的道德性、情感的道德性和环境的道德性。

无论是认知、情感还是环境的视角，都凸显了道德化机制的特性：一方面，

---

① 刘春琼：《"道德内化"究竟内化什么？——道德心理学的争鸣、转向及其教育思考》，载于《上海教育科研》2010年第9期。

个体之外的事物一定要含有道德元素才能够影响个体的品德发展，否则，个体得以发展的就不是道德品质。另一方面，含有道德元素的事物之所以能够影响个体的品德发展，依赖于个体的道德心理要素对外在道德的"反应"。因此，个体的品德发展是外在道德与内在道德相互作用的结果，二者缺一不可。

道德化机制，区分了外界的道德元素与非道德元素，强调了个体道德是对外界的道德元素有所反应。也就是说，外在的道德对应着个体内在的道德，二者之间具有一种"呼应"或"激活"的关系。一方面，如果外在环境不含道德，那么个体得以发展的也未必是道德；另一方面，如果个体内在不具有某种道德元素，即使外在事物中包含道德元素，也无以"呼应"。"儿童品德发展机制"的不同认识如表5-2所示。

表5-2　　　　　对"儿童品德发展机制"的不同认识

	内容	影响方式
道德内化	关注外在规则、规范如何内化为个体的内在品质。外在规则、规范等没有以"道德"为依据进行分化，内化之物未必是道德，而可能是其他事物	灌输，内容是否道德不清楚
道德化	关注内化之物是否具有道德意义。因为只有具有道德意义的事物才能够影响个体道德心理，而非其他品质	感染，但个体道德发展的内在机理不清楚

（二）制度情境是包含了道德元素的情境

1. 制度情境

情境不仅仅是人们行为的一个背景、条件，更是人的存在方式，人就是以在情境中建构情境的方式存在的。"制度"与"情境"不是外在的包含关系，而是制度必然具有情境性以及情境在不断制度化的内在关系。因此，"制度情境"指称的就是人的一种可能存在方式。在这种存在方式中，人们建构的内容含有规范性要素，人们认识、理解以及实践的客观环境也含规范性要素。在广义上，凡是包含着规范性要素的情境，都是制度情境。在狭义上，制度情境指的是被制度所规定的情境，或者说，包含着"制度"这一要素，并且制度的内容及其价值会激励主体后续行为的情境。

2. 制度情境中的道德元素

从情境的视角来看，社会中的道德元素必然存在于情境之中，要么存在于A者的情境之中，要么存在于B者的情境之中。制度情境是一种可能的情境，因而具备包含道德元素的可能。不过，可能性并不代表必然性。根据上述分析，个体品德发展有赖于道德化机制，那么，制度情境能否在道德化过程中占有"一席之地"呢？如果制度情境能够融入道德化过程中，也就证明了制度情境具备促进个体品德发展的可能。问题的关键在于：制度情境是否含有道德元素？

事实上制度情境中含有道德元素，体现在如下几个方面：

第一，制度情境中的诸非制度要素可以含有道德元素。制度情境中的非制度要素包括时间、空间、人物及其关系、事件等。这些非制度要素含有道德元素，指的是可以对它们的具体内容进行道德评价。例如，同学 A 给同学 B 起绰号，并以此取笑同学 B。"起绰号""取笑"就是该情境中的事件。通常认为，"起绰号"和"取笑"他人是不道德的，这意味着可以对它们进行道德评价。在这个意义上说，该情境内含有道德元素。

第二，制度情境中的制度要素必然含有道德元素。首先，制度对某个（些）非制度情境有所规定这一事实本身，或者说，制度存在的事实本身，就必然内含了道德元素。当一个校园中到处充斥着学生打架的情境，而学校制度未对学生打架事件有所规定的话，我们就可以认为该学校制度的道德合理性较低。当学生课间在操场上玩耍时，学校制度对学生能够玩什么、应该如何玩都进行了规定的话，我们也难以认为该学校制度的道德合理性较高。可见，制度存在，必然会对某些情境进行规定，也必定难以规定生活的全部情境。如何选择情境，选择哪些情境，恰恰就体现了制度的道德性。在这个意义上说，制度情境中的制度要素内含了道德元素。其次，制度的内容中直接规定了若干道德原则或道德规则，这些道德原则或道德规则既可能经常出现在学校的日常情境之中，也可能几乎不出现在学校的日常情境之中。最后，制度对相应情境的激励程度也具有道德性。是否对不道德的行为、不符合学校规定的行为给予适度的惩罚，以及是否对道德的行为、符合学校规定的行为给予适度的奖励，都具有道德性质。总之，制度的激励程度是否与情境相匹配，是可以做道德评价的。

如果制度情境中的非制度要素与制度均含有道德元素，那么，制度情境就必然含有道德元素，且更为复杂。主要表现为三个方面：制度是否对发生的道德情境有所规定；制度规定了部分道德情境，但也有部分道德情境未被制度所规定；制度对道德情境的激励程度。

第三，制度情境所营造的氛围含有道德元素。情境一个接一个地出现，制度要么有所规定，要么没有规定。无论规定与否，制度情境与非制度情境交错在一起形成的制度氛围都含有了道德元素。制度对全部情境的影响是从制度对制度情境的影响衍生出来的，即由具体的情境扩散为整体的环境。在营造制度环境或制度氛围的意义上，制度情境也是含有道德元素的。

由此可见，制度情境之中必然含有道德元素，因此具备了促进个人品德发展的可能性。又因为人们总是不可避免地、甚至主要的生活于制度情境之中，制度情境就具备了促进个人品德发展的必然性。

3. 品德与情境

品德是指个体在一系列道德行为①中所体现出来的经常的、一贯的共同心理倾向。人是在具体的时间、空间中生活的，人的行为必然是具体的，发生在一定的情境之中的，不存在无情境的行为。在这个意义上，一个人品德水平的高低，实际上是通过一系列的"情境—道德行为"而体现出来的，"道德行为"实际是"情境—道德行为"的简写。只有在不同的、连续的情境中表现出一贯的、稳定的道德行为，才能够说一个人的品德水平较高。在这个意义上，品德是跨情境的。如果一个人的道德行为表现受限于具体的情境，则说明其品德水平较低。品德发展就是在具体的情境之中，由一系列道德行为体现出来的心理倾向从不稳定向稳定发展的过程。

制度情境是个体得以生存的极其重要的一种情境，品德发展必须依赖个体在制度情境中的表现。就在制度情境之中来说，制度既"告诉"人们可以（应该）做什么，也"告诉"人们不可以（不应该）做什么。通过"告诉"人们不可以（不应该）做什么，制度减少了情境的可能性、不确定性，从而规范个体在进行道德行为选择时的可能心理倾向。就建构制度情境来说，不同的人可能建构出不同的制度情境，制度情境不同，人们可以做什么、不可以做什么的选择也就不同。在此双重意义上，制度情境不可避免地影响着个人道德行为的表现，从而影响个体的品德发展。

（三）制度情境影响儿童品德发展的方式与手段

1. 制度情境影响学生品德发展的两种方式

制度情境以何种方式影响个体品德发展？我们认为，存在两种方式：第一种是情境制度化；第二种是制度情境化。前者意在建构情境；后者意在建构制度。

（1）情境制度化。

情境制度化是以情境为对象，强调人与客观环境的互动由"非制度的方式"向"制度的方式"发展。之所以要将情境制度化，是因为对于部分情境而言，制度化的情境更有助于人们做出合乎他人期待的行为，如红灯停、绿灯行，不许偷盗、打人等。每个人都在制度化的情境中行动，每个人都能预期到他人在同一情

---

① 道德行为是指可做道德评价的行为，包括道德的行为和不道德的行为，道德冷漠属于广义上的不道德的行为。道德冷漠与狭义上的不道德的行为的关系，可以参见高德胜：《再论道德冷漠与道德教育》，载于《教育研究与实验》2015年第5期。

境中的行动，从而改善了人们生活于其中的情境，同时改善了人们的生活。在这个过程之中，人们不仅行为更加有序，也认同了情境的制度化方式，从而可能将该情境的制度化方式内化为自我的一种认知方式或行为方式。

就情境制度化有助于减少人际冲突而言，它本身就是道德的。反之，对于无序的、混乱的情境，若可以选择制度化而不制度化，本身就是不道德的。在这个意义上，合理的情境制度化，就是提供了一种道德的情境。若要培育学生优良品德发展，就应充分审视学生的生活情境，将尚未制度化且可以制度化的情境以某种合理的方式制度化。

情境制度化既是一个认识、理解、实践于制度化情境的过程，也是一个制度化的认识、理解、实践于情境的过程。由于人的存在方式就是在情境中建构情境，情境制度化，也就意味着人的存在方式制度化。由此，"制度化"就实现了从情境到人的转移。

不过，情境可以制度化，并不意味着任何情境都应该制度化。只有当制度化的情境比不制度化的情境更能有效约束个体的不合理、不道德的需要、行为，或者更能有效激励个体的合理的、道德的需要、行为，情境才应该制度化。例如，在选举班干部的情境中，为什么选举、谁可以参加选举、如何选举等，若没有制度规定，不仅秩序、效率无法保障，选举出的班干部也难以具有公信力。若人们所在的情境较为混乱，人们在此情境中建构的情境也难以让人认可。反之，若将选举班干部的情境制度化，受班干部制度影响的人都接受制度化的班干部选举方式，那么，选举班干部这个情境更为合理，选举的班干部也能够得到普遍的认可，从而实现一种优质的"情境循环"。

凡是涉及公共生活的情境，都可以制度化。以情境内容的四要素为依据，涉及公共生活的情境包括公共时间、公共空间、公共事件、公共交往等方面。比较而言，涉及私人生活的情境，则不宜制度化。以情境内容的四要素为依据，涉及私人生活的情境包括私人时间、私人空间、私人事件以及私人交往等方面。

（2）制度情境化。

制度情境化是以具体制度为对象，强调把具体制度从客观环境中分化出来，成为个体的生活情境的一部分。制度具有情境性。但是，具体的制度并不都是具体个体的情境。换言之，每个具体的个体所经历到的制度数量、种类都是有限的，而客观环境中的制度数量、种类却远远多于个人所能经历的。制度情境化，就是针对具体个体而言的，是将具体个体未经历的制度"呈现"在他（她）的面前，使其既可以认识、理解、评价自己不可能经历的制度，例如其他国家的种种制度，也可以制订、执行、修订、评价、变革自己能够经历的制度，例如对于多数学生而言，学校制度是由学校管理者或教师制订的，学校制度制订并不是学生的情境，制度情境化就是要让学生"直面"学校制度制订的过程，参与其中。

制度情境化，就是使具体的个人、群体能够参与到某个（些）具体的制度制订、执行的过程之中。参与的过程，也就是这个（些）具体的制度成为具体的个人、群体的情境的过程。

2. 制度情境影响学生品德发展的手段

无论是把情境制度化，还是把制度情境化，制度情境都要通过一定的手段才能作用于个体的品德发展。这种手段可称之为"激活且激励"，简称为"双激"手段。"激活"是指制度情境内蕴道德元素，当个体意识到某个制度情境时，制度情境就会以自身的道德元素去激活个体的道德心理，包括道德情感和道德判断。"激励"是指制度情境内蕴制度元素，当个体意识到某个制度情境时，制度情境就会以自身的制度元素去激励个体的道德行为。

制度情境之所以具有"激活且激励"这一手段，得益于制度情境的复杂性，即包含着"制度"这一要素，并且制度的内容及其价值会激励主体后续行为。因为制度情境中的道德元素与制度元素并不是相互独立的，而是交织在一起的，即制度元素中有道德元素，道德元素也部分地存在于制度中，所以，制度情境在激活个体的道德心理时，也预期着个体的道德行为，在激励个体的道德行为时，也在激活着个体的道德心理。所以，"激活"与"激励"是合二为一的。

（四）以制度情境为中介的制度育德路径

从制度情境的视角看制度育德，制度就是通过进入个体的情境之中，以制度情境的方式影响个体品德发展的。情境的具体要素就是制度的载体，也即通达制度与个体的外在路径。通过对制度情境的认识与理解，个体被激活的道德心理则是通达制度情境与道德行为的心理路径。以制度情境为中介的制度育德路径可以表述为：制度—制度载体（情境）—个体道德心理—个体道德行为。

1. 道德的制度

第一，制度存在。作为规范人的行为的工具，制度的存在本身就具有道德意蕴。依靠外在的强制性，它降低了不道德行为的发生概率，也降低了每个人遭受不道德行为侵犯的概率。

第二，制度不僭越到私人领域。社会认知领域理论认为，个体的社会认知具有领域上的区分，包括道德、社会习俗与私人三大认知领域。[①] 当个体意识到外在的规范僭越了原本不属于它应当管辖的领域，侵犯了个体的私人领域时，个体

---

① 刘春琼：《领域理论的道德心理学研究》，上海教育出版社 2011 年版，第 2 页。

就会认为规范是不道德的。一个道德的制度，至少不应该出现制度错位的情况，也即制度规范了原本不应该规范的行为。根据社会认知领域理论，制度错位可以理解为人们主观认为制度规定了原本并不属于它"管辖"的领域。例如，"女生必须留齐耳短发""宿舍不许挂窗帘"等规则，在学生眼中就是制度错位，因为它们规定了学生认知中的私人领域事件。在这个意义上，日常口语中的"制度太多了""制度太细了"并非是指合理的制度太多、太细，而是指存在着大量不应该存在的制度或者制度中存在着大量不应该存在的规则。

第三，在道德和习俗领域，制度公正。① 首先，制度的形式公正，即程序正义。制度的制订、施行、评价、修正、变革的主体应该是全体学生所认同的；制度的程序应该是公开的；制度的"立法者""执法者"与"司法者"与普通学生的人格、地位应该是平等的；其次，制度的激励公正，即给予遵守或违反制度的个体以适度的激励，包括奖励和惩罚，否则则为制度失衡。制度失衡即为制度的激励不公正，是指制度的实际约束力度与应受得的激励不匹配。例如，一经发现考试作弊就开除，对恶意伤人者只是给予警告，一人犯错集体受罚等。

第四，制度对情境的丰富。制度对情境的丰富，指的是由于制度的存在，使得个人生活于其中的具体情境得以拓展，不再局限于"常规的情境"，如上课、下课、吃饭、睡觉等。制度对情境的丰富，就是对时间、空间、人物以及事件的丰富。例如，就空间而言，原有情境全部发生在学校。制度对情境的丰富则可以体现为将空间情境拓展到学校之外更广阔的自然环境或社会环境，如定期的春游、秋游、参观博物馆、纪念馆、到监狱听犯人做报告②等。就事件而言，原有情境主要是上课、下课等常规情境。制度对情境的丰富则可以体现为对活动的丰富，如设置各种兴趣课程、兴趣小组，在固定时间学生可以根据自己的兴趣进行自主的参与。就时间而言，原有情境全部发生于固定的时间之中，几乎占据了学生的全部时间。制度对情境的丰富则可以体现为压缩固定的集体行动时间，给学生留出自主活动的时间，从而使得学生能够有自主经验更多的、"意想不到的"情境。③

---

① 这里的"制度公正"指的是狭义上的制度公正，主要是针对制度的形式和内容而言。在广义上，制度公正则包括制度得以建立的依据的公正、制度的程序公正以及结果公正。

② 华中师范大学第一附属中学每年定期带学生到监狱进行社会实践，主要是通过听取犯人的报告、参观监狱以及监狱生活等形式，让学生切身感受犯罪的后果，从而达到培养学生法制观念、道德观念的目的。可见，定期带学生到监狱参观的制度规定，就是丰富了学生的原有情境，从而有助于学生品德发展。

③ 华中师范大学第一附属中学在过去的20余年中，坚持"540"模式，即上午固定5节课，下午学生自主选择4节选修课，晚上不上课的模式。其教育理念是"把时间还给学生，把方法教给学生"。可见，时间成为学生自己的时间，不同的学生就能在相同的时间去经历不同的情境，因为自主选择，故而情境能够更大程度上对学生的自我发展产生影响。

2. 道德的制度情境

制度是非物质的思想、观念，而思想、观念（最初）不会凭空被人感知。若要想被人所感知到，甚至能够作用于人，前提是它们具有向人传递的特定载体。"如果我们仅仅关注符号性的事物，那么就会出现一个常见的错误，即把符号系统与其所嵌入的社会背景割裂开来。"① 从情境的视角看传递制度的载体，载体就是各种各样的情境。

道德的制度对若干情境进行了规定，从而使得这些情境成为道德的制度情境。道德的制度情境是道德的制度促进个体优良品德发展的关键，因为人以在情境中建构情境的方式存在，而不必然在制度中存在，所以，制度育德就必须通过某个中介将道德的制度与个人品德联结起来。道德的制度情境就是这个中介。

一方面，道德的制度情境由于道德的制度之规定而具有了道德性。一种情况是道德的制度正向强化了道德的情境；另一种情况是道德的制度负向强化了不道德的情境。无论是道德的情境，还是不道德的情境，都由于道德的制度之规定，而使得其自身的道德元素更加显性化。

另一方面，情境由于道德的制度之规定而能够生成道德的制度情境。一种情况是原本人们在不道德的情境中行为，不道德的情境引致了人们行为的不道德。道德的制度通过对人们行为的规定，使得人们的行为变得有序、不再侵犯他人，从而生成了一种道德的制度情境。另一种情况是原本人们就在一个道德的情境中行为，但这种"道德的情境"是由每个人的自发行为偶然生成的。道德的制度通过对道德行为的强调，使得这种自发的道德行为具有了一种制度规定性，使得道德行为的道德属性得以显性化，从而生成了一种有意识的、自觉的道德的情境。

3. 道德的制度情境对道德心理的激活

道德的制度与情境相结合，从而生成了道德的制度情境。如果道德的制度不与情境相结合，制度的道德性则不过是一堆符号而已，难以对人们的品德发展产生实质性的影响。如果情境不被道德的制度所规定，人们在情境中的行为就只能依据习惯、习俗、权威、他人行为等其他不确定因素，因而情境难以给人的生活以道德的指导。在这个意义上，道德的制度情境虽然依托于道德的制度与情境，却不同于单一的任何一方。制度如果不能在具体情境中发挥应然的效力，那么也就难以称其"道德"是实质性的。不道德的情境如果能在道德的制度规范之下，强化人们的道德意识，其"不道德"也可以说有些许的道德意

---

① ［美］斯科特著，姚伟、王黎芳译：《制度与组织——思想观念与物质利益》（第3版），中国人民大学出版社2010年版，第102~103页。

蕴。事实上，情境如此之丰富，人类如此之复杂，很难设想一个完全没有"不道德"存在的世界。"不道德"与"道德"总是一体的，人们总是在道德中认识不道德，也在不道德中认识道德。道德的环境不是消灭了一些不道德情境的环境，而是即使存在不道德的情境，也能够转化为道德的情境，帮助人们实现更完满的自我。

因此，道德的制度情境对个人道德心理的激活就有两种情况：一是由道德的制度与道德的情境相互作用而生成的道德的制度情境激活个人的道德心理；二是由道德的制度与不道德的情境相互作用而生成的道德的制度情境激活个人的道德心理。前者在双重道德的意义上，比单一的道德情境更能激发人们的道德需要。后者在"道德"与"不道德"相互冲突然而道德的制度却约束了不道德情境的意义上激活个人道德心理，使人们更加信任道德的制度，更愿意表现自我道德的需要。

4. 道德的制度情境促使道德心理外化为道德的行为

道德的制度情境不仅能够激活人的道德心理，而且能够促使人们将道德心理外化为道德的行为。因为道德的制度情境因道德的制度而具有了相应的激励措施，或者说，道德的制度赋予了人们表现出道德的行为的一种正当性。这种正当性，是以制度保障了人们的合法权益为基础的。不道德的情境中需要道德的行为，可如果对道德的行为的需要是以个体牺牲自我利益为代价的，这种对道德的行为的要求自身也难免不够道德。例如，社会各界大多要求他人在自己的工作岗位上能够"爱岗敬业、无私奉献、为人服务"，然而，这种"道德要求"如不尊重他人的合理需求、合法权益，难免就会沦为一种道德绑架。因此，如果情境需要道德的行为，制度就必须给予道德行为的主体以保障，而不能因其对情境道德而致使自身合法利益受损。道德的制度就是能够促使人们表现出道德的行为的制度。

只有能将被激活的道德心理外化为道德的行为，品德发展才有可能。没有道德行为的体现，品德只不过是道德的情感、道德的认知、道德的观念而已，不足以称之为"道德的品质"。因此，制度育德，不仅仅是分析制度如何去培育个体的道德认知、道德情感、道德观念以及合乎道德的行为，而是要将个体的道德心理与道德行为作为一个整体去培育。与之相比，教师个人也能够营造道德的环境、诱发道德的认知、道德的情感，何以道德教育的任务不能只推卸给教师个人呢？制度育德的合理解释，就是既能够诱发道德的心理，同时又能够激励道德的行为的解释。也正是在能够激发、激励个体表现出道德的行为这个意义上，制度育德体现出了它的优势。

第二节　学校制度及制度生活变革

学校本身就是制度化的产物，学校是依靠众多的制度来运行的。根据前面的分析，这些众多的制度要起到育德的作用，必须包含道德的元素，而且其本身必须是道德的。问题是，学校制度的道德性如何呢？如果不足，就必须变革和改善。

一、学校制度生活的实证研究

我们在两所基地学校开展了有关学校制度生活的实证研究，一所是民办寄宿学校，一所是公办学校，时间分别为一年半、半年。

（一）个案研究一：以某民办寄宿制学校为例

1. 学校制度的制订过程：以《学生违纪处罚条例》的制订过程为例

某寄宿学校（下称 H 学校）为了提升学校的办学质量，近年来尝试进行办学改革，包括学校的各项管理制度的变革。《学生违纪处罚条例》（下称《条例》）的制订与执行就是学校制度化管理的一项重要内容。为了了解《条例》的制订与执行情况，我们先后访谈了《条例》的起草者即学校德育干事 Z 老师和相关负责人，以及学生干部和其他学生。

（1）《条例》制订的程序。

①《条例》的制订背景及其提出。学校曾于 2005 年制订过《学生违纪暂行处罚条例》，但是由于分管学校德育工作的校领导调职，该暂行条例没有贯彻执行。对于发生的重大违纪事件，均由学校相关领导与班主任讨论后给出处罚决定，并全校通报。也就是说，自 2008 年 L 副校长开始负责学校德育工作以来，H 学校尚没有明确、正式且据以执行的学生违纪处罚制度。在此背景之下，同年 9 月，Z 老师提议制订《条例》。在 L 副校长的授权下，以及参考其他学校相关制度的基础上，Z 老师初步拟订了《条例》。

②《条例》在学校层面的意见征求。H 校长及 L 副校长对《条例》草案进行了审核并提出修改意见。其中，L 副校长的核心意见是调整具体条文的顺序，把对学生的最底线要求放在首位，以确保学生对这些"底线要求"印象最深。与此同时，Z 老师组织学生会干部对《条例》（草案一）进行学习、讨论，并要求

学生会干部提出修改意见。结合 H 校长、L 副校长和学生会干部的意见，Z 老师对《条例》草案进行修订。

③《条例》在班级层面的意见征求。Z 老师将修订后的《条例》（草案二）下发给全体班主任，并附上意见表（内容为是否认同《条例》及具体建议）。根据学校领导的要求，班主任一方面在班会课上带领学生学习《条例》（草案二），另一方面在意见表上提出修改意见。据统计，所有班主任都填写了"赞同"，意见一栏则填了"无"。

④《条例》的制订完成。根据学校领导的意见，Z 老师第二次修订了《条例》，并经学校领导审核批准，正式成为学校的一项管理制度。

学校正式颁布《条例》后，又通过三种方式对其进行宣传：第一，要求班主任再次带领学生学习。第二，利用升旗课，通过有线电视向全校师生进行传播。第三，通过"告家长书"，要求家长签订是否认同《条例》的意见书。

(2) 制度制订与执行程序的分析。

根据我们的调查，《条例》等学校制度的制订和执行都存在着程序正义问题。

第一，学校制度的制订与执行缺乏明确的程序。

《条例》的制订是主管学生工作的 Z 老师出于管理的便利提出的，并且这一想法与主管德育的 L 副校长的想法一致，因而得到了校领导的支持。《条例》从拟订、修改到最终确定，都是在领导的指导之下进行的。

《条例》的执行也缺乏制度化。《条例》仅规定了关于处分或撤销处分时的审批手续，却缺乏如何执行的程序规定。从实际情况来看，当发生学生违纪事件时，学校的处理并不是制度化的，要不要处分以及给予什么样的处分都是取决于实际情况以及学校领导对事件的态度。

第二，学校制度的制订与执行过程不完全公开。

由于采取"包办"的方式，班主任、科任教师、学生和家长们对《条例》的具体形成过程并不完全知情。虽然期间学校向班主任和家长征求了意见，但是这些意见是如何处理、通过何种形式进行反馈等，都不是公开的。虽然《条例》规定了处分与撤销处分的简单程序，但实际执行过程却不为广大师生所见。

第三，学校制度的制订与执行缺少学生的参与。

《条例》的制订，是学校管理者意志的表达，采取的是自上而下的策略，没有充分发扬民主精神。一方面，大多数老师也认为制度制订不是自己的职责。另一方面，当学生违纪时，要么由班主任直接批评教育，要么由学校领导参与解决，学生只是被要求严格遵守制度，始终没有发表意见的机会。

第四，学校制度的制订与执行中各主体的地位不平等。

首先，学校领导是主导者、实施者、监督者。他们掌握着《条例》制订与否的决定权,《条例》的审核权、解释权,班主任执行与否的监督权,以及对学生行为处罚的最终决策权。其次,班主任是执行者与监督者。《条例》的落实主要依靠班主任不断地强调与监督,学生违纪首先要由班主任督办。再次,学生是《条例》的遵守者。他们的任务就是学习《条例》,并且严格按照《条例》来约束自己的行为,做一个遵规守纪的好学生。最后,家长是《条例》的协助者。他们需要签署《条例》的意见书,并且当学生违纪时,配合学校教育学生。

(3) 程序正义缺失的制度效果。

程序正义缺失的学校制度难以发挥育人功能。

首先,缺乏正当程序的《条例》过程不利于形成德育合力。由于缺少公开、平等参与的制度程序,普通任课教师被排斥在《条例》的德育过程之外。即使是参与其中的学校领导、班主任和家长,其地位也并不平等,缺少对话与沟通,缺乏信任与合作。

其次,《条例》制订与执行方式的简单化不利于学生主体性的发展。良好的制度程序可以唤起学生的主体意识,优化学生的生命存在,提高学生的生命质量。而《条例》的制订和执行,有意或无意地向学生灌输着服从意识。学校把学生放在次要的位置,忽视学生的想法,难以培养学生的主体性人格,相反却会培养奴性人格。

最后,《条例》的认同度低。《条例》的制订由于没有公开、平等参与的程序,因而难以被学生认可。他们认为这只是学校的规定,并且对《条例》漠不关心。

2. 学校制度的执行

福柯认为,现代学校同监狱、医院一样,是一个典型的规训机构。学校规训通过教育活动组织和运作,教育过程演变为规训过程,成为"规训教育"。据此,我们尝试从规训的角度对学校日常制度生活进行分析。

在调查过程中,H 学校给研究者的直观感受就是相当压抑。除了吃饭、睡觉,学生几乎就是听课、做作业、考试,每天循环往复。学校对学生的身体和思想有一整套详细的控制方法,体现出强烈的规训特点。

(1) 时间控制。

学校制度生活中的时间控制尤其表现在作息时间的安排中。根据 H 校的作息时间表,初三学生被规定每天至少学习 10 小时,这还不包括就餐、课外活动以及其他自主时间。换言之,除去学习、就餐、洗漱、休息、运动等学校制度生活所规定的时间,学生可自由支配的时间所剩无几。

通过作息时间表,H 学校把连续的时间分割成不同的单元,在每个单元里安排不同的内容。这样，学校制度生活就通过时间控制，把学生限制在固定的时空中，以达到规训学生身心的目的。

可见，H学校的作息时间表具有精细化和紧张性的特点。一方面，精细化表现在它对时间的精确划分，并且规定了每个时段的学习内容，学生别无选择。另一方面，精细化的时间内蕴含着紧张性。在学习时间中，学生的核心任务就是学习；非学习时间的根本目的，也是通过缓解身心，从而让学生能够"精力充沛地"继续投入到下一时段的学习中去。

作息时间表的存在，反映了学校制度生活把人的活动纳入规划好的片段时间的连续体中。"学校是技术时代实行时间体制的一个榜样。在学校里，所有的人，无论是教师还是学生，全都加入由铃声、作息时间表、课程表、校历等组成的交响曲中。这些各种各样的时间表，构成了我们教育体制的一个巨大的秘密：它培养学生技术时代的时间感。"[1]

然而，作息时间表还只是"粗略地"规定了学校教育活动的时间安排。在具体的时间段，学校还会通过更具体的压力机制来提高单位时间的学习效率。

(2) 空间分配。

学校是一个封闭的空间体系，学生的活动领域受到严格的空间限制。

首先，学校建筑的整体布局体现了学校空间功能的完美区隔。

H学校的空间分为学习、体育和生活三大区域。教学楼占据了学校最醒目的位置，体现了学校的中心任务是教学。教学楼后面是科技楼（实验楼），方便学生在实验课与其他课之间流动。教学楼、实验楼的后面是一小片竹林、花园，再后面便是学生宿舍和食堂。教学楼的侧面是运动场。这种空间安排暗含着学校对学生的期待：学习、生活、体育运动。生活、体育均为学习服务。

与固定的建筑相对应，学校制度同时把工作人员一一"固定"。为了对学生行为进行空间控制，学校在主要的功能空间都安排了专人管理。宿舍、食堂、下课路队以及班级，无一不在专人"目光"的注视下。通过空间控制，学校管理者得以监督学生的大部分言行，并给予记录和评价。这意味着，学校制度生活在空间方面严格限制着学生的行动，以求把学生的言行导向合乎学校制度规定的路径中。

其次，教室是学校空间安排中重要的封闭空间。

在教学楼中，各班级都有固定教室。教室的固定，意味着整体意义上学生活动的"圆心"所在，从而能够围绕教室实施管理。在教室这一空间中，学生同样被限定在固定的位置上，这正是学生座位的编排方式。整体上看，我国中

---

[1] 吴国盛：《时间的观念》，北京大学出版社2006年版，第124页。

小学课堂空间构成以秧田型最为普遍，H学校也不例外。秧田型的座位安排是一种有利于教师控制学生的安排方式，它所体现的是教师主导的传统教育观念。因此，这种空间布局所传递的"教师中心观"并不符合"以学生为中心""以学生为目的"的当代教育理念，不利于学生自主、合作、探究式的学习生活。

（3）层级监视。

学校制度生活中的层级监视重点体现在科层制的学校组织架构上。学校是有明晰层次的组织机构，组织里面的每个小单元组织各司其职，共同完成学校承担的任务。从图5-1中我们可以看到H学校的分层结构、权力安排与资源配置、沟通的渠道。学校最高权力机构是董事会。不过，董事会不管理学校的日常事务。就学校制度生活来说，校长实际处在权力中心的位置。学校的各个中间组织机构和各个班级的班干部，共同构成了学校规训权力实施的中继站。学校通过各种岗位职责要求、奖惩制度、会议要求等措施，向各个层级的"监督员"们施加压力，通过检查和奖惩，达到管理学生的目的。

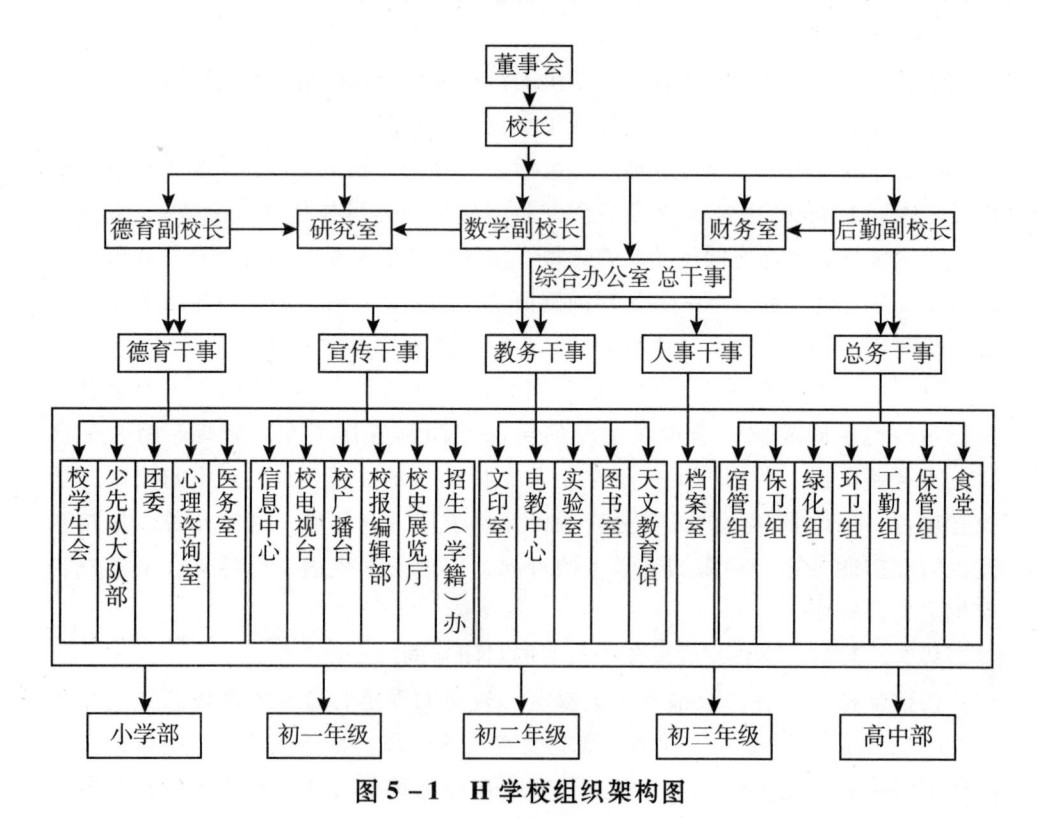

图5-1 H学校组织架构图

图 5-2 是 H 学校德育工作的具体组织架构。

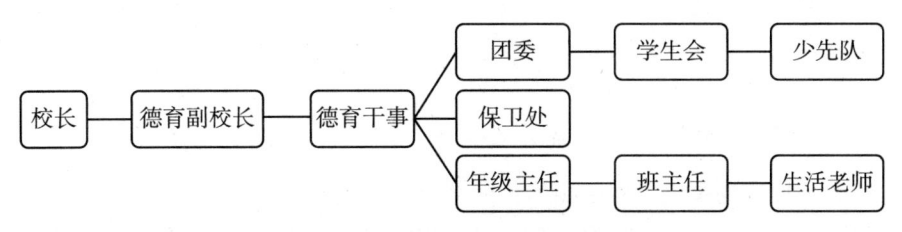

图 5-2　H 学校德育工作架构图

（4）考试与排名。

把层级监视与规范化裁决的技术结合起来的学校制度生活是以考试与排名为核心的检查。通过检查，学生被成绩、纪律这些狭隘的标准区分开来。

①与学校德育有关的检查评分。学校的日常检查主要包括升旗纪律与服装检查、早操（跑步）、眼保健操、路队（早中晚）、卫生（乱扔乱丢）、周卫生大扫除、食堂就餐、钓零食[①]等。

②考试。考试是学校管理者检测学生知识掌握水平和教师教学水平的重要手段。为了最大限度地挖掘学生的考试潜力，学校每次大型考试都要历经"动员—考试—比较、总结"的过程。单就动员来说，就分为开学动员、考前动员、每周动员、家长会动员、告家长书动员等各种各样的形式。再如一次典型的家长会动员，总是包含激励性和目标性的话语——"斗志""激情""信心""差距""目标""计划"等。

总结也是为考试服务的，包括个人总结和学校总结两种形式。就个人总结来说，既包括对做错考题的原因分析，也包括对自己的学习态度、学习方法、听课效率等等的总结。就学校总结来说，在月考、期中考等大型考试后，学校都会把学生集中到操场开总结大会，其中既有校长、年级主任等领导总结，也有学生代表总结。

学校通过完整的考试流程，使得学生"全身心地"投入到复习、考试、比较、总结过程中。学校教育虽然不是只有考试，但却是完全围绕着考试来运转。每学期大型考试包括两次月考、一次期中考，以及一次期末考。除此之外，学校经常与同城（区）的其他学校联考，以便了解自己的优势与不足。不仅如此，学生每周甚至每天都有考试，总有做不完的试卷，"题山卷海"最能形容学生的日常学习生活。通过考试，学生的全部精力都不得不投入到知识学习中，学生的时间得到了最大限度的利用。

---

① H 学校内没有商店，有学生从学校围墙边向外递钱买东西，这种行为是不被学校允许的。

除了上述提及的规训技术与手段，H 学校常用的规训手段还有军事化操练、统一发型服饰、说话管制、零食管制，等等。通过这些或隐或显的规训，学校制度生活整体上被异化了。

（二）个案研究二：以某公办学校为例

个案一反映的是民办寄宿制学校的制度生活现状，作为比较，我们同时选择了一所公办学校进行实证研究，下面是我们的研究发现。

随着新课程改革的全面推进与落实，部分学校开始从重视教学改革向重视学校制度生活变革转变。这一过程所取得的成绩有目共睹，不过，当前学校制度生活仍然存在着许多弊端与不足，在我们进行实证研究的这所公办学校主要有四个方面的发现：学校制度生活主体的单极化，学校制度生活空间的边界扩展，学校制度生活调控因素的弱化，以及学校制度生活目的的工具化。

1. 学校制度生活主体的单极化

（1）学校层面的制度生活。

在当前的学校制度生活中，学校行政人员的地位与作用极其突出，他们是主体、主角、管理者，可以对教师和学生提出行为要求，并对违规者进行惩罚。与之相对，教师和学生的主体性则被忽视，他们成了学校制度生活的对象、被管理者。总之，学校制度生活基本上处于"单极主体"的控制之中，"学生和教师都还没有成为管理的主体，外在的东西还在很强烈地主宰着他们。"[1]

学校制度生活主体的单极化还体现在学校制度的制订和运行过程中。在学校制度制订过程中，往往由行政人员对为什么要制订、什么时候制订、谁有权利和资格参与制订等做出决定，而教师和学生只作为制度的实施对象。在学校制度运行过程中也存在这样的现象——学校行政人员作为执行者，只是对教师与学生提出行为要求并强制其执行，而不接受也不允许来自教师和学生的监督。

（2）班级层面的制度生活。

在班级制度生活中，班主任和科任教师是主体、管理者，与被管理的学生构成上下级关系。在这样的制度生活中，学生在一定程度上成为班级管理系统中的"螺丝钉"，缺乏自主的空间，缺乏充分参与班级生活管理的机会。以班主任制订班规为例，表面上看，整个班级似乎借助班规统一起来了，然而，这却是以影响学生的积极性、主动性为代价的。请看下面的案例：

---

[1] 张忠山：《我国教育管理价值取向应以科学管理为基础》，载于《江西教育科研》1999 年第 1 期。

【案例链接（班规的制订）】

刘老师是一位在班级管理方面很有经验的老师，已有10年的班主任工作经验，目前担任8年级的语文教师及班主任。

一天，研究人员留意到刘老师的班上贴着一份班级公约。于是，研究人员专门向刘老师了解她们班的班规制订过程。她说："……在制订班规过程中，我遇到了一些阻力，主要是班上学生的阻力。我这个人比较民主，所以我想征求学生们的意见。等我把班规制订出来之后，一条一条让学生举手赞成。有些学生有点随波逐流，因为没有自己的立场，看到有的同学不同意时，也跟着不同意。就这样，班规没有制订下去。但是我认为，必须要建立一定的规矩，没有规矩不成方圆嘛，要不然大家会乱成一团。如果犯了错误，由谁来承担这个责任，怎么样来承担这个责任呢？于是，我自己拟定了一些内容，再叫学生增加一些，就形成了现在你看到的班规。这是我花了很多时间去弄的……"

2. 学校制度生活空间的边界扩展

在当前的学校生活中，学校制度的"触角"已从公共领域伸向了私人领域。学校制度生活不仅存在于公共领域，而且也开始涉及私人领域。

当前许多学校都要求学生一年四季穿校服，不能穿"奇装异服"到学校，否则就会受到相应的惩罚；头发不能有任何"花样"，男生最好是小平头，女生最好是齐耳短发，如果留有长发，则应该扎起来，不能披头散发，否则就"不像学生样"。例如，某班就学生的着装制订了这样一项班规："在校必须身穿校服，尤其是集会、出操等大型活动必须严格穿好校服的上衣和裤子。若有因未穿好校服而导致我班挨批评或扣分者，罚跑步五圈。"

【案例链接（背带裤的风波）】

高一的时候，背带裤刚在古城流行起来。学生××的妈妈给她买了一条背带裤，她高兴地穿到学校去。做操的时候，年级主任看到她，就问："××，你家里是不是没有别的衣服了？"她说："有啊。"年级主任冷淡地说："那你最好回去换一条。"

两个月后，班主任与她谈话时，谈到要她注意细节，比如穿背带裤的问题。她觉得莫名其妙，就问："穿背带裤为什么不行？"老师说："不是不行，但最好不要穿。"老师没有解释原因，她就继续穿。学校里穿的人多了，成了流行，老师们也就不管了。××觉得，刚出现的新事物，老师不能接受，时间长了，看多了，也就接受了。

××表示不知道老师们说的奇装异服是什么，但她知道很多老师看不惯新鲜的事物，女孩子稍微活跃一点，他们就看不惯，觉得不是一个好学生。

3. 学校制度生活调控因素的弱化

学校制度是人们在学校制度生活中行动的依据。然而，在当前的学校制度生活中，许多学校制度都成了"挂在嘴上、贴在墙上、印在纸上"的口号、标语与装饰品。学校制度无效，学校制度生活就会受某些领导者的私人意志左右。这导致学校制度生活的"私人化""个体化"。

【案例链接（学生会竞选章程只不过是个摆设）】

C校中学部学生会由20名成员组成，大多数委员都是8年级学生。在机构设置上，该学生会在主席之下设有宣传部、体育部、文艺部、劳动生活部、组织部、学习部6个部门。日常工作包括整顿学校纪律、协助学生处老师开展活动、检查清洁与校服穿着情况。

学生会委员改选是学生会工作的重要组成部分。每年，该校学生会都会进行一次改选。在与学生会委员的交谈过程中，研究者了解到，该校学生会委员都由学生处老师指定。

研究者：你们有《学生会竞选章程》吗？

委员1：《学生会竞选章程》是什么东西呀？

研究者：你们是如何加入学生会组织的？

委员2：我们都是Z老师挑的。

委员3：C老师（班主任）要我来的。

研究者：你们下一次是什么时候进行改选？如果下一次要你进行委员改选，你会采用什么方式进行？

委员1：Z老师说了，他下个学期会给我们推荐新的成员进来，所以我们不用想这个，只需要把Z老师挑进来的委员的具体工作分配一下，再带带他们就可以了。

4. 学校制度生活目的的工具化

学校制度生活作为一种"人为"的生活方式，应"为了人"存在和发展。然而，长期以来，人们对学校制度生活价值的认识仍停留在其工具价值上，即将学校制度生活看作是维护教育秩序从而提高升学率的手段，至于对其目的性价值即学生的全面自由发展则关注不够。

【案例链接（围绕考试、排名而展开的班级管理）】

班主任：……制度管理方面，我们主要是在广泛征求学生民意的基础上敲定了许多管理制度。我对其做了一些归纳总结，然后与学生综合素质挂钩，提出了一个综合素质评价方案，针对学生每个方面作综合的评价。学生生活的方方面面，都予以量化，至于哪些情形给予奖励加分，哪些情况要扣分……在奖励加分这一块，我把它分为三个方面：一个是考试，比如不管是学校组织还是市区组织的考试，如果你能进入全校前100名，就可以加20分；如果能进入全班前10名，就加5分；更重要的是进步奖，就是这一次考试比上一次有进步的，我们也要予以奖励加分。前面两种情况毕竟只有少数学生能做到，但设立一个进步奖就可以激励更多的孩子。我们每个学生都有一个竞争对手，这个竞争对手只有老师才知道，学生之间是不知道的。如果上一次考试你的对手在你前面一名，你这次考试超过他了，就可以加2分；如果上一次在你前两名，就加4分。也就是说，他在你前面名次越多，你超越他可加的分就越多。当然这些只有我和学生自己知道，这样可以避免学生之间的恶性竞争。

二、重构学校制度生活

提升学校制度和学校制度生活的道德品质，可以从空间、主体、调控因素和目的四个方面进行。学校制度生活的目的就是培育学生公民精神。在此，我们重点从学校制度生活的空间、主体和调控因素三个维度来加以重构。

（一）学校制度生活空间的重构

1. 创生学校公共领域

公共领域是一个有特殊意义的领域，其特点是：参与成员的平等性、讨论话题的公共性和参与成员的包容性。

（1）学校公共领域的三个构成性要素。

公共领域并不是一个固定的空间，而是当一群人在某个地方围绕着公共话题进行讨论和辩论时，公共领域就诞生了。因此，公共领域有三个基本构成要素：公共领地、公共事务或公共议题以及公共组织。

公共领域首先要有敞开的、允许每个社会成员进入的公共领地，可以是公共场域，比如运动场、学生社团活动室、图书馆、餐厅等；也可以是公共论域，如报纸、杂志、学生张贴栏、微博、广播等。

其次，要有公共组织。公共组织是立体多维的，是公共敞开的，可以是学生会组织或学生政府组织，或者是党团组织，或者是一群人因为共同的兴趣爱好而聚集在一起的俱乐部组织，或者是以研究和学习为目的的学习型组织，或者是一群人因为共同的志向或愿意承担共同的责任而聚集在一起的志愿者组织。公共组织的开放性越强，其影响力越大。公共组织之间没有严格的隶属关系，而是平等的合作关系。

最后，要有共同关注的公共事务。公共事务可以是校园内公共事务，也可以是面向社区的行动。例如，英国高中阶段公民教育课涉及的重点是：学生会的运行及学校官员（school officer）职责、引入一个学校文化或活动周、开展慈善活动、进行辩论、关注人权的宗教活动或哲学节（philosophy and belief day）、开展保护环境行动、组织与年龄较小学生之间进行结对学习的"大哥哥""大姐姐"活动。① 公共领域是私人领域中简单互动的空间结构的扩大化、抽象化，而不是对它们的扭曲，对公共事务的关心不需要以一种完全无私奉献的姿态出现，相反要承认学生对荣誉和名声追求的合法性。

（2）衡量公共领域质量的标准。

公共领域既不能被视为建制或组织，也不表现为系统，它最好被描述为一个关于信息与观点交流的网络，或是沟通行动中产生的社会空间。公共领域是一个松散、开放而弹性的交往网络。② 学校公共组织或社团的数量，并不能指示公共领域是否存在及其存在的质量。我们在此提出衡量学校公共领域质量的四个标准：对话的质量、信息或思想交流的频率及广度与公开性、承担责任的主动性和自发性、行动产生的结果的有效性。

第一，对话的质量。公共领域是一个"众声喧哗"的领域，"不发言的行动者不能被称为行动者"。③ 如果在这个领域里充满着"话语霸权"，或者是每个人都"自说自话"，就没有办法通过对话达成共识，产生行动。因此，公共领域的对话要求有平等的权力结构与民主程序，不仅要求对话者有论辩的技巧，更要求有聆听正反两方面观点、尊重他人的态度和价值观。

第二，信息和思想交流的频率、广度及公开性。由谁来参加公共领域其实并不重要，重要的是信息和观点交流的质量。在进入公共领域时，个人必须要有相应的文化、信息和知识来做支撑。每个人都可以被看作是"交往网络"中进行信息交换的一个节点，而个人的发展及其对周围社会产生的影响在很大程度上取决于他所能接收与输出的信息的质量。学校的公共领域不一定非得是个将教师或学校管理者排除在外的领域，但是教师或管理者在场不应影响学生自由的观点交流。

---

① Turner, David, Developing citizenship in secondary schools: a whole school resource. Kogan Page, 2000.
② ［德］哈贝马斯：《关于公共领域问题的答问》，载于《社会学研究》1999年第3期。
③ 朱士群：《公共领域的兴衰——汉娜·阿伦特政治哲学述评》，载于《社会科学》1994年第6期。

第三，承担责任的主动性和自发性。地震后捐款、偶尔看望一下孤寡老人，如果是由学校布置下来、学生被动完成的任务，则没有太大意义。驱动学校公共领域产生并维持发展的动力，来自学生个人及群体承担社会责任的主动性和自发性。

第四，行动产生的结果的有效性。其有效性集中在四个方面：是否增加了学生的公民知识和技能，比如说服他人的技能；是否有事先预定的计划方案，是否能完成计划；坚持性，是否能持续一段时间，持之以恒；愉快性，学生是否从参与行动中产生愉悦的情绪或情感的提升。①

（3）创生学校公共领域的两种机制。

一种是学校管理者的放权，即赋权。在关于学生事务的管理和评价制度上，要树立这样的观点：未经学生认可的制度，是不合规的制度。在经费、场地方面对学生的公共活动给予保障，并对学校内的社团进行登记注册。可以指派教师指导学生社团组织，并在教师的组织下共同制订成立社团、社团活动和注销社团的基本制度。学校尝试在宿舍、食堂、图书馆等公共领地开辟自治的领地。例如香港大学的一个特色就是宿舍自治，每栋宿舍有公共活动室，各个年级、学科的学生混住，并成立宿舍会的执行委员会来实现宿舍自治。在中学，尤其是高中也可以尝试这种年级和班级的混合居住模式及宿舍自治模式，给学生提供一个除了班级教室之外可以进行小组讨论问题的地方，为学生开辟更多的学校公共领域。

另一种机制则是来源于学生主动地争取，即争权。争权的第一步，是维护学生的正当权益。比如，一些学校提出"高三女生不可留长发"，学生可以通过正当的程序来改变不合理的规定。争权的第二步，是为正当的兴趣开辟空间，学生需要一个交往的平台分享爱好和希望，分担焦虑和恐惧。例如爱好文学的同学，可以通过成立社团来吸引志同道合的爱好者，维护看小说的爱好。最终，公共领域的影响力，在于其清晰的观念和有效的行动。如果社团没有倡导清晰的观念，没有进行有效的活动，仅仅是吃吃饭、唱唱歌、聊聊天，则仍然是一个封闭的空间，还没有进入公共领域。因此，社团作为倡导者的素质是要能够向公众明确地表达自己的思想，并围绕这个思想变成组织的一致性行动。例如，学校文学社的中心活动是说服公众相信文学的美和力量，吸引更多的学校成员、社区成员参与文学活动。此外，还可以通过创新学生干部制度来促进学校公共领域的创生。为了公共善而贡献力量的机会和责任要向每个学生敞开。不承担责任，就不能进入公共领域；剥夺了承担责任的机会，就剥夺了成长的可能性。

---

① ［美］理查德·哈什等著，傅维利等译：《道德教育模式》，学术期刊出版社1989年版，第185页。

当然，在当前的基础教育中拓展学校公共领域、开辟学生制度生活的空间难度是相当大的。但是，这是一个值得从小学教育到高等教育都一以贯之持续努力的方向。对于学生来说，教育机会的公平，应该意味着其有机会在学校公共领域中平等地承担责任与享有机会。如果公民对社会公共事务参与度和责任感较低，其结果是国家机构会更容易受到特殊利益集团的操控，蜕变为维护少数人利益的工具。

2. 班会：创生公共领域的一个切入点

现代学校教育的根本使命是培养公民。在这方面，班会能够发挥重要作用。

（1）班会主题必须体现发展性与生活性。

主题是班会的中心内容，选定好的主题是以公民养成为目标的班会建设的首要任务。那么，什么才是好主题呢？我们认为，好的主题固然有多个特征，但发展性与生活性是其根本特性，是所有成功班会必须遵循的首要原则。

在教育实践中，班会对每个班级、每位班主任可能都有不同的意义，服务于不同的目的。但班会的最高目的是满足学生成长需要，促进学生的充分发展。因此，发展性是班会主题选择首先要考虑的问题。同时，由于生活与发展具有统一性，学生的生活过程就是学生的发展过程。学生生活中的问题在一定程度上是学生成长需要的反映，因此，体现发展性的主题也应该具有生活性。这样，学生在社会生活和学校生活中所遭遇的、带有普遍性的问题都应该成为班会关注的重点。

基于公民养成的具有发展性和生活性的班会主题主要关注两个领域：一是与学生自我发展直接相关的问题，主要涉及心理发展与心理健康主题。健全的人格与丰富的内心世界是作为公民的基础条件，因此，引导学生积极健康的心理发展是班会的重要主题。通过对中小学生的心理问题进行案例分析，我们发现大多数中小学生的心理问题都是情境性的，随着情境问题的解决，他们的心态也随之变化。因此，利用班会，通过班级成员之间的相互讨论与帮助来克服学生在生活与学习过程中出现的心理问题不仅必要而且可行。二是学生与外部世界发生关系的领域，主要涉及对待自然、社会、国家、他人等问题的认识。如环保意识、对自然生命的敬畏、社会责任感、爱国主义精神等都是公民极为重要的素质。这些问题是基于公民养成的班会所需要关注的议题，是青少年学生需要认真理解与思考的。

（2）班会形式必须体现适切性与灵活性。

班会是主题内容与呈现形式的统一体，主题内容是班会的中心，形式则是主题内容的表现方式。班会能否实现公民培养功能不仅取决于主题的选择，还取决于主题内容与呈现形式的兼容性。当然，同一班会主题内容可以有多种呈现形式，同一种形式也可以表达不同的主题内容。一堂成功的班会既可以采用单一的形式展开，也可以采用多样的形式进行。总之，适切性与灵活性是班会形式选择所要遵循的原则。

我们在开展班会时应该选择哪种形式，是选择单一的形式还是多样的形式，取决于班会的主题内容及其价值追求。一般来说，知识性班会适合选择讨论探究、知识竞赛、演讲报告等形式来进行；情感性、技能性班会则适合选择角色扮演、情境模拟、情感体验等形式来进行；问题性班会则适合选择调查访谈、参观考察等形式。此外，学生的年龄特征也是影响班会呈现形式的重要因素之一。在低年级，班会通常选择生动活泼的形式来进行，如角色扮演、情境模拟等；在高年级，则可以增强讨论、辩论、报告等形式。

（3）班会过程必须体现主体性与参与性。

学生是班会的主体，基于公民养成的班会应该遵循主体性与参与性原则。主体性原则不仅在于表明学生是班会的主人，更在于承认学生是自由、平等的个体。参与性原则既是主体性的表现，也是对主体性的巩固。只有让学生充分参与的班会才是体现学生主体性的班会。

针对我国中小学当前班会的实际情况，要确保学生在班会中的主体性和参与性必须做到：

第一，公开性。在班会开展前向学生提供有关的所有信息，如班会的主题、目的、议程等。获得足够多的班会相关信息是学生有效参与的前提条件。

第二，平等性。班级全体成员不论其性别、成绩、性格、是否为班干部，都无一例外地享有参与权。班会不是个别或部分学生的"舞台"。

第三，全员性。尽可能为每个成员提供不同的参与方式，使每个人都在班会中扮演一个角色，承担一份责任，确保他们不会因时间、能力或机会而被排除在班会之外。

第四，合理定位班主任在班会中所扮演的角色。我们认为，在一堂体现学生主体性的好班会中，班主任在班会的不同阶段所扮演的角色是不同的，是引导者、参与者、教练、帮手等多种角色的协调统一。具体来说，在班会的准备阶段即主题选择、活动策划、资料收集等过程中，班主任扮演引导者角色。在班会开始以后，班主任主要充当参与者角色。作为参与者，班主任应和学生一样静静地坐在自己的位置上等待主持人宣布班会开始，并聚精会神地聆听学生的发言，当自己有观点需要表达时则举手发言。当然，在班会进程中，班主任在紧要关头也扮演教练或帮手的角色。作为教练或帮手，班主任要抑制自己对班会的"控制欲"，对学生充满信心，并示范尊重行为，仅在认为对维持积极、有益的班会氛围是必不可少时提供帮助。在班会结束时，班主任则扮演评判者与启悟者角色，通过对班会的点评，激发学生进一步思考，从而使课堂教育活动向课外延伸，实现教育功能的长效发挥。

（二）学校制度生活调控工具的变革

1. 学校层面的制度建设

政府主导的现代学校制度建设重在优化学校制度环境，构建政府、学校、社会之间的新型关系，而校长组织实施的学校制度建设是学校内部制度建设，旨在规范学校内部事务，凝聚学校力量。我们此处关注的是后者。成功的学校制度建设要求有适宜的学校外部环境和学校内部生态，因而，我们提出如下建议：

（1）切实加强现代学校制度建设，理顺政府与学校的关系，扩大学校办学自主权。

随着政治体制改革的推进，我国各级政府正逐步从全能型政府向服务型政府转变。就学校教育改革而言，政府及相关部门要增强服务意识，规范和减少对学校的行政审批，在提供政策指引和经费支持的前提下尊重校长和教师的专业地位，依法保障学校充分行使办学自主权和承担相应责任。

（2）为学校办学创造更加自由的舆论空间，尽量让学校自主办学。

作为研究者，我们高度赞同素质教育理念，然而，某些学校"口口声声讲素质教育、扎扎实实抓应试教育""墙上贴一张课表、私下抄一张课表"，这样只会让中小学生的课业负担更重，身心压力更大。我们建议放开舆论空间，鼓励学校在遵守《教育法》《义务教育法》的前提下自主办学。对于教育改革来说，这种做法的实质是以退为进。当前我们并不缺少有思想、有素质的校长和教师，拥有自主空间之后，他们反而能够更好地探索成功的应试与素质教育相结合的特色路径。

（3）学校内部管理全面去行政化，在制度层面取消校长和校内行政人员的特权。

在扩大学校办学自主权的同时，要加强对校长的管理。2013年2月16日，教育部正式颁发了《义务教育学校校长专业标准》，提出校长应该具备的五个基本理念和应该承担的六项专业职责，以明确校长任职资格，督促校长提高管理水平。专业标准的确立，一方面可以为政府、媒体、家长、社会各界监督校长工作提供依据，另一方面也能给校长提示自我约束、专业成长的方向。同时，学校内部管理应逐步走向扁平化，减少决策层级，实施参与式管理，吸引教师参与学校大事、学校制度的讨论和决策，这样，可以减少教师队伍的分化，提高学校制度的公平性。

（4）提炼学校精神，使之成为学校制度的价值共识。

提炼学校办学理念并不是难事，使提炼出来的学校核心价值观成为全体教师的共识，却需要花费管理者的大量精力，并且考验管理者的工作艺术。在提出学校办学理念的初稿之后，管理者应该以各种方式吸引全体教师进行讨论，引导教师说明自己的教育理念，对学校办学理念发表观点；与教师进行深度会谈，交流关于教育、学校发展和个人发展的愿景，指出学校发展所面临的问题，争取达成对学校发展前景的共识。这样的工作方式能够确立教师的主人翁地位，让教师感受到平等和尊重。尽管经过这些过程确立的学校办学理念，在内容上可能与最初的设计差别无几，但细致的思想动员能够使教师真诚地认同这些理念，并且愿意遵行。① 当学校核心价值观真正被全体教师所共享之后，学校内部制度建设就有了指导性纲领，各项制度所应达到的目标就基本确定了。

（5）学校应选准制度建设的切入点和突破口，以课题研究的方式开展学校内部制度建设。

学校内部制度建设应细致规划，分清主要矛盾和次要矛盾。在学校师资力量有限的情况下，学校应该首先对那些全局性的、指导日常教育工作的核心制度进行梳理、编制和修订。学校核心制度的设计，要当作科研课题来做：广泛收集资料，了解兄弟学校的成熟做法，分析不同做法的优缺点；邀请教育研究专家加入，了解他们关于制度建设的观点；细致规划，认真推敲各项规定的细节。复杂科学告诉我们，"牵一发而动全身"，选好切入点、集中力量做好一两个核心制度的修订和执行，在执行过程中不断扩展制度建设的边界，远比在一开始就全面铺开要高明得多。

2. 班级层面制度建设——班级公约

班级公约根植于契约理念，紧扣学生的班级生活，是引导学生参与公共生活的良好媒介，为公民教育提供了得天独厚的实践场域。

（1）班级公约的育人机制：合意。

第一，合意的概念及评判标准。

合意又称"协议"，是指当事人双方或多方意思表示达成一致。合意有四个评判标准：缔约各方必须对当事人的正当权益和正当需求有一定程度的认识；缔约各方能够实现平等对话，做出真实有效的意思表示；各方都能够相互尊重，合作乃至妥协以达成意思表示一致；各方均可以承担起基于意思表示一致所缔结契约的执行责任。其中，意思表示是其核心要素，其实质上就是对各方形成、消灭或者变更所享有的权利和承担的义务的宣告。换言之，合意要真实有效，不仅缔约各方要具有满足合意标准的主体资格，而且意思表示未受欺诈、胁迫等不良手

---

① ［美］彼得·圣吉等著，中国人民大学工商管理研修中心译：《第五项修炼·实践篇——创建学习型组织的战略和方法》，东方出版社 2002 年版，第 338 页。

段的控制。以有的教师用"上课不迟到，下课不拖堂"作为要求学生遵守纪律的交换条件为例，因为"不迟到、不拖堂"是教师本来就应该遵守的教学工作纪律，且与学生是否遵守纪律无直接的因果关系，所以上述貌似"平等协商"的做法违背了"以道德的手段实现道德的目的"的德育要求。

第二，合意的运作。

班级存续的长期性、班级组织的规范性、班级文化生态的复杂性和学生发展的不确定性既需要班级公约为班级生活提供稳定秩序，也为建设班级公约时不断达成合意提供了良好的生成条件。"班级公约"产生于班级成员的人际交往需要和改良班级生活的真诚愿望。对于班级成员而言，班级生活是社会生活的缩影，是被人为控制的社会环境。班级公约的建设是班级成员积极筹划未来以降低外部环境不确定性的活动，同时也是以主体间交往为主要形式的人际互动过程。班级公约是引导学生自觉参与班级管理的重要手段。它建立在成员之间合意的基础上，不仅是凝聚集体共识的载体，也是促进成员之间相互模仿、竞争、协作，引导学生从关心个别行为上升到关注公共生活的制度。受人的有限理性、信息不对称、未来发展的不确定性等因素影响，合意的主题、内容等会发生变化，所以班级公约也就始终处于不断修正的过程之中。建设班级公约将增强班级的凝聚力，大大加强班集体对其成员的规范能力。

建设班级公约时，实现合意是具有"造法"意蕴的活动。这种"造法活动"要求维护一个人作为人的尊严和诚信，不损害别人，与他人缔结一种关系，在这种关系中的每一个人都保证不受他人侵犯。合意要求班级成员能够开诚布公地参与讨论，而不是作为旁观者或者"纯粹的消费者"。每位成员都必须关注他人的利益，而不仅仅是盯着自己的权益；在与人和睦相处、共同生活的同时，还要合情合理地为自己争取正当利益。在班级交往中，每位成员都会认识自我、反省自我、表达自我，逐渐实现自己的主体性；并且意识到合作的重要性，按照主体性的要求行事，能够以权责一致的原则划分人我界限，依靠理性实现利益平衡。当矛盾不可调和的时候，成员甚至能够通过牺牲一部分利益来保全大部分利益，或出让部分自由来换取更多的自由。班级成员应设身处地地为他人考虑，真正做到"做对自己有利的事，尽量不要伤害别人"。在持续的博弈中，每位成员若能秉承契约精神，按照班级公约所限定的行为模式与其他成员交涉，则初步具有了民主意识和自主管理的能力。

（2）班级公约的实现策略。

我们在武汉市某九年一贯制学校（×校）进行了半年的田野观察。实践经验表明，依靠学生自身的行动和反思来建设班级公约是可行且高效的，班主任需将促进学生间的自觉交往置于首要地位。

首先，班主任应尊重学生并引导其参与班级管理。

中小学生从习惯性地服从校方权威到自觉地开展班级管理活动，达到自主管理、自我教育的程度需要一个过程。在建设班级公约的最初阶段，班主任的指导是很重要的，关键是班主任如何把握指导的"度"。一方面，班主任若要实质性地参与到班级公约的协商过程中，则必须经学生集体同意且与学生地位平等，但因其在班级中的地位与身份有着本质不同，故最好置身事外。另一方面，班主任要在尊重学生主张、立场和履行教育、管理职责之间寻求平衡。班主任（包括其他教师）应清醒地认识到自身言行在管理学生时所暗含的强制性，自己在师生交往中所具有的明显优势地位，从而尽力自觉地将学生的主体性发展置于优先地位。教师对班级公约有异议时，要通过摆事实、讲道理、读政策等方式来说服学生，不能强制学生接受自己的观点。在建设班级公约时，班主任应当给予每一位学生发表意见并与他人辩论的机会，使其敢于表达自己的真实想法，能够对他人的言行发表评论。总之，班主任应引导学生积极参与班级管理，并尊重学生真实的意思表示。

其次，以案例教学提升学生参与管理班级事务的能力。

案例教学法既契合了班级公约从无到有、积少成多、趋于完善的修正过程，也符合学生发现规则、建立规则和触类旁通的认知规律。案例教学有助于中小学生对班级公约的协议内容形成具体且直观的认识，提高其对班级管理的敏感性与洞察力、分析和解决问题的能力、反思自身言行的能力。

班主任（包括其他教师）可以主动通过案例教学来推动班级公约的建设。班主任应当有预见性地搜集、整理班级公约制订过程中可能遇到的各种情境、冲突，将其作为教学案例，以情境剧表演、两难问题等形式，将班级公约可能涉及的若干问题提到学生面前，引导学生思考这些问题，再将思考、讨论所得的共识融入班级公约中，以加速班级公约的制订和完善。班主任要借助案例让学生去发现和理解规范，让学生以活动或实践来检验条款是否合理，而非将某些规范直接"灌"给学生。因为小学生和中学生的身心发展水平分属不同层次，所以教学案例的选择需要具有针对性。

班级公约的建设不是一蹴而就、一劳永逸的，而是始终处于动态调整状态的。学生制订的班级公约也许在成人看来是粗陋、幼稚、片面的，但我们应当尊重班级成员的劳动成果，肯定他们在解决主体间交往难题时的愉悦与存在感，鼓励他们以更高的热情去完善它。实践证明，"命令—说教"式的教育手段容易招致学生的抵触乃至反抗，班级公约则将学校教育变成学生习得和践行契约精神的生活主题。尽管班级公约的建设周期很长，期间也会有挫折和反复，但是这种探索是在尝试把时间还给学生，把方法教给学生，让教育回归生活。这不仅有助于创新和拓展公民意识教育的形式和内容，而且有助于培养具有民主意识、讲诚信有担当的社会主义合格公民。

（三）提升学生参与品质

实践经验表明，当前学校制度生活一方面缺乏学生的充分参与，另一方面既有学生参与的品质也有待提升。因而，我们除了关注要不要学生参与，还要关注如何提高学生参与的品质。在此，我们以学生参与学校制度建构为例说明。

1. 衡量学校制度建构中学生参与品质的标准

学生参与学校制度建构，核心价值是培养学生的公民德性，促进学生自由全面发展。其实现路径有：学生在参与制度建构的过程中，直接习得相关的知识、技能与德性；以高品质的制度保障、规范、促进学生发展。前者是制度建构的过程育人，后者是制度建构的结果育人。前者要求通过公共协商的过程习得相应的公民能力与德性，后者则要求通过公共协商保证所建构制度的高品质，为制度提供道德合理性基础。据此，衡量学校制度建构过程中学生参与的品质标准，也必然要以公共协商的过程和结果为依据。

结合公共协商的特性与学校教育的特殊性，我们从参与主体、参与形式与参与目标三个维度提出衡量学校制度建构过程中学生参与品质的几个标准。

（1）参与主体维度。

首先，学生多元。多元性包括群体多元与群体内多元两个层次。群体多元强调学校制度建构过程应该有学校管理者、教师与学生等不同主体的参与；群体内多元是指某一类参与主体也应该是由不同需要的多元个体所构成的。学生多元是指后一种情况，即参与学校制度建构的学生群体应该涵盖不同性别、民族、年龄、性格、兴趣、成绩、家庭背景等多元的学生个体。这是因为，不同属性的学生个体需要往往不同，而学校制度建构过程是否能够尽可能充分地呈现学生群体中的不同需要，是学生参与学校制度建构的首要标准。

其次，机会平等。机会平等主要表现在两个方面：一是参与机会平等，即学生应该拥有平等的机会参与到学校制度的建构过程之中；二是表达机会平等，即参与学校制度建构过程的学生应该拥有平等表达需要的机会。

（2）参与形式维度。

首先，理性协商。理性是协商的基础，理性协商就是要求学生在表达自己的观点时，严肃地给出理由，在观点不一致时，能够认真思考他人观点的合理性，反思自己观点的偏颇之处。为了达成最大限度的制度共识，学生应理性地节制个人的不合理需要。缺乏理性，协商将会无以为继；缺乏协商，所建构制度的道德合理性将遭受质疑。因此，学生参与制度建构的过程，应该是理性的表达、倾听、反思、协商、达成共识的过程。

其次,程序公平。学生参与制度建构要尊重程序,并应将程序作为制度道德合理性的规范性要求。应该遵循何种程序?第一,不同个体应充分表达自己的需要,并陈述理由。与此同时,其他学生应耐心、认真地倾听意见表达者。第二,就不同的学生需要进行讨论、协商。第三,在协商的基础之上,通过理性反思,修正自己的原始需要,并最终形成利益关涉者可一致接受的制度共识。

最后,过程公开。学校制度的建构涉及多元主体的利益,每个利益关涉者都有权利知道和评价学校制度的建构过程。公开内容主要包括三方面:一是学校制度建构的基本信息,包括制度建构的原因、目标、程序和条件等;二是学校制度建构参与者的需要及其理由,每个参与者都应该互相清楚彼此的需要及其理由;三是协商的过程,包括如何讨论、如何协调不同的个体需要以及如何达成制度共识。

(3) 参与目标维度。

从参与目标维度看,学生参与品质的标准主要是探寻公共需要。学生参与制度建构的过程,不是聚合个体需要,满足所有学生的需要;不是牺牲自我需要以满足他人需要;不是多元主体在需要既定条件下的需要博弈;而应该是一个在多元个体需要基础之上探寻公共需要的过程。公共需要就是多元主体可接受的最大限度的制度共识。只有在多元主体、机会平等、理性协商、程序公平、过程公开基础上达成一个制度共识,才可能去执行、体验、修订、认同制度。否则,学校制度建构中的学生参与只能是"未完成的参与"。

2. 学生参与学校制度建构的品质提升

我们的研究表明:学校制度建构中学生参与的最大问题在于还停留在个人需要的聚合阶段——要么投票,要么"提意见",缺乏公共协商的基本精神,因而难以起到培育公民德性的作用。学校制度建构,没有学生参与是不行的。但是,仅有参与是不够的,关键是如何提升学生参与学校制度建构的品质。

(1) 更新学校管理者与教师对学生参与学校制度建构的观念。

学校制度建构的目的是为学校共同体中的全体成员谋福祉,尤其是促进学生自由而全面地发展。然而,长期以来的学校制度实践让人误以为学校制度首先是学校管理者与教师管理学生行为、维护学校秩序、提升学业表现的工具。在这种认识之下,学校管理者与教师看重学校制度的秩序功能。学生则要么认为"参与"是一种荣誉,竞相争夺;要么认为"参与"是一项任务、工作,积极配合、建言献策;要么认为学校制度建构"事不关己""形式主义",冷漠对待。无论何种认识,都加剧了对学校制度目的与价值的误解,进而可能加深制度与人、人与人的矛盾。因此,要提升学校制度建构中学生参与的品质,应首要修正这种误解，同时提升"冷漠学生"的参与意愿。

首先，了解学生的需要及其领域性。无论是规范学生的在校行为，还是培育其优良品性，学校制度都必须通过学生的主观认识才能够发挥作用，而学生对学校制度的主观认识又往往依赖于制度是否契合学生的需要。因此，了解学生的需要和领域性就是促使学校管理者和教师观念更新的事实基础。

其次，反思学校制度建构是否充分呈现并讨论了学生需要的认知领域冲突。领域之间并非相互独立，而是具有重叠性。[①] 领域重叠性表现为两种可能：一种是不同领域中的规范一致，如排队既是一种社会规范，同时也蕴含着公平的价值；另一种是不同领域中的规范冲突，如班干部才有资格参与学校制度制订，既可以从学校规则的角度审视，也可以对其进行道德评价。正是基于后一种可能，对于同一学生需要，不同的学生可能从不同的领域看待。例如，"周一必须穿校服"，在部分学生眼中是学校规范问题，应该人人遵守；部分学生则可能认为这属于个人领域的问题，可自主决定。因此，要想全体学生多样的需要达成共识，并上升为学校制度，就有必要在学校制度建构过程中充分呈现与讨论学生的需要及其领域间的冲突。

(2) 培养学生基本的协商民主知识，提升学生协商民主的基本能力。

基本的协商民主知识应包括协商民主的内涵、价值、程序、条件等。应让学生明白：协商民主的核心是公共协商。协商程序一般包括表达民意、公共协商、修正偏好、达成共识等阶段。协商民主的价值包括改善立法和决策的质量，促进合法决策；培养公民精神，促进政治共同体的形成；矫正自由民主的不足；制约行政权的膨胀以及能够充分发挥理性的作用等。

培育学生协商民主知识与能力，既要充分挖掘德育课程、教学、活动的价值，又要努力建构协商民主的学校生活方式。固然"关于协商民主的观念"未必转化为"协商民主的观念"，协商民主知识教学未必培育出协商民主的能力与精神，但也没必要因噎废食。其价值的体现恰恰在于传授正确的协商民主知识，进而为协商民主实践提供必要的认知基础。基于此，既可以将协商民主知识融入现今教材的内容之中，也可以开发以协商民主为核心的校本教材与课程。此外，应通过案例教学、主题班会、德育活动的形式，训练学生协商民主的能力。素材既可以来源于学生的日常经验，也可以来源于网络、媒体报道的社会生活。要让学生习得协商民主能力，还应该在更具日常性的学校生活中营造协商民主的氛围。

因协商民主发端于政治领域，教育者还应擅于将协商民主的政治意涵根据教

---

① ［美］努奇·拉里著，冯婉桢译：《"好"远远不够：促进儿童的道德发展》，机械工业出版社2015年版，第16页。

育的特性进行转化。尤其要考虑的是：学校协商民主的主体要么是学生，要么是成年人与学生的混合，应依据学生的身心发展特点进行公共协商，如明晰协商程序与规则；引导学生理性协商，不要"感情用事"；赋予部分学生监督权等。协商民主的目的不仅仅是达成学校制度共识，更是要在这个过程中培育学生的协商民主精神与能力，使学生能够"内得于己、外施于人"。因此，不能为了追求达成制度共识的效率而牺牲学生"内得于己"的过程。也正是在此意义上，学校制度应是"协商—共识—施行—再协商—再共识"的往复过程，学生也无须等到完全具备纯熟的协商民主知识与能力之后才可参与。协商民主的程序可以经过"二次协商"。因为学生总是生活于学校与班级两个层次的制度之中的，这就意味着在建构学校层次制度时，可以充分发挥班级层次制度的功能，转化学生的不合理需要，"提纯"学生集体的需要。由此，学生代表在参与学校层次制度的建构时能够提升协商效率，且最终达成的制度共识也是建立在合理需要的基础之上的。

（3）在学校具体制度安排的基础上构建更为基础性的学生参与制度。

学生参与制度建构，首先应该成为一项基本的学校制度安排，也即在学校具体制度安排的基础之上建构更为基础性的"上位"制度——学生参与制度（下称"学参制"）。学参制是指规定学生参与学校制度建构的权利与责任，以及参与的条件、程序、目的、精神等内容的规范，具有如下特点：第一，公开性。学校共同体中的所有成员都知道该制度的存在。第二，普遍性。约束对象是学校共同体中的所有成员。对于学校管理者、教师而言，有义务要求学生参与；对于学生而言，有权利和义务参与。第三，强制性。对于不切实履行该制度规范的学校管理者或教师，学生（及其家长）有权向教育管理部门申诉。第四，程序性。学参制不仅规定学生参与的权利和义务，同时规定了何种程序的学生参与才是高品质的参与。第五，指导性。以学参制为依据，学校管理者、教师应有意识、有规划地培育学生参与的意识与能力，并促使学生将协商民主素养运用于更广泛的生活中。

建构学参制的重要价值是，它能够显性化学生在学校制度建构中的合法权益与公共责任，规定、指引多元主体以规范的方式参与"下位"制度的建构，并评价"下位"制度的合法性程度。该过程也正是重构学校制度生活、培育学生公民精神的过程。

第三节 国家德育制度及其创新

在制度结构体系中，学校制度并非本源性的制度，相反，它来源于、受制于国家根本制度和国家基本制度。因此，我们不仅要研究、变革学校制度，更要研究国家制度。由于本课题的核心在于全面加强学校德育体系建设，而非其他体系建设，故而我们重点关注的是国家层次的德育制度，以中小学班主任制度和高校辅导员制度为例。

一、中小学班主任制度的历史与走向

我国中小学"班主任制"自1952年诞生至今，已经走过了60多年，为我国教育事业的发展做出了重要贡献。不过，由于社会变迁和时代发展，"班主任制"显露出了一些弊端和不足，需要进行适当的变革和改进。关键在于，如何科学合理地改进。这就需要透视历史，分析现状，找到问题，把握教育发展大趋势，特别是从理论上厘清班主任制度的存在基础。

（一）历史透视：我国班主任制度的变迁

中国古代学校教育，不管是私学还是官学，大多采用个别教学，不存在班级，当然也就没有班主任，更谈不上形成班主任制度。中国中小学班主任制度是"中西结合"的产物，经历了级任制、导师制、班主任制三个阶段。

1. 级任制

1862年京师同文馆正式创立，首次采用了班级授课制。1902年，清政府颁布了《钦定学堂章程》，明确规定："学生每一班应置教习一人，……另置副教习一人"，[①] 只是该学制虽正式颁布但并未实施。1904年初，清政府颁布了《奏定学堂章程》，该学制是我国正式实施的第一个学制，其中规定："凡初等小学堂儿童之数，六十人以上一百二十人以下，例置本科正教员一人；其力足添置副教员一人者听。""正教员任教授学生之功课，且掌所属之职责。"[②] 1916年1月8日公布的《国民学校令施行细则》（1916年10月修正）提道："正教员担任儿童之教育，并掌管教育所属事务，助教员辅助正教员之职务。"[③] 上述引文中"教习""正教员"大致相当于我们今天班主任的教育角色，其工作职责主要是教授功课，管理学生的学习、思想和生活等事宜。"副教习""副教员""助教员"即

[①] 璩鑫圭、唐良炎：《中国近代教育史资料汇编——学制演变》，上海教育出版社1991年版，第275页。

[②] 璩鑫圭、唐良炎：《中国近代教育史资料汇编——学制演变》，上海教育出版社1991年版，第301页。

[③] 朱有：《中国近代学制史料》，华东师范大学出版社1990年版，第148页。

相当于我们今天有些学校所设置的"副班主任"的教育角色。

级任制，为"学级担任制"的简称，亦称"级任教员（师）制"，是指一位教师在承担一个班级全部或大部分课程教学的同时，对这个班级负有管理与指导责任的制度。相对于一般"科任教师"，这种教师被称为"级任教师"。①"级任制"下"级任教师"的主要工作职责是"课程教学"，对班级进行"管理和指导"。

2. 导师制

民国时期，级任教师制度并非是国统区唯一的学生行为管理与指导责任制度。当时，为了更好地对学生行为进行管理与指导，国民政府还实行过指导制、分团指导法、导师制。不过，以"导师制"影响最大。1938年发布的《中等以上学校导师制纲要》规定，民国时期的"导师制"的主要内容为：（1）把每个班级的学生分成若干小组，每组5～15人，设一导师，由校长指定专任教师担任。另有主任导师（统称训育主任）专管导师指导事务。（2）导师对学生的思想、行为、学业及身心保健，均应体察个性，施以严密的训导，使其正常发展，以培养健全的人格。（3）导师除个别指导外，应充分利用课余时间及假期，以谈话会、讨论会、远足（旅行）三类方式集体指导。（4）导师须对学生的情况加以记载，每个月分别向学校和家长报告。（5）学校每个月召开一次导师会议。（6）导师对所指导的学生承担一定责任。学生在校期间或出校以后，无论优良表现还是不检点的行为，原任导师应同负责任。（7）学生毕业时，由导师考评。②

从《中等以上学校导师制纲要》可以看出：导师是由校长指定；导师对学生的思想、行为、学业、身体负有重要责任；导师教育学生的主要方式是个别教育；导师要经常和家长联系；导师要负责对学生考评。1944年6月8日，教育部颁发了《中等学校导师制实施办法》，进一步明确了导师的职责、导师例会制度、导师管理制度。"导师制"至此定型，形成了一套比较完整的制度。级任制改为导师制，由导师负责班级管理工作，这无疑与今天班主任的教育角色更为接近了。

3. 班主任制

我国最早使用"班主任"这一名称，是在共产党领导的老解放区。1934年《中华苏维埃共和国小学制度暂行条例》中规定："每班设主任教员一人，一班学生在四十名以上者，得增设助教员一人。""主任教员"即相当于我们现在的

---

① 陈桂生：《普通教育学纲要》，华东师范大学出版社2009年版，第288页。
② 宋恩荣、章咸：《中华民国教育法规选编（1912～1949）》，江苏教育出版社1990年版，第159～160页。

"班主任"。1942年，绥德专署教育科的《小学训导纲要》中直接提道："实行教导合一制，必须加强班主任的责任，否则教导主任就忙不过来。"①"班主任"首次出现在边区政府的文献中，沿用至今。

1949年7月，《陕甘宁边区政府关于新区目前国民教育改革的指示》中提出："废除训、教分离制度，实行教导合一，包括两方面：一方面教师不只教书而且要参加具体的指导工作，另一方面组织上训育与教务统一。在学校组织上（适用于完小）校长下设教育主任。取代级任导师，班设主任教员。"②

1952年3月18日，教育部根据中国人民政治协商会议共同纲领文化教育政策及中央人民政府政务院"关于改革学制的决定"，制定、颁发了《小学暂行规程（草案）》和《中学暂行规程（草案）》。其中，《小学暂行规程（草案）》明确提出："小学各班采教师责任制，各设班主任一人，并酌设科任教师。"③《中学暂行规程（草案）》中明确提出："中学每班设班主任一人，由校长就各班教员中选聘，在教导主任和副教导主任领导下，负责联系本班各科教员指导学生生活和学习。"④其中，中学班主任的工作职责的定位为"负责联系本班各科教员指导学生生活和学习"。值得注意的是，自1952年始，我国中小学普遍实行"班主任制"。

改革开放以来，班主任制度日渐完备。1979年11月，教育部印发了《关于普通中学和小学班主任津贴试行办法（草案）》，首次规定了班主任的选聘标准、工作量、津贴标准、工作要求。1988年教育部颁布了《小学班主任工作暂行规定》《中学班主任工作暂行规定》，两者都对班主任的地位、作用、基本任务、工作职责、工作原则和方法、任职条件、待遇和奖励等方面做出了更为具体的规定。2006年，教育部颁布了《关于进一步加强中小学班主任工作的意见》，进一步明确了班主任的工作职责，并就班主任选聘和培训、班主任待遇和奖励制度、班主任合法权益等方面提出了更为明确的要求。2009年，教育部颁布了《中小学班主任工作规定》，规定中就教师对学生的批评教育权利等问题做出了较为明确的规定。

---

① 陕西师范大学教育研究所：《陕甘宁边区教育资料（小学教育部分上）》，教育科学出版社1981年版，第277页。

② 陕西师范大学教育研究所：《陕甘宁边区教育资料（小学教育部分上）》，教育科学出版社1981年版，第274页。

③ 《中国教育年鉴》编辑部：《中国教育年鉴（1949~1981）》，中国大百科全书出版社1984年版，第728页。

④ 《中国教育年鉴》编辑部：《中国教育年鉴（1949~1981）》，中国大百科全书出版社1984年版，第731页。

透视班主任制的演变历史,① 不难发现：首先，班主任的"工作职责"越来越重。"级任制"时期，"级任教师"的主要工作职责是教授学生功课，对学生进行管理和指导。"导师制"下导师的工作职责主要是以小组为单位，对学生的思想、行为、学业及身心保健进行管理和教育。"班主任制"下班主任工作职责则广泛、重要得多，涉及对学生的教学责任、教育责任、行政责任、组织责任，甚至社会责任，具体包括：对学生进行政治教育、思想教育、道德教育；组织和管理班集体，尤其是班级日常事务管理；与科任老师、家长沟通，形成教育合力；对学生进行操行评定；从多方面关注学生身心发展。②

其次，班主任的角色越来越多。"级任教师"的主要角色是管理者和指导者；"导师"的角色主要是指导者（引导者）；"班主任"的角色则是多元的：班主任"是班集体的组织者、教育者和指导者，是学校领导者实施教育、教学工作计划的得力助手""是学校贯彻国家的教育方针，促进学生全面健康成长的骨干力量""是沟通家长和社区的桥梁""是中小学日常思想道德教育和学生管理工作的主要实施者，是中小学生健康成长的引领者，要努力成为中小学生的人生导师"，等等。

（二）批评之声：班主任制度的弊端

应该承认，我国的班主任制度建设取得了一系列成绩；③ 中小学设置班主任有其独特的优势：学生的思想政治不会放任自流；有人组织、沟通多位科任教师，形成班级教育合力；同时，能够与家长及时沟通；等等。然而，班主任制度也存在着始料未及的弊端，正是这些弊端使得班主任制度受到一些批评。

1. 教育分离："教书的不育人"

自班主任制度确立以来，党和国家的教育文件、政策反复强调班主任工作的

---

① 在分析班主任工作职责、角色时，我们主要参照的教育政策、文件有：《小学暂行规程（草案）》（1952年）、《中学暂行规程（草案）》（1952年）、《全日制小学暂行工作条例（草案）》（1963年）、《全日制中学暂行工作条例（草案）》（1963年）、《关于普通中学和小学班主任津贴试行办法（草案）·关于班主任工作的要求》（1979年）、《中学班主任工作暂行规定》（1988年）、《小学班主任暂行规定》（1988年）、《关于进一步加强中小学班主任工作的意见》（2006年）、《中小学班主任规定》（2009年）。

② 付辉：《我国中小学班主任工作职责变迁研究》，江西师范大学2012年硕士学位论文，第41页。

③ 在教育政策层面，党和政府相继出台了一些重要文件，重视班主任工作，2006年教育部颁布了《关于进一步加强中小学班主任工作的意见》，2009年颁布了《中小学班主任工作规定》，等等。在实践层面，教育部启动实施"全国中小学班主任培训计划"，中小学班主任纳入教师继续教育体系。在理论研究层面，近些年，有关班主任专业化发展的培训教材和理论专著大量出版，影响比较大的有：教育部师范教育司、基础教育一司规划指导，由教育科学出版社出版的《中小学班主任案例式培训教材》（共计6册），等等。

重要价值和意义,突显班主任在教育学生过程中的重要职责,这在一定程度上有利于彰显班主任工作的专门性、重要性,但客观上讲,这种一味"强调""突显",在观念上极易误导人们,即认为在学校里,只有班主任才应该、必须承担教育学生的责任,班主任是教育学生的唯一合法人选,而一般的科任教师只要把课上好,根本无须承担教育学生的责任。事实上,在课堂教学中,倘若有学生违反课堂纪律,科任教师较少进行相关的教育,而是直接将该生的违纪行为告之该班的班主任,由班主任进行教育,因为在科任教师的眼里,只有班主任才是专门负责对学生进行教育的教师。长此以往,导致科任教师只教课(教书),不育人,将"教育"的整体意蕴制度性地分割。这种"教"和"育"的分离带来的消极后果是显而易见的:一方面,导致班主任的工作负担越来越重;另一方面,科任教师"合法地"、理直气壮地推卸教育责任。

2. 权力导向:再生产官本位社会

在现有的制度设计中,班级不仅是教学组织,而且是学校的行政组织。班主任是班级组织的管理者、组织者、领导者。班主任如何组织、领导、管理班级?最为经常的方式是任命、指定一定数量的班干部来管理班级。一个班级里所设的"班干部岗位"是很多的,有班长、副班长、学习委员、纪律委员、卫生委员、体育委员、生活委员、文娱委员、各科课代表、组长、副组长等。班主任设置一定数量的班干部岗位,的确有助于减轻班主任的工作负担,提高班级管理的效率。不过,因为某些岗位没有民主选举,缺乏权力授予的程序正义,导致:第一,在没有担任班干部的学生眼里,班干部很神气,手中有权力,是"官",特别是班干部能够代表班主任行使权力,教育、惩戒违纪同学。而一些班干部觉得自己是管理者、权力者,高人一等,能够对班上"普通同学"进行任意的批评和训斥。第二,在班主任的眼里,班干部是自己的得力助手,能够帮助自己收集"情报",协助自己管理班级。换言之,在班主任的眼里,班干部其实不过充当了"情报员""协管员"的角色。此外,一些班主任身上的专制作风浓厚,严重缺乏民主意识,班级里的班干部长期得不到轮换,更是容易滋生、形成班干部的"官本位"思想。班主任采用班干部管理班级的做法,表面上能收到一些效果,其实质是在助长学生"官本位"思想。

3. 机械规训:听话工具

班级授课制是目前我国最基本的教学组织形式,其显著特点是班额大、重规训。为了提高班级管理的效率,学校加大了对班主任的管理力度,班主任同样加大了对班级管理的力度,有些班主任一味地要求学生听话、顺从。有学者认为,"规训"事实上成为了现代性教育的一个非常显著的特征,是教育现代性的一个核心议题。① 学校生活对学生的规训是多方面的，班主任对学生的规训无疑是重中之重。有些学校的班主任，无视学生的意见，制定"机械的"班规，以高压控制学生。也有一些中学（初、高中）里，即便是课间十分钟，班主任也要到教室窗外"看一看"学生，美其名曰随时关心学生的学习和生活，实则监视学生。更有一些学校的班主任，为培养学生良好的学习、生活习惯，而制定了严苛的纪律标准，比方说学生任何时候都不能在班级讲话、不能上课迟到、不能带手机进班级，等等。我们不否认班主任的上述做法的出发点是为了学生好，但从另一角度讲，班主任的上述做法是不是同样为了规训学生，把学生培养成为"听话"的工具呢？

4. 价值取向：管理主义

从教育伦理来看，班主任制度的根本目的是促进学生的健康成长。但是，透过学校教育的现实，我们不难看到，不管是学校对班主任的管理，还是班主任对学生的管理，都存在"管理主义"气息。"管理主义"的核心是组织中的所有成员都必须要按照一定的管理来进行日常的行为规范和工作。② "管理主义"作为"班主任制"的价值取向，主要表现在两方面：第一，学校有绝对的权力管理班主任。学校严格规定班主任到岗的时间、地点，学校的行政领导逐一查核班主任的出勤情况，班主任作为被管理的对象，缺乏主体性、主动性和职业尊严。第二，班主任有绝对的权力管理班级学生。例如，安全工作是学校工作的"重头戏"，谁都不敢马虎，班主任更是学生安全的重要责任人。为了确保学生不出事，班主任必须随时、随地跟进，做到对学生的管理"不留死角"。如果学校坚持"管理主义"价值取向，那么会导致班主任工作丧失生命的底色与根基，其必然结果是班主任心力交瘁，最终产生职业倦怠。

（三）存在基础：班主任制度何以成立

基于对班主任制度存在的上述批评，有人主张班主任制度尽快终结。我们认为，"班主任制度"的存在有其合理性。班主任制度之所以成立，是因为它有存在的基础。只要这些存在基础依然存在，它就不会终结。

1. 价值基础：集体主义

"每一种责任制制度中，都隐含着一定的价值观念。各种责任制度之间的区别，实际上反映了关于学生行为管理与指导不同的价值取向。"③ 班主任的管理

---

① 金生鈜：《规训与教育》，教育科学出版社2004年版，第2页。
② 白璐：《教育管理主义论述》，载于《高教管理》2016年第6期。
③ 陈桂生：《常用教育概念辨析》，华东师范大学出版社2009年版，第249页。

对象是班集体，奉行的是"集体教育原则"，即班主任通过集体、在集体中对学生进行教育。因此，在宽泛的意义上，我们认为"班主任制"的价值基础是集体主义，其核心内涵为：教育者通过"班主任制"的各组成要素，建构"学生集体"与"教师集体"。从"集体主义"的视角审视班主任的工作职责，那么"班主任的职责在于，作为班级任课教师联系的纽带和班级教师集体的核心；依靠教师集体建构学生集体；一旦学生集体形成，主要诉诸学生集体自主管理、自我教育，而教师主要关注学生集体的巩固。"[①] 基于上述分析，我们可以看出，正是由于以集体主义为价值基础，才使"学生集体"和"教师集体"实现了有机统一，"班主任制"则在价值合理性方面找到了存在的依据和前提。

2. 组织基础：科层制

现行的大多数学校教育组织是科层组织。有学者归纳了科层方法的五种机制：（1）坚持等级式的权力控制和对底层人员严格监督。（2）建构和保持适当的垂直交流。（3）制定明确的书面规则和程序以确定标准和指导行为。（4）制定明确的计划和日程以供参与人员遵守。（5）在组织等级体系中增加监管人员和行政人员。[②] 对照这五种机制，我们不难发现班主任制度的组织基础正是科层制，具体而言：第一，班主任处在学校行政体系、科层组织的最下层，要受到教导处的直接控制和制约。第二，学校的德育副校长、德育主任、年级组长直接向班主任下达各种"命令""工作要求"。第三，学校为管理班主任而制定了大量书面的规章制度，例如"班主任一日常规""班主任一周常规""班主任班级管理要点"等。第四，学校为全体班主任制定了明确的工作计划，学校的每一位班主任都必须遵照执行。第五，在学校的行政管理组织中，增设年级组长、德育主任等职务，以加强学校对班主任的控制和管理。可见，科层制是班主任的组织基础。进言之，科层制通过行政班、年级组、教导处、校长室而使"班主任制"具有了现实的科层建构。

3. 体系基础：制度以及配套制度

党和政府颁布了大量的与班主任相关的文件政策，将班主任教育角色合法化，并在此过程中形成一系列与班主任教育角色相关的制度，这些制度包括：班主任工作制度、选聘制度、考核与奖惩制度、培训与进修制度、津贴制度等。班主任制度，并不是一个抽象的、看不见摸不着的制度体系，而是由一系列具体明确、能够切身感受的"子制度"组成的。可以设想，如果没有一系列的制度及其配套制度作政策保障，"班主任制"是难有生存空间的。

[①] 陈桂生：《聚焦班主任——"班主任制"透视》，教育科学出版社 2012 年版，第 14 页。

[②] ［美］罗伯特·G. 欧文斯著，窦卫霖译：《教育组织行为学——适应型领导与学校改革》（第八版），中国人民大学出版社 2007 年版，第 91 页。

4. 文化基础：管治防范的惯习

制度与文化有不解之缘，班主任制度同样有相应的文化背景。人性假设是中国文化的重要组成部分。对任何教育体系做深入分析，其背后都有相应的人性假设。我国教育体系之中，也有一种倾向，它"秉承"荀子的"人性恶"的假设，认为个体有奴性、惰性，是需要"管理"的对象，特别是必须对个体进行"管治防范"。基于此种人性假设基础上的班主任制度有两个必然的结果：一是学校对班主任的"管治防范"；二是班主任对学生的"管治防范"。简言之，我国传统文化中管治防范的习惯思维，为"班主任制"提供了隐形的文化基础。

（四）终结或完善："班主任制"走向何方

如果上述四个基础成立的话，那么，随着时代的发展和教育改革的深化，这四个基础还存在吗？如果回答是肯定的，那么班主任制度就还有存在的合理性；如果回答是否定的，显然，班主任制度将不可避免地走向终结。事实上，有鉴于班主任制度存在的弊端，我国中小学对班主任制度变革的呼声越来越高，并尝试着对班主任制度进行了一些改革探索。不过，高中、初中和小学的情况各不相同，不宜一概而论，需要分类讨论。

1. 高中："班主任制"将逐步走向终结

2014年9月3日《国务院关于深化考试招生制度改革的实施意见》出台，对考试科目做出了明确规定："考生总成绩由统一高考的语文、数学、外语3个科目成绩和高中学业水平考试3个科目成绩组成。保持统一高考的语文、数学、外语科目……不分文理科，外语科目提供两次考试机会。计入总成绩的高中学业水平考试科目，由考生根据报考高校要求和自身特长，在思想政治、历史、地理、物理、化学、生物等科目中自主选择。"高考科目的改革，势必打破现在高中固定的行政班、教学班的格局。因为每个考生选择科目不一定相同，即使选择同一科目其学习程度和学习目的也不相同，这样，统一的课程表不复存在（有可能是一生一表），固定的行政班将不复存在（取而代之的是大量临时的教学班级）。班级不存在了，班主任就没有存在的组织基础。以往班主任的工作，一部分将成为专业人士的工作，如心理咨询、生涯规划等；另一部分将成为所有科任教师的工作，如课堂管理、学生诊断、教育指导等，这样，高中将名副其实地实践"学科育人""全员育人"。"学科育人"是指科任教师通过"教学班"的教学工作，对学生进行各种教育（原来由班主任担任的教育职责）。"全员育人"，意味着学校的每一位教师都是"育人者"，承担教育学生的责任。

没有了班主任，如何对学生进行指导？北京十一学校围绕这一问题进行了卓有成效的、可贵的探索。该校没有了行政班和班主任后，每一位学科教师都走到了教育的前台。该校经过探索，实施了导师、咨询师和教育顾问制，取代了原先的"班主任制"。①

当然，我们提出高中班主任制度必将走向终结，并不意味着学校教育责任的终结。值得注意的是，由于我国高中教育存在着天然的地区差异、校际差异，"高中班主任制"即便走向消亡，也必定有一个过程。

2. 初中和小学：班主任制度可能更加完善，也可能逐步消亡

初中和小学的情况与高中存在差异。事实上，目前我国中小学班主任制度的改革有三类：第一，彻底、干脆取消班主任，用其他的教育角色（辅导员、导师、咨询师等）代替班主任；第二，在保留原班主任的教育角色的基础上，增加新的"班主任"（科任教师、学生家长、学生等），建立"团队班主任制度"；第三，保持、完善"一人班主任制"，深化班级管理改革。鉴于初中、小学的实际情况，其班主任制度也可能更加完善。

第一，加强制度建设，制定班主任工作的专业标准，确保班主任专业地位得到落实。

改革开放40年以来，随着教育事业的稳步发展，党和政府极其重视班主任工作，相继出台了大量的文件确立班主任的专业地位。不过，我们认为班主任的专业地位不能仅仅写在文件中，更应该落实到班主任工作的具体实践中去。2009年教育部颁布的《中小学班主任工作规定》明确规定了班主任的选聘制度、经济待遇制度、考核奖惩制度、培训学习制度。各地教育行政部门要根据学校的实际情况，制定切实可行的实施办法和相关的配套制度，特别是在津贴发放、培训进修等方面向班主任适当倾斜，确保班主任的专业地位得到落实。

第二，提高薪酬待遇，建立班主任精神激励机制。

在班主任制度诞生之初，国家相关的教育政策和文件难以找到"班主任津贴"之类的字眼，直到1979年11月，教育部颁布了《关于普通中学和小学班主任津贴试行办法（草案）》，对"中小学班主任津贴"才有了明确规定："原则上每个班（学生40人至50人）设班主任一人。根据现有学校布点、校舍条件不同，每个班学生人数有多少，班主任的工作量有大有小，班主任津贴应有所区别。津贴标准一般为：中学每班学生人数在35人以下发5元，36人至50人发6元，51人以上发7元；小学每班学生人数在35人以下发4元，36人至

---

① 李希贵等：《学校转型——北京十一学校创新育人模式的探索》，教育科学出版社2014年版，第153~156页。

50人发5元，51人以上发6元。每班学生在20人以下的，可酌情减发。"① 30年之后，2009年教育部颁布的《中小学班主任工作规定》中有两条明确提到班主任的津贴问题："第十四条，班主任工作量按当地教师标准课时工作量的一半计入教师基本工作量。各地要合理安排班主任的课时工作量，确保班主任做好班级管理工作。第十五条，班主任津贴纳入绩效工资管理。在绩效工资分配中要向班主任倾斜。对于班主任承担超课时工作量的，以超课时补贴发放班主任津贴。"应该说，2009年的《中小学班主任工作规定》较之1979年的《关于普通中学和小学班主任津贴试行办法（草案）》，班主任的实际津贴有所提高，但是，我们也要看到，《中小学班主任工作规定》中的两条固然为保障班主任的薪酬待遇提供了一定的法律保障，但这两条规定之中，存在明显的漏洞和问题：第一，"当地教师标准课时工作量"是多少？全国都一样吗？何谓"教师基本工作量"？鉴于当前班主任工作无边界的现实，到底该如何确定班主任工作量？第二，绩效工资要向班主任倾斜，问题是倾斜多少？怎样倾斜？第三，"超课时工作量"如何界定、衡量？等等。基于这些情况，我们认为，要切实结合各地教育的财政状况和学校实际，确定、提高班主任的薪酬待遇，以真正调动班主任工作的积极性和主动性。此外，我们认为，教育主管部门在提高班主任的工资、津贴的同时，更要建立班主任精神激励机制，这主要是因为毕竟我国当前的教育经费投入有限、不足。例如，对长期从事班主任工作且贡献突出的教师，不仅要加大物质奖励力度，同时还要对其进行精神奖励，授予荣誉称号。

第三，完善法律法规，保障班主任教师的合法权益、权利。

梳理与"班主任制"有关的十几个政策文件可以发现，每份文件都强调班主任工作的重要意义、角色、职责与任务、原则和方法、考核与奖惩，而较少突出班主任教师的合法权益、权利。令人欣慰的是，进入21世纪，班主任的合法权益、权利才真正进入班主任政策制定者的视野。2006年《教育部关于进一步加强中小学班主任工作的意见》明确提出："各地教育行政部门和中小学校应当为班主任开展工作提供支持，制定相关政策和制度，切实维护班主任教师的合法权益，减轻他们过重的精神压力和工作压力，保障他们的身心健康。要及时了解他们在工作和生活中遇到的困难和问题，为他们排忧解难。"2009年教育部颁布的《中小学班主任规定》中，在"待遇与权利"部分，规定："班主任在日常教育教学管理中，有采取适当方式对学生进行批评教育的权利。"应该说，这

---

① 《中国教育年鉴》编辑部：《中国教育年鉴（1949~1981）》，中国大百科全书出版社1984年版，第716页。

两个文件为保障班主任教师的合法权益、权利提供了一定的法律保障，但这两份文件所表达的具体含义并不详尽：（1）第一份文件中写道要"制定相关的政策和制度……身心健康。"多年过去了，我们未曾见到专门维护班主任教师合法权益的政策和制度，我们看到的是班主任的精神压力和工作压力仍旧很重，看到的是一般的科任教师不愿、不敢做班主任。（2）第二份文件中"有采取适当方式对学生进行批评教育的权利"，何谓"适当方式"？何谓"批评"？部分强势的家长、浮躁的社会舆论，会导致班主任"不敢"批评学生的现象，拿什么去切实保障班主任批评学生的权利？有鉴于此，我们认为，急需在广泛调查、征求教育工作者意见的基础上，实事求是，制定明确、科学、合理的法律法规，以切实保障班主任的合法权益、权利，维护班主任的职业尊严，最终提高班主任工作的积极性和创造性。

第四，落实双向选择，增加专业自主。

当前，在我国中小学班主任选聘过程中，班主任少有"话语权"。从我们调查来看，大多数学校的班主任是由学校领导通过行政的手段强制任命的，很少考虑班主任的内心意愿。迫于学校管理的体制权威，班主任基本上只能"服从"安排。问题还不在于此，学校为了有效地管理班主任，制定了严苛的班主任管理制度，包括班主任的学期工作计划、内容和方案，甚至每一天、周的具体工作都被学校严格规定，班主任缺少专业自主权，往往机械、盲目地执行学校规定的各项工作。我们认为，"班主任制"要走向完善，首先必须赋予班主任专业自主权，即允许班主任在适当的范围里，有权决定自己工作的理念、内容、进度、方法和特色，而不受学校规定内容的限制。

以上四点表明，通过确定专业地位、增加专业自主、辅助专业成长、厘清责任权利、提高薪酬待遇、落实双向选择，现有的班主任制度可能更加完善。然而，这只是选项之一，还有一种选项即初中和小学的班主任制度也可能逐步消亡，其条件是：第一，教师教育专业素养普遍提升，每个教师既有学科教学能力，也有教育指导学生的能力；第二，学生指导成为专业人士的专门工作，而不必委托给班主任；第三，国家和社会整体进步，更加注重公民的个人权利和个人自由；第四，学校越来越民主化，实现了管理扁平化，取消科层制。这四个条件有可能变成现实吗？我们认为是有可能的。第一点可以通过高水平的教师教育（含职前职后一体化）来实现；第二点可以通过教育专业的深化来实现；第三点可以通过社会主义政治民主，更好落实以人为本（这里的人应该指具体个人，而不是抽象的、集体的、类的人）的发展方针来实现；第四点可以通过尊重学校办学的主体地位，落实办学自主权来实现。

二、高校辅导员制度的历史、反思与重构

高校辅导员制度，指的是由承担大学生思想教育、政治教育、道德教育和日常学生事务管理等高校工作任务的专业人员（主要是辅导员）组成的组织体系及制约其工作行为的规章规范。

（一）辅导员制度的历史沿革

高校辅导员制度大致经历了萌芽、初创、形成、破坏、恢复、专业化六个发展阶段。

第一，萌芽阶段（1924~1948年）。高校辅导员制度萌芽于黄埔军校、南昌起义、秋收起义以及抗日军事政治大学中的党代表和政治指导员制度。① 这一制度是新民主主义革命胜利的重要组织和制度保障。

第二，初创阶段（1949~1960年）。新中国成立后，培养社会主义的革命接班人和建设者就成了党最为迫切的工作，于是高校②自然就变成了培养高素质人才的主战场。如何保证高校的社会主义办学方向，提高大学生的社会主义思想政治素养呢？借鉴苏联经验，继承"延安模式"③做法，改造军队政治指导员制度，无疑是最便捷的制度创制之路。这一阶段有两个显著特征：一是在高校内部设立了专门的政治工作机构——政治辅导处；二是创建了"双肩挑"政治辅导员制度，即一种挑选思想政治觉悟优、专业素质好、工作水平高、组织能力强的高年级大学生，一边兼职做大学低年级学生的思想政治工作，担当他们"政治领路人"，一边完成自身学业的思想政治教育制度。在此基础之上，全国各级各类高校陆续成立了班级、年级、教研室等各级党团组织，配备党团专职

---

① 政治指导员制度发源于苏俄。1918年7月，俄共在建立正规红军时，将政治委员列为正式编制，分队设政治指导员。具体情况参见李翔：《国民党引入军队政工制度原因考》，载于《贵州文史丛刊》，2009年第2期。

② 新中国成立时，全国共有各类大学205所。具体内容参见余立：《中国高等教育史》（下册），华东师范大学出版社1994年版，第3页。

③ "延安模式"是指党在进行土地革命、抗日战争和解放战争时期推行的党领导一切的战时军事化命令性管理体制。在高等教育领域，"延安模式"是指国家统一计划和安排全国各高校所有事务的管理模式。关于"延安模式"对新中国的深远影响，美国学者莫里斯·迈斯纳指出："延安模式"不仅对共产党在1949年的胜利具有决定性的意义，而且它给胜利者留下了一种革命斗争的英雄传统。"延安模式"在制度遗产和革命价值观念遗产两个方面对中国现代化进程产生了重大影响。在中华人民共和国的政治、经济和教育领域中，很多做法早在延安时期实行的制度和实践中就有其萌芽形式。关于"延安模式"的相关具体内容可参见［美］莫里斯·迈斯纳著，杜蒲等译：《毛泽东的中国与后毛泽东的中国》，四川人民出版社1992年版，第64~69页。

干部和政治辅导员对教职工和大学生开展思想政治教育工作，高校辅导员制度初步建立。

第三，形成阶段（1961~1965年）。从20世纪60年代初期至中期，高校辅导员制度进入了一个较为快速的发展上升期。在这一时期，20世纪50年代建立的以兼职政治辅导员为主的模式为适应党的新形势开始逐步向专职政治辅导员模式过渡，高校思想政治教育工作模式慢慢成形与稳固。具有标志性意义的事件有：专职政治辅导员的配备、高校政治部的成立。1965年3月1日，高教部政治部通知各直属高校："迅速建立政治部，并大力充实政治工作干部队伍。"① 这一年，高教部还出台了《关于政治辅导员工作条例》。该条例第一次以正式文件的形式对高校政治辅导员的地位、作用、职责等具体问题做了原则性规定，高校辅导员制度完全建立起来了。

第四，破坏阶段（1966~1976年）。1966~1976年是"文化大革命"的10年。在这10年中，高等教育的"一极为高度政治化，规范的表达即'教育为无产阶级政治服务'；另一极是高度实用化，即'教育与生产劳动相结合'。"② 大肆批判"高教六十条"，肆意污蔑"教授治校、业务挂帅、智育第一都是推行修正主义路线"③，"左"倾教育思潮一度横行高校。高校是"文化大革命"的重灾区，10年之中彻底处于混乱状态。"文化大革命"时期，高校政治辅导员制度被当成各高校党委推行"修正主义教育路线"的工具而受到"四人帮"的诬蔑，几被破坏殆尽；全国高校诸多辅导员亦未能幸免。

第五，恢复阶段（1977~1983年）。1977年，国家恢复了全国统一高考制度。1978年10月4日，教育部修订并实施了《全国普通高等学校暂行工作条例（征求意见稿）》（以下简称《条例（征求意见稿）》）。《条例（征求意见稿）》第五十一条要求各高校："为了加强思想政治工作，在一、二年级设政治辅导员或者班主任，从专职的党政干部、政治理论课教师和其他青年教师中挑选有一定政治工作经验的人担任""政治辅导员都要既做学生思想政治工作，又要坚持业务学习，有条件的要坚持半脱产，担任一部分教学任务。政治辅导员可以适当轮换。"④ 从内容上看，《条例（征求意见稿）》实际上是在恢复清华大学的"双肩挑"辅导员制度。从一定程度上来讲，"双肩挑"的再次出现对高校辅导员制度的继续发展起到了十分重要的引导作用。

---

① 中央教育科学研究所：《教育大事记（1949~1982）》，教育科学出版社1984年版，第362页。
② 杨东平：《艰难的日出——中国现代教育的20世纪》，文汇出版社2003年版，第209页。
③ 何东昌：《中华人民共和国重要教育文献（1949~1975）》，海南出版社1998年版，第1286页。
④ 何东昌：《中华人民共和国重要教育文献（1949~1975）》，海南出版社1998年版，第1645~1646页。

第六，专业化发展阶段（1984年至今）。为解决高校思想政治工作局面堪忧、队伍不力、效果不显的严重问题，教育部以加强高校思想政治工作队伍职业化建设力度、提高队伍专业化水平为抓手，决定在条件成熟的高校率先设立思想政治教育专业，采取正规化、专业化的方法培养高级政工人才，从而全面充实高校辅导员队伍。《关于在十二所院校设置思想政治教育专业的意见》（1984）、《关于在六所高等学校开办思想政治教育专业第二学士学位班的意见》（1984）等政策文件的颁布与实施，有力地推动了思想政治教育工作者包括高校辅导员专业化、职业化建设的进程。同时，思想政治教育专业学科建设成果丰硕，构建了从本科到硕士、博士三个层次的人才培养体系，高校思想政治工作人才格局日益优化，进一步改善了高校辅导员队伍学术结构，高校辅导员队伍专业能力不断增强，高校辅导员制度建设有了新进展。在专业化与职业化建设步伐加快的同时，高校辅导员专业性、职业性社团组织也纷纷成立，高校辅导员工作的影响不断扩大。

高校辅导员制度从1952年创立，历经60多年的发展，初步实现了制度化。

（二）高校辅导员制度的当代反思

1. 高校辅导员队伍专业化建设不足

高校辅导员专业化，指的是根据专业化的内在规律，依照专业规范的基本要求，对拟从事辅导员工作的人员（也包括在岗的辅导员）进行相当长时间的培养与训练，使他们具备与岗位工作相匹配的专业知识、专业素养和专业伦理，掌握顺利开展学生思想政治教育、管理与服务活动的知识与技能，全面履行辅导员工作职责和义务并获得专业地位与专业声誉的过程。美国等西方国家是先设置高校学生事务管理这一职业或岗位，而后才有专业化。与之相比，我国则是先有专业化的培养方式（不是完整意义上的辅导员队伍专业化，只是先在高校设立了思想政治教育专业），之后还要经过辅导员职业岗位定型和成为专门性职业，才能真正实现专业化。可现在的实际情况是，高校辅导员还未完全成为一个独立的职业。之所以出现这种情况，是因为在高校辅导员制度设计之初，政治辅导员的角色就被定位为政治工作干部，是政治工作干部队伍专业化派生出来的职业，不具有独立的职业地位。即使到了现在，政治辅导员政治角色逐步淡化，已经改称为辅导员了，是高校教师队伍的一部分，担当起了大学生健康成长和全面发展的指导者和引路人角色，具备教师和干部双重身份，但这种身份依然还是依附于教师或政工干部，仍然没有完全独立的职业标识，角色身份依然不明确，也不能评定专属于辅导员的专业职称。同时，高校的实际情况也表明，辅导员只是一个任职时间比较短的"跳板"性"临时岗位",非"终身职业",任职时间一般是4~5年,① 之后绝大多数辅导员都会进入行政管理或教学岗位。显而易见,尽管国家已经提出了高校专职辅导员职业化、专家化的发展目标,也出台了诸多措施,但是试图让一个临时性的、过渡性的工作岗位在很短的时间之内达到专业成熟度与分化度的要求、具备较高的专业吸引力进而最终实现专业化,还有不少工作要做。

2. 辅导员队伍工作方法陈旧

自1952年以来,辅导员的工作职责几经变化,从最初的思想政治教育到现在的发展辅导、生活辅导、组织管理,涵盖了大学生学习、生活和发展等方方面面的事务。辅导员在履行这些职责的过程中,坚持和运用了各种各样行之有效的方法,如说理教育法、榜样示范法、理想激励法。这些工作方法在一定程度上帮助辅导员提高了工作效率,增强了教育效果,起到了支持学生健康成长、全面发展的重要作用。不过,当前辅导员队伍的工作方法还存在诸多不足。一是方法过于简单化和重复化,不能仔细分析学生的特点和成长规律,不深入研究工作的要求和方法,不认真考虑工作的时间和空间。尤其是灌输和仪式化、程式性的道德说教常常成为辅导员开展思想政治教育的首选方法。无论多么先进的观念和理论,一旦强制灌输就会成为教条,难免阻碍自由心灵的正常发展。二是方法过于机械化和行政化,喜欢用禁令等方法来约束和控制学生及其事务,总是试图以行政权威来压服学生,"附着在权力上的咒语具有不可抵抗性"②。三是缺乏服务意识,常用自我中心主义的方法处理学生问题,不能从学生立场出发考虑学生问题。

3. 辅导员队伍职业能力③偏低

高校辅导员职业能力是高校辅导员面向学生开展思想政治教育和事务管理必须具备的各种能力的总和,涵盖任职条件、职业素养和职业生涯规划三个基本要素。辅导员职业能力是辅导员胜任思想政治教育和学生事务管理工作,创造工作业绩的必要条件。2000年以前,党中央、国务院以及教育部等部委发布的相关

---

① 《关于进一步加强高等学校学生思想政治工作队伍建设的若干意见》对辅导员的工作任期做了如此规定。参见何东昌:《中华人民共和国重要教育文献(1998~2002)》,海南出版社1998年版,第650页。

② [美]埃德加·博登海默著,邓正来译:《法理学:法律哲学与法律方法》,中国政法大学出版社2004年版,第376页。

③ 尽管从学理上来讲,辅导员职业还未真正成为一项专业性的职业即专业,但鉴于它正在向专业性的职业标准靠拢,我们还是将目前辅导员应当具备的素质称为职业能力而不是专业能力。

文件对高校辅导员的职业能力或者说职业标准的要求都比较简单、模糊。① 2000年以后，国家对高校辅导员的职业能力提升做了部署和规划，② 但效果仍不明显。从实际情况来看，高校招聘辅导员时并没有对应聘者的职业资格证书、③ 毕业专业等要求，一般只对是否是党员、是否是学生干部等条件做了简单规定，这就使得没有学生工作背景或经验的人进入到辅导员队伍中。尤其是应届毕业生，既缺乏基本工作经验，同时学生工作的理论知识储备也不足，做学生事务工作还可勉强应付，对学生进行思想政治教育就较为牵强，更不要说培养学生全面发展了。此外，辅导员进入工作岗位后，因其工作繁复，学校提供的学习培训机会有限，加之部分辅导员自身学习意识不强，知识更新不及时，导致其职业能力提升不快甚至停滞的现象出现。

应该指出，这些问题是伴随着辅导员制度的创建而出现的。受路径依赖的影响，除"文革"时期的制度断裂，受"延安模式"和"苏联模式"影响而创立的高校辅导员制度一直沿着固定的轨道在前进，制度内容虽然在不断增多，但符合制度伦理和现代大学公共治理要求的改变却从未出现过。作为我国高校德育的重要制度安排，辅导员制度已经让越来越多的人不满意，以致有人认为应该予以废除。这一制度该何去何从？

（三）高校辅导员制度创新的理念准备

1. 秉持"重视公民教育"的高等教育功能观

一国之高等教育总是受制于该国的政治、经济和文化，其必须要承担起国家责任，为国家培养政治、经济和文化人才，以巩固国家政权。但高等教育的功能

---

① 如第一个对政治辅导员提出素质要求的文件《关于在高等学校有重点地试行政治工作制度的指示》（1952年10月28日，教育部）指出政治辅导员必须经历过革命战争锻炼、思想政治素质高、有一定文化基础；1953年4月，清华大学"双肩挑"政治辅导员制度提出要选拔思想政治觉悟高、业务素质好的高年级学生担任政治辅导员，这种情况一直持续到21世纪初才有所改变。

② 2000年6月28日，江泽民在全国思想政治工作会议上指出："必须建设一支政治强、业务精、纪律严、作风正的专兼结合的思想政治工作队伍。"这是中央领导代表国家第一次明确从政治、业务、纪律和作风四个方面对高校辅导员的业务能力和素质提出要求。为落实这一要求，中央和教育部又陆续颁布了《关于进一步加强和改进大学生思想政治教育的意见》《关于加强高等学校辅导员班主任队伍建设的意见》《普通高等学校辅导员队伍建设规定》（2006年7月23日，教育部令第24号）三个辅导员队伍建设的纲领性文件。这三个文件对高校辅导员的"要求与职责""配备与选拔""培养与发展""管理与考核"等职业化（专业化）问题做出了详细规定。为完成上述三个文件提出的目标，教育部分别于2006年和2013年出台了《2006～2010年普通高等学校辅导员培训计划》《普通高等学校辅导员培训规划（2013～2017年）》两个辅导员培训规划。为真正落实这些文件的精神，教育部更是于2014年3月出台了《高等学校辅导员职业能力标准（暂行）》，该标准对辅导员职业能力做出了较为详细和可行的规定，高校辅导员职业能力发展从此有了科学蓝图。

③ 目前国家也没有辅导员职业资格证书考试项目。

并不仅仅只有国家功能，对个体而言，人既是高等教育发展的第一主角，又是高等教育发展的终极目标，人性的尊严与价值或者说人的全面发展不仅是高等教育的功能指向，更是社会最基本、最重要的价值。那么，在当前高等教育急剧转型的时期，树立什么样的高等教育功能观才能有利于高校辅导员制度的创新与变革呢？我们认为，对大学生开展法理意义上的公民素质、人文意义上的家国情怀（道德情怀）、文化意义上的批判思维和社会意义上的担当意识（历史担当）等内容的公民教育是高等教育必须要承担的功能。因为，教育不仅要培养政治人才和经济人才，更要培养社会公民，这是社会进步和教育发展不可逆转的趋势。在此，我们将高等教育应当承担公民教育功能的价值取向归纳为"重视公民教育论"，其理论实质是培养"社会人"。

2. 构建"教育行政有限"的高等教育管理观

对行政化管理方式在大学的蔓延，曾有学者这样描述："不管在什么地方，行政管理（通过行政力量而不是通过选择）正成为大学的一个更为显著的特征，这是普遍的规律。由于机构变大了，所以行政管理作为一种特殊的职能变得更加程式化和独立了；由于机构变得更为复杂，行政管理的作用在大学整体化方面变得更加重要了。"① 随着我国高等教育体制改革的不断深化和推进，主要以政治化或行政化手段管控高等教育和大学的局面正在逐步改变，但是由于传统指令性计划管理惯性思维的影响，外控型行政管理模式在高等教育领域、大学依然存在。

当今世界，即使是发达国家也在将教育责任当作国家责任予以悉心守护，并尽可能对其采取各种措施予以干预，以保证它按照国家的需要运行。不过，我们知道，教育包括高等教育虽然要承担国家责任，但它毕竟具有不等同于政府机构的使命。政府的主要职责是确定问题的性质和范围，并对资源进行合理调配与整合之后再交给别人去处理和解决，② 政府应该尊重高等教育的运行特点和规律。国家及其政府不退出高等教育领域，并不意味着由国家或政府运用行政手段去直接管理、经营大学。当然，我们并不是要完全否定行政化管理，我们认为行政化应该向高效化和"去除行政权力的泛化"努力而不是彻底去行政化。

政府教育职能的变革不是简单地弱化、淡化政府管理，而是精化、强化政府管理，让政府作用的定位和范围更为合理，从而使政府的教育干预更为有利和有效。在高等教育领域内，政府需要发挥的作用主要包括三个方面：制定、出台相关教育法规、政策、规划，对高等教育发展的规模、速度、水平行使宏

---

① [美]卡拉克·克尔著，陈学飞等译：《大学的功用》，江西教育出版社1993年版，第18页。
② [美]戴维·奥斯本、特德·盖布勒著：《改革政府——企业精神如何改革着公营部门》，上海译文出版社1996年版，第1页。

观调控权力；履行监督性管理职能，依靠立法来建立高等教育市场运行规则，扮演市场"游戏"规则仲裁人角色，处罚违背高等教育法规的机构和个人；提供特色教育服务和教育产品，促成教育对象做出更理性选择，提高高等教育产出效率。

3. 树立"人本"的高等教育哲学观

无论是坚守"重视公民教育论"的高等教育功能观，还是构建"教育行政有限化的"高等教育管理观，最终都离不开高等教育哲学的支撑。

以哲学为理论工具研究高等教育，美国教育家约翰·布鲁贝克是第一人。作为高等教育哲学理论的奠基人，他在 20 世纪 70 年代末以"高深学问"为基点，提出了两种高等教育哲学观：一种是以"认识论"为基础的哲学观，另一种是以"政治论"为基础的哲学观。"认识论"的高等教育哲学观以"闲逸好奇"精神追求知识为目的，认为高等教育自身发展逻辑就是追求知识的客观性，追求"不受价值影响"的结论。① 该哲学观视传承、探究知识为高等教育合法存在的哲学基础，主张知识本身即为高等教育的目的。"政治论"的高等教育哲学观则认为人们对"高深学问"的探索并不仅仅是出于天然、本能的好奇心，而且还因为探索知识的人对国家和社会有深远的重大影响，肩负国家责任和社会责任。该哲学观指出，以前"根据经验就可以解决的政府、企业、农业、劳动、原料、国际关系、教育、卫生等问题，现在则需要极深奥的知识才能解决。而获得解决这些问题所需要的知识和人才的最好场所是高等学府。"②

经过深入分析，我们认为约翰·布鲁贝克从"高深知识"出发来总结高等教育哲学存在的基础也片面理解了高等教育的内涵，因为"高等教育直接表现为对更高层、更深奥的知识的看重，然而，其根基仍然在人，人本身是出发点，人本身是目的"。③ 也就是说，只有人才是高等教育的最终基础和目的，人的权利、尊严、自由和幸福才是高等教育和国家存在的依据；只有立足于人的视角来讨论高等教育哲学，才能构建真正科学的高等教育价值观。总之，高等教育的终极目标是实现对人的人性关怀和人格塑造，促进人的全面发展，只有人全面发展了才能更好地探索"高深学问"，提升政治文明，提高经济效益。因此，高等教育要树立"以人为本"的哲学观，我们将其称之为"人本论"高等教育哲学观。"人本论"的高等教育哲学观就是要充分重视人在高等教育中的核心价值和重要地位，全面关注人的现实需求，强化人文精神的熏陶和人文关怀的普及。

---

① ［美］约翰·布鲁贝克著，王承绪等译：《高等教育哲学》，浙江教育出版社 2001 年版，第 14 页。
② ［美］约翰·布鲁贝克著，王承绪等译：《高等教育哲学》，浙江教育出版社 2001 年版，第 15 页。
③ 张楚廷：《高等教育哲学通论》，高等教育出版社 2010 年版，第 102 页。

（四）高校辅导员制度创新的建议

1. 自上而下，启动创新议程

自上而下就是由中央政府（主要是教育部）提出高校辅导员制度改革的建议，学术界、高校和社会积极支持与跟进，形成"（政府）推着走、（高校）跟着走"的旧制度去制度化和新制度再制度化的格局。当然，在新制度构建过程中，不能再从政治或经济的逻辑来重构，而要从知识发展和育人的角度来设计。

当前，高校辅导员制度创新的议程已经启动，启动的标志是一个法律文本的颁布和一个政策文件的出台。1999年颁布的《中华人民共和国高等教育法》规定了高校七大自主办学权，其中的内部管理自主权为高校辅导员制度创新提供了法律依据；2010年出台的《国家中长期教育改革和发展规划纲要（2010～2020年）》提出要完善中国特色现代大学制度，为高校辅导员制度创新提供了政策依据。同时，各高校针对辅导员制度存在的问题，也发出了强烈的改革呼声，高校辅导员制度创新已经迫在眉睫，创新可期。

2. 中体西用，获取创新资源

制度创新既需要内部资源作基础，又需要外部资源当支撑。从国情、教情和校情来看，高校辅导员制度创新要坚持现有制度的基本框架，采取各种措施加强学生的思想、政治和道德的教育，提升学生综合素质，服务国家政治、经济和文化建设。同时，也要拓展思维，开阔眼界，积极借鉴、吸收西方国家和我国港澳台地区高校学生事务管理制度的有益做法和先进经验，完善高校辅导员制度的内容体系，以便更好适应国家对高等教育的需求。

3. 多元共振，推动创新进程

高校辅导员制度创新不仅仅是教育部和各高校的事情，也是高校师生员工和社会公众的事情，"这个世界上所有的人的命运其实是一个整体，在其他任何一处发生的不公正的事情，最终都将波及我们中的每一个人。"① 在这个过程中，政府要发挥宏观引领作用，高校教师（主要是辅导员）和大学生作为创新的核心主体要勇于担当、努力实践，而高校其他人员和社会公众则应为创新提供各种有效的支持性服务，多方共同努力才能推进高校辅导员制度创新。

4. 返本开新，探索创新之路

高校辅导员制度创新既要从大学的发展历史中寻找创新的历史资源，也要结合当前时代发展背景和中国高等教育发展的具体和现实情况，探索具有中国社会主义特色的高校辅导员制度创新之路。

---

① 吴励生：《学术批评与学术共同体》，河南大学出版社2008年版，第3页。

时代在进步，社会在发展，制度创新永远不可能有终结，寄希望于一套模式来解决高校辅导员制度所有的问题是不明智的。高校辅导员制度作为一种教育制度，就其本性而言，必然是逐步趋向完善和健全的，"真理是在认识过程本身中，在科学的长期的历史发展中，而科学从认识的较低阶段向越来越高的阶段上升，但是永远不能通过所谓绝对真理的发现而达到这样一点，在这一点上它再也不能前进一步，除了袖手旁观惊愕地望着这个已经获得的绝对真理，就再已无事可做了。在哲学认识的领域是如此，在任何其他的认识领域以及在实践行动的领域也是如此。"① 高校辅导员制度的创新也必须与时俱进，在摸索中不断完善，"多数恰当知识都是边干边学的产物，它们是由无数不同的人在分散化的试错选择过程中获得的。"②

一直以来，面对改革创新的难题，我国学术界和政府部门有一种不是很好的倾向，即热衷于模式化的解决框架与大一统的制度规约设计。这一倾向违背了改革与创新的本质，不利于问题的解决。因此，虽然我们选择了上述模式来实现高校辅导员制度的创新，但是不能陷入机械化的泥潭，要随机应变，视具体情况，"每一种文明的形态都必须去发现最适合其意图和目的的法律。永恒的法律是不存在的，因为适合于一个时期的法律并不适合于另一个时期。法律必须与日益变化的文明状况相适应，而社会的义务就是不断地制定出与新的情势相适应的法律。"③

第四节　学校德育体系的法律保障

学校德育体系建设是一个系统工程，通过对学校制度及制度生活、国家德育制度的研究，可以看出学校德育在整个学校教育系统中的"弱势地位"。某种意义上，对制度创新的研究，也怀抱着可以改变这种"德育说起来重要，干起来次要，忙起来不要"局面的期待。问题在于，我国现行法律体系中有哪些关于学校德育的相关规定？学校德育立法有无必要？是否可能？若可能，又该如何立法？这些问题构成了第四节的研究内容。

---

① 《马克思恩格斯选集》（第4卷），人民出版社1995年版，第216页。
② ［德］柯武刚、史漫飞著，韩朝华译：《制度经济学：社会秩序与公共政策》，商务印书馆2000年版，第55页。
③ ［美］埃德加·博登海默著，邓正来译：《法理学：法理哲学法律方法》，中国政法大学出版社2004年版，第147~148页。

一、我国现行法律有关学校德育的规定

（一）学校德育指导思想和原则的法律确认

德育的指导思想是学校开展德育工作的基础，《中华人民共和国教育法》（以下简称《教育法》）是我国教育工作的根本法，《教育法》第三条规定："国家坚持以马克思列宁主义、毛泽东思想和建设有中国特色社会主义理论为指导，遵循宪法确定的基本原则，发展社会主义的教育事业。"《教育法》是我国教育事业的根本法，《教育法》的规定遵循宪法确定的基本原则，这明确了我国教育事业的指导思想是马克思列宁主义、毛泽东思想和建设有中国特色社会主义理论。遵循宪法、教育法是开展教育事业的基本原则。

（二）学校德育内容的法律确认

《教育法》第六条规定："国家在受教育者中进行爱国主义、集体主义、社会主义的教育，进行理想、道德、纪律、法制、国防和民族团结的教育。"第七条规定："教育应当继承和弘扬中华民族优秀的历史文化传统，吸收人类文明发展的一切优秀成果。"教育法中的上述规定，不仅明确规定了德育是我国社会主义教育的重要体现之一，还明确规定了学校德育的基本内容。

（三）学校德育目标的法律确认

教育是中华民族振兴和社会进步的基石。要坚持教育优先发展，全面贯彻党的教育方针，坚持教育为社会主义现代化服务的根本任务，培养德智体美全面发展的社会主义建设者和接班人。《教育法》第五条规定："教育必须为社会主义现代化建设服务，必须与生产劳动相结合，培养德、智、体等方面全面发展的社会主义事业的建设者和接班人。"

（四）法律法规有关德育管理体制的规定

《教育法》第十七条规定："国家实行学前教育、初等教育、中等教育、高等教育的学校教育制度。"学校德育贯穿学前、初等、中等、高等教育整个过程。

关于教育管理工作，我国实行的是国务院和地方各级人民政府根据分级管理、分工负责的原则，领导和管理教育工作。中等及中等以下教育在国务院领导下，由地方人民政府管理。高等教育由国务院和省、自治区、直辖市人民政府管

理。国务院教育行政部门主管全国教育工作，统筹规划、协调管理全国的教育事业。县级以上地方各级人民政府教育行政部门主管本行政区域内的教育工作。县级以上各级人民政府其他有关部门在各自的职责范围内，负责有关的教育工作。《教育法》第四十五条规定："国家机关、军队、企业事业组织、社会团体及其他社会组织和个人，应当依法为儿童、少年、青年学生的身心健康成长创造良好的社会环境。"第五十条规定："广播、电视台（站）应当开设教育节目，促进受教育者思想品德、文化和科学技术素质的提高。"

《高等教育法》第四十一条规定："高等学校的校长全面负责组织教学活动、科学研究和思想品德教育。"同时，《高等教育法》指出，高校教师的职业道德情况作为考核的指标，是教师聘任或者解聘、晋升、奖励或者处分的重要依据。

（五）法律法规有关受教育者的规定

《教育法》第四十三条规定："受教育者应当履行下列义务：遵守法律、法规；遵守学生行为规范，尊敬师长，养成良好的思想品德和行为习惯。"《高等教育法》第五十三条要求："高等学校的学生应当遵守法律、法规，遵守学生行为规范和学校的各项管理制度，尊敬师长，刻苦学习，增强体质，树立爱国主义、集体主义和社会主义思想，努力学习马克思列宁主义、毛泽东思想、邓小平理论，具有良好的思想品德，掌握较高的科学文化知识和专业技能。"

应当说，在学校德育法律文本的创制方面，国内尚处于早期探索阶段。其在《宪法》《教育法》等法律条文中的表述，也都是原则性规定，对德育实践指导、规范作用有限。国家也出台了《中共中央关于进一步加强和改进学校德育工作的若干意见》《中小学德育工作规程》《中小学德育工作指南》等一系列政策文件来调整、管理德育工作，然而，法治化程度比较低。

二、德育立法的必要性、可行性与可操作性

通过梳理我国现行法律体系中学校德育的相关规定，不难发现，学校德育仅仅在《教育法》中有一些较为宏观、粗放的规定。关于具体的学校德育工作以及学生品德发展，存在着一个巨大的"德育法律真空区域"。因此，欲研究学校德育立法的必要性，就可以从德育有关法律法规自身的问题切入分析。

（一）学校德育立法的必要性

德育贯穿了整个学生时代，从义务教育到高等教育，几乎涵盖了人的黄金

发展期，但德育的效果却不那么令人满意，人与人之间的信任缺失、人情淡薄、见利忘义、以怨报德等现象时有发生。诚然，这些现象的产生是多种因素作用的结果。

一方面，是学校德育的地位得不到足够重视。我国的学校德育主要靠政策协调、管理和保障，由于政策本身的非强制性和随意性，德育一直以来都是被当作"副科"看待，呈现"疲软"的状态，在无法保证质量的情况下还经常被"占用"，这与党和国家的社会主义精神文明建设的要求相差甚远，与国家培养德智体美劳全面发展的人才目标也相距甚远。正是因为法律保障的缺失，面对各种复杂的国内外形势的新变化、教育转型发展的新任务和学生思想政治教育工作的新情况，学校德育工作的随意性愈加突出。

另一方面，从法律保障角度看，当前我国有关德育的法律法规对学校德育工作的规定并不具体，缺乏相应的惩罚机制。《中共中央关于进一步加强和改进学校德育工作的若干意见》《中小学德育工作规程》《中共中央关于改革和加强中小学德育工作的意见》等德育相关政策文件缺乏法律的强制性。教师作为学校德育工作的实施者，要做好德育工作，除了依靠其内心的自觉外，更需要一种外在的威慑力防止德育工作"离轨"。当前我国《教育法》只是从义务的角度规定了教师应加强师德建设，对教师违反师德并没有惩罚条款。而现实生活中，部分教师不尊重学生、体罚学生等师德突出问题、典型案例层出不穷。校园暴力事件、马加爵事件、复旦投毒案等社会事件的发生，也体现了学生品德的严重缺失。因此，只有学校和相关教育部门更加重视德育，国家加大对道德失范行为的惩治力度，才能有效预防甚至杜绝此类事件的再发生。学校德育关乎人的一生，建立奖惩分明、职责清晰的学校德育工作管理制度，对全面提高德育效果、促进社会主义文明建设、防止社会恶性事件发生，十分必要。各级政府部门关于学校德育工作的分工要明确，一旦出现涉及社会民生的重大事件，应有考核问责的科学标准，相应单位或人员应承担明确的对应责任。

综上所述，学校德育工作尽快纳入法治化的轨道，即学校德育得到有效的法律保障是十分迫切而且非常必要的。

（二）学校德育立法的可行性

1. 学校德育立法的法律依据

学校德育立法的法律依据主要是《宪法》和《教育法》，还包括《义务教育法》《高等教育法》等专门法律。

首先，学校德育立法符合并遵循《宪法》原则。《宪法》是国家的根本法，也是我国制定法律法规遵循的基本原则。2004年3月14日，第十届全国人民代表大会第二次会议通过《中华人民共和国宪法修正案》。《宪法》第二十四条规定:"国家通过普及理想教育、道德教育、文化教育、纪律和法制教育,通过在城乡不同范围的群众中制定和执行各种守则、公约,加强社会主义精神文明的建设。"《宪法》第四十六条(中华人民共和国公民有受教育的权利和义务)规定:"国家培养青年、少年、儿童在品德、智力、体质等方面全面发展。"上述规定至少包含以下值得重视的立法精神:理想教育、道德教育是加强社会主义精神文明建设的重要内容,在我国,理想教育、道德教育的实现主要是通过学校德育,这体现了学校德育工作的重要地位;国家对青年、少年、儿童在品德方面的培养实现的主要形式是学校教育,青少年的德育工作关系国家发展大计和社会民生,学校德育工作应得到足够的关注和重视。党的十八届三中全会提出建设社会主义法治国家,《宪法》中的规定为德育立法提供了基础性依据。

其次,《教育法》是我国教育的基本法,是制定其他教育法律法规的母法,学校德育立法需要以《教育法》的条款作为基本依据,从地位上来讲,《学校德育法》从属于《教育法》。2015 年 12 月 27 日第十二届全国人民代表大会常务委员会第十八次会议进行了《关于修改〈中华人民共和国教育法〉的决定》第二次修正。《教育法》第二条规定:"在中华人民共和国境内的各级各类教育,适用本法"。第六条规定:"国家在受教育者中进行爱国主义、集体主义、社会主义的教育,进行理想、道德、纪律、法制、国防和民族团结的教育"。上述各种规定充分说明了德育是我国教育事业的重要体现,能为德育立法提供最为直接的依据。

2. 德育立法的政策依据

《国家中长期教育改革和发展规划纲要(2010~2020 年)》(以下简称《纲要》)把"坚持德育为先"作为今后一个时期教育改革和发展的战略主题,这明确了德育工作在当前教育事业中的重要地位。德育立法是推进依法治国的需要。党的十八大报告指出:"全面提高公民道德素质,是社会主义道德建设的基本任务。要坚持依法治国和以德治国相结合,加强社会公德、职业道德、家庭美德、个人品德教育,弘扬中华传统美德,弘扬时代新风。"①

现代社会更为显著的标志,就在于要求建设法治国家,实现国家生活的法治化和法治生活的现代化。立法是建设法治国家的前提和基础。《纲要》提出推进"依法治教",并在第六十二条提出:"完善教育法律体系。按照全面实施依法治国基本方略的要求,加快教育法制建设进程,形成比较完善的中国特色社会主义

---

① 《坚定不移沿着中国特色社会主义道路前进 为全面建成小康社会而奋斗》,载于《人民日报》2012 年 11 月 8 日。

教育法律体系。根据经济社会发展和教育改革的需要，提请全国人大及其常委会修订职业教育法、教育法、学位条例、高等教育法、教师法、民办教育促进法，制定有关考试、学校、终身学习、学前教育、家庭教育等法律。加强教育行政法规建设。各地根据当地实际，制定促进本地区教育发展的地方性法规和规章。"这就为德育立法提供了政策依据。

此外，2014 年 4 月，教育部印发了《关于培育和践行社会主义核心价值观进一步加强中小学德育工作的意见》，要求中小学校通过加强中华优秀传统文化教育、公民意识教育、生态文明教育、心理健康教育和网络环境下德育工作来培育和践行社会主义核心价值观。

（三）德育立法的可操作性

《宪法》《教育法》等国家法律法规尽管对德育的指导思想、内容、目标等问题做了规定，但是不够具体、不够明确。一些地方政府、学校的德育条例质量不高，存在着起草和制定片面化或者各自为政的现象，导致条例还存在着矛盾甚至冲突的情况。这些问题在一定程度上损害了国家法律的统一性。因此，制定一部专门的德育法，对德育相关法律、行政法规、地方性法规、规章的制定做出统一规定是非常必要的。

1. "德育立法"的法律地位

目前我国法律的表现形式主要有：国家根本法、基本法律、普通法律、行政法规、规章、地方性法规、国际法等。《教育法》是我国教育事业的基本法，从"德育立法"实施的范围及其可能具备的实际地位而言，它是教育法规体系的一部分，应以《教育法》为母法。"德育立法"的地位从属于《教育法》。

2. "德育立法"的立法机构、表现形式分析

第一，"德育立法"以全国人大常委会制定的普通法律形式出现。根据《中华人民共和国立法法》（以下简称《立法法》）规定，全国人民代表大会和全国人民代表大会常务委员会行使国家立法权，根据《立法法》第七条规定："全国人民代表大会常务委员会制定和修改除应当由全国人民代表大会制定的法律以外的其他法律；在全国人民代表大会闭会期间，对全国人民代表大会制定的法律进行部分补充和修改，但是不得同该法律的基本原则相抵触。"由此，"德育立法"可由全国人民代表大会常务委员会制定颁布。

第二，"德育立法"以国务院颁发的行政法规形式出现。《立法法》第九条规定："本法第八条规定的事项尚未制定法律的，全国人民代表大会及其常务委员会有权作出决定，授权国务院可以根据实际需要，对其中的部分事项先制定行政法规，但是有关犯罪和刑罚、对公民政治权利的剥夺和限制人身自由的强制措施和处罚、司法制度等事项除外。"为了实现"德育立法",全国人民代表大会及其常务委员会也可以授权国务院。

3. "德育立法"可以借鉴我国"体育立法"的可贵经验

1995年8月29日,经过8年反复酝酿、艰苦起草的《中华人民共和国体育法》(以下简称《体育法》)终于在第八届全国人大常委会第十五次全体会议上获得全票通过。这标志着中国体育工作开始进入依法行政、以法治体的新阶段。这为我国"德育立法"的实现提供了可贵的实践经验。

三、尝试制定《学校德育法》

法律法规以其明确性、制度性、威严性、强制性等特点弥补了学校德育的不足,它能把最基本、最普通的道德内容、权利义务以法律的形式确认下来,使道德原则成为易于遵循且带有法律权威的广泛行为准则,在一定程度上能保障学校各种道德规范的遵守及实现。特别是在社会转型的新时期,在面对世界范围内各种思想文化相互激荡的局面,面对人们对精神文化需求不断增长的新形势,面对市场经济体制带来的某些负面效应,学校在开展德育工作中也出现了许多新情况、新问题、新矛盾。这些问题与矛盾的解决要通过法律保障使一部分最基本、最重要的道德规范制度化、明确化,再通过司法活动使这部分明确化的道德规范取得国家强制力的支持,以法律法规来推进学校的道德教育、道德建设。因此,如果学校德育工作没有一个有效的法律法规约束与奖惩,德育工作的实效性也就得不到强有力的保障。

因此,学校德育的实施与实效问题直接关系教育事业发展大计,进一步完善教育法律法规体系,亟需制定一部"学校德育法"。同时还需要从学校德育的立法原则、目标、内容、运行机制等方面进行审视,坚持德法结合并重,形成法制教育和道德教育相结合的创新机制,需要在全社会范围内形成德育意识,并积极开展学校德育的政策法律方面的研究。

(一)制定并颁布《学校德育法》,完善教育法律法规体系

道德和法制是规范与调适人类行为、维护与保持社会秩序、提高与升华人思想素质的两种形式,两者相互影响、相互渗透、互为补充、密不可分。随着社会主义市场经济体制的进一步深化,加上国家将"依法治国"提到新的发展战略上来,以法律、法规形式确保德育的地位必将成为教育行政管理者、学校领导、教师、学生、家长、德育研究者一致的愿望和诉求。因此,通过实施德育活动来调节学生思想行为的目标、原则、途径、方法等,并以法律形式确定下来,显得既

有必要，又有现实的可能性。

1986年我国颁布了《中华人民共和国义务教育法》、1991年颁布了《中华人民共和国未成年人保护法》、1995年颁布了《中华人民共和国教育法》，这些法律法规为我国实现全面依法治教提供了最直接、最基本的法律依据。随后我国颁布了《中华人民共和国职业教育法》《中华人民共和国高等教育法》《中华人民共和国民办教育促进法》等与教育相关的法律法规，并初步形成了教育法规体系的基本框架。但面临日益严峻的国内外教育形式，仅靠这些宏观的教育法律法规还远远不够。现行的教育领域特别是德育工作领域还在很多方面存在很多问题，甚至是法律调适的盲点。因此，尽快制定《学校德育法》及与之相配套的德育法律法规，使学校德育的法律保障真正在教育内部生根，做到有具体法律可依，这将有助于形成完整规范、具体全面、协调有序的教育法规体系。

就学校德育立法而言，至少应包含五个层面的内容：

（1）尽快制定学校德育的根本法，即《学校德育法》，并颁布实施。中共中央、国务院应针对学校德育工作及时制定并出台一系列相关的文件、政策，并通过《学校德育法》，将其转化为国家意志并强制执行。

（2）通过《学校德育法》将《宪法》《教育法》《高等教育法》《教师法》等教育法律中关于德育的要求具体化。

（3）依据《学校德育法》制定学校内部有关德育的法律法规等，并通过法律的形式将学校领导者、教师、学生及家长的权利义务清楚地确定下来。如《学校德育实施条例》《校园安全法》《学生道德行为实施条例》《校园文化管理条例》《学校学生管理条例》等。

（4）制定有利于学生参加社会实践活动、保障学生权利、引导规范学生行为的法律法规。如《学生德育社会实践活动实施条例》《勤工助学条例》《学生社会文明行为实施条例》等。

（5）制定有助于建立良好的学校外部德育环境的法律法规。如《家庭教育法》《父母教育权利及义务保障条例》等。

关于学校德育立法的程序，主要包括以下七个方面的工作：

（1）研究学校中哪些活动需要用德育立法的方式加以调整。

（2）搞清楚这些教育活动进行立法调整有多大的可能性。

（3）形成《学校德育法》的立法议案或立法建议。提出立法议案或立法建议是德育正式立法程序的第一个阶段，是法律审议、通过、公布的前提。它是由全国人民代表大会及其常务委员会提出法律草案，使法律草案列入议事日程成为立法机关讨论的对象。

（4）起草《学校德育法》草案。

（5）审议和讨论《学校德育法》草案。该法律草案的审议，是指全国人民代表大会及其常务委员会对已列入议事日程的草案正式进行审查和讨论。讨论一般经过两个阶段，即全国人民代表大会的审议，全国人民代表大会常务委员会的审议。

（6）通过《学校德育法》草案。该草案的通过是指全国人民代表大会及其常务委员会对《学校德育法》草案表示正式同意，使之成为法律。

（7）公布《学校德育法》。《学校德育法》的公布是指全国人民代表大会及其常务委员会将已通过的法律用一定形式予以正式公布。它是立法程序的最后一个环节，也是必须经过的一个环节。《学校德育法》的公布一般由法定负责人以命令的形式发布。

学校德育目标主要通过教育者自身的迁移内化最终得以实现，法制则是具有国家强制力的权力机关保证实施，通过强制手段调适人们的行为，在全面建设社会主义的新的历史形势下，两者相互促进，共同促进社会的发展和进步。要使我国的教育走上全面依法治教的新的轨道上来，就必须有一个系统的、完整的、行之有效的教育法律法规体系，因此，《学校德育法》及相关配套的德育法律法规的制定与颁布就显得十分有必要了。

（二）确定学校德育的立法原则，确保学校德育的法律地位

《教育法》第三条规定："国家坚持以马克思列宁主义、毛泽东思想和建设有中国特色社会主义理论为指导，遵循宪法确定的基本原则，发展社会主义的教育事业。"第五条规定："教育必须为社会主义现代化建设服务，必须与生产劳动相结合，培养德、智、体等方面全面发展的社会主义事业的建设者和接班人"。《纲要》要求，把高举中国特色社会主义伟大旗帜，以邓小平理论和"三个代表"重要思想为指导，贯彻科学发展观作为新时期教育工作的指导思想。从上述法律法规及政策的规定来看，我国的教育是社会主义性质的教育，作为学校教育重要组成部分的学校德育理所应当地应该坚持社会主义的政治方向，要以马克思列宁主义、毛泽东思想和邓小平理论、"三个代表"重要思想、科学发展观、习近平新时代中国特色社会主义思想为指导，深入贯彻党的十九大精神，坚持社会主义方向的原则。学校德育的方向性原则在这里得到了确认。

学校德育工作除了正确把握社会主义方向的原则外，还需要从以下几个方面入手。第一，坚持学校德育地位有法律、法规保障实施原则。《中共中央关于进一步加强和改进学校德育工作的若干意见》第二十四条明确指出："学校德育要有法制保障。学校德育的地位、任务和主要方针、原则要有权威性和稳定性，必须制定相应的法律法规，以保证教育者、受教育者及社会有关方面共同遵循"。

第二，坚持学校德育与智育、体育、美育有机结合、全面协调发展的原则。第三，坚持学校德育优先的原则。党的十八大明确提出，将立德树人作为教育的根本任务。中共中央、国务院在《关于进一步加强和改进大学生思想政治教育的意见》中，把加强和改进大学生思想政治教育，提高他们的思想政治素质，作为培养成中国特色社会主义事业的建设者和接班人的一个重要措施。《纲要》把"坚持德育为先"作为今后教育改革和发展的战略主题。以上的这些规定都表明德育在学校的教育中处于首要位置，也充分体现了德育在教育工作中及社会发展中的重要地位。

(三) 以法律法规的形式明确学校德育目标

我国社会主义市场经济体制的逐步深化与变革给传统的教育理念、德育观念带来了极大的变化。市场经济的复杂性、开放性、多元性的特征决定了学校德育目标确立时的全方位、多层次。我们在看到市场经济的深入发展有利于培养德、智、体全面发展的人的同时，更要清醒地认识到价值规律作用过于泛化也会给学校德育预期目标的实现带来一定的难度。当学校德育工作与社会的负面影响交织并形成冲突时，学校德育工作者往往会显得束手无策。因此学校德育目标的制定与实施必须以法律法规的形式确定下来。

学校德育目标是开展德育工作的出发点和衡量德育工作实效性的重要参考。德育目标作为德育要达到的愿望、诉求与结果，在社会转型发展的新时期，其内容结构一般包括：坚守社会主义方向的政治目的结构，培养学生德、智、体全面发展的成人过程结构，培养学生良好公民的道德结构，培养学生创新意识的素质目的结构，培养学生身心健康发展的情感目的结构。当然，这些目标的实现都需要在相关的法律法规、政策中得到体现。《纲要》指出："促进学生全面发展，着力提高学生服务国家服务人民的社会责任感、勇于探索的创新精神和善于解决问题的实践能力。"[①] 这是贯彻党的教育方针对学校德育提出的时代要求。中共中央、国务院在颁布《关于进一步加强和改进大学生思想政治教育的意见》时明确指出："要以大学生全面发展为目标，引导大学生勤于学习、善于创造、甘于奉献，成为有理想、有道德、有文化、有纪律的社会主义新人。"[②] 党的十八大报告中也明确指出："把立德树人作为教育的根本任务，培养德智体全面发展

---

① 《国家中长期教育改革和发展规划纲要（2010~2020年）》，教育部网站，http://old.moe.gov.cn/publicfiles/business/htmlfiles/moe/info_list/201407/xxgk_171904.html，2010年7月29日。

② 《关于进一步加强和改进大学生思想政治教育的意见》，载于《人民日报》2004年10月15日。

的社会主义建设者和接班人。"① 可以说,"四有新人"和"立德树人"都是德育工作的最终目标和落脚点,也是以法律形式确保学校德育目标实现的最有力的依据。

(四) 从法学的视角审视学校德育内容

在制定并颁布《学校德育法》之前,要清楚地了解其具体内容应该涵盖哪些方面。《学校德育法》作为一门新兴的涵盖学校德育方方面面的综合性的法律法规,颁布的目的主要表现在以下三个方面:一是为建设中国特色的教育法律法规体系提供必要的依据,并从道德教育的角度对教育法规进行规划和阐释;二是在教育人员中普及德育法规知识,造就知法、懂法、能够依法进行道德教育的教育管理干部和教师;三是宣传德育法规,提高德育工作者的德育法律意识,使教育系统的每个成员具有遵守教育法规的自觉性,形成依法执教的理性要求。

学校德育内容的选择是实现学校德育目标的重要保证。德育的内容决定着人的思想道德水平、政治文化素质、人生道德境界,影响着德育对象的世界观、人生观、价值观。筛选德育内容并将其以法律法规的形式实施具有十分重要的价值。根据中共中央、国务院提出的整体规划大中小学德育体系的要求,需要在已有的德育相关文件进行修订的基础上将相关内容上升到立法的高度。例如,应对现行的《德育工作规程》《小学德育大纲》《中学德育纲要》《中国高等学校德育大纲(试行)》等文件进行及时修订完善,并将加强社会主义、爱国主义、集体主义的教育与加强理想信念、民族精神、民族自豪感、民主自信心、国防安全、思想道德的教育有机地结合起来。"根据不同年龄段中小学生的身心特点和接受能力,确定由浅入深、循序渐进的德育工作阶段性目标及德育内容和方法并纳入立法内容。根据学校德育立法精神,继续做好中小学德育课程标准的修订和课程教材的审定工作,重点推进高中德育课程与大学思想政治理论课程的衔接。在实践中积极探索有利于推进大中小学德育相衔接的工作机制、教育途径和教育方法,针对不同年龄阶段学生的特点,开展符合学校德育工作规律和学生成长规律的教育教学活动,使中小学校的德育工作纵向衔接、横向贯通、层次递进、螺旋上升。"②

具体来讲,《学校德育法》主要应该包含以下内容:

(1) 制定《学校德育法》的目的、适用范围、指导思想。

---

① 《坚定不移沿着中国特色社会主义道路前进 为全面建成小康社会而奋斗》,载于《人民日报》2012 年 11 月 8 日。
② 陈大文:《论学校德育立法的必要性》,载于《教育探索》2006 年第 9 期。

（2）明确《学校德育法》的制定要与国家利益、教育的公共利益相一致。

（3）明晰德育工作者和德育对象的权利和义务，依法保障德育工作者的合法权利并规定其应履行的义务，使受教育者在遵纪守法的前提下真正成为德育活动的主体。

（4）明确国务院和地方各级人民政府根据分级管理、分工负责的原则，加强对德育工作的领导和管理。

（5）针对学前教育、初等教育、中等教育、高等教育中的德育工作区别对待，执行措施要有差异性。

（6）实施学校德育学分制，建立并完善学校德育工作督导制度。

（7）设立专门的学校德育工作组织机构，建立章程，按章办事，使学校德育活动有法可依、有章可循。

（8）明确德育工作者的合法地位，确保他们的工资薪酬、福利待遇，提高德育工作者的积极性。

（9）国家、社会团体、企事业组织等，应该积极为学校德育工作创造良好的社会氛围。

（10）保障学校德育工作的经费拨款落实到位。

（11）公安机关确保学校合法德育活动的正常运行，对破坏学校德育活动者，给予法律制裁。

（12）要确实保障《学校德育法》的方向性、公益性、平等性、实效性等。

在确定了《学校德育法》主要内容之后，应在不断修订完善与德育相关的文件的同时，在现有的教育法律法规中找到确立学校德育内容的依据。如《宪法》第二十四条规定："国家通过普及理想教育、道德教育、文化教育、纪律和法制教育，通过在城乡不同范围的群众中制定和执行各种守则、公约，加强社会主义精神文明的建设。国家提倡爱祖国、爱人民、爱劳动、爱科学、爱社会主义的公德，对公民进行爱国主义、集体主义、国际主义和共产主义的教育，进行辩证唯物主义和历史唯物主义的教育，反对资本主义、封建主义和其他腐朽思想。"《宪法》第四十六条规定："国家培养青年、少年、儿童在品德、智力、体质等方面全面发展。"《教育法》第六条规定："国家在受教育者中进行爱国主义、集体主义、社会主义的教育，进行理想、道德、纪律、法制、国防和民族团结的教育。"《中华人民共和国教师法》则从教师应履行的法律义务角度对学校德育内容做了法律界定，认为"对学生进行宪法所确定的基本原则的教育和爱国主义、民族团结的教育，法制教育以及思想品德、文化、科学技术教育"，是所有教师应履行的一项法律义务。以上都是对新形势下学校德育内容选择的重要依据和保障。

（五）利用法律法规保障学校德育工作有效管理

利用法律法规加强学校德育的运行机制及管理体制是确保学校德育工作有效性的重要途径。主要从以下四个方面入手：

（1）在《学校德育法》中明确高校德育的领导运行体制，明晰党委、行政的德育工作分工。《中共中央关于进一步加强和改进学校德育工作的若干意见》中明确指出："完善德育工作管理体制。各级各类学校党组织都要加强对学校思想政治教育工作的领导。不管学校实行何种领导体制，校长都要对学生的德智体全面发展负责；在党委（总支、支部）的统一部署下，学校都要建立和完善校长及行政系统为主实施的德育管理体制。要把德育贯穿在教育的全过程，落实在教学、管理、后勤服务的各个环节上。学校和教育行政部门的机构改革，应注意对德育机构作出合理安排，有所加强。要建立德育工作的评估制度，并把德育工作作为评价一个地区、一所学校教育教学工作的重要内容。"高等学校德育工作应列入专门的评估标准中，形成具体考核学校德育工作的指标观测点。对于高校德育工作而言，校党委理所应当处于核心位置，校行政负责全面工作。但在现行的高校德育工作分工中，校党委与校行政德育职权分工不是很明确。因此，以法律的形式建立和完善校长及行政领导为有效补充的德育管理体制迫在眉睫。

（2）在《学校德育法》的条款设置中，应根据实际需要，区别对待高校、中小学的德育管理机构。例如，在高校中应设立党委办公室、党委组织部、党委宣传部、学生工作部、团委、思政部、学生心理健康中心等与德育相关的机构，在中小学应设立政教处、学生心理健康中心等机构。

（3）在作为《学校德育法》的补充法律条例——《校园文化管理条例》设置中，要注重学校德育氛围的营造和现代化德育环境的建设。注重利用学校德育新手段，例如，可以通过宣传片、多媒体投影、室外电视屏、校园广播、计算机网络、微信、博客、QQ等，加大对学校德育工作的有效管理，并将相关内容以法律法规的形式制定出来。

（4）在德育的相关法律政策，如《学校德育工作管理条例》中，明确学校党政领导干部以"德"行政的理念。身教重于言教，践行重于理论，各级领导干部要不断加强自身道德修养，努力做到以德服人，做以德治教、以德治学的模范。

（六）坚持德法结合，形成法制教育和道德教育相结合的创新机制

学校德育工作的有效性开展，既要靠教育来引导，也要靠法律法规来约束。

因此，要将学生的道德教育和法制教育有机地结合起来，促成道德教育与法制建设有效结合的新机制。

要坚持法制教育与道德教育相结合的原则，形成合理有效的规章制度。改革开放以来，中共中央、国务院高度重视学校的德育工作，先后制定并颁布了一系列有关教育的法律法规，这些法律法规的制定与完善为学校的德育工作的开展提供了强有力的保障。在以后的学校德育工作中，要逐步完善学校内部的各种管理制度，尽可能将那些公正、公平符合社会道义要求的道德规范制度化，将学校的一些道德规范转化为法律法规或规章制度，以此来规范和调整学生的日常行为。

坚持德法结合是学校德育管理体制应遵循的重要原则。如果单纯依靠以《学校德育法》为基础的一系列德育法律法规的制定与颁布来强制保障学校德育工作，未必完全行之有效。因为法律法规本身的制约性不能带动学生的积极性、主动性和创造性。相反，单一的德治管理因缺乏约束力、规约性而在规范学生的行为方面可能会显得苍白无力。因此，在学校德育活动中，应将德治与法制有机地结合起来，形成法制教育和道德教育相结合的创新机制。

四、有关德育规定的现行法律修订

首先，考虑到学校德育立法的系统性、复杂性，在德育立法时机成熟之前，可先考虑对现行法律中有关德育的规定进行相应的修订。《宪法》第二十四条规定："国家通过普及理想教育、道德教育、文化教育、纪律和法制教育，通过在城乡不同范围的群众中制定和执行各种守则、公约，加强社会主义精神文明的建设。"通过该法条可以看出，理想教育、道德教育、文化教育、纪律和法制教育等内容并不只是针对在校学生，校长、教师以及其他社会人士均应进行学习。这意味着，作为学校德育体系子系统的家庭与社会（社区）及其核心成员同样应有意识、有组织的学习。其次，法律并不是孤立的体系，而是与各种守则、公约相互联系的。例如，《中小学教师职业道德规范》中的内容就与《义务教育法》第二十九条、《教师法》中关于教师义务、教师违法的法律责任等内容相关。这意味着，法律修订应同时关照相关的守则、公约等。

结合课题组对其他子课题的相关研究，我们给出如下的修订建议。

（一）对《教育法》修订的建议

对《教育法》修订的建议如表5-3所示。

表5-3　　　　　　　　　《教育法》修订建议

《教育法》原文	修订建议
第五条　教育必须为社会主义现代化建设服务、为人民服务，必须与生产劳动和社会实践相结合，培育德、智、体、美等方面全面发展的社会主义建设者和接班人	将"社会主义建设者和接班人"修订为"社会主义合格公民"
第三十条（四）　以适当方式为受教育者及其监护人了解受教育者的学业成绩及其他有关情况提供便利	修改为"以适当方式为受教育者及其监护人了解受教育者的德、智、体、美等方面的有关情况提供便利"
第五十二条　国家、社会建立和发展对未成年人进行校外教育的设施。 学校及其他教育机构应当同基层群众性自治组织、企事业组织、社会团体相互配合，加强对未成年人的校外教育工作	修改为"国家、社会建立和发展对未成年人进行校外教育的设施。 学校及其他教育机构应当同基层群众性自治组织、企事业组织、社会团体相互配合，在学校或社区中加强对未成年人的教育工作"

（二）对《义务教育法》修订的建议

对《义务教育法》修订的建议如表5-4所示。

表5-4　　　　　　　　　《义务教育法》修订建议

《义务教育法》原文	修订建议
第一章　总则　第三条　义务教育必须贯彻国家的教育方针，实施素质教育，提高教育质量，使适龄儿童、少年在品德、智力、体质等方面全面发展，为培养有理想、有道德、有文化、有纪律的社会主义建设者和接班人奠定基础	将"社会主义建设者和接班人"修订为"社会主义合格公民"
第三章　学校　第二十七条　对违反学校管理制度的学生，学校应当予以批评教育，不得开除	修订为"学校共同体全体成员均有参与制定学校管理制度的权利和义务，对违反学校管理制度的学生，学校应当予以批评教育，不得开除"

续表

《义务教育法》原文	修订建议
第三章 学校（原文略）	增加两条： 内容一：学校应明确全员育人责任，每一位学校共同体中的成员都应以培养学生的全面发展为教育目的。 内容二：学校应当有目的、有规划地组织家长、相关社会人士参与学校管理及教育教学当中，通过多种形式，形成学校、家庭、社区的教育合力
第五章 教育教学 第三十六条 学校应当把德育放在首位，寓德育于教育教学中，开展与学生年龄相适应的社会实践活动，形成学校、家庭、社会相互配合的思想道德教育体系，促进学生养成良好的思想品德和行为习惯	修订为"学校应当把德育放在核心，认识到道德是学校教育的根本目的，寓德育于教育教学中，开展与学生年龄相适应的各级各类实践活动，形成学校、家庭、社会相互配合的德育体系，促进学生养成良好的道德品质、人生观和社会理想"

（三）对《教师法》及《中小学教师职业道德规范》修订的建议

1. 对《教师法》的修订建议

对《教师法》的修订建议如表 5–5 所示。

表 5–5 《教师法》修订建议

《教师法》原文	修订建议
第三条"培养社会主义事业建设者和接班人"	修订为"培养社会主义合格公民"

2. 对《中小学教师职业道德规范》修订的建议

第一，与《教师法》等法律法规的修改相互配合。

《中小学教师职业道德规范》的修订应与《教师法》《中华人民共和国义务教育法》《教师资格条例》等诸多法律法规的修订相互配合。1993 年通过的《教师法》，其制定过程针对当时的历史背景，重在保障教师的社会地位和物质待遇，因此对教师应该承担的法律责任规定比较简略，且法律条款适用的时候都留有余地。如"体罚学生，经教育不改的"的条款，说明教师偶尔一次两次体罚学生问题不大，而反复体罚学生，引起家长和领导关注的行为才是不合适的。"品行不良、侮辱学生，影响恶劣的"的条款在《教师资格条例》第十九条中也有同样规定，该规定没有明确、客观限定何为"影响恶劣"。法律法规的含糊其辞使其本身的效力与公众对其的认可程度大打折扣，缺乏可操作性。

《教师法》在规定教师应该履行的基本义务方面，虽然也强调了"关心、爱护全体学生"，但没有突出 1992 年中国政府签署并生效的《儿童权利公约》的核心精神，即"以儿童的最大福利"为中心，在对儿童权利保护意识方面，落后于其他国家。2008 年修订的《中小学教师职业道德规范》及时地添加了"保护学生安全，关心学生健康，维护学生权益"的条款，但是《教师法》还比较滞后，在教师履行的义务方面未做相应调整和修改。2006 年修订的《中华人民共和国义务教育法》中也只规定教师在教育教学中应当平等对待学生以及尊重学生人格两条原则。发达国家和地区，特别强调教师是提供公共教育服务的人员，教师在提供教育服务的时候必须是无歧视的。因此，课题组建议我国凡涉及教师行为的法律法规中，应该特别强调：以教师的专业判断，保护每个儿童的权利，促进每个儿童的最大福利；突出教师公平对待学生的无歧视原则，明确反对任何基于家庭背景、性别、学业成绩、外貌、民族、地域等的歧视。

此外，教育专业自主以及教师的专业伦理是建立在教师专业团体协商的基础上的，肯定教师的结社权能更好地保障教师的专业自主权。《教师法》《义务教育法》等教育法律法规应该明确规定教师组织和专业团体的合法性，以及支持其为教师成员制定的专业自律条约的合法性。

第二，以教师专业伦理精神来重建师德原则。

比较完备的教师专业伦理规范应当涉及理想层次、原则层次、规则层次。[①] 现行《中小学教师职业道德规范》在理想层次过于简单，体现为爱国守法、爱岗敬业、热爱学生、教书育人、为人师表、终身学习六个层面，没有体现教师职业传递知识、传承文化、服务大众等独特的专业特点。对此，应进行针对性的修订和补充。

教师工作的价值超越课堂，超越学校。以教师专业伦理精神来重建师德理想，必须重视教师的公共服务精神及专业自律精神。根据我们的调查研究，在理想价值层面强调教师是提供公共教育服务的专业人员，强调教师的社会责任和文化责任，已经在教师中取得初步共识。以此为基础，我们为建构教师专业伦理规范的具体原则提供以下建议：

[①] 傅维利、朱宁波：《试论我国教师职业道德规范的基本体系和内容》，载于《中国教育学刊》2003 年第 4 期。

(1) 教师的职业责任。教师应该努力维护职业的崇高形象；应该增加公众对教育的认识；应该将自己视为学习者，不断致力于专业发展，不断改进教学，积极尝试各种有利于学生发展的方法；应该为所有学生提供高质量的教育，以加强公众对教育工作者的信心，赢取他们对教师职业的尊敬。此外，《新西兰注册教师职业道德规范》中的部分条目也可供借鉴，如"应该通过负责任的、合乎操守的实践促进教师职业的利益""应该为合理教育政策的制定和实施贡献力量""应该为营造一个开放、善于反思的职业文化贡献力量"。①

(2) 教师的社会责任。应该以身作则维护社会公平正义，倡导良好社会风气；应该利用专业知识和教育知识为家长、公众提供服务，发展与家长和公众平等合作、三位一体的伙伴关系；应该通过教育为社会服务，传递公平、民主、人道的价值观；应该积极支持有关促进人人机会平等的政策和计划，为教育机会的均等而努力；应该保护儿童权利，为儿童成长拥有更美好的社会环境而努力。

(3) 教师的文化责任——主要是文化传承和促进多元文化之间相互理解的责任。应该言行文明，引导健康的文化和娱乐方式；应该努力促进不同文化背景、不同民族学生之间的相互了解及和睦相处；应该同公众一起跟社会的不良现象做斗争，努力创造新文化。

(4) 教师的知识责任。应该追求科学真理，讲真话；应该为学生学习提供尽量多的资源和工具，鼓励学生对有争议的话题开展辩论。此外，可借鉴《香港教育专业守则》部分条目，如"应该鼓励学生独立思考，做出理性的判断""应该努力培养学生精益求精的精神""应与同事分享种种观点与资料，以利于专业发展"。②

第三，对于教师行为禁令的充实完善。

相较于我国（这里指中国大陆）师德规范中操作禁令的简单，世界许多国家和地区以及我国港澳台地区的教师专业伦理规范都规定了明晰且易于遵守的教师行为禁令。美国于1975年修订的《教育专业伦理准则》中规则层面共涉及16个条目，均以行为禁令形式规范。③中国台湾地区于1989年颁布的《教师自律公约》共分三大部分，其中第三部分"教师自律守则"的6个条目内容也全部是行为禁令形式。④而中国香港地区1995年颁布并施行的《教育专业守则》更是明确规定了6类74条义务。⑤结合我们的研究以及我国目前师德规范的现状，在

---

① Code of Ethics for Registered Teachers, http://www.teacherscouncil.govt.nz/required/ethics/codeofethics.stm, 2012.

②③⑤ 檀传宝:《教师伦理学专题——教育伦理范畴研究》，北京师范大学出版社2010年版，第174~185页。

④ 《台湾地区教师自律公约》，http://www.tta.tp.edu.tw/5_laws/4_selfcontrol.htm, 2012年4月10日。

教师行为规则层面建议做如下调整（见表 5 – 6）：

表 5 – 6　　　　　　　　　对教师行为禁令的完善建议

现职业规范操作禁令（2008 年修订）	应增加操作禁令
教师与职业维度	
（1）不得有违背党和国家方针、政策的言行。 （2）不对工作敷衍塞责。 （3）不利用职责之便谋取私利	（1）不得帮助不具备资格的人进入教师职业。① （2）不应为谋取个人私利而做宣传。② （3）不应接受可导致影响专业判断的酬金、礼物或其他利益。③ （4）不应从事有损专业形象的工作④
教师与学生维度	
（1）不讽刺、挖苦、歧视学生。 （2）不体罚或变相体罚学生。 （3）不以分数作为评价学生的唯一标准。 （4）自觉抵制有偿家教	（1）禁止教师对学生性骚扰、恋爱和性行为。 （2）禁止教师用消极思想、个人偏见去影响学生。 （3）禁止教师泄露学生个人资料和家庭资料。 （4）禁止教师建立任何在家庭背景、性别、学业成绩、外貌、民族、地域等基础上的歧视。 （5）禁止公布或公开学生分数排名。 （6）禁止利用与学生的专业关系谋取私利。⑤ （7）应避免使学生难堪或受到羞辱⑥
教师与家长维度	
无	（1）禁止以不平等的态度对待家长。 （2）禁止接受家长的异常馈赠。 （3）禁止在家长不允许的情况下泄露家庭隐私
教师与同事维度	
无	（1）不应在学生面前议论和批评其他教师。 （2）不应恶意损害同事的专业信誉与事业前途。⑦ （3）不应故意使同事难堪、受辱⑧

---

①⑤　借鉴于全美教育协会《教育专业伦理规范》，1975 年版。
②③④⑥⑦⑧　借鉴于教育专业人员操守议会《香港教育专业守则》（抽印本），1995 年版。

此外，我们建议对于有偿家教不可一概禁止。有偿家教现象的存在与教师的社会地位、经济状况以及市场经济下社会转型出现的诸多问题不无关系。对此，在教师专业伦理规范中对于有偿家教的规范应当限定具体情境与对象，体现两条重要原则：不得对所直接施教的学生进行有偿家教；有偿家教不可影响正常的教育教学活动。

（四）将《未成年人保护法》与相关法律整合的建议

我们认为，应将《未成年人保护法》的相关内容与《教育法》《义务教育法》《教师法》等相关法律进行有机融合。《未成年人保护法》共七章，除第一章总则和第七章附则外，涉及家庭保护、学校保护、社会保护、司法保护和法律责任等方方面面的内容。从学校德育体系的视角来看，这些内容涉及学校德育体系的各个子系统的德育责任。问题在于，当前的《未成年人保护法》侧重于从保护未成年人的角度，分述了各个子系统的责任，至于家庭、学校、社会何者为主、何者为辅，各子系统该如何有机融合，尚缺乏整合的说明。从全面加强学校德育体系建设的视角出发，以学校为中心，构建学校保护、家庭保护和社会保护的一体化，是将《未成年人保护法》与《教育法》《义务教育法》《教师法》等法律相融合的可行思路。

五、小结

学校德育的法律保障问题，是一个长期的、系统的、复杂的工程，德育立法的实现需要各方努力。此外，学校德育立法的可行性面临着立法技术操作方面的各种问题，包括由哪个国家机构或部门主持、立法参与人员、立法程序等问题。具体到法律条款仍然需要立足当前的改革实践和社会环境，进行深入的系统研究。关于德育目标的法律保障研究主要针对人才培养上的品德方面，而学生作为学校德育的主体的研究比较缺乏；针对学校德育工作的实效性较低问题的研究还比较少，保障学校德育实效性的应对策略略显单薄。研究还需进一步从坚守社会主义方向的政治目的结构，培养学生德、智、体全面发展的成人过程结构，培养学生良好的公民道德目的的结构，培养学生创新意识的素质目的结构，培养学生身心健康发展的情感目的结构等方面进行深入探究。

同时，应及时制定《家庭教育法》《校园安全法》《学校德育实施条例》《学生道德行为实施条例》《父母教育权利及义务保障条例》《学生德育社会实践活动实施条例》《勤工助学条例》《学生社会文明行为实施条例》《校园文化管理条例》《学校学生管理条例》等相应的德育法律法规及制度，逐步形成完善教育的法律法规体系，并明晰学校德育的立法原则，明确学校德育的目标，确保学校德育应有的法律地位。要以法律法规的形式界定学校德育内容，坚持德法结合并重，形成法制教育和道德教育相结合的创新机制。

附录一

"全面加强学校德育体系建设研究"
专家咨询问卷（第一轮）

尊敬的专家：

您好！

我们想就加强学校德育体系建设的若干问题征询您的观点，请您根据自己的想法给予回答。请自由、充分地表达您的观点，如有可能，敬请附上相关材料。请在此 Word 文档上作答，并以电子邮件附件形式发回到课题组邮箱。调查和问卷处理过程中，我们不会向其他人（包括其他专家）透露您的个人信息及观点。待问卷处理完毕后，我们会将结果反馈给您，以便做进一步的交流。

在此对您贡献的智慧和对我们研究工作的大力支持，表示衷心的感谢！

"全面加强学校德育体系建设研究"课题组
华中师范大学

相关说明：

1. 关于本课题

本课题是以杜时忠教授为首席专家的教育部哲学社会科学研究重大课题攻关项目（课题批准号：12JZD002）。课题组邮箱：××××××××@163.com（××××××××的第一个字母），联系人：×××（134×××××××）、××（136×××××××）。欢迎您随时联系我们！

2. 关于调查方法及要求

本调查采用"德尔菲法"。德尔菲法依据系统的程序通过专家咨询的方式收集资料。本调查共设三轮：

第一轮请您对学校德育体系的含义、要素、现状表达看法；

第二轮请您对第一轮所收集的答案进行评论或排序；

第三轮请您根据第二轮的结果进一步做出评论或排序。

根据德尔菲法要求，只有三轮调查完整才能计为有效。由于调查周期较长，如果您愿意接受我们的征询，请务必坚持到底。

3. 关于研究结果的反馈

我们会将前一轮调查结果的概要反馈给您，作为您接受下一轮调查的参考。如您需要更详细的资料，请与我们联系。

第一轮问题：

您的姓名：　　　　　　　　　职称：

工作单位：

联系电话：　　　　　　　　　电子邮箱：

通讯地址：

1. 您认为应该怎样理解"学校德育体系"这一概念？"学校德育体系"与"学校德育"有何区别？

2. 您认为学校德育体系应该包括哪些基本构成要素（可从不同维度进行划分，如横向、纵向、过程等）？

3. 您认为当前学校德育体系建设过程中，有哪些成绩或经验，又有哪些不足或者问题？如何改进？

感谢您的回答！请检查一下，看是否还有需要补充的地方。如您有相关材料，请附在文后，或以附件形式发送给我们。

附录二

"全面加强学校德育体系建设研究"
专家咨询问卷(第二轮)

尊敬的专家:

  您好!

  我们诚挚地邀请您参与我们的第二轮专家征询。请在此 Word 文档上作答,根据题目要求选择您认为合适的选项,并以电子邮件附件形式发回到课题组邮箱(××××××××@163.com)。我们将对问卷进行汇总分析,并在下一轮调查时将结果反馈给您。如果您有任何疑问或建议,欢迎随时联系我们。课题组联系人:×××(134××××××××)、××(136××××××××)。

  对您的大力支持,再次表示衷心的感谢!

"全面加强学校德育体系建设研究"课题组

华中师范大学

第二轮问题:

您的姓名:

(为便于与上轮调查结果比较,需要您注明姓名。)

1. "学校德育体系"与"学校德育"二者的关系,您倾向于下列哪种?(单选)

  ① "学校德育体系"的范畴小于"学校德育";

  ② "学校德育体系"的范畴大于"学校德育";

  ③ "学校德育体系"等于"学校德育";

  ④ "学校德育体系"与"学校德育"部分交叉重合;

⑤"学校德育体系"与"学校德育"无交集；

⑥"学校德育体系"与"学校德育"是两个不同的概念，它们提出的前提和基础不同，不能比较；

⑦不同意上述观点，_____。

您的选择：（   ）

2. 下列划分学校德育体系的维度，您倾向于哪几种？（多选）

①横向：学校内部德育体系、学校外部德育体系［或外部环境，包括家庭德育、社会（社区）德育］；

②纵向：（学前阶段或单独列出）小学、中学（包括中职、中专）、大学（包括大专、研究生）德育体系；

③机制：学校制度建设、德育课程设计、德育教学与活动、校园文化建设体系等；

④时代：传统德育体系、现代德育体系（后现代/后工业社会德育体系或单独列出）；

⑤学校类型：普通教育学校德育体系、职业教育学校德育体系（成人教育德育体系或单独列出）；

⑥地域：城乡、东中西、发达地区与欠发达、不发达地区学校德育体系等；

⑦学校德育的理论体系（政策体系或单独列出）、实践体系。

您的选择：（   ）

如果您对上述观点有不同的看法，请写在下面：

_____

3. 下列对学校德育体系要素的划分，您倾向于哪一种或几种？（可多选）

①目的、途径、内容、方法、手段、评价、管理等；

②（学校内部）主管校长、德育处（办）工作人员、班主任（辅导员）、任课教师、辅助人员等，（学校外部）家长、社会教育人员（专兼职）、大众（包括媒体）等；

③人、财、物、信息、时空等；

④理论、政策、制度、机构、人员、活动等。

您的选择：（   ）

如果您对上述观点有不同的看法，请写在下面：

_____

4. 阅读下列对当前学校德育体系建设的表述，请选择相应的选项表达您个人的态度。

（1）对"学校德育体系"已经有了比较充分理论研究。

①很赞同；②比较赞同；③不确定；④比较不赞同；⑤很不赞同。
您的选择：（　　）

（2）应该始终坚持社会主义核心价值观为指导。
①很赞同；②比较赞同；③不确定；④比较不赞同；⑤很不赞同。
您的选择：（　　）

（3）培养目标过于高、大、全，比较空洞，学生不易达到。
①很赞同；②比较赞同；③不确定；④比较不赞同；⑤很不赞同。
您的选择：（　　）

（4）大、中、小学不同学段的德育目标层次清晰，有明显的递进顺序。
①很赞同；②比较赞同；③不确定；④比较不赞同；⑤很不赞同。
您的选择：（　　）

（5）各级学校德育内容重复的地方过多。
①很赞同；②比较赞同；③不确定；④比较不赞同；⑤很不赞同。
您的选择：（　　）

（6）小学与中学、中学与大学，甚至初中和高中之间的德育活动和过程存在很大程度的脱节。
①很赞同；②比较赞同；③不确定；④比较不赞同；⑤很不赞同。
您的选择：（　　）

（7）由专门的人员（如班主任）和部门（如政教处）负责有利于学校德育工作的开展，学校德育需要进一步专业化。
①很赞同；②比较赞同；③不确定；④比较不赞同；⑤很不赞同。
您的选择：（　　）

（8）学科教学中德育渗透不足，未能起到应有的"育人"作用。
①很赞同；②比较赞同；③不确定；④比较不赞同；⑤很不赞同。
您的选择：（　　）

（9）校园文化建设虽然蓬勃发展，但对学校德育的实际效果却不明显。
①很赞同；②比较赞同；③不确定；④比较不赞同；⑤很不赞同。
您的选择：（　　）

（10）投入学校德育的人、财、物较充足，德育教师素质较高。
①很赞同；②比较赞同；③不确定；④比较不赞同；⑤很不赞同。
您的选择：（　　）

（11）学校的德育效果不及家庭、社会的影响。
①很赞同；②比较赞同；③不确定；④比较不赞同；⑤很不赞同。
您的选择：（　　）

（12）当前信息化发展和网络社会对学校德育的影响利大于弊。

①很赞同；②比较赞同；③不确定；④比较不赞同；⑤很不赞同。

您的选择：（   ）

（13）地区文化差异是造成城乡学生品德发展水平差异的主要原因。

①很赞同；②比较赞同；③不确定；④比较不赞同；⑤很不赞同。

您的选择：（   ）

（14）教育行政部门"运动式"的要求，对学校德育干预过多。

①很赞同；②比较赞同；③不确定；④比较不赞同；⑤很不赞同。

您的选择：（   ）

（15）学校德育制度制定和实施"自上而下"，缺乏程序正义。

①很赞同；②比较赞同；③不确定；④比较不赞同；⑤很不赞同。

您的选择：（   ）

感谢您的回答！请检查一下，看是否有遗漏的地方。如果您有相关材料，请附在后面，或附在电子邮件中发送给我们。

附录三

"全面加强学校德育体系建设研究"
专家咨询问卷（第三轮）

尊敬的专家：

您好！

我们诚挚地邀请您参与我们的第三轮专家征询。填写本问卷之前请务必先阅读第二轮调查结果反馈材料，然后在此 Word 文档上作答，根据题目要求选择您认为合适的选项，并以电子邮件附件形式发回到课题组邮箱（××××××××@163.com）。我们将对问卷进行汇总分析，而后会将结果反馈给您。如果您有任何疑问或建议，欢迎随时联系我们。课题组联系人：×××（134××××××××）、××（136××××××××）。

感谢您一如既往的支持与参与！

"全面加强学校德育体系建设研究"课题组

华中师范大学

第三轮问题：

您的姓名：

（为便于与上轮调查结果比较，需要您注明姓名。）

您的个人信息或联系方式（职称、工作单位、联系电话、电子邮箱、通讯地址及邮编）如果有变化，请在下面注明：

---

1. 学校德育体系是学校为促进学生品德发展，综合校内外各种德育要素、活动、环境，构建合理的体制、机制，进而形成的一个整体系统。您对这个定义

的看法是：

①很不赞同；②比较不赞同；③不确定；④比较赞同；⑤很赞同。

2. "学校德育体系"与"学校德育"二者的关系，您倾向于下列哪种？（单选）

①"学校德育"泛指学校德育的各个方面、各种形态，而"学校德育体系"强调的是学校德育的系统性、规范性，所以"学校德育体系"的范畴小于"学校德育"；

②"学校德育体系"是一个教育系统，"学校德育"一般指学校德育工作或活动，所以"学校德育体系"的范畴大于"学校德育"；

③"学校德育体系"与"学校德育"既有相同的地方，也有不同的地方，二者部分交叉重合；

④"学校德育体系"与"学校德育"是两个不同的概念，虽然有联系，但它们提出的角度和理论基础不同，不能比较；

⑤不同意上述观点。

您的选择：（　　）

如果您对上面两题有补充或不同的看法，请写在下面：

_____

3. 为突出学校德育体系研究的理论深度和创新性，下列划分学校德育体系的维度，您倾向于哪几项？（多选，限三项以内）

①横向：学校内部德育体系、学校外部德育体系（或外部环境，包括家庭德育、社会/社区德育）；

②纵向：（学前阶段或单独列出）小学、中学（包括中职、中专）、大学（包括大专、研究生）德育体系；

③机制：学校制度建设、德育课程设计、德育教学与活动、校园文化建设体系等；

④时代：传统德育体系、现代德育体系（后现代/后工业社会德育体系或单独列出）；

⑤学校类型：普通教育学校德育体系、职业教育学校德育体系（成人/继续教育德育体系或单独列出）；

⑥地域：城乡、东中西、发达地区与欠发达、不发达地区学校德育体系等；

⑦学校德育的理论体系（政策体系或单独列出）、实践体系。

您的选择：（　　）

如果您对上述观点有补充或不同的看法，请写在下面：

_____

4. 联系到上一题，为明确学校德育体系的构成要素，下列对学校德育体系要素的划分，您倾向于哪一种或几种？（可多选）

①按过程划分的要素：目的、内容、途径、方法、管理、评价等；

②按人员或部门划分的要素：（学校内部）主管校长、德育处（办）工作人员、班主任（辅导员）、任课教师、辅助人员等，（学校外部）家长、社会教育人员（专兼职）、大众（包括媒体）等；

③从管理角度划分的要素：人、财、物、信息、时空等；

④按形态划分要素：理论、政策、制度、机构、人员、活动等。

您的选择：（　　）

如果您对上述观点有补充或不同的看法，请写在下面：

_____

5. 下列是对当前学校德育体系建设现状和问题的表述，请选择相应的选项表达您个人的态度。

（1）对"学校德育体系"理论研究尚不够充分、深入。

①很不赞同；②比较不赞同；③不确定；④比较赞同；⑤很赞同。

您的选择：（　　）

（2）始终坚持社会主义核心价值观为指导。

①很不赞同；②比较不赞同；③不确定；④比较赞同；⑤很赞同。

您的选择：（　　）

（3）培养目标过于高、大、全，比较空洞，学生不易达到。

①很不赞同；②比较不赞同；③不确定；④比较赞同；⑤很赞同。

您的选择：（　　）

（4）大、中、小学不同学段的德育目标层次不够清晰。

①很不赞同；②比较不赞同；③不确定；④比较赞同；⑤很赞同。

您的选择：（　　）

（5）不同学段的德育内容重复的地方过多。

①很不赞同；②比较不赞同；③不确定；④比较赞同；⑤很赞同。

您的选择：（　　）

（6）不同学段的德育活动和过程存在很大程度的脱节。

①很不赞同；②比较不赞同；③不确定；④比较赞同；⑤很赞同。

您的选择：（　　）

（7）仅将学校德育视为专门的人员（如班主任）和部门（如政教处）的工作不利于学校德育工作的开展。

①很不赞同；②比较不赞同；③不确定；④比较赞同；⑤很赞同。

您的选择：（   ）

（8）学科教学中德育渗透不足，未能起到应有的"育人"作用。

①很不赞同；②比较不赞同；③不确定；④比较赞同；⑤很赞同。

您的选择：（   ）

（9）校园文化建设虽然蓬勃发展，但对学校德育的实际效果却不明显。

①很不赞同；②比较不赞同；③不确定；④比较赞同；⑤很赞同。

您的选择：（   ）

（10）投入学校德育的人、财、物不够，德育教师素质有待提高。

①很不赞同；②比较不赞同；③不确定；④比较赞同；⑤很赞同。

您的选择：（   ）

（11）学校的德育效果不及家庭、社会的影响。

①很不赞同；②比较不赞同；③不确定；④比较赞同；⑤很赞同。

您的选择：（   ）

（12）当前信息化发展和网络社会对学校德育的影响利大于弊。

①很不赞同；②比较不赞同；③不确定；④比较赞同；⑤很赞同。

您的选择：（   ）

（13）城乡学生品德发展受到地区文化差异的重要影响。

①很不赞同；②比较不赞同；③不确定；④比较赞同；⑤很赞同。

您的选择：（   ）

（14）教育行政部门"运动式"的要求不利于学校德育的正常开展。

①很不赞同；②比较不赞同；③不确定；④比较赞同；⑤很赞同。

您的选择：（   ）

（15）学校德育制度制定和实施"自上而下"，缺乏程序正义。

①很不赞同；②比较不赞同；③不确定；④比较赞同；⑤很赞同。

您的选择：（   ）

感谢您的回答！请检查一下，看是否有遗漏的地方。如果您有相关材料，请附在后面，或附在电子邮件中发送给我们。

附录四

4~12年级学生成长需要调查问卷

亲爱的同学：

　　你好！我们是华中师范大学道德教育研究所的师生，目前正在进行"全面加强学校德育体系建设研究"的课题研究。为了给你和其他同学营造一个健康、快乐、自由的成长环境，我们在全国范围内开展了调研。此次调研的主要目的是了解你和其他同学在学校生活、家庭生活中的需要是什么、哪些成长需要还没有满足等情况，希望在了解你们、尊重你们的成长需要的基础上，把学校建设得更加美好。

　　该问卷主要用于研究目的，你的作答既没有"对""错"之分，也不会评定分数，更不会被泄露给校长、老师等其他任何人，请按照题号顺序依次作答每一道题。如果改变了对某个选项的想法，在原选项上画"×"，并在新选项的代号上画"√"。请根据自己的实际情况认真作答即可，无须参考他人意见。

　　完成整份问卷所需时间约为50分钟，请耐心作答。

　　感谢你的参与！

华中师范大学道德教育研究所

学生成长需要调查问卷[①]

量表 1

指导语：请你根据自己学校的实际情况作答，并在相应的数字上打"√"。

	很不符合	不太符合	不肯定	比较符合	非常符合
1. 我觉得老师都很关心我的学习	0	1	2	3	4
2. 学校的规章制度很明晰，并且我能看懂	0	1	2	3	4
3. 老师和同学都能接纳我	0	1	2	3	4
4. 我在学校能得到好的教育	0	1	2	3	4
5. 我在学校能得到公平对待	0	1	2	3	4
6. 我觉得自己是学校的一分子	0	1	2	3	4
7. 老师会表扬表现好的学生	0	1	2	3	4
8. 我觉得自己在学校是受欢迎的	0	1	2	3	4
9. 我在学校可以学到很多知识	0	1	2	3	4
10. 当我遇到问题时可以与老师交流	0	1	2	3	4
11. 我觉得老师尊重并关心我们	0	1	2	3	4
12. 我以学校为荣	0	1	2	3	4
13. 老师以教书育人为乐	0	1	2	3	4
14. 老师会认真倾听我说的话	0	1	2	3	4
15. 当我告诉老师或班主任学校有人会大规模斗殴时，我感到很安全	0	1	2	3	4
16. 学校的规章制度是合理的	0	1	2	3	4
17. 老师们为每个学生的成功而努力	0	1	2	3	4
18. 学生享受学校的学习生活	0	1	2	3	4
19. 大部分学生以学校为荣	0	1	2	3	4
20. 学校经常发生打架斗殴事件	0	1	2	3	4
21. 在学校被同学威胁是很正常的事情	0	1	2	3	4

[①] 这样的量表一共有 11 个，分别调研学生的基本心理需要，以及班级环境对学生成长需要的影响，总题量达到 300 题。限于篇幅，这里只收入其中之一。其余详见孙启武、杜时忠：《中小学生成长需要的实证研究》，华中师范大学出版社 2018 年版。

续表

	很不符合	不太符合	不肯定	比较符合	非常符合
22. 在学校，学生群体之间容易引发问题和冲突	0	1	2	3	4
23. 学生经常考试作弊或者抄袭别人的作业	0	1	2	3	4
24. 许多学生经常受到其他学生的骚扰	0	1	2	3	4
25. 学生在学校经常发生争执	0	1	2	3	4
26. 学校经常发生对骂、辱骂或戏弄他人的事件	0	1	2	3	4
27. 我感觉上学和放学的路上很安全	0	1	2	3	4
28. 我感觉在食堂是安全的	0	1	2	3	4
29. 我感觉在教室是安全的	0	1	2	3	4
30. 我感觉在学校操场是安全的	0	1	2	3	4
31. 我感觉在学校走廊是安全的	0	1	2	3	4
32. 我感觉学校卫生间是安全的	0	1	2	3	4
33. 我感觉学校是安全的	0	1	2	3	4
34. 我在学校见过刀（不包括食堂的刀、削铅笔的小刀）	0	1	2	3	4
35. 学生破坏（故意破坏）公物	0	1	2	3	4
36. 在我的学校守规矩要付出代价	0	1	2	3	4
37. 我看见过学生在学校酗酒	0	1	2	3	4
38. 我看见过学生在学校抽烟	0	1	2	3	4
39. 学生经常逃课	0	1	2	3	4
40. 在这个学校我没有安全感	0	1	2	3	4

附录五

大学生成长需要调查问卷

亲爱的同学：

你好！我们是华中师范大学道德教育研究所的课题组，目前正在开展有关大学生成长需要的问卷调查，本调查结果仅用于研究，请你根据实际情况放心作答。

衷心感谢你的参与！

华中师范大学道德教育研究所

一、基本信息，请你根据自己的实际情况在相应的选项上打"√"。

1. 你目前就读的学校是：

（1）985 重点大学　　（2）211 工程院校　　（3）其他普通本科院校

（4）高职高专院校

2. 你目前就读的年级是：

（1）大一　　（2）大二　　（3）大三　　（4）大四

3. 你目前所学专业所属学科是：

（1）文学、艺术学、历史学、哲学

（2）法学、经济学、军事学、教育学、管理学

（3）理学、工学、医学、农学

4. 你的家庭所在地是：

（1）直辖市或省会城市　　（2）地级城市　　（3）县城或乡镇　　（4）农村

5. 你的性别是：

（1）女性　　（2）男性

6. 你是学生干部吗？
（1）是　　（2）不是

7. 你是中共党员吗？
（1）是　　（2）不是

二、单项选择：下表中左边文字是关于大学生成长的各种需要，右边数字 1～5 代表着需要的强度（由弱到强），请你选择最能代表你需要强度的数字，在数字上面打"√"。

	完全不在意	不太在意	不确定	比较在意	非常在意
1. 安全、放心的校园饮食	1	2	3	4	5
2. 质优价廉的校园饮食	1	2	3	4	5
3. 舒适的宿舍生活环境	1	2	3	4	5
4. 便捷的校园学习环境	1	2	3	4	5
5. 安定、有序的校园生活	1	2	3	4	5
6. 民主、自由的校园文化氛围	1	2	3	4	5
7. 不会受到身心伤害	1	2	3	4	5
8. 不会遭到羞辱、歧视、排斥	1	2	3	4	5
9. 友谊	1	2	3	4	5
10. 知心朋友	1	2	3	4	5
11. 爱情	1	2	3	4	5
12. 异地恋	1	2	3	4	5
13. 遇到困难时能得到学校或老师的帮助	1	2	3	4	5
14. 权益受到侵害时能得到救助或保护	1	2	3	4	5
15. 对学校或班级的归宿感	1	2	3	4	5
16. 能够参与集体活动	1	2	3	4	5
17. 比周围的人更优秀	1	2	3	4	5
18. 在某专业或某行业领域取得优异成绩	1	2	3	4	5
19. 按照自己的想法规划未来	1	2	3	4	5
20. 为人处事有自己的原则或底线	1	2	3	4	5
21. 经济上能够尽快独立；职业资格证	1	2	3	4	5
22. 能够打工，减轻家庭经济负担；职业技能	1	2	3	4	5

续表

	完全不在意	不太在意	不确定	比较在意	非常在意
23. 接受创业教育	1	2	3	4	5
24. 获得创业支持	1	2	3	4	5
25. 成为领导者	1	2	3	4	5
26. 能够影响他人的思想或言行	1	2	3	4	5
27. 拥有渊博的知识	1	2	3	4	5
28. 拥有系统的专业知识	1	2	3	4	5
29. 自主学习的能力	1	2	3	4	5
30. 考上硕士研究生	1	2	3	4	5
31. 在自己专业领域获得更深的造诣	1	2	3	4	5
32. 认真负责的教师	1	2	3	4	5
33. 高水平的教师授课（或专家学者讲座）	1	2	3	4	5
34. 能够形成鲜明的个性	1	2	3	4	5
35. 能够具有良好的道德修养	1	2	3	4	5
36. 身体健康	1	2	3	4	5
37. 能够有自己的体育爱好	1	2	3	4	5
38. 回报父母	1	2	3	4	5
39. 回报给予我支持和帮助的人	1	2	3	4	5
40. 志愿者	1	2	3	4	5
41. 帮助弱势群体或者有困难的人	1	2	3	4	5
42. 关心国家大事、国际大事	1	2	3	4	5
43. 参与社会	1	2	3	4	5
44. 加入中国共产党	1	2	3	4	5
45. 为祖国和人民奉献自己	1	2	3	4	5

参考文献

[1]《马克思恩格斯选集》(第三卷),人民出版社1995年版。

[2][美]冯·宝塔朗菲著,林康义等译:《一般系统论——基础、发展和应用》,清华大学出版社1987年版。

[3][法]埃德加·莫兰著,陈一壮译:《复杂性理论与教育问题》,北京大学出版社2001年版。

[4]高兆明:《制度伦理研究》,商务印书馆2011年版。

[5]吕芳:《制度选择与国家的衰落》,中国政法大学出版社2006年版。

[6]鲁洁、王逢贤:《德育新论》,江苏教育出版社1994年版。

[7]王道俊、郭文安:《主体教育论》,人民教育出版社2005年版。

[8]班华:《现代德育论》,安徽教育出版社1996年版。

[9]檀传宝:《德育原理》,北京师范大学出版社2006年版。

[10]黄向阳:《德育原理》,华东师范大学出版社2000年版。

[11]高德胜:《生活德育论》,人民出版社2006年版。

[12]李家成:《成长需要》,天津教育出版社2006年版。

[13]李晓文:《青少年发展研究与学校文化生态建设》,教育科学出版社2010年版。

[14]杜时忠:《德育十论》,黑龙江教育出版社2003年版。

[15]杜时忠:《人文教育与制度德育》,安徽教育出版社2012年版。

[16]杜时忠:《社会变迁与德育实效——转型期中小学德育实效报告》,教育科学出版社2009年版。

[17]李伯黍、岑国桢:《道德发展与德育模式》,华东师范大学出版社1999年版。

[18]杨韶刚:《道德教育心理学》,上海教育出版社2007年版。

后 记

历时六年（2012~2018年），教育部哲学社会科学研究重大课题攻关项目"全面加强学校德育体系建设研究"（项目批准号12JZD002）终于告一段落，本书正是这些年来课题组成员理论研究与实践探索的记录和反映。

德育问题是我国学校教育的"老大难"，德育体系建设又是难中之难。当代学校德育已经发展成为一个复杂的"巨系统"：要素多个、类型多样、层次多种、内容多变、价值多元……学校德育体系究竟如何定位？此其一。急速变迁、瞬息万变的信息社会，整体小康、正在崛起的当代中国，对传统学校德育提出了前所未有的挑战，如何应对？此其二。正在成长的大中小学生，生活、学习、交往的环境与条件大大不同于祖辈父辈，其承担的使命、面对的压力也具有鲜明的时代特点，而对他们负有引导之责的前辈文化、传统教育和学校德育远远不能满足他们的成长需要，此其三。学校德育所要解决的根本问题，不是客观知识授受，也不是职业技能训练，而是价值观、世界观、人生观问题，其复杂性与难度远非知识技能可比，此其四。当代中国学校德育经过思想解放，经过改革开放，大纲、课标、教材、方法等单一因素的变革均已尝试，然而，学校德育体系的整体转型依然困难多多，迷雾重重，此其五。……

面对这些困难，课题组迎难而上。我们坚持以道德的教育来培养道德的人的教育信条，坚持以培养社会主义合格公民为德育目标，坚持尊重和满足学生的成长需要为学校德育的立足点，坚持探索学校德育的制度保障与制度创新，坚持探索高效德育场的建设。这五个坚持，也就是我们从事课题研究的五个立场，即道德立场、公民立场、成长立场、制度立场和合力立场。

为了完成课题研究的任务，我们组建了研究团队，分为五个子课题组，既有分工，又有合作；我们建立了一个试验区和一批试验学校，特别是团结志同道合者，建立了"真教育联盟"，召开了五次学术年会；我们养成了定期深入学校现场的行为习惯，与地方教育局和中小学形成了U-G-S三方协同的工作机制。几年来，课题组成员公开发表了72篇论文，向政府部门提交了一篇咨询报告，出版了《德育体系新探索》和《中国德育论丛》（四辑），还翻译了大量外文资料。限于本书结构与篇幅限制，一些研究成果未能收入（如，《中美应对校园惨案的差异及其启示》《美籍华人教育学者访谈报告》《青少年思想教育一体化分层研究》等）。

  本书由杜时忠统稿，张添翼协助。各章的撰写人分别是：前言，杜时忠；第一章，杜时忠负责，卢旭参与；第二章，孙银光负责，杜时忠、孙启武、李伟、周小李、管贝贝、熊孝梅、张添翼、赵海燕参与；第三章，付辉负责，杜时忠、王一凡、李伟、吴大平、饶小平、张晓琴、黄志煊参与；第四章，徐龙负责，王一凡、李伟、饶小平、周金山参与；第五章，张添翼负责，杜时忠、程红艳、刘任丰、张敏、刘长海、袁尚会、付辉、闫兵参与。此外，课题组骨干成员杨炎轩（华中师范大学）、喻学林（武汉纺织大学）等以多种方式参与了课题研究。本书正是团队协作和集体智慧的结晶。

杜时忠

于华中师范大学道德教育研究所

2018 年 5 月 20 日

教育部哲学社会科学研究重大课题攻关项目成果出版列表

序号	书　名	首席专家
1	《马克思主义基础理论若干重大问题研究》	陈先达
2	《马克思主义理论学科体系建构与建设研究》	张雷声
3	《马克思主义整体性研究》	逄锦聚
4	《改革开放以来马克思主义在中国的发展》	顾钰民
5	《新时期　新探索　新征程——当代资本主义国家共产党的理论与实践研究》	聂运麟
6	《坚持马克思主义在意识形态领域指导地位研究》	陈先达
7	《当代资本主义新变化的批判性解读》	唐正东
8	《当代中国人精神生活研究》	童世骏
9	《弘扬与培育民族精神研究》	杨叔子
10	《当代科学哲学的发展趋势》	郭贵春
11	《服务型政府建设规律研究》	朱光磊
12	《地方政府改革与深化行政管理体制改革研究》	沈荣华
13	《面向知识表示与推理的自然语言逻辑》	鞠实儿
14	《当代宗教冲突与对话研究》	张志刚
15	《马克思主义文艺理论中国化研究》	朱立元
16	《历史题材文学创作重大问题研究》	童庆炳
17	《现代中西高校公共艺术教育比较研究》	曾繁仁
18	《西方文论中国化与中国文论建设》	王一川
19	《中华民族音乐文化的国际传播与推广》	王耀华
20	《楚地出土戰國簡册［十四種］》	陈伟
21	《近代中国的知识与制度转型》	桑兵
22	《中国抗战在世界反法西斯战争中的历史地位》	胡德坤
23	《近代以来日本对华认识及其行动选择研究》	杨栋梁
24	《京津冀都市圈的崛起与中国经济发展》	周立群
25	《金融市场全球化下的中国监管体系研究》	曹凤岐
26	《中国市场经济发展研究》	刘伟
27	《全球经济调整中的中国经济增长与宏观调控体系研究》	黄达
28	《中国特大都市圈与世界制造业中心研究》	李廉水

序号	书名	首席专家
29	《中国产业竞争力研究》	赵彦云
30	《东北老工业基地资源型城市发展可持续产业问题研究》	宋冬林
31	《转型时期消费需求升级与产业发展研究》	臧旭恒
32	《中国金融国际化中的风险防范与金融安全研究》	刘锡良
33	《全球新型金融危机与中国的外汇储备战略》	陈雨露
34	《全球金融危机与新常态下的中国产业发展》	段文斌
35	《中国民营经济制度创新与发展》	李维安
36	《中国现代服务经济理论与发展战略研究》	陈宪
37	《中国转型期的社会风险及公共危机管理研究》	丁烈云
38	《人文社会科学研究成果评价体系研究》	刘大椿
39	《中国工业化、城镇化进程中的农村土地问题研究》	曲福田
40	《中国农村社区建设研究》	项继权
41	《东北老工业基地改造与振兴研究》	程伟
42	《全面建设小康社会进程中的我国就业发展战略研究》	曾湘泉
43	《自主创新战略与国际竞争力研究》	吴贵生
44	《转轨经济中的反行政性垄断与促进竞争政策研究》	于良春
45	《面向公共服务的电子政务管理体系研究》	孙宝文
46	《产权理论比较与中国产权制度变革》	黄少安
47	《中国企业集团成长与重组研究》	蓝海林
48	《我国资源、环境、人口与经济承载能力研究》	邱东
49	《"病有所医"——目标、路径与战略选择》	高建民
50	《税收对国民收入分配调控作用研究》	郭庆旺
51	《多党合作与中国共产党执政能力建设研究》	周淑真
52	《规范收入分配秩序研究》	杨灿明
53	《中国社会转型中的政府治理模式研究》	娄成武
54	《中国加入区域经济一体化研究》	黄卫平
55	《金融体制改革和货币问题研究》	王广谦
56	《人民币均衡汇率问题研究》	姜波克
57	《我国土地制度与社会经济协调发展研究》	黄祖辉
58	《南水北调工程与中部地区经济社会可持续发展研究》	杨云彦
59	《产业集聚与区域经济协调发展研究》	王珺

序号	书　名	首席专家
60	《我国货币政策体系与传导机制研究》	刘　伟
61	《我国民法典体系问题研究》	王利明
62	《中国司法制度的基础理论问题研究》	陈光中
63	《多元化纠纷解决机制与和谐社会的构建》	范　愉
64	《中国和平发展的重大前沿国际法律问题研究》	曾令良
65	《中国法制现代化的理论与实践》	徐显明
66	《农村土地问题立法研究》	陈小君
67	《知识产权制度变革与发展研究》	吴汉东
68	《中国能源安全若干法律与政策问题研究》	黄　进
69	《城乡统筹视角下我国城乡双向商贸流通体系研究》	任保平
70	《产权强度、土地流转与农民权益保护》	罗必良
71	《我国建设用地总量控制与差别化管理政策研究》	欧名豪
72	《矿产资源有偿使用制度与生态补偿机制》	李国平
73	《巨灾风险管理制度创新研究》	卓　志
74	《国有资产法律保护机制研究》	李曙光
75	《中国与全球油气资源重点区域合作研究》	王　震
76	《可持续发展的中国新型农村社会养老保险制度研究》	邓大松
77	《农民工权益保护理论与实践研究》	刘林平
78	《大学生就业创业教育研究》	杨晓慧
79	《新能源与可再生能源法律与政策研究》	李艳芳
80	《中国海外投资的风险防范与管控体系研究》	陈菲琼
81	《生活质量的指标构建与现状评价》	周长城
82	《中国公民人文素质研究》	石亚军
83	《城市化进程中的重大社会问题及其对策研究》	李　强
84	《中国农村与农民问题前沿研究》	徐　勇
85	《西部开发中的人口流动与族际交往研究》	马　戎
86	《现代农业发展战略研究》	周应恒
87	《综合交通运输体系研究——认知与建构》	荣朝和
88	《中国独生子女问题研究》	风笑天
89	《我国粮食安全保障体系研究》	胡小平
90	《我国食品安全风险防控研究》	王　硕

序号	书名	首席专家
91	《城市新移民问题及其对策研究》	周大鸣
92	《新农村建设与城镇化推进中农村教育布局调整研究》	史宁中
93	《农村公共产品供给与农村和谐社会建设》	王国华
94	《中国大城市户籍制度改革研究》	彭希哲
95	《国家惠农政策的成效评价与完善研究》	邓大才
96	《以民主促进和谐——和谐社会构建中的基层民主政治建设研究》	徐 勇
97	《城市文化与国家治理——当代中国城市建设理论内涵与发展模式建构》	皇甫晓涛
98	《中国边疆治理研究》	周 平
99	《边疆多民族地区构建社会主义和谐社会研究》	张先亮
100	《新疆民族文化、民族心理与社会长治久安》	高静文
101	《中国大众媒介的传播效果与公信力研究》	喻国明
102	《媒介素养：理念、认知、参与》	陆 晔
103	《创新型国家的知识信息服务体系研究》	胡昌平
104	《数字信息资源规划、管理与利用研究》	马费成
105	《新闻传媒发展与建构和谐社会关系研究》	罗以澄
106	《数字传播技术与媒体产业发展研究》	黄升民
107	《互联网等新媒体对社会舆论影响与利用研究》	谢新洲
108	《网络舆论监测与安全研究》	黄永林
109	《中国文化产业发展战略论》	胡惠林
110	《20世纪中国古代文化经典在域外的传播与影响研究》	张西平
111	《国际传播的理论、现状和发展趋势研究》	吴 飞
112	《教育投入、资源配置与人力资本收益》	闵维方
113	《创新人才与教育创新研究》	林崇德
114	《中国农村教育发展指标体系研究》	袁桂林
115	《高校思想政治理论课程建设研究》	顾海良
116	《网络思想政治教育研究》	张再兴
117	《高校招生考试制度改革研究》	刘海峰
118	《基础教育改革与中国教育学理论重建研究》	叶 澜
119	《我国研究生教育结构调整问题研究》	袁本涛 王传毅
120	《公共财政框架下公共教育财政制度研究》	王善迈

序号	书　名	首席专家
121	《农民工子女问题研究》	袁振国
122	《当代大学生诚信制度建设及加强大学生思想政治工作研究》	黄蓉生
123	《从失衡走向平衡：素质教育课程评价体系研究》	钟启泉 崔允漷
124	《构建城乡一体化的教育体制机制研究》	李　玲
125	《高校思想政治理论课教育教学质量监测体系研究》	张耀灿
126	《处境不利儿童的心理发展现状与教育对策研究》	申继亮
127	《学习过程与机制研究》	莫　雷
128	《青少年心理健康素质调查研究》	沈德立
129	《灾后中小学生心理疏导研究》	林崇德
130	《民族地区教育优先发展研究》	张诗亚
131	《WTO主要成员贸易政策体系与对策研究》	张汉林
132	《中国和平发展的国际环境分析》	叶自成
133	《冷战时期美国重大外交政策案例研究》	沈志华
134	《新时期中非合作关系研究》	刘鸿武
135	《我国的地缘政治及其战略研究》	倪世雄
136	《中国海洋发展战略研究》	徐祥民
137	《深化医药卫生体制改革研究》	孟庆跃
138	《华侨华人在中国软实力建设中的作用研究》	黄　平
139	《我国地方法制建设理论与实践研究》	葛洪义
140	《城市化理论重构与城市化战略研究》	张鸿雁
141	《境外宗教渗透论》	段德智
142	《中部崛起过程中的新型工业化研究》	陈晓红
143	《农村社会保障制度研究》	赵　曼
144	《中国艺术学学科体系建设研究》	黄会林
145	《人工耳蜗术后儿童康复教育的原理与方法》	黄昭鸣
146	《我国少数民族音乐资源的保护与开发研究》	樊祖荫
147	《中国道德文化的传统理念与现代践行研究》	李建华
148	《低碳经济转型下的中国排放权交易体系》	齐绍洲
149	《中国东北亚战略与政策研究》	刘清才
150	《促进经济发展方式转变的地方财税体制改革研究》	钟晓敏
151	《中国—东盟区域经济一体化》	范祚军

序号	书　名	首席专家
152	《非传统安全合作与中俄关系》	冯绍雷
153	《外资并购与我国产业安全研究》	李善民
154	《近代汉字术语的生成演变与中西日文化互动研究》	冯天瑜
155	《新时期加强社会组织建设研究》	李友梅
156	《民办学校分类管理政策研究》	周海涛
157	《我国城市住房制度改革研究》	高　波
158	《新媒体环境下的危机传播及舆论引导研究》	喻国明
159	《法治国家建设中的司法判例制度研究》	何家弘
160	《中国女性高层次人才发展规律及发展对策研究》	佟　新
161	《国际金融中心法制环境研究》	周仲飞
162	《居民收入占国民收入比重统计指标体系研究》	刘　扬
163	《中国历代边疆治理研究》	程妮娜
164	《性别视角下的中国文学与文化》	乔以钢
165	《我国公共财政风险评估及其防范对策研究》	吴俊培
166	《中国历代民歌史论》	陈书录
167	《大学生村官成长成才机制研究》	马抗美
168	《完善学校突发事件应急管理机制研究》	马怀德
169	《秦简牍整理与研究》	陈　伟
170	《出土简帛与古史再建》	李学勤
171	《民间借贷与非法集资风险防范的法律机制研究》	岳彩申
172	《新时期社会治安防控体系建设研究》	宫志刚
173	《加快发展我国生产服务业研究》	李江帆
174	《基本公共服务均等化研究》	张贤明
175	《职业教育质量评价体系研究》	周志刚
176	《中国大学校长管理专业化研究》	宣　勇
177	《"两型社会"建设标准及指标体系研究》	陈晓红
178	《中国与中亚地区国家关系研究》	潘志平
179	《保障我国海上通道安全研究》	吕　靖
180	《世界主要国家安全体制机制研究》	刘胜湘
181	《中国流动人口的城市逐梦》	杨菊华
182	《建设人口均衡型社会研究》	刘渝琳
183	《农产品流通体系建设的机制创新与政策体系研究》	夏春玉

序号	书名	首席专家
184	《区域经济一体化中府际合作的法律问题研究》	石佑启
185	《城乡劳动力平等就业研究》	姚先国
186	《20世纪朱子学研究精华集成——从学术思想史的视角》	乐爱国
187	《拔尖创新人才成长规律与培养模式研究》	林崇德
188	《生态文明制度建设研究》	陈晓红
189	《我国城镇住房保障体系及运行机制研究》	虞晓芬
190	《中国战略性新兴产业国际化战略研究》	汪 涛
191	《证据科学论纲》	张保生
192	《要素成本上升背景下我国外贸中长期发展趋势研究》	黄建忠
193	《中国历代长城研究》	段清波
194	《当代技术哲学的发展趋势研究》	吴国林
195	《20世纪中国社会思潮研究》	高瑞泉
196	《中国社会保障制度整合与体系完善重大问题研究》	丁建定
197	《民族地区特殊类型贫困与反贫困研究》	李俊杰
198	《扩大消费需求的长效机制研究》	臧旭恒
199	《我国土地出让制度改革及收益共享机制研究》	石晓平
200	《高等学校分类体系及其设置标准研究》	史秋衡
201	《全面加强学校德育体系建设研究》	杜时忠
……		